U0909106

《贵州佛教中国化研究丛书》，分为《华聚释融》《典藏意象》《贞珉释理》《诗词绮韵》《佛联意趣》五卷，共 280 余万字。阐述了贵州佛教中国化历史进程与当代实践；对贵州佛教文献、碑刻摩崖、诗词楹联等，进行选录释读。

该书是贵州省及国内 20 余位专家学者及实际工作者共同研究的成果，内涵丰富，资料翔实，逻辑严谨，图文并茂，是集学术性、资料性、可读性于一体的大型佛教研究专著。

贵州佛教中国化研究丛书 ①

华聚释融

佛教中国化·贵州篇

贵州省佛教协会 编著
编委会主任 妙果

宗教文化出版社

图书在版编目（CIP）数据

华聚释融：佛教中国化·贵州篇 / 贵州省佛教协会编著 . -- 北京：宗教文化出版社 , 2023.8

（贵州佛教中国化研究丛书 ; 1）

ISBN 978-7-5188-1450-3

Ⅰ . ①华… Ⅱ . ①贵… Ⅲ . ①佛教—发展—研究—贵州 Ⅳ . ① B948

中国国家版本馆 CIP 数据核字 (2023) 第 162344 号

贵州佛教中国化研究丛书①

华聚释融

——佛教中国化·贵州篇

贵州省佛教协会 编著　编委会主任 妙果

出版发行：宗教文化出版社

地　　址：北京市西城区后海北沿 44 号　（100009）

电　　话：64095215（发行部）　13691373138（编辑部）

责任编辑：孟金霞（158504349@qq.com）

版式设计：武俊东

印　　刷：河北信瑞彩印刷有限公司

版本记录：787 毫米 ×1092 毫米　16 开　165 印张　2860 千字

2023 年 10 月第 1 版　2023 年 10 月第 1 次印刷

书　　号：ISBN 978-7-5188-1450-3

定　　价：980.00 元（全五册）

会议及活动

1957 年 7 月，省领导接见参加贵州省第一次佛教界人士座谈会全体人员

1988 年 5 月，副省长王安泽（左 8）、省政协副主席宋树功（左 7）接见贵州省佛教第一次代表会议代表

佛教场所

贵阳市云岩区黔灵山弘福寺

贵阳市南明区黔明寺

贵阳市花溪区大兴国寺

贵阳市南明区东山寺

贵阳市白云区西普陀寺

贵阳市清镇市巢凤寺

六盘水市钟山区灵山寺

六盘水市盘州市丹霞山护国寺

遵义市红花岗区湘山寺

遵义市红花岗区金鼎山

遵义市红花岗区白云寺

遵义市仁怀市妙音寺

安顺市西秀区东林寺

安顺市西秀区圆通寺

毕节市七星关区灵峰寺

铜仁市梵净山金鼎及承恩寺

黔东南州凯里市新峰寺

安龙县圆通寺

黔西南州兴义市水晶寺

友好交往

1997 年 2 月 24 日，慧海法师（前排左 2）参加佛牙迎归团到缅甸迎归佛牙

文化遗存

摩崖、碑刻

铜仁市碧江区文笔洞明代摩崖。明万历四十二年（1614 年）贵州总兵邓钟迎奉观音大士像于文笔洞中。贵州按察司佥事刘观光作《青莲界序》及《邓道鸣元戎召集青莲界共赋》诗二首。邓钟作《文笔洞成邀刘观光观察集青莲界同韵》和诗

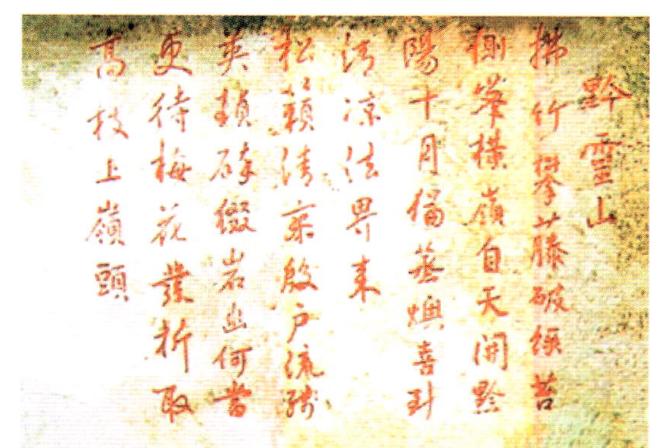

清乾隆二十八年（1763年），贵州巡抚刘藻题“黔灵山”诗碑

直隶总督陈夔龙（贵州贵阳人）1908年游黔灵山题诗

匾额

董必武题“黔南第一山”

贵州印江籍著名书法家严寅亮书匾“黔山第一”

楹联

平坝天台山五龙寺楹联

岑巩县鳌山寺楹联

书法、绘画、雕刻

惟心淨土無高下自性彌陀亦古
來紅日初非天外浸白蓮只在
意根栽衆生障重須存想極
情忘眼豁開金作層樓玉作臺
琉璃田地絕纖埃 壬戌夏書奉
覺民仁弟法正 夏同龢

光绪戊戌科状元夏同龢题赠周作民诗

遵义市湘山寺吴道子观音画石刻

《百苗图·罗汉苗供奉弥勒佛图》

清镇市东山（巢凤）寺（闻一多 1938 年绘）

文物、典籍

清代《大藏经》（原藏贵阳弘福寺，现藏贵州省图书馆）

遵义湘山寺藏频伽精舍校刊《大藏经》

《锦江禅灯·黔南会灯录》

《黔僧语录》

贵阳市大兴寺明成化铜钟（现存弘福寺）

松桃苗族自治县天马寺明万历铁钟

石阡县圆觉寺明嘉靖铁钟

《贵州佛教中国化研究丛书》顾问委员会

《贵州佛教中国化研究丛书》编委会

《贵州佛教中国化研究丛书》编辑部

本卷主编、副主编、撰稿及分工

本卷主编：

朱佶丽（云南省社会科学院副研究员，中央民族大学南方民族史博士，德国马克斯·普朗克宗教与文化多样性研究所博士后）

副主编：

杨建平（贵州省社会主义学院副教授、副处长）

饶睿颖（云南民族大学副教授、硕士生导师、博士）

撰稿：

“佛教中国化的历史演进”：

纳光舜（前言、概述、第五章）

饶睿颖（第一章）

徐文静（第二章）

朱佶丽（第三章、第四章）

“贵州佛教中国化”：

纳光舜（概述、第三章）

朱佶丽（第一章、第四章、第五章）

杨建平（第二章）

序　一

顾　久[1]

回顾历史，佛教自传入中国二千多年来，与中国传统文化多有融会：从佛学的角度说，早在东晋，佛学家道安就曾提出过“不依国主，则法事难立”，促进了中国佛教的本土化；高僧慧远，倡导佛儒道对话互鉴，树立了促进佛教文化与中国传统文化融合的典范；中唐高僧宗密提出“孔、老、释迦，皆是至圣”；北宋高僧赞宁，提出“王法为本，融摄三教”；明末清初名僧元贤，主张会通儒释道；民国时期名僧太虚提出“人间佛教”思想，等等。不断自觉地引领着佛教的中国化。从国家管理者的角度看，古代帝王在稳固现存治理秩序的基础上，大都重视宗教在教化百姓、维护社会稳定方面的作用。典型者如明太祖朱元璋，亲撰《三教论》《释道论》等，以儒家社会秩序为主干，兼收佛、道两家的精华，对三教均有所改造、利用和融会，建立起主流意识形态，是经过深思熟虑并行之有效的。

贵州佛教自唐代正式传入起，就开始了中国化进程：主要表现在获取朝廷认可，适应社会，融会传统文化和本土文化。中华人民共和国成立后，贵州佛教中国化进入创新发展阶段，体现出四大特点：一、增强政治认同，坚持正确方向；二、积极适应社会，服务时代；三、发挥积极作用，涵养良善；四、传承佛教文化，融会中华传统文化。进入新时代，贵州佛教界更确立了“坚持中国化方向”的新目标：强化政治认同，勇于自我求变，加强自身建设，

① 顾久，贵州省人大常委会原副主任、贵州省文史馆原馆长。著名学者。

主动服务大局，重视人才培养，加强佛教文化建设。

但在理论化、系统性方面，尚有缺憾。于是，由贵州省佛教协会发起并邀请省内外专家学者编纂《贵州佛教中国化研究丛书》，旨在推进“坚持佛教中国化方向”理论的系统化、明晰化和科学化。这既是积极探索，又是大胆创新，可喜可赞！《贵州佛教中国化研究丛书》共分五卷：首卷《华聚释融——佛教中国化·贵州篇》，对佛教中国化历史探寻；其余四卷为佛教文献、碑刻、诗词、楹联选录。该书视角广阔，资料翔实，体例完备，结构合理，论述严谨，文字畅达，图文并茂，可读性强。

贵州宗教文化研究较为薄弱，坚持我国宗教中国化方向的研究更是一个需要持续推进的重点课题。春阳和煦，《贵州佛教中国化研究丛书》一花先放，定能促成百花齐放的美景！

是为序。

2021 年 11 月 9 日

序　二

张连顺①

贵州省佛教协会邀请省内外专家学者编纂的《贵州佛教中国化研究丛书》，即将出版，可喜可贺。

《贵州佛教中国化研究丛书》洋洋数百万言。共分五卷。该书内涵丰富，资料翔实，逻辑严谨，图文并茂，是集学术性、资料性、可读性于一体的大型佛教研究专著。

佛教中国化研究领域广阔,是新时代宗教研究者一个重要的主攻方向。佛教中国化源远流长，它既有历史的沿袭，又有新时代的创新。中国佛教史上，东晋佛学家道安提出"不依国主，则法事难立"；东晋慧远，唐代宗密、智顗，北宋赞宁、智圆，南宋宗杲，明末清初元贤，清末杨仁山，民国时期太虚等，在促进佛教中国化方面，均有不可磨灭的贡献。中国佛教物质文化遗产（寺院、石窟、塔幢、雕塑、碑刻、绘画等）和非物质文化遗产（戏曲、舞蹈、音乐、神话、小说、诗歌等）均蕴含着丰富的中国化内容。《尚书·周书》言："功崇惟志，业广惟勤。"我们新时代宗教研究者应当在"佛教中国化"研究中尽心尽力，出成果，见实效！

近十年来，贵州宗教文化研究突飞猛进，人才辈出，成果卓荦。先后出版了贵州宗教系列史书——佛教、道教、伊斯兰教、天主教、基督教史和贵州宗教史，是全国出齐中国五大宗教史专著的省份之一。贵州宗教研

① 张连顺，贵州大学哲学与社会发展学院教授，博士生导师，贵州省宗教学会会长。

究发展前景甚为可观。“潮平两岸阔，风正一帆悬”，贵州宗教研究的未来，寄希望于甘于寂寞、勤奋研究的老一辈；寄希望于朝气蓬勃、肩负未来的年轻一代！

是为序。

2021年11月18日

序　三

释妙果①

促进贵州佛教文化研究，是我一直以来的心愿。

2020年下半年，省佛协筹备召开“贵州省佛教中国化研讨会”，与省宗教学会联系增多了，逐步了解到省宗教学会不仅具有较强的研究实力，而且与省内外宗教研究专家学者联系广泛。省佛协会拟邀请省宗教学会编纂《贵州佛教中国化研究丛书》。省宗教学会欣然接受邀请，很快联系省内外专家组成编委会。确定体例，编写大纲，落实编撰人员，开展资料收集，撰写初稿——多管齐下，齐头并进，各项工作井井有条。经过各位专家学者的辛勤努力，《贵州佛教中国化研究丛书》终于成稿。

《贵州佛教中国化研究丛书》的编纂出版，是我会学习实践坚持我国宗教的中国化方向的具体行动，也是落实中国佛教协会《坚持佛教中国化方向五年工作规划纲要（2019–2023）》的重要成果。

《贵州佛教中国化研究丛书》全面记述了中国和贵州佛教中国化的历史进程，系统辑录了贵州佛教文化史料，集中反映了贵州佛教文化面貌。视野开阔，内涵丰富，资料翔实，阐释严谨，文字通畅，图文并茂。

在此，我谨代表贵州省佛教界，对为此书编纂、出版付出辛勤劳动的专家学者和本书编辑，致以诚挚的问候和衷心的感谢！

“猛志逸四海，骞翮思远翥”，我们将再接再厉，继续与省内外宗教

① 释妙果，中国佛教协会副秘书长、贵州省佛教协会会长、贵州佛教中国化研究院院长。

研究专家学者一道，坚持佛教文化建设的中国化方向，创造具有新时代中国特色的佛教文化。

2021 年 11 月 22 日

目　录

上　篇　佛教中国化的历史演进

下　篇　贵州佛教中国化

前　言

佛教文化是中国传统文化的一部分。佛教传入中国两千多年来，与中国传统文化有多方面的融会，深刻地影响了中国古代哲学和文学艺术，长期以来部分佛教故事已经成为中国优秀的文学作品的组成部分。佛教对中国小说、诗词、舞蹈、戏剧、曲艺、楹联，以及建筑、雕塑、绘画产生了重要影响。中国佛教协会《坚持佛教中国化方向五年工作规划纲要（2019-2023）》提出："深入研究、整理、总结具有中国特色的佛教文化的发展历程、优秀成果、历史经验、基本规律，做好佛教文物和非物质文化遗产保护工作，为新时代佛教文化建设提供历史借鉴。"因此，贵州省佛教协会决定请专家学者编写《贵州佛教中国化研究丛书》。《贵州佛教中国化研究丛书》分为五册：《华聚释融——佛教中国化·贵州篇》（分上下两部分），《典藏意象——贵州佛教文化·文献选释》，《贞珉释理——贵州佛教文化·碑刻选释》，《诗词绮韵——贵州佛教文化·诗词选释》，《佛联意趣——贵州佛教文化·楹联选释》。

一、贵州佛教中国化

《佛教中国化·贵州篇》分为上、下两部分："佛教中国化的历史演进"和"贵州佛教中国化"。内容简述如下：

（一）佛教中国化的历史演进

佛教中国化，简单地说，就是产生于古印度的佛教于西汉末年传入中国后，通过与中国文化交融，逐渐演化为中国本土佛教的过程。方立天指出：佛教中国化是指在印度佛教输入过程中，佛教学者一方面从大量经典文献中精炼、筛选出佛教思想的精神、内核，确定出适应国情的礼仪制度和修持方式，另一方面使之与固有的文化相融合，并深入中国人民的生活之中，日益与中国社会的政治、经济和文化相适应、结合，形成独具本地区特色的宗教，表现出有别于印度佛教的特殊精神面貌、体现中华民族传统精神的特征。佛教是一种系统结构，由信仰、哲学、礼仪、制度、修持、信徒等构成，佛教中国化并不只限于佛教信仰思想的中国化，也应包括佛教礼仪制度、修持方式的中国化以及信徒宗教生活的中国化。①

中国佛教的历史，本质是从教理教义、戒律伦理、礼仪轨范等各方面深度中国化的历史，亦是吸纳、融合、滋养中国本土文化的过程。佛教中国化的重要表现，即在于对印度佛教戒律、修学、制度层面的传承、发扬与革新，中国佛教倡导的丛林清规、农禅并重、宗派传承及人间佛教思想，支撑和保证了佛教在中国历史上的兴盛与生机。②

佛教中国化可分为五个阶段③：即比附格义阶段（汉魏晋南北朝时期），交流融会阶段（唐宋时期），稳步推进阶段（宋元明时期），曲折演进阶段（清至民国时期）和创新发展阶段（1949 年 10 月后）。

（二）贵州佛教中国化

佛教影响贵州始于东汉末期。到魏晋南北朝时期，佛教轮回思想在贵州少数民族中亦有一定影响。表明贵州佛教已经开始本土化、民族化。

唐代，贵州有僧人活动并建有寺院。据史书记载，唐贞观十六年（642）前，桐梓已经创修了金锭山寺。说明佛教已经传入贵州。唐垂拱元年（685）牛腾贬谪贵州，并传播佛教④，而且“夷僚渐渍其化”，对少数民族产生影响，是为贵州佛教民族化的开端。唐王朝为抗击南诏，招募一批北方大姓领军入黔。这些外籍移民多来自佛教繁盛的长安等地，不仅会有佛教信仰者（仅

① 方立天：《佛教中国化的历程》，载张志刚《宗教中国化研究论集》，宗教文化出版社，2018，第 51 页。

② 《不断开创我国佛教中国化新境界》，《法音》，2019 年，第 8 期。

③ 本书主要研究汉传佛教中国化，未涉及藏传佛教和南传佛教。

④ （唐）牛肃：《记闻》，载（五代至北宋初）李昉等编：《太平广记（卷 112）・报应（11）（崇经像）》。

杨氏后人中杨选、杨粲均笃信佛教），而且所带入的佛教也具有较多融会儒释道的因素。

宋代（960—1279），地方土官土酋热衷奉佛兴寺，在少数民族地区传播佛教，推进贵州佛教的民族化、中国化。南宋宝庆三年（1227）杨价亲自选址在播州城（今遵义）西碧云峰下兴建规模宏大的佛道儒亚合流的“大报天正一宫”①。这一场所分别塑轩辕黄帝、释迦牟尼、老子，可见播州土司杨氏的佛教信仰明显融会儒释道。

元代中后期印度僧人指空在黔西弘法，江西人彭如玉于黔中传教，使佛教在黔中腹地扩展，并深入黔西少数民族聚居区，拓展了佛教在贵州传播的地域，深化了贵州佛教中国化。

明代贵州佛教中国化主要表现在三方面：即增进国家认同，获取朝廷支持；儒释道“三教合一”思潮与贵州佛教中国化。佛教与民间信仰进一步融会，增进了佛教地方化、民族化。

清代，贵州佛教中国化的特点为：利济民生；促进佛教与中国传统文化融会；倡导“孝道”；推动“三教合一”，使佛教文化更适应民众需求；佛教进一步民族化和民间化。

民国时期贵州佛教中国化表现在如下方面：坚持农禅并重，发展寺院经济；兴办佛学院（讲习所、培训班），培养佛学人才；出版佛教刊物、经籍，推进佛教宣传；支持革命和参加抗日救亡活动。此外民间庙会、佛教社会团体、佛教事务管理，以及佛教文学艺术发展，均对贵州佛教中国化有所助益。

中华人民共和国成立后，贵州佛教中国化进入新阶段。有两个明显特点：第一，树立政治认同意识，积极参加社会活动。例如，积极参与三大运动（抗美援朝、土地改革和镇压反革命）等。第二是适应社会，发展生产。据1960年25个县、市僧尼状况调查，1385名僧尼中，有1147人从事农业生产，167人从事商业，63人从事手工业生产，占总数的99.4%。

改革开放以来，贵州佛教中国化发展迅速。主要表现在：第一，增强政治认同，坚持正确方向。各级佛教团体和寺院，积极开展爱国主义学习

---

① （清）道光：《遵义府志》卷之十一《金石》。

教育活动，发扬佛教爱国优良传统。第二，积极适应社会，服务社会。贵州省佛教界发扬佛教热心公益、扶贫济困、自利利他的精神，积极支援国家经济建设，植树造林，保护环境，参与“希望工程”、扶贫、救灾等社会公益事业。第三，积极推进佛教教职人员培养。第四，加强教风建设，纠正僧尼违法、违规行为。第五，发挥佛教文化的积极作用。积极开展佛教文化活动，促进佛教文化研究。第六，融会传统文化，传承佛教文化。通过讲经说法交流会等，提高了佛教教职人员的素质修养和佛学水平，促进了佛教健康发展、社会和谐稳定。

进入新阶段，贵州佛教中国化将进一步从坚持强化政治认同，勇于自我求变、加强自身建设、主动服务大局、重视人才培养、加强佛教文化建设等六个方面大力推进。

二、贵州佛教文化

贵州佛教文化，分为四个部分：贵州佛教文献、贵州佛教碑刻、贵州佛教诗歌、贵州佛教楹联。

（一）贵州佛教文化概述

佛教由古印度迦毗罗卫国（今尼泊尔南部）释迦牟尼（前565–前486）创立。公元前3世纪起，佛教开始向外传播，通过与东西方不同地区文化和宗教交融，最终发展为世界性宗教。

佛教在西汉哀帝元寿元年（公元前2年）传入中国。佛教在中国有三大语系：汉传佛教、藏传佛教和南传上座部佛教。汉传佛教：是以地理位置划分的佛教派别，流传于中国（以及日本、朝鲜半岛、越南等地），产生过众多派别，主要有八宗，即三论宗（又名法性宗）、唯识宗（又名法相宗）、天台宗、贤首宗（又名华严宗）、禅宗、净土宗、律宗、密宗（又名真言宗）。其中禅宗和净土宗流传最广。藏传佛教：7世纪中叶，佛教由印度和内地传入藏地，由此形成藏传佛教（也称藏语系佛教）。主要有有宁玛派（红教）、萨迦派（花教）、噶举派（白教）、格鲁派（黄教）

等，并形成活佛转世传承继位制度。其中格鲁派是15世纪初宗喀巴在原噶当派基础上创立的，之后成为藏传佛教诸宗派中影响最大的宗派。此外还有过一些小派，如希解派、觉域派、郭扎派、觉囊派、夏鲁派等。藏传佛教主要传播于中国的藏族、蒙古族、土族、裕固族、纳西族地区以及不丹、尼泊尔、蒙古、俄罗斯布里亚特等地。南传上座部佛教：7世纪佛教由缅甸传入中国云南西双版纳、德宏等傣族地区，由此形成南传佛教（亦称南传上座部佛教）。11世纪前后，因战祸而受重创。后由泰国经缅甸再度传入西双版纳。云南地区南传佛教分为润派、多列派、摆庄派和左抵派四派。主要在傣族、布朗族、阿昌族等少数民族中传播。

汉代，佛教对贵州已有一定影响。东晋时期（317–420），贵州北部地区受到四川佛教的影响。魏晋南北朝时期，佛教轮回思想对布依族有一定影响。唐贞观十六年（642）前，桐梓已经创修了金锭山寺。说明佛教已经传入贵州。其后，唐垂拱年间（685–688），牛腾在贵州传播佛教，黔北、黔东兴建寺院10余座。贵州僧人海通，于唐开元年间（713–741）倡导开凿四川乐山大佛，组织完成前期工程。宋代，贵州土官土酋奉佛兴寺，佛教传入少数民族地区。南宋时，播州（治在今遵义）土官杨氏修建桃溪寺、福源山寺和桃源寺等寺院。元代中后期印度僧人指空，在黔西北一带弘法。元至正年间（1341–1368），江西庐陵人彭如玉在贵阳创立精舍。黔北、黔东地区形成了金鼎山、中华山等佛教名山。明代，入黔的外省僧人增多，对贵州佛教发展有重要推动作用。明初，中央朝廷建立僧官制度。贵州各地也设立了相应的佛教管理机构。明代密教传入黔中。清初，外省籍僧人敏树、燕居、语嵩、梅溪等入黔创建寺院，著书立说，传播佛教文化。僧人著述较多，有语录、灯录、疏论等50余种（现尚存20种）。佛教人士架桥铺路，引泉开渠，植树造林，救死扶伤，扩大了佛教的影响。清中叶后，贵州佛教日益世俗化。咸丰、同治年间（1851–1874），贵州战事不断，佛教寺院多毁于战火。“庙产兴学”运动中，一些地方官绅掠夺寺院财产，迫害僧尼。一些寺院自愿捐产或直接兴办学堂，获得成效。清末，佛教人士参加了反清斗争，贵阳华严寺曾是反清秘密据点；贵阳东山栖霞寺僧铁肩，武术功底深厚，曾协助同盟会会员平刚等训练反清志士。民国年间，佛教文化在贵州的传播得以复兴。各地兴建了一些寺院，成立了佛教团体，开展了一些有组织的佛教活动及社会活动。国内一些名僧先后到贵州宣讲佛法，省内也出现了一批精通佛理的僧人，他们办佛学院、印佛经、讲经说法及主持各种法事，扩大佛教的社会影响，促成了贵州佛教文化的发展。中华人民共和国成立初期，中国共产党制定和实施宗教信仰自由政策，保障公民宗教信仰自由权利。人民政府组织佛教界人士学习时事政治。佛教徒积极参加各种社会政治活动。通过佛教革新运动，70%的僧尼走上自食其力的道路。“文化大革命”时期，寺院被封闭或占用，正常的佛教活动被禁止，佛教文物古迹遭到破坏，佛教界人士被批斗，造成不少冤假错案。中共十一届三中全会以后，历次政治运动中受到不公正待遇的僧尼，经过复查，得以纠正。寺院还归佛教管理。1979 年以后，佛教团体陆续恢复和建立，促进了佛教组织建设、思想建设和人才培养。佛教界注重发挥佛教文化的积极作用，参与佛教典籍整理和出版，积极参与保护文物，修复文物古迹，发展文化及旅游事业，促进对外友好交往。

（二）佛教文化的价值

佛教文化是中国传统文化的一部分。佛教传入中国两千多年来，与中国传统文化有多方面的融会，深刻地影响了中国古代哲学和文学艺术，长期以来部分佛教故事已经成为中国优秀文学作品的组成部分，佛教对中国小说、诗词、戏曲、楹联，以及建筑、雕塑、绘画也产生了重要影响。

佛教既是一种信仰体系，又是一种文化现象。佛教随着人类社会的发展而不断演进，逐渐形成以信仰为核心的佛教文化传统。佛教文化在自身发展中与其它文化形态相交融，产生了佛教哲学、佛教伦理学、佛教文学、佛教艺术等，成为人类文化宝库中的重要组成部分。佛教文化包括文学艺术、建筑、雕塑、音乐、绘画，以及哲学思想、伦理道德、生活习俗，这些文化因素几乎渗透到社会的各个领域和人们生活的各个方面。贵州佛教已有近 2000 年历史。一千三百年来，各民族信教群众创造了种类繁多的佛教文化遗产。佛教建筑、雕刻、绘画等，是佛教在物质层面的展现，凝聚着各族人民的智慧和创造精神，保存着大量历史信息。在国家级文物保护单位里，佛教建筑占的比例较大。在许多城市中，佛教建筑已成为城市独特的标志性建筑。寺院是佛教活动的主要场所。一些重要佛教节日，如佛诞节

（浴佛节）、佛涅槃日、佛成道日、盂兰盆会等，已成为地方民俗的一部分。贵州佛教中还有大量以无形形态传承的文化，包括佛教民间文学（如神话传说，寓言、诗歌、楹联等）、佛教美术（如书法、绘画等）、佛教手工技艺（如建筑工艺、雕塑工艺）、佛教习俗（如居住、饮食、服饰、节日）。

佛教文学艺术内涵丰富。佛教文学是运用文字表现佛教内容、塑造佛教形象的一种语言艺术。佛教文学涵容佛教典籍中具有文学性质的作品、僧俗两界创作的有关佛教思想和佛教活动的作品。主要有文献、碑刻、诗歌、楹联等。贵州佛教文献主要分为著作和文章两类。著作有语录、灯录、疏论等 50 多种。其中汇编成册的语录、灯录两种，即丈雪《锦江禅灯》，如纯《黔南会灯录》。单独编辑的语录有 40 余种（现存 19 种）。文章、书信包括序、疏引、记、书、辨、说等。贵州佛教诗歌颇为丰富。贵州僧人写社会、生活、自然之诗作较多。尤其是明末清初，不少明朝遗臣、文人出家为僧，他们文学造诣颇深，所作诗文在贵州文学史上有一定影响。贵州今存佛教碑刻约有 600 余方。内容涉及佛教传播历史、名山名寺史、宗派传承史，以及佛教教理、寺院规约等，反映了佛教与贵州社会历史、政治、经济、文化，以及宗教、民族、民俗、法律、伦理道德的关系。贵州佛教界很重视楹联的作用，在贵州宗教场所中，佛教楹联运用最广，流传至今的楹联作品也最多。贵州佛教楹联作为一种文学体裁，是佛教信众精神世界、道德修养和文化积存的反映，其中蕴涵着丰富的哲理，不少联句寓意深刻，对引导人们提高道德素养有积极意义；贵州佛教楹联又是赞美佛教胜迹的一种形式，它以简短的语句盛赞佛教名山古刹建筑、园林、雕塑艺术，帮助游览者欣赏佛教艺术的自然美、建筑美和艺术美。

佛教提倡的“平等友爱”，有利于增进社会稳定。在社会交往中，佛教倡导慈悲博爱，关怀众生；多行善事，广积功德；弘扬正气，抑制邪恶；断除苦恼，脱离痛苦。这些理念对于引导人们培养广扬博爱精神，实现和谐相处，确有积极作用。譬如，佛教倡导众生平等，有助于实现求同存异，融洽人际关系。佛教的慈悲观主张，相对革除自私狭隘的自我中心主义，关注对其它众生苦乐的影响。消除不同人群内心所坚固执着的各种成见、偏见，消除不和谐的错误的观念，以及对人和事物的不正确的认识方法。在面对种种复杂的人际关系、社会关系矛盾时，以正确的方法排解自己及他人的烦恼及痛苦；包容与自己不同的观念、思维模式、行为方式、风俗习惯等；包容不同个体、群体之间存在差异，化解不和谐因素，互相尊重，和睦相处。从积极方面理解这些教义，对于个人的修养不无裨益。①

佛教主张扬善抑恶，有助社会伦理升华。佛教道德观调和儒家伦理，旨在使人明晰善恶，以识正途；熟知戒律，内戒于心；实践修行，弘道济世；了悟人生，明心见性；敬老尊贤，孝亲敬长。佛教善恶观亦可引导人们认识善恶，遵从社会公德和公共秩序，约束自己的行为，从事正当的职业，不要误入歧途。佛教的五戒、四摄、六度、十善等，则是佛教最基本的道德规范。佛教强调报“四重恩”，即报父母、众生、国主、三宝的恩德。其中报父母恩、众生恩、国主恩，都涉及社会。佛教报父母恩的思想，对促进家庭和睦有重要意义。这些道德规范、行为要求，在今天若运用得当，对提高人们的道德修养，提升精神生活的层次，培养良好的社会风气，促进社会和谐发展，仍能发挥有益的作用。②

佛教倡导服务社会，有利于促进经济发展。纵观历史，佛教之所以能够在中国扎根和发展，成为中国化的佛教，与佛教大力提倡和践行奉献思想分不开。而其成功之处，就在于积极吸收儒家思想，采取入世的态度，农禅并重，关注民生。唐代高僧惠能认为，“佛法在世间，不离世间觉，离世觅菩提，恰如求兔角”，强调了融入社会的思想。近代高僧太虚则更进一步提出“人间佛教”思想，他认为：“人间佛教是根据佛法常住真理涤除其不合时代的思想文化，展开佛教教化功能。”③佛教所提倡的六和敬（简称六和），即身和敬、口和敬、意和敬、戒和敬、见和敬、利和敬，也可作为与信徒、民众相处应当遵循的原则。佛教和合爱敬的道德要求，与当今社会提倡的集体主义和爱心奉献精神，团结协作和恪守职责原则，谦虚谨慎和关爱他人的品格等，有许多相似之处。

佛教力主善待自然，有助于保护生态环境。佛教主张爱惜生命，保护

---

① 林建曾、纳光舜、禄佳妮：《中国当代宗教关系与社会和谐研究》，贵州人民出版社，2012，第225–226页。

② 林建曾、纳光舜、禄佳妮：《中国当代宗教关系与社会和谐研究》，贵州人民出版社，2012，第230–231页。

③ 太虚：《太虚大师全书·新与融贯》（第2册）。

自然。佛教的缘起论即认为，世界万物均处于“此有故彼有，此无故彼无”的相互依存状态下，万物一体，离开了任何一个条件，就不能生起万物。天台宗认为山川草木也充满了佛性；禅宗也说“郁郁黄花无非般若，清清翠竹皆是法身”，将大自然的一草一木都看作是生命的存在，主张珍爱自然，重视自然物的价值。佛教还提出，修善能破恶，念善则罪消；积善致福，积恶遭祸；祸福有根，善恶有报。佛教认为保护环境的责任在人类自身，因此强调众生平等，视一切有情如父母眷属般之亲缘而行慈悲对待。佛教还认为，人与自然环境是一个有机的整体，是相辅相成的。佛教要求信徒必须具有大慈大悲心，慈心于物，善待生命。平等地看待一切众生，慈爱地关爱一切众生。①

---

① 林建曾、纳光舜、禄佳妮：《中国当代宗教关系与社会和谐研究》，贵州人民出版社，2012，第236页。

上　篇

佛教中国化的历史演进

概　述

佛教中国化，是指佛教传入中国后，通过与中国文化交融，逐渐演化为中国本土佛教的过程。一方面从大量经典文献中精炼、筛选出佛教思想的精神、内核，确定出适应国情的礼仪制度和修持方式；另一方面使之与固有的文化相融合，并深入中国人民的生活之中，日益与中国社会的政治、经济和文化相适应、结合，形成独具本地区特色的宗教，表现出有别于印度佛教的特殊精神面貌的中国特色。佛教是一种系统结构，由信仰、哲学、礼仪、制度、修持、信徒等构成，佛教中国化包括信仰、礼仪制度、修持方式，以及信徒宗教生活等方面的中国化。① 佛教中国化可分为五个阶段②：即汉魏晋南北朝时期、唐宋时期、宋元明时期、清至民国时期和创新发展阶段。

一、汉魏晋南北朝时期

汉魏晋南北朝时期，是佛教初传中土、争取立足发展的阶段。当时虽然有中国帝王、官吏和士子信仰佛教，但他们并不真正理解佛教的义理，只是把它当作与黄老、方伎等同的外来道流。佛教传入中土，有帝王支持的因素。但一种宗教信仰要在与其产生地社会文化回异的国度立足，必须获得官吏仕民的认可和支持，必须从中国占主导地位的思想中寻求与佛教共同之处。经过观察、研究和思考，逐渐形成比附和格义两种方式阐释佛

---

① 方立天：《佛教中国化的历程》，载张志刚：《宗教中国化研究论集》，宗教文化出版社，2018，第 51 页。

② 本书主要研究汉传佛教中国化，未涉及藏传佛教和南传佛教。

教义理。

比附，即将佛教义理与当时中国主流文化思想相比，力图拉近两者关系。譬如，牟子（170–？）以“佛”比附神、圣；慧思（515–577）以“修禅”比附“修仙”；安世高翻译《安般守意经》时，大量采用道家名词来阐释经中义理。

格义，本意是用比较和类比的方法来解释和理解跨文化背景的概念。佛学上特指佛教传入中国后佛教人士用儒、道等中国传统思想来解释佛学。佛教初传中土，中土仕民多将佛教、道教和神仙方术混为一体。统治者提倡黄老之学，佛教初传中土，为了立足，在宣讲教义和译经时，借用儒家、道家名词。[①] 常借中土现有的学说、习俗、名相来解析佛理，以此拉近两者的距离。这种情形，不仅汉魏的格义佛典如此，甚至唐宋时的译经也是如此。[②] 东汉末牟子，三国东吴高僧康僧会，东晋佛学家道安、高僧慧远，南朝名僧慧琳、法雅等，较早运用“格义”方法解释佛经，并取得明显效果。牟子倡导儒释道三家会通。他解释佛教的“道”时说：“道之言导也，导人至于无为。牵之无前，引之无后，举之无上，抑之无下，视之无形，听之无声，四表为大，蜿蜒其外，毫厘为细，间关其内，故谓之道。”[③] 又如康僧会（？–280）引用了儒家“五经”中《周易》《诗经》理念为乌程侯孙皓阐述佛教义理。孙皓问：“佛教所明，善恶报应。何者是耶？”康僧会回答说：“……善既有瑞，恶亦如之……《易》称‘积善余庆’，《诗》咏‘求福不回’。虽儒典之格言，即佛教之明训。”再如，东晋高僧慧远（334–416），“博综六经”“尤善老庄”，熟悉道家理论，在为连类（即同类，佛教中人）解释佛教义理时，“能引庄子语”加以释义。慧远还通过努力，并得到一些朝臣支持，妥善解决了“沙门不敬王者”问题，使佛教中国化迈过了一道鸿沟。在佛教中国化历史上，慧远创立的处理王道与佛法关系的思想，为后世树立了典范。

---

① 道教和道家有渊源关系，在不少典籍中经常被混用，本书以道教创立为截点，此前称道家，此后一般称道教。道、儒连用时称“两家”，道、佛连用时称“两教”。

② 萧登福著：《道家道教与中土佛教初期经义发展》，上海古籍出版社，2003，第144页。

③ （南朝·梁）僧祐编撰：《弘明集（卷1）·牟子理惑论》。

儒者参与推进佛教中国化。推进佛教中国化，儒者功不可没。魏晋南北朝时期，推进佛教中国化主要代表人物有孙绰、宗炳、颜延之、谢灵运、李士谦。他们又分两种类型，一种是佛教居士和佛学研究者如谢灵运和宗炳；另一种是儒释道义理研究者，如孙绰、颜延之、李士谦。例如，孙绰（314–371）认为“周孔即佛，佛即周孔”。儒家与佛教具有一致性，相当于同一事物的内外两面。认为佛经也主张孝道。释迦牟尼出家修行、成道、传教、降服外道，随后“还照本国，广敷法音；父王感悟，亦升道场。以此荣亲，何孝如之”。① 认为释迦牟尼的孝行无人能比。宗炳（375–443）倡导儒释道“习善共辙”。他在《明佛论》指出佛经是“彼佛经也，包《五典》之德，深加远大之实；含老、庄之虚，而重增皆空之尽。高言实理，肃焉感神，其映如日，其清如风……”② 就是说佛教经典的内容包容了儒家和道家义理。他还说：“孔氏之训，资释氏而通，可不曰玄极不易之道哉！”③ 李士谦（523–588）倡导儒释道三教一体。他说：“佛，日也；道，月也；儒，五星也。”④ 认为日、月、星都是用光辉照耀世界，使得万物能生存运转，因此“三者阙一则安立不成”。

道家助推佛教中国化。道教创立略晚于佛教传入，但道家思想在春秋时期（公元前 770–476 年）⑤ 已经传播。在道教开创时期，道教与儒、释的关系异常密切。道教曾借用佛教的某些教义来完善道教的教义，模仿佛教的某些科仪来制定道教的科仪。所以，当时有不少人把佛教看作是神仙方术中的一种，或称之为浮屠道，而与黄老道等量齐观。⑥ 可见，无论是出于何种原因，道教人士倡导“道、释”二教融会，客观上有利于佛教中国化。例如，顾欢（420–483）认为佛道义理同源。他在《夷夏论》中指出：“五帝、三皇，莫不有师。国师道士，无过老、庄，儒林之宗，孰出周、孔。

---

① （南朝·梁）僧祐编撰：《弘明集（卷 2）·孙绰喻道论》。

② （南朝·梁）僧祐编撰：《弘明集（卷 2）·宗炳明佛论（神不灭论）》。

③ （南朝·梁）僧祐编撰：《弘明集（卷 2）·宗炳明佛论（神不灭论）》。

④ （唐）魏征撰：《隋书（卷 77）·隐逸·李士谦》。

⑤ 关于春秋时期，另一说为公元前 770 年 – 前 403 年。

⑥ 卿希泰著：《中国道教思想史纲·汉魏两晋南北朝时期》（第 1 卷），四川人民出版社，1980，第 304 页。

若孔、老非佛，谁则当之。然二经所说，如合符契。道则佛也，佛则道也。”[①] 认为释道二教在教法理论上是相通的。他们各自所述说的理论多相契合，但二教礼仪规制却是相反的。孟景翼（生卒不详，活动于479–502年间）倡言佛道二教一致。他指出，“佛明其宗，老全其生。守生者蔽，明宗者通。”孟景翼认为佛道同一，如佛教“实相”（事物真相）与道教“玄牝”（衍生万物的本源），道教“大象”与佛教“法身”。

帝王及朝臣对佛教中国化的促进。汉魏两晋南北朝时期，一些帝王及朝臣对儒释道的态度，在一定程度上也促进了佛教中国化。他们中有的主张佛道共敬（如汉桓帝刘志）；有重儒崇佛（如宋文帝刘义隆）；有主张融会儒释（如齐竟陵王萧子良）；有倡导“三教同源”（如梁武帝萧衍）。尤以梁武帝萧衍（464–549）“三教同源”影响最大。他认为儒释道三教“分别根难一，执著性易惊”“穷源无二圣，测善非三英”。[②] 汉桓帝刘志（132–168），主张佛道共敬。他于“宫中立黄老、浮屠之祠”[③]。南朝宋文帝刘义隆（407–453）重视儒学，崇奉佛教。他曾经对侍中何尚之说：“吾少不读佛经，比复无暇，三世因果，未辨致怀，而复不敢立异者……明佛法汪汪，尤为明理，并足开奖人意。”[④] 齐竟陵王萧子良（460–494）融会儒释。《南齐书》载：“又与文惠太子同好释氏，甚相友悌。子良敬信尤笃，数于邸园营斋戒，大集朝臣众僧……劝人为善，未尝厌倦，以此终致盛名……”[⑤] 梁武帝萧衍（464–549）主张“三教同源”，他作《述三教诗》云：“少时学周、孔，弱冠穷《六经》……中复观道书，有名与无名……晚年开释卷，犹月映众星……穷源无二圣，测善非三英……”[⑥]

儒释道辩论与佛教中国化。佛教初传中土，从皇室到一般知识阶层都非常尊信，连续不断的有人跟随西来的僧侣出家，势力逐步增大，因此引

---

① （南朝·梁）萧子显撰：《南齐书（卷54）·高逸、顾欢传》。

② （唐）释道宣撰：《广弘明集（卷第30上）·梁武帝述三教诗》。

③ （南朝·宋）范晔著：《后汉书（卷30下）·襄楷传》。襄楷字公矩，平原隰阴人（今山东临邑西）。好学习，博通古书，会天文阴阳之术。

④ （南朝·梁）僧祐编撰：《弘明集（卷11）·何令尚之答宋文帝赞扬佛教事》。

⑤ （南朝·梁）萧子显撰：《南齐书（卷40）·竟陵文宣王萧子良传》。

⑥ （唐）释道宣撰：《广弘明集（卷第30上）·梁武帝述三教诗》。

起了一些道士的嫉妒。以致引发佛道二教对辩等，这在客观上促进了三教交流融会。南北朝时期朝廷几度召集儒释道人士对辩，这种特殊形式的对话，对于三教在义理上深化自身、了解对方有积极意义。例如，北魏孝明帝正光元年（520），朝廷召集清通观道士姜斌与融觉寺僧人昙无最对论佛、道二教先后。皇帝提问："佛与老子同时不？"姜斌认为佛陀和老子是同时代的人。昙无最说：佛是西周昭王二十四年（前971）四月八日生[①]，西周穆王五十二年（前925）二月十五日灭度。佛灭后经过345年，才到东周定王三年（前604）老子的降生之年。佛、老的先后，一目了然。姜斌转换话题说：为何孔子这样的圣人，在他的文字中从未提及佛。昙无最回答说：孔子著有卜经《易三备》[②]，其中的《中备》，载有佛之文言。最后，姜斌被当庭判为论辩失败而遭流放。"帝加斌极刑。三藏法师菩提流支苦谏乃止。配徙马邑"[③]。而且《老子开天经》等道经被判定为伪经。[④]

二、隋唐时期

隋唐五代十国时期，佛教中国化进一步发展。由于朝廷多提倡儒释道合一，因此出现儒释道三教既对抗又交融的态势。儒、佛两家交锋主要围绕政治、经济利益而展开的。唐初斗争的焦点是谁先谁后，是否致王者，是否有助于王治等问题。参与这种争辩的儒、释二家人士，为了获胜，均要认真研究对方的理论，这实际上是促进了二家相互了解，在一定意义上也是推动佛教中国化。道教则表现为对佛教教义的吸收，对心性问题的探讨，从理论上来丰富自己，以抬高自己在三教中的地位。唐初佛、道二教虽互相攻击，但都不敢轻易非议儒教，都力图依附儒教来取胜对方，这又进一

---

① 根据《辞海》纪年表，西周昭王在位19年。因此公元前971年，应为西周穆王六年。

② 《易三备》最迟在北朝以成书，分为《上备》《中备》和《下备》三部分。有学者认为《易三备》是伪托孔子师徒所述。

③ 马邑县，西汉时置（位于今山西省朔州市朔城区）；北魏时置马邑郡。

④ （唐）释道宣撰：《广弘明集（卷第1）·元魏孝明召佛道门人论前后七》。有关这场对辩的记载，见于《大藏经》，释法琳《破邪论》，释彦琮《护法沙门法琳别传》，释道宣《续高僧传·昙无最传》《集古今佛道论衡》卷甲，释道世《法苑珠林》（卷55），释智升《续集古今佛道论衡》等书。

步促进了三教之间的融合。其后，经高宗朝的显庆、龙朔论议，德宗朝的贞元论议，到文宗朝的太和论议，三教思想整合机制已成熟。①

佛教人士促进佛教中国化观点和实践。隋唐五代时期佛教僧人智顗、彦琮、神清、宗密等，在推进佛教中国化方面都有理论建树和成功实践。智顗（538–597），吸收儒家思想，阐释佛教教义。他在《摩诃止观》提出，“束于十善，即是五戒。深知五常、五行义，亦似五戒。”②智顗将佛教“五戒”与儒家“五常”“五行”相比较，并逐条做出对应的解释。以表明佛教有关社会人生的基本观念与儒家伦理道德规范是一致的，而不是对立的，所以可以同时并存，互为补充。而所谓周孔立五常，以救治世间病人，则说明儒家的伦理原则也适用于佛教出世理念，在本质有相通之处。③惠能（638–713）《六祖坛经》，多处展示出佛教中国化思想。例如《坛经》有一段著名偈语“佛法在世间，不离世间觉，离世觅菩提，恰如求兔角”，彻底打破了拘泥禅法形式的传统，超越渐修渐悟模式，明确了一条重要义理，即“顿悟”“明心见性”是一种方便法门，但它并不脱离社会（世间），而是隐含于人们生活中。这与印度佛教的苦行相比，明显体现了佛教中国化特点。中唐高僧神清（？–820），认为儒释道义理有许多相通之处。《北山录》指出，儒、释、道创立理论的立足点不同，但基本理论互相融会，深浅相资，义理互证。“三教玄同，彝伦克谐。但法被乎多方，经籍出乎多门。释宗以因果，老氏以虚无，仲尼以礼乐。沿浅以洎深，籍微而为著。各适当时之器，相资为美……”④

佛教宗派形成与佛教中国化。隋唐时期，随着封建统一王朝的建立和寺院经济的发展，佛教各家各派得到进一步融合发展的机会，一些学派在统一南北学风的基础上，通过“判教”而形成八大宗派，即三论宗、法相宗、天台宗、华严宗、禅宗、净土宗、律宗、密宗，这些宗派各具独特的教义、教规和修持方法。为了使各自的法脉得以良好继承和发扬，便借鉴了世俗

---

① 王洪军著：《中古时期儒释道整合研究》，天津人民出版社，2009，第333–334页。

② 《大正新修大藏经》（卷46）·诸宗部（3）·天台智顗说，门人灌顶记《摩诃止观》卷6（上）。

③ 潘桂明著，南京大学中国思想家研究中心编：《智顗评传》，南京大学出版社，1996，第434页。

④ （唐）神清撰，（北宋）慧宝注：《北山录（卷1）·圣人生第二》。

封建宗法制度，建立了各自的传法宗脉体系。他们的教法理论体系，融合吸收了大量的中国传统文化思想和方法，自成一体，以至于形成了传播到海外的缘起。①

儒者“三教”观与佛教中国化。隋唐五代，部分儒者倡导融会，他们有的倡导三教融会（如王通），有的主张儒道结合（如孔颖达）、儒释统合（如柳宗元）或抑道崇佛（如颜之推），这些理念对促进佛教中国化有积极意义。例如，颜之推（531–约597）一生重视儒学，同时又是虔诚的佛教徒。《颜氏家训》说：“内外两教，本为一体，渐极为异，深浅不同。内典初门，设五种禁；外典仁义礼智信，皆与之符。仁者，不杀之禁也；义者，不盗之禁也；礼者，不邪之禁也；智者，不酒之禁也；信者，不妄之禁也……归周、孔而背释宗，何其迷也。”②柳宗元（773–819）一生好佛，他提出“将统合儒释，宣涤疑滞”③。他认为自己领悟了“三空”（我空、法空、空空）的真实不虚。足见他笃行佛教，领悟的程度也很深。所作《江雪》诗云：“千山鸟飞绝，万径人踪灭。孤舟蓑笠翁，独钓寒江雪”，将对禅宗的深切领悟，以诗表现出来。从佛教境界论讲，既充分肯定涅槃寂灭，又注重缘起性空，空有不二，合乎中道。这正是它被后世禅林接受的思想基础。两宋以来，该诗在禅林也广为流传。④

道教“三教”观与佛教中国化。隋唐时期，成玄英（608–669）、王玄览（626–697）、吴筠（？ –778）、司马承祯（639–735）的著述，大量吸收佛教思想完善道教义理。有利于人们正确认识佛教，进而推动佛教中国化。其中，成玄英以佛典语言疏解道教经典。他在《道德经义疏》等著作中，借用了佛教“因果”“法相”“三业”“六尘”“根”“空”等佛教经典中语汇。譬如他批评隐修者“体知六尘虚幻，根亦不真，内无能染之心，外无可染之境。”⑤“能发弘誓愿，救度众生，故常在世间，有感斯应，

① 释庆道：《略论佛教中国化的文化特征》，《法音》，2021年第4期。

② （北齐）颜之推：《颜氏家训（卷5）·归心第十六》。

③ （唐）柳宗元：《送文畅上人登五台遂游河朔序》，（清）董诰等纂修：《全唐文》卷579。

④ 李小荣：《柳宗元〈江雪〉禅林传播接受谈片》，《湖南科技学院学报》，2014年第1期。

⑤ （唐）成玄英：《道德经义疏》卷5。

慈善平等，终无遗弃也。”① 王玄的道教观明显受佛教大乘有宗和法相宗的思想影响，可说是道、佛二家的融合体。② 李荣（生卒不详。活动于唐高宗时），他在长安和洛阳两地以道教代表身份与佛教辩难。述有《老子注》等。李荣的重玄思想，受到佛教中观的影响，尤其是来自初唐盛行的佛教三论宗的启发。此外，道教《本际经》对佛教义理的吸纳，譬如《本际经·护国》又言：“……三业既净，则六根；（六根）净已，则六尘净；六尘净已，则诸法净；诸法净已，则国土净；国土既净，则无所染，无所染故，则无烦恼，既无烦恼，则为安乐。”③ 这一段，引用佛经语——“六根净”“六尘净”“诸法净”“国土净”。

帝王“三教合一”观与佛教本土化。隋代国祚短暂（仅 38 年），三代皇帝中隋文帝杨坚和隋炀帝杨广，均重视佛教，亦扶持道教。唐代帝王中李渊倡导三教并行，同时抑制佛教道教；李世民重视道教和佛教，并加以利用；唐高宗李治崇道抑佛；武则天重视道教，利用佛教；李隆基推崇道教，限制和利用佛教。其中，隋文帝杨坚（581–604 年在位）不仅笃行佛教，而且也是中国历代封建帝王中就佛教事务下诏、制最多的一个。他还为一处舍利塔写塔铭，体现了他对佛的尊崇。④ 隋炀帝杨广（605–618 年在位）极力弘扬佛法，包括度僧、建寺、造像、写经等。杨广倚重法安，以至于王公贵族见到法安都要屈膝行礼，法安身边还有护卫，可见其地位之高。唐太宗李世民曾应玄奘之请作《大唐三藏圣教序》：“……佛道崇虚，乘幽控寂，弘济万品，典御十方，举威灵而无上，抑神力而无下……”⑤ 在《度僧于天下诏》赞扬佛教：“三乘结辙济度为先，八正归依慈悲为主。流智慧之海，膏润群生；翦烦恼之林，津梁品物。任真体道理协至仁，妙果胜因事符积善……”武则天（684–705 年在位）在夺取帝位过程中，得到佛教徒的支持助，佛教由此得以垂青。垂拱元年（685），修葺白马寺，支持

① （唐）成玄英：《道德经义疏》卷 1。

② 卿希泰著：《中国道教思想史纲（第 2 卷）·隋唐五代北宋时期》，四川人民出版社，1985，第 579 页。

③ 叶贵良著：《敦煌〈太玄真一本际经〉辑校》，巴蜀书社，2011，第 15 页。

④ （唐）释道宣：《续高僧传》（卷第 28）·隋京师大兴善寺释道密传一。

⑤ （唐）释道宣撰：《广弘明集》（卷第 22）·唐太宗三藏圣教序。

佛经翻译。证圣元年（695），她命于阗国沙门实义难陀等重译《华严经》，历时 4 年完成，她亲自作序。她很重视禅宗。天授二年（691），她令北宗神秀入京行道，给以极高的礼遇，“肩舆上殿”，武则天对他“亲加跪礼”。

儒释道辩论与佛教中国化。隋唐两代朝廷多次召集儒释道人士对辩。隋文帝、隋炀帝曾令道士与僧人就两教义理辩论；唐高祖、太宗、高宗、玄宗、肃宗、敬宗、文宗、武宗、宣宗、懿宗均开展儒释道或释道论议。这样的论辩，促进了儒释道三教义理深化和相互了解。于佛教而言，对促进其中国化是有益的。

三、宋元明时期

儒佛道三教从早期强调“三教一致”，到唐代的“三教鼎立”，进而发展为入宋以后思想上的“三教合一”，这标志着三教关系随着社会经济和政治的需要而进入了一个新阶段，儒佛道三教在中国这块土地上最终找到了它们的共同归宿。① 这种态势有利于佛教中国化，也有利于佛教发展。宋代，儒释道相互融摄、渗透，开始了更深层次的融合，逐渐形成了以儒学为主体，融会佛、道的“三教合一”新格局。宋代佛、道义理更为成熟。宋代理学批判佛教同时又吸收、融合佛教和道教思想、理念。因此，也使儒释道对话交融更为深入。宋代理学家在复兴儒学中，吸收佛、道两教思想充实自己，增进了儒、佛思想融合，出现了阳儒阴释的理论。宋初道教思想亦渗入儒家理论体系。有宋一代，儒、释、道三教的斗争依旧非常激烈，但总体上仍保持三教合一趋势。② 元代，“三教合一”进一步发展。《元史》云：“释、老之教，行乎中国也，千数百年，而其盛衰，每系乎时君之好恶……元兴，崇尚释氏，而帝师之盛，尤不可与古昔同语。” ③ 明代佛教僧人云栖袾宏、憨山德清、紫柏真可、蕅益智旭，在推进佛教中国化方面

① 王友三主编：《中国宗教史》（上），齐鲁书社，1991，第 589 页。

② 赵书廉著：《中国人思想之源——儒释道思想的斗争与融合》，吉林文史出版社，1992，第 151–152 页。

③ （明）宋濂，王祎主编：《元史（卷 202）· 释老志》。

有突出贡献；道教程以宁主张以儒佛释道；阳道生以佛教禅理释道家修持；陆西星认为仙佛圣凡，同具同证；伍守阳认为“仙佛合宗”。

佛教人士促进佛教中国化的新举措。宋代佛教各派都向儒家靠拢，表明以儒家为主干的中国古老传统文化有着巨大的同化力，就是佛教，也最终不能不依照儒家的模式加以改造，以便更好地适应中国民众。① 宋元时期佛教的宗教对话交融实践代表人物为赞宁、智圆、契嵩、宗杲和行秀。他们中赞宁（919–1001）博涉三藏，兼通儒、道二家典籍，善文辞，深受王侯名士敬仰。他撰《僧史略》，阐明“儒释道一贯，三教之贤圣，理归一揆”②。赞宁赞宁重申了“不依国主，则法事难立”思想，指出，“帝王不容，法从何立？况道流守宝，不为天下先，沙门何妨饶礼以和之。当合佛言，‘一切恭信’。信于老君先圣也，信于孔子先师也。非此二圣，曷能显扬释教，相与齐行，致君于牺黄之上乎？”③ 北宋契嵩（1007–1072）认为儒家治世，佛教治心，两教虽然处世方法有别，但其目的相同。“古之有圣人焉，曰佛，曰儒，曰百家。心则一，其迹则异……”④ 儒、佛及诸子百家各有其道，都有其存在的合理性。明末紫柏真可（1543–1603）继承了三教同源的观点，他说：“儒也，释也，老也，皆名焉而已，非实也。实也者，心也。心也者，所以能儒能佛能老者也。”⑤ 儒释道三教名不同而实同，这就是“心”。元代德辉重编《敕修百丈清规》明确提出国家认同、政治认同观点：“圣恩广博天地莫穷，必也悟明佛性以归乎至善，发挥妙用以超乎至神，导民于无为之化，跻世于仁寿之域，以是报君。斯吾徒所当尽心也，其见诸日用，则朝夕必祝，一饭不忘而存夫轨度焉。”⑥

儒者对佛教中国化的推动。宋元明时期，不少儒者崇信、研习佛教，融会儒释义理，阐释佛教教义，对佛教中国化起了一定推动作用。例如，

① 赵书廉著：《中国人思想之源——儒释道思想的斗争与融合》，吉林文史出版社，1992，第151–152页。

② （北宋）赞宁：《大宋僧史略·重开僧史略序》。

③ （北宋）赞宁：《大宋僧史略（卷下）·总论》。

④ （北宋）契嵩：《镡津文集（卷2）·辅教篇中》。

⑤ （明）真可：《紫柏尊者全集（卷9）·长松茹退》。

⑥ （元）德辉重编：《敕修百丈清规（卷1）·祝厘章第一》

北宋晁回（951–1034）认为，儒释道三教的基本理念具有相通处："儒家之言云'寂然不动'；道家之言云'归根曰静'；禅家之言云'息缘反照'。人能洞晓三家之言，同归一真之理，吾当目之为会三归一之智。"① 北宋周敦颐（1017–1073）曾参访僧寿涯、黄龙慧南、祖心师弟、佛印了元、东林常总，受佛教影响较深。他自述云："吾此妙心，实启迪于黄龙，发明于佛印。然易理廓达，自非东林开遮拂试，无繇表里洞然。"② 北宋苏轼（1037–1101）与禅宗名僧契嵩，天台宗慧辩、元净等很交好。他曾说："孔、老异门，儒、释分宫，又于其间，禅律相攻。我见大道，有北南东，江河虽殊，其致则同。"③ 北宋张商英（1043–1121）由读《维摩诘所说经》开始，由是深信佛乘。他景仰从悦禅师，待以师礼。后作《护法论》，阐释对儒释道的认识："……儒者治外，而佛者治内；儒者该博，而佛者简易；儒者进求，而佛者休歇。不言儒者之无功也，亦静燥之不同。老子曰：'常无，欲以观其妙'，犹是佛家金锁之难也。"④ 明末林兆恩（1517–1598）指出"若不知孔老释迦之教之所以三，则无以识其一……道浑然而一也，若不知孔老释迦之道之所以一，则无以统其三。"⑤"譬之树然。夫树一也，分而为三大枝，曰儒，曰道，曰释。"⑥

道教对佛教中国化助缘。宋元明道士陈抟、张伯端、马钰、白玉蟾、张三丰、张宇初、程以宁、阳道生、陆西星、伍守阳等，均倡"三教合一"。成为佛教中国化的助缘之一。譬如，张伯端（984–1082）对佛教义理有很深的理解："释氏以空寂为宗，若顿悟圆通，则直超彼岸。如有习漏未尽，则尚徇于有生……"⑦"佛即心兮心即佛，心佛从来皆要物。若知无物又无心，便是真如法身佛……知之须会无心诀，不染不滞为净业。善恶千端

---

① （北宋）晁回：《法藏碎金录》（卷 7），载《四库全书·子部（13）》。

② （明）朱时恩辑：《居士分灯录》卷下。

③ （北宋）苏轼：《东坡后集（卷 16）·祭龙井辩才文》。

④ （北宋）张商英述：《护法论》。

⑤ （明）林兆恩撰：《林子三教正宗统论（上）·元函·门孙陈衷瑜百拜谨跋》。宗教文化出版社，2016，第 18 页。

⑥ 同上。

⑦ （北宋）张伯端：《悟真篇·自序》。

无所为，便是南无释迦叶。”[1] 王重阳（1113–1170）认为儒释道三教的社会作用是一致的，即都以扫除人的妄念、救治人的愚迷为己任，都以普度众生为职事，只是分工不同而已。佛以修心，道以养身，儒以治世。主张三教是平等的，没有高下之分，没有先后之别。既不可是道而非禅，亦不可是道而非儒；宣扬三教的门人应当相敬如宾，亲如一家。在道教传统学说的基础上，大量融摄儒释二家之说，形成了一套既多相似于儒释，又不尽同于儒释，具有三教合一特色的全真道教义体系。[2] 丘处机（1148–1227）主张三教合一：“……儒释道源三教祖，由来千圣古今同。”[3]“净梵王宫，太子殷勤，雪山六期……超生灭，任循环宇宙……信法界、空空寂灭机……安禅作用，偷闲终日，打坐行治……无高下，但能通般若，总证牟尼。”[4] 白玉蟾（1134–1229）指出，“道释儒门，三教归一，算来平等肩齐……休争气，三尊一体，瞻仰共皈依。”[5] 白玉蟾在《常寂光国记》借用了佛教“禅悦法喜”“须弥”“萨婆若海”“翠竹黄花”“心空”“解脱”“真如”“寂灭”“圆觉”“真观”“乘般若船”“弹指间”“六通”“六味”“八自在”“八功德”[6]，均为禅宗或佛教用语。一篇600余字的短文，竟用了这么多佛教术语，足见白玉蟾对佛教（尤其是禅宗）了解至深，融会佛道义理已到了炉火纯青的地步。

帝王儒释道合一观与佛教中国化。北宋皇帝除宋真宗和宋徽宗后期抑佛外，佛教在宋代始终受到推崇。自太宗以降有五位皇帝亲幸皇家寺院大相国寺供养佛牙。其中太宗、真宗和仁宗有《三朝御制佛牙赞》传世。宋代的帝王，也是以崇奉道教为主，然而，仍是对三教采取并用政策。为佛教中国化提供了良好的政治环境和社会基础。明代佛教中国化与帝王所采

---

① （北宋）张伯端著，（清）董德宁等注，史平点校：《悟真篇三家注》，华夏出版社，1989，第180页。

② 周立升：《全真道文化丛书序》，载（金）王重阳著，白如祥辑校：《王重阳集》，齐鲁书社，2005，第4页。

③ （金）丘处机著，赵卫东辑校：《丘处机集·番溪集》卷1，齐鲁书社，2005，第17页。

④ 同上，第67页。

⑤ （元）彭致中：《鸣鹤余音（卷3）·词·满庭芳修炼（其2）》。

⑥ （南宋）白玉蟾：《常寂光国记》，载曾枣庄、刘琳主编：《全宋文》第296册，上海辞书出版社、安徽教育出版社，2006，第256页。

取的宗教政策关系极为密切。明太祖朱元璋，出身卑微，深谙民情民俗，重视儒释道三教在统摄民心中的作用，采取儒释道三教并用政策，对佛教、道教既利用又加以限制。明神宗朱翊钧倡导佛道并用。譬如，宋太祖认为佛教“佛氏之教有裨政理，普利群生。达者自悟渊源，愚者妄生诬谤”①。他曾对宰相王旦说：“三教之设，其旨一也。大抵皆劝人为善，唯识达之士能一贯之，滞情偏执，于道益远。”②宋真宗于咸平元年（998）作《御制崇释论》云：“奉乃十力（佛有十力），辅兹五常，上法之以爱民，下遵之而迁善，诚可以庇黎庶而登仁寿也。”③明太祖朱元璋（1368–1398 在位）说：“尝闻：天下无二道，圣人无两心。三教之立，虽持身荣俭之不同，其所济给之理一。然于斯世之愚人，于斯三教，有不可缺者。④

四、清代至民国时期

清代至民国时期，佛教中国化处于曲折发展阶段，一方面佛教中国化理论方面建树远不及前代。更多是表现在寺院建设、塑像及宗教仪式等外在形式上。理论方面，以元贤、彭绍升、杨仁山较有代表性。儒家及学者王夫之及康有为、谭嗣同、梁启超、章太炎等对佛教亦有研究借鉴。道教人士王常月、吴太一、娄近垣、刘一明、柳华阳、闵一得、薛阳桂、李西月等推崇三教合一，有利于佛教中国化。清初诸帝，对于佛教颇示尊崇，故保护亦备至。⑤尤其是清代前期顺、康、雍、乾诸帝，更为明显。

民国时期中国佛教界中的不少有识之士，提倡借鉴天主教、基督教适应社会和服务社会的传教方式，推动了中国佛教的改革运动，促进了中国佛教组织、教育机构和社会服务事业创办，以及积极参加抗战救亡运动等，使中国佛教不断适应时代，逐步向现代化转型。这些实践均为宗教对话交

① （南宋）志磐撰，释道法校注：《佛祖统纪校注・下》，上海古籍出版社，2012，第 1033 页。

② 同上，第 1048 页。

③ 同上，第 1043 页。

④ （明）朱元璋撰，胡士萼点校：《明太祖集》，黄山书社，1991，第 214–215 页。

⑤ 蒋维乔著：《中国佛教史》，团结出版社，2005，第 324 页。

融的直接成果，比一般性的对话和文字交流更为深刻和有效。学者对宗教对话交融有较多关注和参与，其中以陈独秀、陈寅恪、许地山较为突出。道教人士汪东亭、刘名瑞、陈撄宁虽然提倡“仙学”，力避“三教合一”之说，但实际上在阐述“仙学”和解答问题时，又不能完全抛开儒、释二家，从另一种角度推进了儒释道融会。这一时期，有个特殊现象，即基督教人士关注与佛教的对话交融，研究耶儒和耶佛关系，并做过阐释。对促进佛教中国化有一定作用。同时，清末的复杂局势和民国前期的“破除迷信”活动，迫使佛教转向世俗化，在一定程度上阻碍了佛教中国化进程。

佛教人士促进佛教中国化观点和实践。这一时期，佛教界促进佛教中国化的代表人物主要有：明末清初元贤对儒释道融会；清代彭绍升以儒解禅；清末杨仁山以佛释儒道；太虚辨析儒释二家，倡导“人间佛教”；欧阳竟无以佛释儒；王恩洋以佛摄儒；印顺对儒、道、耶三教的评析。例如，元贤（1578–1657）主张会通儒释道。他说：“三教圣人，设教不同，而所以必同者，此‘无我’也。”① 清末民国时期太虚（1890–1947）认为，儒释道虽称为三教，但在教化和约束士、农、工、商方面，作用是相通的。“分儒、释、老之教为三则可，而以其教之三，乃与农、工、贾并列为六民，则纰缪之极矣！盖释、老与儒教虽三，律之四民，则均为士民耳。儒者曰学术士，释老通称道士，其为士也，又何别乎？”② 太虚提出“人间佛教”思想，在深层次上引领着佛教中国化。欧阳竟无（1871–1948）主张以佛释儒。并从四个方面来论述：“一、寂灭寂静义；二、用依于体义；三、相应不二义；四、舍染取净义。四义皆本诸二家之经”“了此四义，可知人之所以为人，天之所以为天，孔、佛无二，循序渐进，极深研几，是在智者。”③

儒者对佛教中国化的推动。清代，儒者继续参与和推进佛教中国化。例如，王夫之对佛道的吸收和批判；康有为、谭嗣同、梁启超对佛学的研究；章太炎对佛、道二教的研究借鉴等。与此前历代儒者不同的是，一些儒者

---

① 《卍新纂续藏经》第72册第569页下。转引自韩凤鸣、申思：《一个禅者的儒学——元贤禅师“以禅证儒”的学术旨趣》，《佛教文化研究》，2015年第2期。

② 太虚：《整理僧伽制度论》，载慈忍室主人编：《佛学足论九·整理僧伽制度论》，上海佛学书局，1931，第131页。

③ 王雷泉编：《欧阳渐文选·孔佛概论之概论》，上海远东出版社，2011，第356–359页。

研究佛教并将佛理用于解释其新思想。如康有为《大同书》即借用了佛教“四谛”（苦谛、集谛、灭谛、道谛）学说，揭露了人世间由于不平等而产生的种种苦难，提出“去九界”以达人类“大同”。谭嗣同借用佛学宣传平等、自由与民主思想。章太炎借用佛教理论证明寻求民主，主张革命是符合佛教教义的，因此提倡效法佛教不怕困难、不畏牺牲精神，试图通过借用佛理，解决现实问题。

民国时期，许地山的文学作品和讲演中也有融会佛耶的思想。陈寅恪认为佛教发展得益于开展宗教之间交融，以及吸收儒家文化，他们的做法对于发展中国文化有借鉴意义。例如，清末梁启超（1873–1929）有《佛学研究十八篇》等，论述佛教宇宙观、人生观等，对中国近代佛教文化有较大影响。他对印度和中国佛教都有系统研究，其成果对其后的佛教研究有参考价值。清末民国初年章太炎（1869–1936）说：“我从前颠倒佛法，鄙薄孔子、老、庄，后来觉得这个见解错误，佛、孔、老、庄所讲的，虽都是心，但是孔子、老、庄所讲的，究竟不如佛的不切人事。孔子、老、庄自己相较，也有这种情形，老、庄虽高妙，究竟不如孔子的有法度可寻，有一定的做法。”①他试图通过借用佛理，解决现实问题。他借用佛教义理宣扬平等，反对国内外的民族压迫和君权专制。②熊十力（1885–1968）以佛教唯识学重建儒家形而上道德本体，其学说影响深远。对于儒释关系，熊十力曾自评说：“评判佛家空有两宗而折衷于《易》。”“《易》者、儒道两家所统宗也。”③他认为，佛家主张出世，舍弃现世生活，已脱离无常、烦恼、痛苦，冀望通过祈佛得到永恒的解脱；儒家重视现世，肯定人生积极的价值。

道教对佛教中国化的助缘。清代道教人士王常月、吴太一、娄近垣、刘一明、柳华阳、闵一得、薛阳桂、李西月以及民国时期汪东亭、刘名瑞等，均倡导“三教合一”，有益于佛教的中国化。譬如，王常月（1522–1680），说：“这

---

① （清末民国初）章太炎：《说新文化与旧文化》，载汤志钧编：《章太炎年谱长编》（下册），中华书局，1979，第618页。

② （清末民国初）章炳麟：《东京留学生欢迎会演说辞》（1906年7月15日），载章炳麟著，汤志钧编：《章太炎政论选集·上》，中华书局，1977，第274页。

③ 熊十力：《初印上中卷序言》，载熊十力著：《新唯识论》，岳麓书社，2010，第3页。

三教圣人，大藏经典，万法千门，诸天妙用，三万六千种道，八万四千法门，恒河沙数菩萨，无鞅数众金仙，皆不能出清静、定慧、无为妙法。”① 清代娄近垣（1689–1776）明确指出，释道的修持方式具有同一性，最根本的是解决“心”的问题。他说：“紫阳张祖师云：‘见物使见心，无物心不现’。又云：‘靓境能无心，始是菩提面’。只此二语，一部《楞严》全旨已备。”② 清代李西月（1806–1856）说：“夫三教者，吾道之三柱。分而为三，合而为一者也……是故以三柱立其极。释道言性默言命，仙道传命默传性。儒道则以担荷世法为切。言性难闻，言命又罕，并性命而默修之。”③ 清末民国初刘名瑞（1839–1933）认为，“……谓此大圣人者，即儒所云‘盘古开辟，始立天地之祖’，道云‘元始天尊，立教为先’，释云‘太初古佛，为西天二十八祖之始祖’。凡三教之原，乃一圣所化，而尊称不一矣。”④

清代帝王宗教观与佛教中国化。清初诸帝，对于佛教，颇示尊崇，故保护亦备至。⑤ 尤其是清代前期顺、康、雍、乾诸帝，均佞佛。乾隆年间，组织人力将《大藏经》译为满文，目的在于利用佛教“阴翊王度”，巩固其统治。

其中，顺治（1644–1661 年在位）认为儒释道三教均教人“为善去恶，反邪归正”，使人们遵守王法，避免祸患，有利于社会稳定。十六年（1659）冬，天童道忞和尚，奉诏入京。晋见于万善殿。传谕，免礼赐坐，慰劳叙谭毕，即谕万善、愍忠、广济三处结冬。帝亲至方丈问法；时茆溪森、玄水杲、憨璞聪，皆承召对。十七年，道忞还山，帝亲送出北门，赐号宏觉禅师。⑥ 雍正（1723–1735 年在位）对于禅宗颇有造诣。他很早就接触佛教禅宗，据《御选语录（卷 18）·御制后序》中说：“朕少年时喜阅内典，

---

① 胡道静、陈耀庭、林万清主编:《藏外道书(第 10 册)·碧苑坛经》, 巴蜀书社, 1992, 第 176 页。

② 胡道静、陈耀庭、林万清主编：《藏外道书（第 19 册）·龙虎山志（卷 11）·阐真篇》，巴蜀书社，1992，第 553–554 页。

③ 胡道静、陈耀庭、林万清主编：《藏外道书（第 26 册）·道窍谈（第 40 章）·仙佛同修说》，巴蜀书社，1992，第 625 页。

④ （清末民国初）敲蹻道人：《元汇医镜》，中国中医药出版社，2015，第 1 页。

⑤ 蒋维乔著：《中国佛教史》，团结出版社，2005，第 324 页。

⑥ 同上，第 326 页。

惟慕有为佛事……心轻禅宗……壬辰（1712）春正月，延僧坐七……即洞达本来。方知惟此一事实之理……恰至明年癸巳（1713）之正月二十一日，复堂中静坐，无意中忽蹋末后一关，方达三身四智合一之理，物我一如本空之道，庆快平生……”① 他辑古来禅师语录中之提持向上、直指真宗者，编为十九卷，名《御选语录》……颇多奇拔之语。② 乾隆（1736–1795 年在位）年间，组织人力将《大藏经》译为满文，历时 18 年。他在《御制清文翻译大藏经序》中说，翻译满文《大藏经》的目的，在于要“以因缘祸福引之”，从而使人们“皆知尊君亲上，去恶从善”③。这仍然是利用佛教“阴翊王度”，利用佛教巩固其统治。

佛教事务管理机构与佛教中国化。中国对佛教事务的管理始于晋代，到唐、宋时期形成了中央政权统一管理、地方政权分层负责的管理体系，以后经历代发展，逐步完善了管理机构设置、各级管理官员选任、寺院、僧尼、活动，以及涉外佛教事务管理制度，规范了佛教管理，对保持社会稳定，维护国家统一起了一定作用，也有力地推进了佛教中国化。尤其是僧官制度的建立，既符合中国实际，又具有中国特色。民国时期建立的佛教社会团体（中华佛教总会、中国佛教会等），是一种完全不同于历史上僧官制度的社会组织，具有民间性、自治性、合法性、正规性和非营利性等特征。在推动佛教适应社会、自我管理、维护佛教界权益等方面做了许多卓有成效的工作，进一步促进了佛教中国化。④

佛教信仰中国化。佛教信仰的中国化，即在信仰形态方面适应了民众的需求，形成了中国佛教内容丰富的菩萨信仰。在中国佛教中，逐渐形成了以观音、文殊、普贤、地藏为代表的四大菩萨信仰体系，分别代表了大乘佛教的悲、智、行、愿四大精神，在此基础上，相应形成了普陀山、五台山、峨眉山和九华山四大名山道场，对于中国佛教信仰形态产生重要影

---

① 《御选语录（卷 18）御制后序》（雍正十一年癸丑九月朔日）。

② 蒋维乔著：《中国佛教史》，团结出版社，2005，第 327–328 页。

③ （清）《高宗御制文》（第九卷）。

④ 中国佛教总会，1912 年 4 月 11 日成立。会址设在上海留云寺。主要领导人有敬安、欧阳渐、谢元量等。提出了“保护寺产、振兴佛教”的口号，出版有《佛教日报》。一度发展到 22 个省级支会，600 多个县级分会。

响。[①] 尤其是观音菩萨的信仰极为突出和普遍。观音信仰于两晋之际传入中国，到宋元时期观音彻底女性化，这与妙善公主故事相关，因此不仅观音身世变了，形象也彻底女性化。逐渐形成了中国特色的杨柳观音、持经观音、白衣观音、施药观音、水月观音、持莲观音、洒水观音等“三十三观音”，以及千手观音、自在观音、渡海观音、送子观音、南海观音等。以致中国不少地方建佛寺只建观音寺、观音院、观音阁、观音庙、观音堂等，还有不少观音山、观音洞等。极大地突出了观音信仰，成为中国佛教信仰的一大特色。观音也是唯一一位被佛教、道教共敬者。

佛教文学艺术中国化。佛教文学艺术中国化是佛教中国化的重要表现形式。主要体现在建筑、雕塑、戏曲以及小说、诗歌等方面。其中，中国佛教建筑是中国传统文化浸染下形成的独特建筑形制。中国佛寺布局，基本上是采取了中国传统建筑的院落式布局方法。一般地说，从山门起，在一条南北轴线上，每隔一定距离，就布置一座殿堂，周围用廊庑以及一些楼阁把它们围绕起来。这些殿堂的重要性，一般地是逐步加强，往往到了第三或第四个殿堂才是庙宇的主要建筑——大雄宝殿。在历史上最初的佛寺就是按照汉朝的官署的布局建造的，在形式上佛教的寺很可能也在很大程度上采用了汉朝官署的寺的形式。[②] 中国佛画是印度佛教绘画艺术与中国绘画艺术相结合的产物，其内容包括非情节性的（如佛、菩萨、罗汉等）和情节性的（如佛传故事、经变故事等）两类。中国佛教绘画发源于印度佛教向中土的传播时期，是中印两国间的文化交汇，后来发展成一支独特的艺术奇葩，有浓厚的中印传统风格，在中国美术史上占有重要地位，除其宗教含义外，有极高的艺术价值和欣赏价值。[③] 佛教中国化在中国戏曲、古典小说、诗歌中亦有表现。魏晋后，随着佛教在中国的传播，佛教形象、佛教仪式及佛教思想，逐步融入早期戏曲中，促进了中国戏曲的发展。佛教影响中国戏曲最主要的是佛教史实，诸如出自佛经的故事，以及观音显迹、僧尼高风、僧俗交通、神僧异行等，作为戏曲创作素材，丰富了戏剧的内容。

① 纪华传：《坚持佛教中国化方向的历史根源与时代意义》，《世界宗教文化》，2017 年第 5 期。

② 梁思成：《中国的佛教建筑》（上），《意林文汇》，2017 年第 12 期。

③ 纳光舜：《话说佛画》，《佛教文化》，1997 年第 4 期。

佛经故事的内容、构思、形式、形象和佛教思想，都对中国古典小说产生了一定的影响。鲁迅先生在《中国小说史略》中指出："魏晋以来，渐译释典，天竺故事亦流传世间，文人喜其颖异，于有意或无意中用之，遂脱化为国有。"①佛教广泛而深刻地影响了中国古典诗歌，中国古典诗歌又为佛教中国化提供了一种新渠道。二者相辅相成，共同推进了佛教中国化。

五、中华人民共和国成立后

1949年10月，中华人民共和国成立，佛教中国化进入新的历史阶段。建国初期，中国共产党和人民政府制定、贯彻了宗教信仰自由的政策与民族平等、民族团结的政策。佛教界爱国人士的社会政治地位得到提高。各民族佛教徒爱国热情空前高涨，同广大人民群众一道积极参加各项爱国、民主、和平运动。全国各地佛教徒积极参加了抗美援朝运动和保卫世界和平运动，大大的提高了爱国主义的精神，在爱国运动中，订立了爱国公约，不少佛教徒参加了各种工作，而且不少人在工作中得到了表扬。②很多寺院和个人，在农业生产或其他工作岗位上都做出了优异的成绩，被评为先进集体和劳动模范或先进工作者。③

中共十一届三中全会后，1980年12月16–23日，中国佛教协会第四届全国代表会议召开。1983年，中国佛教协会成立30周年之际，召开了第四届理事会第二次会议，总结了中国佛教协会三十年的工作，提出了提倡人间佛教思想，发扬中国佛教农禅并重、学术研究、国际交流三个优良传统的指导方针。④1987年后，中国佛教协会积极推进汉传佛教重点寺院制度建设，先后制定了《汉传佛教寺院管理试行办法》《汉传佛教寺院共

---

① 鲁迅著：《中国小说史略》，江西教育出版社，2017年，第26页。

② 赵朴初：《关于中国佛教协会发起经过和筹备工作的报告》（1953年6月3日），载国务院宗教事务局政策法规司编：《中国宗教团体资料》第1辑，中国社会科学出版社，1993，第8页。

③ 赵朴初：《中国佛教协会第二届理事会工作报告》（1962年2月13日），载国务院宗教事务局政策法规司编：《中国宗教团体资料》第1辑，中国社会科学出版社，1993，第43页、第46页。

④ 赵朴初：《中国佛教协会四十年——在中国佛教协会第六届全国代表会议上的报告》（1993年10月15日），《法音》，1993年第12期。

住规约通则》《全国汉传佛教寺院传授三坛大戒管理办法》《关于在全国汉传佛教寺院实行僧尼度牒僧籍制度办法》等管理制度。2019年7月24日，中国佛教协会第九届常务理事会第三次会议通过《坚持佛教中国化方向五年工作规划纲要（2019–2023）》（以下简称《规划纲要》）。明确提出坚持佛教中国化方向的基本内涵、重要意义、指导思想、遵循原则、总体目标、努力方向、重点工作和组织实施，积极推进佛教中国化方向。2020年12月1日，中国佛教协会第十次代表大会从五个方面总结了佛教中国化成就：一是引领增强政治认同。二是引领增强法治观念。三是弘扬爱国主义。四是坚持佛教中国化方向。五是加强藏传、南传佛教工作。通过这些扎实有效的工作，佛教界的政治觉悟、法治观念、制度意识进一步提高，坚持佛教中国化方向的自觉性进一步增强，各民族佛教徒的团结进一步巩固。①

① 释演觉：《坚持佛教中国化方向，推动佛教事业健康发展，为实现中华民族伟大复兴的中国梦贡献力量——中国佛教协会第九届理事会工作报告》，《法音》，2020年第12期。

第一章　汉魏晋南北朝时期：比附格义阶段

汉魏晋南北朝时期，是佛教初传中土、争取立足发展的阶段。当时虽然有中国帝王、官吏和士子信仰佛教，但他们并不真正理解佛教的义理，只是把它当作与黄老、方伎等同的外来道流。士大夫虽有一定了解，但也不普遍。例如，东汉张衡《西京赋》①，描绘长安舞女时提到"桑门"（及沙门），"……妖蛊艳夫夏姬，美声畅于虞氏……眠藐流眄，一顾倾城。展季、桑门，谁能不营？"说妖艳的舞女有极大的诱惑力，在这种氛围下，即使坐怀不乱如柳下惠以及禁绝女色的僧人，恐怕也会为之心动。表明东汉中期，士大夫阶层对于佛教戒律已经有了基本了解。佛教传入中土，有帝王支持的因素，譬如，东汉哀帝元寿元年，大月氏王使臣伊存向中国博士弟子景卢口授《浮屠经》②。东汉永平七年（64）汉明帝"感梦求法"等③，这为佛教传播提供了先决条件。但一种宗教信仰要在与其产生地社会文化回异的国度立足，必须获得官吏仕民的认可和支持。因为佛教与中国文化本身就存在冲突。首先，在实践上，佛教要出家，这跟中国文化特别是儒家文化，绝对不同。儒家文化强调"父母在，不远游"，出家是不孝父母。在理论上，佛教的缘起理论和中国以道家为主的自然观、自然论的冲突。佛教的缘起

---

① 张衡，生卒不详，活动于东汉安帝时期（107–125年在位），字平子，南阳西鄂人也。少善属文，时天下太平日久，自王侯以下，莫不逾侈，衡乃拟班固两都，作《二京赋》，因以讽谏。十年乃成。安帝雅闻衡善术学，公车征拜郎中，出为河间相。

② 哀帝元寿元年（前2）秦景宪受浮居经一事，最先见于（三国·蜀）陈寿《三国志（卷30）·魏书·乌丸鲜卑东夷传》裴松之注引《魏略·西戎传》。

③ （南朝·宋）范晔著：《后汉书（卷88）·西域传（第78）·天竺国》："世传明帝梦见金人，长大，顶有光明，以问群臣。或曰：'西方有神，名曰佛，其形长丈六尺而金黄色。'帝于是遣使天竺问佛道法，遂于中国图画形像焉。楚王英始信其术，中国因此颇有奉其道者。后桓帝好神，数祀浮图、老子，百姓稍有奉者，后遂转盛。"

理论强调因果之间的必然联系，而中国道家的自然观则强调因果之间的偶然关系。[①]这就要求佛教传播者，必须从中国占主导地位的思想中寻求与佛教共同之处。经过观察、研究和思考，逐渐形成比附和格义两种方式宣传佛教义理。而且，佛教僧人也多有研究儒、道二家者，为比附和格义提供了重要前提。如东晋高僧支遁[②]，“尝在白马寺，与刘系之等谈庄子《逍遥篇》”，有人说“各适性以为逍遥”。支遁不认可这种观点，他说：“夫桀跖以残害为性。若适性为得者。从亦逍遥矣。”他于是注解《逍遥篇》。令“群儒旧学莫不叹服”。[③]又如“释昙斐，本姓王。会稽剡人，少出家受业于慧基法师。性聪敏素着领牒之称。其方等深经皆所综达，老庄儒墨颇亦披览。”[④]“史宗……博达稽古辩说玄儒”[⑤]“释慧芬，姓李，豫州人……辩老庄儒墨之要。”[⑥]“释昙迁……笃好玄儒，游心佛义，善谈庄老。”[⑦]

在推进佛教中国化方面，儒者、道家和君王朝臣中部分倡导儒释道融会者，也有所作为。

第一节　佛教人士促进佛教中国化的观点和实践

佛教初传中土，为了让官吏仕民理解佛教教义，佛教人士采用比附和格义方法解释佛理，收到明显效果。

---

① 楼宇烈：《佛教中国化的启示》，《中国宗教》，2016年第10期。

② 支遁（314–366），东晋高僧，号道林，俗姓关，陈留人（一说河东林虑人）。二十五岁出家。在吴地建立支山寺。后去剡地（今浙江嵊县）经会稽郡时，与王羲之晤面，王请他住在灵嘉寺。以后移到石城山，立栖光寺。晋哀帝即位（362）以后，曾屡次派人征请。他于是又到建康，住在东安寺。在晋京停留将近三年，上书请求回山，哀帝应允并给予很优厚的馈赠和照顾。

③ （南朝·梁）释慧皎：《高僧传（卷4）·义解（1）·支遁》。

④ （南朝·梁）释慧皎：《高僧传（卷9）·义解（6）·释昙斐》。

⑤ （南朝·梁）释慧皎：《高僧传（卷11）·神异（下）·史宗》。

⑥ （南朝·梁）释慧皎：《高僧传（卷15）·经师（第9）·释慧芬》。

⑦ （南朝·梁）释慧皎：《高僧传（卷15）·经师（第9）·释昙迁》。

一、比附

比附即将佛教义理与当时中国主流文化思想相对比，力图拉近两者关系。佛教于东汉元寿元年（前2）传入中土①。最初被看做来自异域的道术，称之为“佛道”。初传时期，中国社会对佛教的认知度不高，佛教翻译介绍也很有限。对佛教了解存在不少误区，最为典型的是对信仰对象缺乏认知，“佛”“神”不辨。这在典籍中多有记载。譬如，《后汉书·西域传》载：“世传明帝②梦见金人，长大，顶有光明，以问群臣。或曰：‘西方有神，名曰佛，其形长丈六尺而黄金色。’帝于是遣使天竺问佛道法，遂于中国图画形像焉。楚王英始信其术，中国因此颇有奉其道者。后桓帝好神，数祀浮图、老子，百姓稍有奉者，后遂转盛。”③这段记述表明，汉明帝刘主深信佛教，但又不解佛教义理，不辨佛道之别，仅将其作为一种大神来敬拜。又如，明帝刘庄之弟楚王刘英奉佛。“英少时好游侠，交通宾客，晚节更喜黄老，学为浮屠斋戒祭祀。八年，诏今天下死罪皆入缣赎。英遣郎中令奉黄缣白纨三十匹，诣相国曰：‘托在蕃辅，过恶累积。欢喜大恩，奉送缣帛，以赎愆罪。’国相以闻。诏报曰：‘楚王诵黄老之微言，尚浮屠之仁祠，絜斋三月，与神为誓，何嫌何疑，当有悔吝？其还赎，以助伊蒲塞、桑门之盛馔。’晚节更喜黄老，学为浮屠，斋戒祭祀。”刘英既喜爱黄老之学，又学着做浮屠斋戒祭祀之事，表明其明显混淆了二教，将敬神和拜佛等同。汉桓帝刘志亦兼好佛老。《后汉书·襄楷传》：“又闻宫中立黄老浮屠之祠。此道清虚、贵尚无为，好生恶杀，省欲去奢。今陛下嗜欲不去，杀罚过理，

---

① 佛教传入时间还有数种说法，如朱士行《经录》称：“秦始皇时，西域沙门室利防等十八人，资佛经来咸阳，始皇投之于狱。”（《历代三宝记》卷一引）梁启超认为：此经录本不甚可信，此种断片且传疑的史实，似无征引之价值。但最当注意者，秦始皇实与阿育王同时。阿育派遣宣教师二百五十六人于各地，其派在亚洲者，北至俄属土耳其斯坦，南至缅甸，仅有确证，且当时中印海路交通似已开（法人拉克伯里考据此事颇详）。然则育王所遣高僧或有至中国者，其事非不可能（佛门掌故称育王起四万八千塔，其二在中国。此虽荒诞，然或是育王与中国有关系之一种暗示），但籍曰有之。然既与当时被坑之儒同一命运，则可谓与我思想界没交涉也（见梁启超著：《梁启超中国佛学研究史》，吉林人民出版社，2013，第18–19页）。

② 汉明帝刘庄（57–75年在位）。

③ （南朝·宋）范晔著：《后汉书（卷88）·西域传（第78）》。

既乖其道，岂获其祚哉？”[①]将佛教等同于黄老道术，并将佛教义理解释为“此道清虚，贵尚无为”，认为佛陀是攘灾招福的神祇。《后汉书·孝桓帝纪》范晔评论说：“桓帝……饰芳林而考濯龙之宫，设华盖以祠浮图、老子。”[②]表明东汉宫室信奉佛教一直在延续，且影响相当大。但帝王信仰佛教可能只是一种喜好或者政治上的需要。襄楷在一篇上奏中指出，皇上既然信佛陀，但又不遵其制。佛陀视女色为“革囊盛血”，而“今陛下淫女艳妇，极天下之丽，甘肥饮美，单天下之味，奈何欲如黄老乎？”襄楷的奏折提示皇上，宫中嫔女艳妇如云，极尽天下之华丽，甘肥饮美，尽天下之美味，皇上可能很难成为黄老那样的人。又据《魏书·释老志》载，“汉武元狩中，遣霍去病讨匈奴……获其金人，帝以为大神，列于甘泉宫。金人率长丈余，不祭祀，但烧香礼拜而已。此则佛道流通之渐也。”[③]成书比《魏书》早约200年的《后汉纪》载：“佛身长一丈六尺，黄金色，项中佩日月光，变化无方，无所不入，故能化通万物，而大济群生。”[④]《三国志》载：“浮屠身服色黄，发青如青丝，乳青毛，蛉赤如铜。”[⑤]由此可见，汉魏时期，将“佛”混同于神仙是一个普遍现象。故而这一时期的佛教、道教对话交融，也就出现了佛教较多依附道教，而又随时提防道教渗透，以保持自身的独立性。《法苑珠林》[⑥]载：三国时期孙吴末代皇帝乌程侯孙皓（264–280年在位）辱没佛像受报应。太史占卜后告诉孙皓，这是“犯大神圣所致”。但是“便遍祀神祇并无效应”。乃询问“宫内婇女素有信佛者”。婇女告

---

① （南朝·宋）范晔著：《后汉书（卷30下）·郎顗襄楷列传（第20下）》。

② （南朝·宋）范晔著：《后汉书（卷7）·孝桓帝（纪第7）》。

③ （北齐）魏收撰：《魏书（卷114）·志（第20）·释老（10）》。据汤用彤先生考证，“金人”不是佛像，而是休屠王的祭天神主。见汤用彤著：《汉魏两晋南北朝佛教史》，武汉大学出版社，2008，第10页。

④ （东晋）袁宏撰，李兴和点校：《〈后汉纪〉集校》，云南大学出版社，2008，第123页。

⑤ （三国·蜀）陈寿：《三国志·魏书·乌丸鲜卑东夷传（第30）》。

⑥ 《法苑珠林》（100卷），唐总章元年（668）道世（？–683）著。收于《大正藏》第53册。本书为一切佛经之索引。系道世根据其兄道宣所著之《大唐内典录》及《续高僧传》而编集，具有佛教百科全书之性质。全书分为一百篇六六八部，概述佛教之思想、术语、法数等，博引诸经、律、论、纪、传等，共计四百数十种，其中有现今已不存之经典。又以内容之不同而分类，故使用极为方便。其引用之文并非照经文抄录，而系录其要义。为我国佛教文献中极其珍贵之一部书。

诉他“佛为大神”。孙皓“伏枕归依。忏谢尤恳。有顷便愈”。[①]因此，当时的佛学家即佛教人士，为了便于佛教传播，也就将错就错，采用“比附”方式，向官吏仕民介绍佛教。汤用彤先生指出，“佛教在汉世，本视为道术之一种。其流行之教理行为，与当时中国黄老方伎相通。其教因西域使臣商贾以及热诚传教之人，渐布中夏，流行于民间。上流社会，偶因好黄老之术，兼及浮屠。”[②]

牟子以“佛”比附神、圣。东汉末年佛学家牟子[③]，将“佛”解释为神、圣。有人问“何以正言佛，佛为何谓乎？”佛的准确含义是什么，佛是什么。牟子回答说：“佛者，谥号也。犹名三皇神，五帝圣也。佛乃道德之元祖，神明之宗绪。佛之言觉也，恍惚变化，分身散体，或存或亡，能小能大，能圆能方，能老能少，能隐能彰，蹈火不烧，在祸尤殃，欲行则飞，坐则扬光，故号其佛也。”[④]佛是一个谥号，如同称呼三皇神、五帝圣的尊号一样。佛是道德的始祖，是神明的开端。佛所说的“觉”，恍惚变化，分身散体，或有或无，能小能大，能圆能方，能老能少，能隐能现。踩踏烈火不会烧坏，行走刀锋不会割伤，置身污泥不会肮脏，身逢祸害不会遭殃。想走动就会飞翔，要静坐就会放光。这样，所以就叫做佛。牟子把佛与儒家神圣相提并论，既为佛的合理性找到了依据，也使对佛的理解具有了明显的中国特色。[⑤]

慧思以“修禅”比附“修仙”。梁陈时僧慧思（515–577）在《誓愿文》以佛教“修禅”比附中国神仙方术“修仙”，他大量引用中国神仙方术来加以阐释：“今故入山，忏悔修禅。学五通仙，求无上道。愿先成就，五通神仙。然后乃学，第六神通。受持释迦，十二部经。及十方佛，所有法藏……是故先作，长寿仙人。藉五通力，学菩萨道。自非神仙，不得久住。为法

---

① （唐）道世：《法苑珠林（卷 13）·感应缘》。

② 汤用彤：《汉魏晋南北朝佛教史》，武汉大学出版社，2008，第 79 页。

③ 牟子（170–？），名融，字子博。苍梧郡广信（今广西梧州）人。东汉末年佛学家。博学多才，精通诸子百家。三国初，著《理惑论》（37 篇），糅合儒释道各家学说，倡导儒释道会通。

④ （南朝·梁）僧祐编撰：《弘明集（卷 1）·牟子理惑论》。

⑤ 张荣明著：《信仰的考古——中国宗教思想史纲要》，南开大学出版社，2010，第 132 页。

学仙，不贪寿命。誓以此身，未来贤劫。”[①] 又说；“我今入山修习苦行，忏悔破戒障道重罪。今身及先身，是罪悉忏悔。为护法故，求长寿命，不愿生天及余趣。愿诸贤圣佐助我，得好灵草及神丹，疗治众病除饥渴，常得经行修诸禅。愿得深山寂静处，足神丹药修此愿，藉外丹力修内丹。”[②] 文中多处借用的神仙、芝草、神丹、内丹、外丹以及求长寿命等等，都是佛教吸取神仙道教的炼丹、求长生思想的明证。[③]

安世高在译经中对比附的运用。安世高[④] 翻译《安般守意经》时，大量采用道家名词来阐释此经，他说：“安为身，般为息，守意为道……安为生，般为灭，意为因缘，守者为道也。安为数，般为相随，守意为止也……安为定，般为莫使动摇，守意莫乱意也。安般守意，名为御意至得无为也。安为有，般为无，意念有不得道，意念无不得道；亦不念有，亦不念无，是应空定意随道行。有者谓万物，无者谓疑，亦为空也。安为本因缘，般为无处所，道人知本无所从来，亦知灭无处所，是为守意也。安为清，般为净，守为无，意名为，是清净无为也。”“守意者，无所着为守意。有所着不为守意。何以故。意起复灭故。意不复起为道。是为守意。守意莫令意生。生因有死为不守意。莫令意死。有死因有生意亦不死。是为道也。安般守意有十黠。谓数息相随止观还净四谛。是为十黠成。”[⑤]“清静”“无为”，为《道德经》主要观点，如“清静为天下正”“致虚极守静笃”“道常无为而无不为”等。“数息观”与《庄子》的修道养生观也有许多相似之处，“吹呴呼吸，吐故纳新，熊经鸟申，为寿而已矣。此道引之士，养形之人，彭祖寿考者之所好也。若夫不刻意而高，无仁义而修，无功名而

---

① 慧思：《南岳思大禅师立誓愿文》，载《慧思大师文集》，岳麓书社，2011，第 12–13 页。

② 同上，第 20 页。

③ 卿希泰著：《中国道教思想史纲·汉魏两晋南北朝时期》（第 1 卷），成都：四川人民出版社，1980，第 317 页。

④ 安世高（约 2 世纪），东汉佛教翻译家。本名为清，字世高，以字行，出家前是安息国（亚洲西部的古国，领土有伊朗高原与两河流域）的王太子。自小聪明仁孝，刻苦好学，博览国内外典籍，通晓天文、地理、占卜、推步等术，尤精于医学。汉桓帝建和二年（148）来到洛阳，从事佛经翻译 20 余年。在中国活动约 30 年。

⑤ 《大正藏》（卷 15）·佛说大安般守意经卷（上）。

治，无江海而闲，不道引而寿；无不忘也，无不有也；澹然无极，而众美从之，此天地之道，圣人之德也……故曰：圣人休休焉，则平易矣。平易则恬淡矣。平易恬恢，则忧患不能入，邪气不能袭，故其德全而神不亏。”① 安世高译经非常注意寻找印度佛教和中国本土文化的结合点。佛教“涅槃”和道教“成仙”两个很难调和的概念，在某些佛教著作里竟如此并存而不悖，这恐怕是佛教中国化的应有之义。② 安世高在《阴持入经注》中还借用了道教“元气”等概念，“又犹元气，春生夏长秋萎冬枯。百谷草木，丧于土上，元气潜隐，禀身于下。春气之节至卦之和，元气悄躬于下，禀身于上。有识之灵及草木之栽，与元气相含，升降废兴终而复始，轮转三界无有穷极，故曰种也。”③ 元气，最早见于先秦著作。如战国《鹖冠子》：“天地成于元气，万物成于天地”。④ 东汉王充《论衡》：“元气未分，浑沌为一”，“万物之生，皆禀元气。”⑤ 东汉班固撰《白虎通义》：“天地者，元气之所生，万物之祖也。”⑥ 北周道安《二教论》评述当时译经的基本做法，“西域名佛，此方云觉；西言菩提，此云为道；西云泥洹，此言无为；西称般若，此翻智慧”，此乃“借此方之称，翻彼域之宗，寄名谈实”。⑦

二、格义

格义本意是用比较和类比的方法来解释和理解跨文化背景的概念。佛学上特指佛教传入中国后佛教人士用儒、道等中国传统思想来解释佛学。

佛教初传中土，中土士民多将佛教、道教和神仙方术混为一体。当时统治者提倡黄老之学，佛教为了立足，在宣讲教义和译经时，借用儒家、道家名词。⑧ “佛教在传入中土时，为了吸引国人，所以常借中土现有的

---

① （战国）庄周及弟子：《庄子·外篇·刻意》。

② 赵书廉著：《中国人思想之源——儒释道思想的斗争与融合》，吉林文史出版社，1992，第28页。

③ 《大正新修大藏（第33册）·阴持入经注》。

④ （战国）鹖冠子：《鹖冠子·泰录》。

⑤ （东汉）王充：《论衡·谈天》。

⑥ （东汉）班固撰：《白虎通义·天地》。

⑦ （唐）释道宣撰：《广弘明集（卷8）·道安二教论·孔老非佛第七》。

⑧ 道教和道家有渊源关系，在不少典籍中经常被混用，本书以道教创立为截点，此前称道家，此后一般称道教。道、儒连用时称“两家”，道、佛连用时称“两教”。

学说、习俗、名相以演述佛理，并常将这些哲理与名相，有意无意地掺杂入于佛经中，以造成佛经也能涵赅中国哲理的假象。这种情形，不仅汉魏的格义佛典如此，甚至唐宋时的译经也是如此。后汉佚名译《佛说安宅神咒经》杂有中土移房动土，青龙、白虎等宅神及禁忌之说；东晋佚名译《七佛八菩萨所说大陀罗尼神咒经》卷四有建、除、满、平、定、执等战国及汉代的王相生克观念；梁佚名译《阿吒婆拘鬼神大将上佛陀罗尼经》杂有中土道教灵符；唐婆罗门僧《佛说北斗七星延命经》有中土道教北斗七星神图及符。”① 另一方面，佛教义理有符合当时社会需要的内容。佛教宣扬人间的贫富、夭寿，社会上的不平等现象，是轮回报应的结果。人生的苦由“业”而引起，“业”即是人的种种行为。前生的业决定后世的果报，众生都在三世（过去世、现在世、未来世）六道（天、人、阿修罗、饿鬼、地狱、畜生）中轮回。只有皈依佛门，人们才能彻底解除轮回果报之苦或在来世改变自己的命运，甚至还可以升入极乐世界，永享幸福。佛教的这些教义，不但对于迫切期望改变苦难命运的下层民众特别具有吸引力，而且对于上层分子来说，能通过轮回摆脱死亡后永不复生的命运，也是他们梦寐以求的。② 但解释这些义理时，如果依照佛教原意直解，中国民众不一定能理解，必须采用“格义”的方式。东汉末牟子，三国东吴高僧康僧会，东晋佛学家道安、高僧慧远，南朝名僧慧琳、法雅等，较早运用“格义”方法解释佛经，并取得明显效果。

（一）牟子倡导儒释道三家会通

东汉末牟子（170–？）所著《理惑论》③，这样解释佛教的“道”。有人问牟子，什么是“道”，“道”属于那一类。牟子回答说：“道之言导也，导人至于无为。牵之无前，引之无后，举之无上，抑之无下，视之

---

① 萧登福著：《道家道教与中土佛教初期经义发展》，上海古籍出版社，2003，第 144 页。

② 郑师渠主编：《中国文化通史·魏晋南北朝卷》，北京师范大学出版社，2009，第 34 页。

③ 牟子（170–？），名融，字子博。苍梧郡广信（今广西梧州）人。东汉末年佛学家。博学多才，精通诸子百家。三国初，著《理惑论》（37 篇），糅合儒释道各家学说，倡导儒释道会通。《理惑论》采用了问答形式，问者代表对佛教持怀疑或反对态度者，牟子站在佛教立场作答，他广泛引证道、儒两家观念论证佛教与其具有一致性，都是有助于王化的。

无形，听之无声，四表为大，蜿蜒其外，毫厘为细，间关其内，故谓之道。”[①]实际上用道教义理解释佛教教义。又问“孔子以《五经》为道教。可拱而诵履而行。今子说道虚无恍惚，不见其意，不指其事，何与圣人言异乎？”牟子回答说：“不可以所习为重所希为轻，或于外类失于中情，立事不失道德，犹调弦不失宫商，天道法四时，人道法五常。老子曰，‘有物混成先天地生。可以为天下母。吾不知其名。强字之曰道。’道之为物。居家可以事亲。宰国可以治民。独立可以治身。履而行之充乎天地。废而不用消而不离。子不解之。何异之有乎。”任继愈明确指出，“牟子对佛道所做的解释，则基本上是从道家对道的描述而借用来的。”[②]牟子以这种方式解释佛教义理，并非是他对佛教理论理解不透，而是为了迎合儒、道二家，博取社会的广泛认同，谋求自身发展空间。

（二）康僧会融会佛儒道义理

三国时期康僧会（？ –280）[③]，以其才慧被吴主孙权“拜为博士。使辅导东宫”[④]。后来康僧会与乌程侯孙皓有段对话，表现了其以格义方式阐述佛教义理的特点。孙皓问：“佛教所明，善恶报应。何者是耶？”康僧会回答说：“夫明主以孝慈训世，则赤乌翔而老人见。仁德育物，则醴泉涌而嘉苗出。善既有瑞，恶亦如之。故为恶于隐，鬼得而诛之。为恶于显，人得而诛之。《易》称‘积善余庆’，[⑤]《诗》咏‘求福不回’。[⑥]虽儒典之格言，即佛教之明训。’皓曰：‘若然，则周孔已明，何用佛教？’会曰：‘周孔所言，略示近迹。至于释教，则备极幽微。故行恶则有地狱

---

① （南朝·梁）僧祐编撰：《弘明集（卷1）·牟子理惑论》。

② 任继愈：《中国佛教史》第1册，中国社会科学出版社，1981，第203页。

③ 康僧会(？ –280)，祖籍康居，世居天堂师，随其父经商移居交趾。10余岁出家。吴赤乌十年(247)到建业（今江苏南京）设像行道，孙权为其建建初寺，史称此为江南有佛寺之始。康僧会在建初寺译编有《吴品》（亦谓《小品般若》）、《六度集经》共二部14卷，又传泥洹呗声，注《安般守意》《法镜》《道树》三经。

④ （南朝·梁）释慧皎：《高僧传（卷1）·译经（上）·康僧会》。

⑤ 语出（西周）《周易（卷1）·坤》：“积善之家，必有余庆”。

⑥ 语出（春秋）《诗经·大雅·文王之什·旱麓》：“岂弟君子，求福不回”。意为求福有道不邪不奸。

长苦，修善则有天宫永乐。举兹以明劝沮，不亦大哉。’皓当时无以折其言。皓虽闻正法，而昏暴之性，不胜其虐。”[①]康僧会在回答孙皓的提问时，恰如其分地引用了儒家“五经”中《周易》《诗经》义理作答。可见其对儒家经典十分熟悉。被后世将其看作早期佛儒融合范例之一。[②]康僧会在翻译《六度集经》时，用佛教的菩萨行发挥儒家的“仁道”说，力图把佛教大乘救世学说和儒家仁道思想结合起来。他从佛教的“悲愍众生”出发，特别是以孟子的“仁政”“归仁”思想来发挥佛教理论，力图把孟子的“仁道”作为“三界上宝”，要求“王治以仁，化民以恕”。甚至认为，对于“利己残民，贪而不仁”的君主，臣民们可以起而弃之。不仅大讲“恻隐心”“仁义心”，而且还极力主张“治国以仁”。认为“为天牧民，当以仁道”，除了这些治国牧民之道以外，经中还大力提倡“孝顺父母”，歌颂“至孝之行”。“出世”的佛教在儒家文化的影响下逐渐融入了重视现实人生的品格，这与康僧会等的努力分不开。[③]康僧会在注《法镜经》中有不少道家语词和概念，如“专心涤垢，神与道俱”，而“志寂齐乎无名”，是从《老子》的“吾将镇之以无名之朴”引申而出，“贤圣竞乎清靖，称斯道曰大明”也颇似道家语气。[④]

（三）道安以儒道义理释佛

东晋佛学家道安（312–385）[⑤]，他除提出“依国主，立佛法”的著名理念外，著述多引用儒家义理，在表述形式、应用的范畴、概念，甚至许多词句，都是和它们近似或雷同的。[⑥]《安般注序》言：“安般者……无为故无形而不因，无欲故无事而不适，无形而不因，故能开物；无事而不适，

---

① （南朝·梁）释慧皎：《高僧传（卷1）·译经（上）·康僧会》。

② 赖永海主编：《中国佛教通史》第1卷，江苏人民出版社，2010，第161页。

③ 蔺熙民：《隋唐时期儒释道的冲突与融合》，博士学位论文，陕西师范大学，2011，第24页。

④ 赖永海主编：《中国佛教通史》第1卷，江苏人民出版社，2010，第162页。

⑤ 道安（312–385），东晋佛学家。常山扶柳县（今河北冀州），幼失怙恃，由外兄孔氏抚养。七岁读书，十五岁通达五经。十八岁出家（一说“年十二出家”）。组织翻译了大量佛经。著有《人本欲生经注》《安般注序》等。

⑥ 方立天著：《魏晋南北朝佛教论丛》，中华书局，1982，第19页。

故能成务。[1]成务者，即万有而自彼；开物者，使天下兼忘我也。彼我双废者，守于唯守也。”[2]开物成务，语出《易·系辞上》，意为通晓万物的道理并按这道理行事而得到成功。佛教的般若性空说和老、庄的虚无思想相似，佛教的寂灭可以与老、庄的无为相比附，所以自汉以后，我国的佛教教义就渐渐与老、庄玄理合流。[3]《合放光光赞随略解序》说：“诸五阴王萨云若[4]，则是菩萨来往所现法慧，可道之道也。诸一相无相，则是菩萨来往所现真慧，可道之道，明乎常道也。可道，故后章或曰世俗，或曰说已也。常道，则或曰无为，或曰复说也，此两者同谓之智而不可相无也。斯乃转法轮之目要，般若波罗蜜之常例也。[5]“道可道，非常道”，出自老子《道德经》第一章。意为道若可以言说，就不是永恒常在之道。道安借助“可道”与“常道”这些道家概念来说明物质世界（五阴）所体现的是具体规律，观念世界（诸一相无相）所体现的是一般规律，此二者不可相离，同谓之般若。这种认知的方法是符合般若性空真义中的“中道”思想的。[6]《安般注序》说：“寄息故无六阶之差，寓骸故有四级之别。阶差者，损之又损[7]，以至于无为[8]；级别者，忘之又忘，以至于无欲也。”[9]借用了道教“无为”“损之又损”“忘之又忘”等术语。汤用彤先生评价说：“格义用意，固在融会中国思想于外来思想之中，此则道安诸贤者，不但不非议，且常躬自蹈之……然安公之学，固亦融合《老》《庄》之学说也。不惟安公如是，既当时名流，何人不常以释教、《老》《庄》并谈耶！此证极多，姑不详举。”[10]

---

① 开物成务（通晓物理，成就事务），语出《易·系辞上》：“夫《易》开物成务，冒天下之道，如斯而已者也。”

② （南朝·梁）僧祐撰：《出三藏记（卷6）·安般注序》。

③ 方立天著：《魏晋南北朝佛教论丛》，中华书局，1982，第19页。

④ 萨云若，指无所不知的佛智。

⑤ （南朝·梁）僧祐撰：《出三藏记（卷7）·合放光光赞随略解序》。

⑥ 辛旗：《中国思想通史·魏晋南北朝隋唐卷》，武汉大学出版社，2011，第126页。

⑦ 损之又损：语出（春秋）老子著《道德经（第48章）·忘知》：“老子曰：为学日益，为道日损。损之又损，以至于无。无为而无不为。”

⑧ 无为：语出（春秋）老子著《道德经》第37章：“道常无为而无不为”。

⑨ （南朝·梁）僧祐撰：《出三藏记（卷6）·安般注序》。

⑩ 汤用彤：《汉魏晋南北朝佛教史》，武汉大学出版社，2008，第162页。

（四）慧远倡导佛儒道对话交融

东晋高僧慧远（334–416）①，“博综六经”“尤善老庄”，熟悉道家理论，在为连类（即同类，佛教中人）解释佛教义理时，“能引庄子语”加以释义。他认为：“六合之外②，存而不论者，非不可论，论之或乖。六合之内，论而不辩者，非不可辨，辩之或疑。春秋经世先王之志，辩而不议者，非不可议，议之或乱。此三者，皆即其身耳目之所不至，以为关键，而不关视听之外者也。”③慧远支持儒、道二家探讨的内容不脱离现实世界，并不表明现实世界之外不值得探讨，而是因为的这类讨论弄不好会偏离“道”，会引起混乱。表明儒释道所探讨的义理只是出发点不同，并无根本矛盾。慧远又说：“常以为道法之与名教，如来之与尧孔，发致虽殊，潜相影响，出处诚异，终期则同。详而辩之，指归可见。理或有先合而后乖，有先乖而后合。先合而后乖者，诸佛如来，则其人也。先乖而后合者，历代君王，未体极之主，斯其流也。何以明之？”④指出佛教的道法与中国封建礼教“潜相影响”“终期则同”。慧远还引用《庄子》语说明“形尽神不灭”“……夫神者何耶？精极而为灵者也……情为化之母。神为情之根。情有会初之道。神有冥移之功……庄子发玄音于《大宗》曰，‘大块劳我以生，息我以死’。又以生为人羁死为反真，此所谓知生为大患，以无生为反本者也。”⑤慧远还通过努力，得到一些朝臣支持，妥善解决了“沙门不敬王者”问题，使佛教中国化迈过了一道鸿沟。东晋元兴二年（403），朝中重臣桓玄⑥，继沙汰沙门后，下令僧侣必须敬拜王者。拜佛而不拜人，这是佛教的基本

---

① 慧远（334–416），俗姓贾，中国东晋时人，雁门郡楼烦县（今山西原平）人，出生于世代书香之家。自幼资质聪颖，勤思敏学，十三岁时便随舅父令狐氏游学许昌、洛阳等地。精通儒学，旁通老庄。二十一岁时，偕同母弟慧持前往太行山聆听道安法师讲《般若经》，于是悟彻真谛，于是发心舍俗出家，随从道安法师修行。

② 六合，语出（战国）庄周及弟子《庄子·齐物论》：“六合之外，圣人存而不论；六合之内，圣人论而不议。”

③ （东晋）慧远：《沙门不敬王者论·体极不兼应第四》。

④ （南朝·梁）僧祐编撰：《弘明集（卷第5）·沙门不敬王者论·体极不兼应第四》。

⑤ （南朝·梁）僧祐编撰：《弘明集（卷第5）·沙门不敬王者论·形尽神不灭第五》。

⑥ 桓玄（369–404），字敬道，谯国龙亢（今安徽怀远龙亢镇）人，东晋将领、权臣。

信仰。“若一旦行此，佛教长沦，如来大法，于兹泯灭”。[①]慧远认为这是关乎佛教到生存的大事。慧远针对桓玄提出的“教化应以礼敬为本”“受王德惠礼应敬拜”等观点，撰《沙门不敬王者论》予以说明沙门乃方外之宾，不应该向君主礼拜。他指出，“佛经所明凡有二科。一者处俗弘教。二者出家修道……出家则是方外之宾，迹绝于物……是故凡在出家，皆遁世以求其志，变俗以达其道。变俗则服章[②]，不得与世典同礼，遁世则宜高尚其迹。”[③]出家则为方外之人，其服章、思想、礼仪均异于世俗人等。僧人“虽不处王侯之位，亦已协契皇极，在宥生民矣”[④]。佛教“协契皇极，在宥生民”，是在更高的层次上为国尽忠，为民效力。此乃大忠大孝之举，不能以世俗标准来衡量。在佛教中国化历史上，慧远创立的处理王道与佛法关系的思想，为后世树立了典范。

（五）慧琳倡言三教并立

南朝名僧慧琳[⑤]著《黑白论》（又称《均善论》《均圣论》）。该文假设白学先生（代表儒、道二教）和黑学先生（代表佛教），以问答体例，相互辩难，旨归在调和三教，“但知六度与五教并行，信顺与慈悲齐立耳。殊涂（同‘途’）而同归者，不得守其发轮之辙也”。[⑥]认为佛教六度（佛教的六种修行方法，即：布施、持戒、智慧、忍辱、精进、禅定），与五教（儒家的五教，父义、母慈、兄友、弟恭、子孝）并行，信顺（指道教）与慈悲（指佛教）齐立。慧琳反问对方：“释氏之教，专救夷俗，便无取于诸华邪？”难道佛教只适应于印度，对中国就没有可取之处吗？白学先生在回答这一问题时，归纳儒佛的共同点，列举了佛教对华夏亦有可取之处：“曷为其然。

---

① （南朝·梁）僧祐编撰：《弘明集（卷第12）·远法师答》。

② 服章：本之表示官阶身份的服饰。此处指僧人特有服饰。

③ （南朝·梁）僧祐编撰：《弘明集（卷第5）·沙门不敬王者论·沙门不敬王者论出家第二》。

④ （南朝·梁）僧祐编撰：《弘明集（卷第5）·沙门不敬王者论·沙门不敬王者论出家第二》。

⑤ 慧琳（生卒不详），活动于南朝宋元嘉年间（424–453），秦郡秦县（治今江苏六合县西北）人，俗姓刘。少出家，住冶城寺（位于今江苏南京市）。“有才章，兼外内之学”，著《黑白论》（又称《均善论》《均圣论》）。

⑥ （南朝·梁）沈约著：《宋书（卷97）·夷蛮传·天竺迦毗黎国》。

为则开端，宜怀属绪，爱物去杀，尚施周人，息心遗荣华之愿，大士布兼济之念，仁义、玄一者，何以尚之。惜乎幽旨不亮，末流为累耳。”[①]白学先生也认为：之所以产生这种观念是有原因的。佛教原本是主张关爱众生，反对杀戮，施舍财物，扶危济人，根绝对于荣华富贵的眷恋，大士（指菩萨）的主张是使众生咸受惠益，这与儒家以“仁义”思想、道教以“玄一之道”教化天下，方法虽不同，同样是可以尊崇的。只可惜很多人不明白佛教幽冥之旨，以致于佛教传播中引出了不少麻烦。慧琳以对方之口，点出由于佛教来世轮回因果报应之说不够明晰确实，很容易为有心人所利用，或为一般人所欲和所惧，因而成为佛教的负累，确是中肯之论。[②]

（六）法雅以外书释佛典

南朝河间人法雅[③]，凝正有器度，少善外学，长通佛义，衣冠士子咸附咨禀；时依弟子并世典有功未善佛理，雅乃与康法朗等以经中事数拟配外书[④]，为生解之例，谓之格义。”又言：“法雅风采洒落善于枢机，外典佛经递互讲说，与道安、法汰每披释凑疑，共尽经要。”[⑤]法雅与康法朗等人在释经课徒时，将佛经中名相与以《老子》《庄子》及《论语》为代表的中国经典理念进行比附和解释。

（七）佛教提倡“孝道”

佛教与“孝道”有关的经典有《佛说盂兰盆经》《父母恩难报经》《无量寿经》《观无量寿经》《地藏菩萨本愿经》等。其中以《佛说盂兰盆经》

① （南朝·梁）沈约：《宋书（卷97）·夷蛮传·天竺迦毗黎国》。

② 黎惟东：《慧琳〈白黑论〉探究》，《宗教哲学》，2009年第48期。

③ 河间：指河间郡（今河北河间）。

④ （南朝·梁）释慧皎：《高僧传》。康法朗，中山人，少出家善戒节。尝读经见双树鹿苑之处……乃共同学四人发迹张掖。西过流沙行经三日。路绝人踪。忽见道傍有一故寺……于是四人不复西行。仍留此专精业道。唯朗更游诸国研寻经论。后还中山弟子数百讲法相系。外书，又称外典、世典。佛教称佛经为内典，故将佛经之外的典籍称为外典或外书。主要指老庄儒墨百家之书。

⑤ （南朝·梁）释慧皎：《高僧传·法雅传》。慧皎（497–554），一作惠皎。南朝梁会稽上虞（今属浙江）人。僧人，住会稽嘉祥寺。博学多通，因不满于宝唱的《名僧传》而作《高僧传》，史料价值较高。另有《涅槃义疏》《梵网经疏》。

的翻译和传播影响最大。西晋时期，三藏法师竺法护翻译了《佛说盂兰盆经》，主题是：大目犍连在佛陀门下出家修行，后修得神通，"见其亡母，生饿鬼中，不见饮食，皮骨连立。""目连大叫，悲号涕泣"，向佛问法。佛陀告诉目连，其母罪根深结，非一人之力所能拯救，应仗十方众僧之力方能救度。于是教他在七月十五僧自恣日，为父母供养十方大德众僧，以此大功德解脱其母饿鬼之苦。目连救母的故事在中国民间影响很大，一方面是因为经中宣扬的孝道思想，另一方面也因为此经将佛教的孝道观与祖先崇拜思想紧密结合在一起，更加适应中国社会广大民众生活的需要。其后，七月十五日供养僧众的宗教行事，在中国非常流行，成为民间习俗和民间文化风俗的一部分。①

第二节　儒者助力佛教中国化

儒者参与推进佛教中国化稍晚于佛教人士，时间在西晋末到南北朝时期。代表人物有孙绰、宗炳、颜延之、谢灵运、李士谦。他们又分两种类型：一种是佛教居士和佛学研究者如谢灵运和宗炳；另一种是儒释道义理研究者，如孙绰、颜延之、李士谦。因此，推进佛教中国化，儒者功不可没。

一、孙绰认为"周孔即佛，佛即周孔"

孙绰（314–371）《喻道论》以宾主答难的形式，论证了释儒道基本思想融通性。他明确提出："周孔即佛，佛即周孔，盖外内名之耳。故在皇为皇，在王为王。'佛'者，梵语，晋训'觉'也。觉之为义，悟物之谓。犹孟轲以圣人为先觉。其旨一也。应世轨物盖亦随时。周孔救极弊，佛教明其本耳。共为首尾，其致不殊。即如外圣有深浅之迹。尧舜世夷，故二后高让。汤武时难，故两军挥戈。渊默之与赫斯其迹则胡越。然其所以迹者，何常有际哉。故逆寻者每见其二。顺通者无往不一。"② 儒家与佛教具有共通性。

① 业露华：《道治六亲——佛教孝道观》，宗教文化出版社，2009，第 91–92 页。

② （南朝·梁）僧祐编撰：《弘明集（卷 2）·孙绰喻道论》。

相当于同一事物的内外两面。所以“在皇为皇，在王为王”。孙绰说：“佛有十二部经，其四部专以劝孝为事，殷勤之旨，可谓至矣。而俗人不详其源流，未涉其场肆，便瞽言妄说辄生攻难，以萤烛之见疑三光之盛。”① 认为佛经也宣扬孝道。孝行最重要的是“贵能立身行道，永光厥亲”。释迦牟尼出家修行、成道、传教、降服外道，随后“还照本国，广敷法音；父王感悟，亦升道场。以此荣亲，何孝如之”。还有谁的孝道比得上他。《喻道论》将“佛”当作与中国道教神仙相似的神灵。“雅身丈六，金色焜曜，光遏日月，声协八风。相三十二好，姿八十形伟”。② 佛的神通广大，无所不能，“游步三界之表，恣化无穷之境。回天舞地，飞山结流，存亡倏忽，神变绵邈，意之所指，无往不通”。佛匡正众邪魔，使其走正道，遵规守矩。“大范群邪，迁之正路；众魔小道，靡不遵服”。③ 孙绰曾作《老子赞》：“李老无为，而无不为。道一尧孔，迹又灵奇……永合元气，契长两仪。”又作《商丘子赞》④：“商丘卓荦，执策吹竽。渴饮寒泉，饥食菖蒲……”《释道安赞》：“……渊渊释安，专能兼倍……形虽草花，犹若常在。”《康僧会赞》：“……心无近累，情有余逸……超然远诣，卓矣高出。”⑤ 表露出孙绰释道相融、寻仙慕道的情怀。

二、宗炳倡导儒释道“习善共辙”

宗炳（373–443），字少文，南阳涅阳（今河南邓县东北）人。善操琴绘画，精于言理，好山水，爱远游。刘宋朝廷多次授官职，不受，甘为隐士。曾入庐山与名僧慧远探讨佛理，晚年著成《明佛论》（一名《神不灭论》），主张以佛教大乘教义为指南，认为佛经“包五典之德”，“含老庄之虚”，“孔氏之训，资释氏而通”。在论证大乘之义中尽可能调和儒、道思想。《明佛论》指出佛经是“唯当明精暗向，推夫善道，居然宜修，以佛经为指南耳。彼佛经也，包《五典》之德，深加远大之实；含老、庄之虚，而重增皆空之尽。

① （南朝·梁）僧祐编撰：《弘明集（卷2）·孙绰喻道论》。

② （南朝·梁）僧祐编撰：《弘明集（卷2）·孙绰喻道论》。

③ （南朝·梁）僧祐编撰：《弘明集（卷2）·孙绰喻道论》。

④ 商丘子，西汉人，好吹竽，牧豕。年70不娶。每日食老朮菖蒲根，饮水而已。

⑤ （东晋）孙绰：《晋孙廷尉集》。

高言实理，肃焉感神，其映如日，其清如风，非圣谁说乎？谨推世之所见，而会佛之理，为明论曰：今会自抚踵至顶，以去凌虚，心往而勿已，则四方上下皆无穷也。"①就是说佛教经典的内容包容了儒家和道家义理。而且上下四方无穷无尽。《明佛论》认为"世蕲乎乱，洙泗所弘②，应治道也；纯风弥凋，二篇③乃作，以息动也……儒以弘仁，道在抑动，皆已抚教得崖，莫匪尔极矣。虽慈良、无为，与佛说通流，而法身、泥洹无与尽言，故弗明耳。且凡称'无为而无不为'者，与夫'法身无形，普入一切'者，岂不同致哉！是以孔、老、如来，虽三训殊路，而习善共辙也。"三教适应不同的时运而兴，其教化目标各有侧重。儒家是治乱之道，道家是寡欲之道。道教"无为而无不为"，与佛教"法身无形，普入一切"，两者殊途同归。他希望封建统治者"今依周、孔以养民，味佛法以养神，则生为明后，没为明神而常王矣"④。即以教化民众，修习佛法以调养精神则生为明君，死为明神，转世为王。宗炳提出"孔氏之训，资释氏而通"的观点，他说："夫自古所以丕显治道者，将存其生也。而苦由生来，味者不知矣。故诸佛悟之以苦，导以无生。无生不可顿体，而引以生之善恶同。善报而弥升，则朗然之尽可阶焉……但因缘有先后，故对至有迟速，犹一生祸福之早晚者耳。然则孔氏之训，资释氏而通，可不曰玄极不易之道哉！"⑤

三、颜延之辨析佛道义理

颜延之（384–456），字延年，琅琊临沂（今山东临沂）人，南朝宋文学家。曾任金紫光禄大夫等。颜延之既习儒学，又信奉佛教，和一些著名的僧人来往。颜延之评说道教与佛教差异，"为道者盖流出于仙法，故以练形为上；崇佛者本在于神教，故以治心为先。练形之家，必就深旷，反飞灵，糇丹石，粒芝精，所以还老却年，延华驻彩，欲使体合纁霞，轨遍天海，此其所长。及伪者为之，则忌灾祟，课粗愿，混士女，乱妖正，此其巨蠹也。治心之术，

---

① （南朝·梁）僧祐编撰：《弘明集（卷2）·宗炳明佛论（神不灭论）》。

② 洙、泗，即洙水和泗水。春秋时属鲁国地。孔子在洙、泗之间聚徒讲学。此处代指儒家。

③ 二篇，《道德经》分上下两篇，原文上篇《德经》、下篇《道经》。此处代指道教。

④ （南朝·梁）僧祐编撰：《弘明集（卷2）·宗炳明佛论（神不灭论）》。

⑤ （南朝·梁）僧祐编撰：《弘明集（卷2）·宗炳明佛论（神不灭论）》。

必辞亲偶，闭身性，师净觉，信缘命。所以反壹为主，克成圣业，智邈大明，志狭恒劫，此其所贵。及诡者为之，则藉发落，狎菁华，傍荣身，谋利论，此其甚诬。”① 颜延之认为道教以“练形为上”佛教以“治心为先”方式上的不同，并没有本质上的区别。评说佛教：“崇佛者本在于神教，故以治也为先。”“治心之术，必辞亲偶，闭身性，师净觉，信缘命，所以反壹为生，克成圣业，智邀大明，志狭恒劫，此其所贵。及诡者为之，则藉发落，狎菁华，傍荣声，谋利论，此其甚诬。”② 颜延之认为儒释道之间“达见同善，通辩异科从而别之，县途参陈，要而会之，终致可一”③。颜延之反驳何承天对佛教的误解时说：“人有贤否，则意有公私，不可见物或期报，因谓树德皆要。且经世恒谈，贵施者勿忆，士子服义，犹惠而弗有。况在闻道要，更不得虚心，而动必怀嗜，事尽惮权邪？”④ 佛教不是倡导功利，而是追求内在价值。又说：“常善以救，善亦从之，势犹影表，不虑自来，何言乎要惠说报？疑罪勤施，似由近验吝情，远猜德教，故方罚矜功，而滥咎忘贤。”⑤

四、谢灵运融会儒释道义理

谢灵运（385–433），名公义，字灵运。会稽始宁（今浙江上虞），南北朝时期杰出的诗人、佛学家、旅行家。谢灵运早在晋安帝义熙七年（411）就入庐山东林寺拜谒慧远法师。义熙九年（413）五月，庐山“万佛台”建成，慧远请谢灵运撰《佛影铭》刻于其上。谢灵运“援笔兴言，情百其慨”，撰成《佛影铭》，表达了他对于佛教的见解：“群生因染，六趣牵缠，七

① （南朝·梁）僧祐编撰：《弘明集（13）·颜延之庭诰》。

② 同上。

③ 同上。

④ （南朝·梁）僧祐编撰：《弘明集（13）·颜延之释何衡阳达性论》。

⑤ （南朝·梁）僧祐编撰：《弘明集（13）·颜延之重释何衡阳达性论》。

识迭用，九居屡迁。[①] 剧哉五阴，倦矣四缘[②]，遍使轮转……亹亹正觉[③]，是极是理。动不伤寂，行不乖止。晓尔长梦，贞尔沉诐。[④] 以我神明，成尔灵智。我无自我，实承其义。尔无自尔，必祛其伪。伪既殊涂，义故多端……匪质匪空，莫测莫领……式厉厥心，时逝流易。敢铭灵宇，敬告振锡。"[⑤] 众生因在尘世中，受到"六趣牵缠，七识迭用，九居屡迁"，陷入轮回。勤勉不倦寻求真正之觉悟，才是至极之理。生活中才不至于伤落寂寥，行为有失。谢灵运《辩宗论》，论述了究极之真理以及修习此理之方法。认为佛教和儒家所领悟的道理具有同一性，评述了佛教所说"渐悟"（渐进性修行）与儒家顿然领悟真理。承继了晋宋间高僧竺道生"顿悟"理论，但主张复归于自己清净之本来性，其论说隐含道家思想。《辩宗论》云："同游诸道人，并业心神道，求解言外，余枕疾务寡，颇多暇日，聊伸由来之意，庶定求宗之悟。释氏之论，圣道虽远，积学能至，累尽鉴生，方应渐悟。孔氏之论，圣道既妙，虽颜殆庶。[⑥] 体无鉴周，理归一极。有新论道士[⑦] 以为：'寂鉴微妙，不容阶级，积学无限，何为自绝。'今去释氏之渐悟，而取其能至，去孔氏之殆庶，而取其一极。[⑧] 一极异渐悟，能至非殆庶。故理之所去，虽合各取，然其离孔、释远矣。余谓二谈，救物之言，道家之唱，得意之说。敢以折中自许，窃谓新论为然，聊答下意，迟有所悟。"[⑨] 谢灵运赞同竺道生提出的"顿悟"论，认为佛教"渐悟"的修持方式，道

---

① 六趣：佛教语。众生由业因之差别而趣向之处。七识，佛教语。法相宗谓从根本识中派生的七种精神和感觉现象，即眼、耳、鼻、舌、身、意、末那。亦称七转识。九居，亦称九有、九地。佛教语。谓众生轮回之三界。凡欲界一地，色界四地，无色界四地。

② 五阴，即色阴、受阴、想阴、行阴、识阴。四缘：因缘、等无间缘、所缘缘、增上缘等。

③ 亹亹（wěi）：勤勉不倦貌。

④ 诐（bì）：辩论。

⑤ （唐）释道宣撰：《广弘明集（卷 15）·谢灵运佛影铭（并序）》。

⑥ 虽颜殆庶，语出《直方周易·系词下》，子曰："颜氏之子，其殆庶几乎！"（颜回这个人，或许知晓众多隐微吧。）

⑦ 道士，即竺道生（355–434），晋宋间高僧。俗姓魏，巨鹿（今河北平乡）人，居彭城（今江苏徐州）。家庭为士族。幼随竺法汰出家，改姓竺。后来从鸠摩罗什译经，是鸠摩罗什的著名弟子之一

⑧ 一极，语出《普贤行愿品疏》，一极者，谓华严经广谈法界之旨妙极无二也。

⑨ （唐）释道宣撰：《广弘明集（卷 18）·谢灵运辩宗论诸道人王卫军问答》。

路遥远，但逐步积累，也能实现。孔子的理论是很好的，但是就是颜回那样的智慧也未必能全面理解。但与佛教义理是相通的。如果不采用佛教渐悟之法，“而取其能至”，去孔子隐微的内容，取其与佛教相一致的理论，使二者相融会。

五、李士谦倡导儒释道三教合一

李士谦（523–588），字子约，赵郡平棘县（今河北赵县）人。敏慧好学，十岁即通经史，能撰文，隋朝建立，隐居乡间。李士谦论三教，“士谦善谈玄理，尝有一客在坐，不信佛家应报之义，以为外典无闻焉。士谦喻之曰：“积善余庆，积恶余殃，高门待封，扫墓望丧，岂非休咎之应邪？佛经云轮转五道，无复穷已，此则贾谊所言，‘千变万化，未始有极，忽然为人’之谓也。①佛道未东，而贤者已知其然矣。至若鲧为黄熊，杜宇为鷤鴂，褒君为龙，牛哀为兽，君子为鹄，小人为猿，彭生为豕，如意为犬，黄母为鼋，宣武为鳖，邓艾为牛，徐伯为鱼，铃下为乌，书生为蛇，羊祜前身，李氏之子，此非佛家变受异形之谓邪？”客曰：“邢子才云，岂有松柏后身化为樗栎，仆以为然。”士谦曰：“此不类之谈也。变化皆由心而作，木岂有心乎？”客又问三教优劣，士谦曰：“佛，日也；道，月也；儒，五星也。”②《佛祖统纪》（卷40）也记此事：“开皇九年（589），李士谦雅好佛学兼善玄谈。有客问三教优劣。士谦曰：‘佛日也；道月也；儒五星也’。时以为至论。”（原注：《无量寿佛经》：“惟愿佛日教我观于清净业处。”）③李士谦以日、月、五星比喻三教，并不是说三教中佛教最高，而言明日、月、星都是用光辉照耀世界，使得万物能生存运转，因此“三者阙一则安立不成”，三教对于统治者治世都是必须的，三教各有所长，本质上是一致的。这就是《易经》所言“乾道变化，各正性命”的道理。

---

① 语出（西汉）贾谊《鹏鸟赋》：“千变万化兮，未始有极，忽然为人兮，何足控抟”，意为千变万化，没有终结。有一天生而为人，也没什么可得意的。

② （唐）魏征撰：《隋书（卷77）·隐逸·李士谦》。

③ （南宋）志磐撰，释道法校注：《佛祖统纪校注》（下），上海古籍出版社，2012，第896页。

第三节　道教助推佛教中国化

道教创立略晚于佛教传入，但道家思想在春秋时期（公元前770–前476年）已经传播①。在道教开创时期，道教与儒、释的关系异常密切。在汉代，由于儒学的阴阳五行化和儒家经典的神秘化，特别是谶纬之学的盛行，儒、道之间相互吸引，相互结合。在佛教开始传入中国的时候，这种外来的宗教，为了便于在中国土地上生根立脚，也不得不与当时流行的神仙方术思想结合起来，把原来的佛教思想尽量染上一层神仙方术的色彩。而神仙方士在创立道教的过程中，也利用佛教的某些教义来编造道教的教义，模仿佛教的某些科仪来制定道教的科仪。所以，当时有不少人把佛教看作是神仙方术中的一种，或称之为浮屠道，而与黄老道等量齐观。②可见，无论是出于何种原因，道教人士倡导"道、释"二教融会，客观上有利于佛教中国化。

这一时期道教倡导"三教融会"代表人物主要有顾欢、孟景翼等。

一、顾欢认为佛道义理相同

顾欢（420–483），字景怡，一字元平，吴郡盐官（今浙江海盐县）人。南朝齐大臣，著名上清派道士。顾欢认为佛道义理同源。他在《夷夏论》中指出："五帝、三皇，莫不有师。国师道士，无过老、庄，儒林之宗，孰出周、孔。若孔、老非佛，谁则当之。然二经所说，如合符契。道则佛也，佛则道也。其圣则符，其迹则反。或和光以明近；或曜灵以示远。道济天下，故无方而不入；智周万物，故无物而不为。其人不同，其为必异。各成其性，不易其事。"③顾欢在此指出：三皇五帝时，就有效法的榜样。其后国家尊崇的有道之士为老子、庄子，儒家尊奉者为周公、孔子。二教在教法理论上是相通的。他们各自所述说的理论多相契合，但二教礼仪规制却

---

① 关于春秋时期，另一说为公元前770年–前403年。

② 卿希泰著:《中国道教思想史纲·汉魏两晋南北朝时期》第1卷，四川人民出版社，1980，第304页。

③ （南朝·梁）萧子显撰：《南齐书（卷54）·高逸、顾欢传》。

是相反的。道教如柔和之光，重在解决现世问题；佛教犹如太阳光芒照亮和显示很远的区域。道教之道济天下，所以无处不到；佛教之智慧遍及万物，所以没有什么事不能成就。佛道目的均为劝善戒恶，教化众生。但由于二教创立地种族、地理、文化不同，二教教化对象、行教方式、传教形式不同。譬如，传播方式上，“佛法垂化，或因或革。清信之士，容衣不改；息心之人，服貌必变。变本从道，不遵彼俗，教风自殊，无患其乱。孔、老、释迦，其人或同，观方设教，其道必异。孔、老治世为本，释氏出世为宗。发轸既殊，其归亦异。符合之唱，自由臆说。”[①] 顾欢认为，“今佛既东流，道亦西迈，故知世有精粗，教有文质。然则道教执本以领末，佛教救末以存本。请问所异，归在何许？若以翦落为异，则胥靡翦落矣。若以立像为异，则俗巫立像矣。此非所归，归在常住。常住之象，常道孰异？”[②] 意思是说，现在既然佛教东传中土，道教也迈进西方，通过这种交流，也使人们由此明白世风有精粗之分，宗教有文质之别。但道教执守根本以引导末流，佛教拯救末流以留存根本。要寻求二者差别有哪些，如果仅认为差别在于是否薙发，那么罪犯也是要剪掉头发的；如果以为差别在于是否树立偶像，那么巫觋也是树立偶像的。这些外在的内容都不是根本，其根本恒常永住。佛道二教都以亘古不易的教理展示其“象”，其根本道理具有相通性。

二、孟景翼倡言佛道二教同一

孟景翼（生卒不详，主要活动时间为479-502年），字辅明（一字道辅），平昌安丘（今属江苏）人。一说吴兴人。性至孝。南朝齐梁道士。著《正一论》论述佛道二教的一致性。据《南史》载，起因是时有儒者明僧绍[③] 著《正二教论》，指出，“佛明其宗，老全其生。守生者蔽，明宗者通。今道家称长生不死，名补天曹，大乖老、庄立言本理。”目标直指当时流行的“佛道合一”论，认为“佛道合一”不仅与佛教教义不符，也背离了道家创始

---

① （南朝·梁）萧子显撰：《南齐书（卷54）·高逸、顾欢传》。

② 同上。

③ 明僧绍，字承烈，平原（今山东平原）人。宋元嘉中举秀才明经。宋、齐统治者屡征不就。通儒明佛，聚徒讲学。

者老子的宗旨。文惠太子、竟陵王萧子良（460–494）好佛法，召吴兴孟景翼入玄圃（宫中园名，时作讲经之处），参与众僧聚会。萧子良送孟景翼《十地经》。孟景翼因此撰《正一论》，阐述佛道合一论。《正一论》认为："《宝积》云，'佛以一音广说法'。《老子》云，'圣人抱一以为天下式'。一之为妙，空玄绝于有境，神化赡于无穷。为万物而无为，处一数而无数。莫之能名，强号为'一'。在佛曰'实相'，在道曰'玄牝'。道之大象，即佛之法身。以不守之守守法身，以不执之执执大象……老、释未始于尝分，迷者分之而未合。"① 孟景翼认为佛道同一，不仅许多基本理念如佛教"实相"（事物真相）与道教"玄牝"（衍生万物的本源），道教"大象"与佛教"法身"。而且佛道原本未分离，只因出现某些混淆才产生分离。孟景翼《正一论》，吸收佛教法身思想，极度发挥老庄思想，论述二教的一致性。②

第四节 帝王及朝臣对佛教中国化的促进

汉魏两晋南北朝时期，一些帝王及朝臣对儒释道的态度，在一定程度上也促进了佛教中国化。其中，东晋帝王贵族奉佛成为风尚，佛教得到皇室的支持，东晋皇帝都信奉佛法，结交僧尼。据法琳《辩正论》载，东晋元帝、明帝、成帝、孝文帝、哀帝、简文帝、孝武帝、安帝等都奉佛，都扶持佛教的发展，他们造寺、度僧、设斋，并鼓励译经、讲学、造像，这是此前未曾出现过的现象。③

汉魏两晋南北朝有的主张佛道共敬（如汉桓帝刘志）；有重儒崇佛（如宋文帝刘义隆）；有主张融会儒释（如齐竟陵王萧子良）；有倡导"三教同源"（如梁武帝萧衍）。尤以梁武帝萧衍（464–549）"三教同源"影响最大。他认为儒释道三教"分别根难一，执著性易惊""穷源无二圣，测善非三英"。④

---

① （南朝·梁）萧子显撰：《南齐书（卷 54）·顾欢》。

② ［日］久保田量远著：《中国儒道佛交涉史》，胡恩厚译，金城书屋，1986，第 86 页。

③ 赖永海主编：《中国佛教通史》第 1 卷，江苏人民出版社，2010，第 298 页。

④ （唐）释道宣撰：《广弘明集（卷第 30 上）·梁武帝述三教诗》。

一、汉桓帝刘志主张佛道共敬

刘志（132–168），字意，生于蠡吾（今河北博野）。谥号孝桓皇帝。他爱好佛事，于“宫中立黄老、浮屠之祠”[①]“设华盖以祠浮图、老子，浮图，今佛也。《续汉志》曰：‘祠老子于濯龙宫，文罽为坛，饰淳金扣器，设华盖之坐，用郊天乐。’”[②]桓帝在宫廷内佛、道共敬，说明当时是将佛教看作道教同类，“佛”只是作为一种“神”敬拜。从汉桓帝荒淫无度，“杀无罪，诛贤者，祸及三世”看，其对佛教并非有真正的信仰。但作为国君，他主张“佛道共敬”，有促进佛教发展的作用。

二、南朝宋文帝刘义隆重视儒学

刘义隆（407–453）[③]重视儒学，崇奉佛教。他曾经对侍中何尚之说：“吾少不读佛经，比复无暇，三世因果，未辨致怀，而复不敢立异者，正以前达及卿辈时秀皆敬信故也。范泰、谢灵运每云[④]：《六经》典文，本在济俗为治耳，必求性灵真奥，岂得不以佛经为指南耶！颜延年之折《达牲》[⑤]，宗少文之难《白黑论》[⑥]，明佛法汪汪，尤为明理，并足开奖人意。若使率土之滨，皆纯此化，则吾坐致太平，夫复何事！”[⑦]宋文帝说自己

---

① （南朝·宋）范晔著：《后汉书（卷30下）·襄楷传》。襄楷字公矩，平原隰阴人（今山东临邑西）。好学习，博通古书，会天文阴阳之术。

② （南朝·宋）范晔著：《后汉书（卷7）·孝桓帝纪第七》。

③ 刘义隆（407–453），小字车儿。南北朝时期刘宋王朝的第三位皇帝。宋武帝刘裕第三子，424年即位，年号“元嘉”。在位30年，谥号“文皇帝”。

④ 范泰（355–428），字伯伦，顺阳山阴（今河南淅川）人。南朝宋大臣、学者、经学家范宁长子，历史学家范晔之父。仕东晋和刘宋朝，曾任侍中、左光禄大夫、国子祭酒等。谥号宣。著有《古今善言》。谢灵运（385–433），原名公义，字灵运，以字行。会稽始宁（今浙江上虞）。诗人、佛学家、旅行家。博览群书，工诗善文。其诗与颜延之齐名，并称“颜谢”。兼通史学，擅书法，曾翻译佛经。明人辑有《谢康乐集》。

⑤ 颜延年（384–456），名延之，字延年，琅琊临沂（今山东临沂）人。晋、宋两代，曾任正员郎、国子祭酒、太常、金紫光禄大夫等。《达性》，指何承天所作《达性论》。

⑥ 宗炳（373–443），字少文，南阳涅阳（今河南邓县东北）人。南朝刘宋时期隐士。著《明佛论》，调和儒、道思想论证大乘之义。

⑦ （南朝·梁）僧祐编撰：《弘明集（卷11）·何令尚之答宋文帝赞扬佛教事》。

小时候未读过佛经，做了皇帝又无暇阅读，所以对佛教教义不太了解。他没有提出反对佛论，是因为前辈贤达和朝中众卿多“敬信”佛教。他与范泰、谢灵运、颜延之、宗炳等才智杰出者谈论佛教，受到启发：深知佛教对国家统治大有裨益。如果普天之下的民众都能受到佛教教化，天下太平就容易实现了。自己也用不着为治理国家而操心了。后有范泰《踞食表》[①]言：“陛下体达佛理，将究其致，远心遐期，研精入微。但恨起予非昔，对扬未易。臣少信大法，积习善性，颇闻余论，髣髴[②]玄宗。往者侍坐，过蒙眷诱，意猥词讷，不能有所运通，此之为恨，毕世无已……”范泰给宋文帝的这份奏章，称“体达佛理”“研精入微”。虽是赞语，宋文帝登基时范泰已经六十岁了，奏章所讲的应当是实情。说明刘义隆的确重视佛教。

三、齐竟陵王萧子良融会儒释

萧子良（460–494），齐武帝萧赜次子。武帝即位，封竟陵王。官至侍中，尚书令、中书监，司徒，太傅。笃信佛教。《南齐书》载：“又与文惠太子同好释氏，甚相友悌。子良敬信尤笃，数于邸园营斋戒，大集朝臣众僧，至于赋食行水，或躬亲其事，世颇以为失宰相体。劝人为善，未尝厌倦，以此终致盛名……世祖不豫，诏子良甲仗入延昌殿侍医药。子良启进沙门于殿户前诵经，世祖为感梦见优昙钵华。子良按佛经宣旨使御府以铜为华，插御床四角。”[③]著有《净住子净行法》[④]，叙述佛道修行要旨，以儒家之伦理精神阐释，日常生活中实践佛教规仪，为佛教初学者之入门书。例如，“九十六种道，而佛道为最上胜者。非无其义。夫立名所以表德。非德无以显名。有名未必具德。有德名非虚唱……是知有名无德者外道也。有德有名者佛道也。”[⑤]在《克责身心门第六》还引用儒家观点阐释佛教教义，“经

---

① （南朝·梁）僧祐编撰：《弘明集（卷 12）·范伯伦论踞食表》。范泰（355–428），字伯伦，顺阳山阴（今湖北光化西北）人。南朝宋大臣、学者。为范晔之父。著有《古今善言》《宋书本传》等。

② 髣髴（fǎng fú），意为是隐约，依稀；类似，好像。

③ （南朝·梁）萧子显撰：《南齐书（卷 40）·竟陵文宣王萧子良传》。

④ （唐）释道宣撰：《广弘明集（卷第 27）·南齐文宣公净住子净行法门》。净住子，以沙门净身口七支，不起诸恶，长养增进菩提善根，如是修习成佛无差，则能绍续三世佛种，是佛之子，故称净住子。

⑤ （唐）释道宣撰：《广弘明集（卷第 27）·南齐文宣公净住子净行法门·皇觉辨德门第一》。

云：‘赞人之善不言己美。’书云：‘君子扬人之美不伐其善。’经云：‘恕己可为譬。勿杀勿行杖。’书云：‘己所不欲，勿施于人。’今以经书交映。内外之教其本均同。正是意殊名异。若使理乖义越者。则不容有此同致。所以称内外者本非形分。但以心表为言也。经云：‘佛为众生说法断除暗惑。犹如良医随疾授药。’书云：‘天道无亲惟仁是与。’……”①

四、梁武帝萧衍“三教同源”观

梁武帝萧衍（464–549），字叔达，小字练儿，南兰陵郡武进县（今江苏丹阳）人，南北朝时期梁朝的建立者，南朝诸帝中在位时间最长的皇帝。《梁书》称其“少而笃学，洞达儒玄”②。《隋书》云：“武帝弱年好事，先受道法。及即位，犹自上章，朝士受道者众。三吴及边海之际，信之逾甚。”③梁武帝早年“洞达儒玄”，习儒业，研道家。到了梁天监三年（504）四月八日，他“躬运神笔下诏舍道”，下《舍事李老道法诏》：“弟子经迟迷荒，耽事老子，历叶相承，染此邪法，习因善发，弃迷知返，今舍旧医，归凭正觉。”④表明舍事李老道法。梁武帝提出“三教同源”，其思想集中体现于《述三教诗》（述，亦作会），其诗云：“少时学周、孔，弱冠穷《六经》……中复观道书，有名与无名……晚年开释卷，犹月映众星，苦集始觉知，因果方昭明，示教唯平等，至理归无生。分别根难一，执著性易惊，穷源无二圣，测善非三英……”⑤可见他是由少习儒业，继研道家，晚归释教对儒、道、释均有研习。《述三教诗》首先表明了梁武帝“三教同源”思想。梁代释智藏⑥《奉和武帝三教诗》，“心源本无二，学理共归真。四执迷丛药，六味增苦辛……周孔尚忠孝，立行肇君亲。老氏贵裁欲，存生由外身……安知悟云渐，究极本同伦。我皇体斯会，妙鉴出机神。

---

① （唐）释道宣撰：《广弘明集（卷第27）·南齐文宣公净住子净行法门·克责身心门第六》。

② （唐）姚察、姚思廉撰：《梁书（卷第3）·本纪第三·武帝下》。

③ （唐）魏征撰：《隋书（卷35）·经籍志（四）》。

④ （唐）释道宣撰：《广弘明集（卷第4）·梁武帝舍事李老道法诏》。

⑤ （唐）释道宣撰：《广弘明集（卷第30·上）·梁武帝述三教诗》。

⑥ 智藏（458–522），南朝梁时僧。吴郡人，俗姓顾，本名净藏。年十六，代宋明帝出家。讲说经论，博采众说，时辈莫及。梁武帝甚器重之住钟山开善寺。

眷言总归辔，回照引生民……”①梁释智藏在《奉和武帝三教诗》中说：“周孔尚忠孝，立行肇君亲；老氏贵裁欲，存生由外身……安知悟云渐，究极本同伦。我皇体斯会，妙鉴出机神。”说明梁武帝并非真正放弃儒、道二教，而是要融合三教，只有这样才能实现“回照引生民”的目的。

第五节　儒释道辩论

佛教初传中土，从皇室到一般知识阶层都非常尊信，连续不断的有人跟随西来的僧侣出家，势力逐步大，因此引起了一些道士的嫉妒。以致引发佛道二教对辩等，这在客观上促进了三教交流融会。

南北朝时期朝廷几度召集儒释道人士对辩，这种特殊形式的对话，对于三教在义理上深化自身、了解对方有积极意义。

一、北魏孝明帝正光元年对辩

北魏正光元年（520），朝廷召集清通观道士姜斌与融觉寺僧人昙无最对论佛、道二教先后。昙无最驳倒了姜斌，姜斌配徙马邑②。“正光元年，明帝加朝服大赦天下。召佛道二宗门人殿前。斋讫，侍中刘腾宣敕。请法师等与道士论议，以释弟子疑网。时清通观道士姜斌与融觉寺僧昙无最对论。”皇帝提问：“佛与老子同时不？”姜斌认为佛陀和老子是同时代的人：“老子西入化胡。佛时以充侍者。”依据是道教的《老子开天经》。姜斌说：老子是东周定王三年乙卯之岁出生，东周敬王元年庚辰之岁，去周出关。昙无最说：佛是西周昭王二十四年四月八日生，西周穆王五十二年二月十五日灭度。佛灭后经过 345 年，才到东周定王三年老子的降生之年：“计入涅槃后经三百四十五年。始到定王三年。老子方生”。则佛老的先后，一目了然。姜斌追问昙无最有何依据，“若佛生周昭之时，有何文记”。昙无最回答说：《周书异记》和《汉法本内传》都这么记载。姜斌转换话

① （唐）释道宣撰：《广弘明集（卷第 30・上）・诗纪（94）・释智藏奉和武帝三教诗》。

② 马邑县，西汉时置（位于今山西省朔州市朔城区）；北魏时置马邑郡。

题说：为何孔子这样的圣人，在他的文字中从未提及佛，可见孔子不知有佛。昙无最回答说：孔子著有卜经《易三备》，其中的《中备》，载有佛之文言："佛之文言出在中备。仁者早自披究。不有此迷"。最后，姜斌被当庭判为论辩失败而遭流放，"帝加斌极刑。三藏法师菩提流支苦谏乃止。配徙马邑"，而且还连累到《老子开天经》等道经被判定是伪经。①

二、北齐文宣帝天保六年对辩

北齐天保六年（555），文宣帝敕召沙门与道士对辩，道教辩败，敕道士削发为僧。道教一方以金陵道人陆修静为代表，佛教一方以上统法师为代表。北周武帝天和四年（569），武帝集百官、道士、沙门、名儒2000余人，讨论释、老，判定以儒教为先，佛教为后，道教最上。

三、北周建德二年对辩

《周书》载：北周建德二年（573），"十二月癸巳，集群臣及沙门、道士等，帝升高座，辨释三教先后，以儒教为先，道教为次，佛教为后。"②诏令韦敻③分辨它们的优劣，韦敻撰《三教序》奏之，"武帝又以佛、道、儒三教不同，诏复辨其优劣。敻以三教虽殊，同归于善，其迹似有深浅，其致理殆无等级。乃著《三教序》奏之。帝览而称善。"④韦敻认为，三教虽然表现形式不同，但都倡导善行，从行为方式看感觉有深浅之别，但从教理上并无高下之分。武帝看后表示赞同。其中元嘉十二年（435），僧人慧琳撰《白黑论》，在论述儒释道三教各有所长、倡导三教调和的同时，批评佛教因果报应、轮回转世说。衡阳太守何承天与慧琳关系密切，他赞

---

① （唐）释道宣撰：《广弘明集（卷第1）·元魏孝明召佛道门人论前后七》。有关这场对辩的记载，见于《大藏经》，释法琳《破邪论》，释彦琮《护法沙门法琳别传》，释道宣《续高僧传·昙无最传》《集古今佛道论衡》卷甲，释道世《法苑珠林》（卷55），释智升《续集古今佛道论衡》等书。

② （唐）令孤德棻撰：《周书（卷5）·武帝纪（上）》。令狐德棻（583–666），字季馨，宜州华原（今陕西耀州）人，隋唐时期史学家、藏书家。

③ 韦敻（xiòng）（502–578），字敬远，京兆杜陵（今陕西西安）人。北魏到北周时期处士。起家雍州从事，称病离任。隐居林泉，专心读书。学问渊博，受到北周皇帝的推崇和尊敬，赐号"逍遥公"。劝诫北周宣帝宇文赟节俭。撰写《三教序》。

④ （唐）令孤德棻撰：《周书（卷31）·韦敻》。

同慧琳的观点，并著《达性论》予以支持，诋毁释教。永嘉太守颜延之、太子中舍人宗炳，均为信佛法者，他们针对慧琳和何承天攻击的观点，著文反驳。颜延之写了《释何衡阳达性论》《重释何衡阳达性论》，宗炳著《明佛论》。这场辩论有皇帝（宋文皇帝）和地方官员（衡阳太守何承天、永嘉太守颜延之）和僧人（太子中舍人宗炳）参与，声势浩大，影响面宽。何承天《答宋文皇帝赞扬佛教事》记述此事，由于宋文帝明确赞成宗炳等人的观点，何承天在本文中也未再提及《达性论》中的论点。何承天言：“元嘉十二年……是时有沙门慧琳，假服僧次，而毁其法，著《白黑论》。衡阳太守何承天，与琳比狎，雅相击扬，著《达性论》，并拘滞一方，诋呵释教。永嘉太守颜延之、太子中舍人宗炳，信法者也，检驳二论，各万余言。琳等始亦往还，未底踬乃止。炳因著《明佛论》，以广其宗……帝善之，谓侍中何尚之曰：‘吾少不读经，比复无暇，三世因果，未辨致怀，而复不敢立异者，正以前达及卿辈时秀，率皆敬信故也。范泰、谢灵运每云：六经典文，本在济俗为治耳，必求性灵真奥，岂得不以佛经为指南耶？颜延年之《折达性》，宗少文之《难白黑》，明佛法汪汪，尤为名理，并足开奖人意。若使率土之滨，皆纯此化，则吾坐致太平，夫复何事？近萧谟之请制，未令经通，即已相示，委卿增损，必有以式遏浮淫，无伤弘奖者，乃当着令耳。’……尚之对曰：悠悠之徒，多不信法，以臣庸蔽，独秉愚对，惧以阙薄，贻点大教。今乃更荷褒拂，非所敢当……慧远法师尝云：释氏之化，无所不可，适道固自教源，济俗亦为要务……法逮道人，力兼万夫，几乱河渭，面缚甘死，以赴师阨：此非有他，敬信故也……史司苦禋瘗之劳，有时而诋慢，慧琳、承天，盖亦然耳……臣比思为斟酌，进退难安，今日亲奉德音，实用夷泰……帝悦曰：释门有卿，亦犹孔氏之有季路，所谓恶言不入于耳。”[①] 因宋文帝明确支持佛教，这场论辩也就以和解告终。

---

① （南朝·梁）僧祐编撰：《弘明集（卷第十一）·何令尚之答宋文皇帝赞扬佛教事》。

第二章　隋唐时期：交流融会阶段

隋唐五代十国时期，佛教中国化进一步发展。由于统治者出于稳定社会的需要，多提倡儒释道合一，以灭少社会矛盾冲突，这在客观上进一步促进了儒释道三教的交融。但交流融会并不等于没有冲突，尤其是儒、释两家围绕政治、经济利益而展开的交锋持续不断。唐初斗争的焦点是谁先谁后、是否致王者、是否有助于王治等问题。参与这种争辩的儒、释二家人士，为了获胜，均要认真研究对方的理论，这实际上是促进了儒、释二家相互了解，在一定意义上也是推动佛教中国化。道教则表现为对佛教教义的吸收，对心性问题的探讨，从理论上来丰富自己，以抬高自己在三教中的地位。唐初佛、道二教虽互相攻击，但都不敢轻易非议儒教，都力图依附儒教来取胜对方，这又进一步促进了三教之间的融合。其后，经高宗朝的显庆、龙朔论议，德宗朝的贞元论议，到文宗朝的太和论议，三教思想整合机制已成熟。①

隋唐统治者除继续利用儒家经学外,还大力提倡佛教,同时也奖掖道教。儒、佛、道三教获得较快发展。这一时期，朝廷对儒释道采取“兼容并蓄”策略，利用三教相互补充、取长补短，维护其封建统治。佛教和道教寺观均占有一定数量的土地。寺观经济，为两教发展提供了重要物质基础。儒释道三教为了自身发展，在客观上也希望较少冲突，增进交流融会。只要不涉及根本利益，不会发起以争夺社会地位为目的的论辩。

隋唐时期儒、佛两大思想体系的关系由魏晋南北朝时的佛教对儒家的屈从，转向趋于平等的相互补充、相互吸收。如著名思想家柳宗元便是糅合儒释的典型代表。他一方面恪守孔子之道，另一方面又对佛教教理赞叹

① 王洪军著：《中古时期儒释道整合研究》，天津人民出版社，2009，第333-334页。

不已："浮图诚有不可斥者，往往与《易》《论语》合。诚乐之，其于性情奭然，不与孔子异道……吾之所取者与《易》《论语》合，虽圣人复生不可得而斥也。"① 认为儒佛两家交融既有可能，也有必要。唐代，由于朝廷的重视道教，道教地位迅速提升。佛教利用各种机会努力提升其地位。因此也引发了多次释道（或儒释道）论辩。如唐高宗显庆三年（658）四月，李治亲令僧道各七人入宫论议，沙门会隐、神泰、慧立与道士员赜、李荣、黄寿等论辩激烈；同年十一月"召大慈恩寺沙门义褒。东明观道士张惠元等入内。于别中殿讲道论始于斯时也。内外宫禁咸集法筵"。② 这些对辩虽然目的是为了巩固和提升所在宗教的地位，但客观上也助推了佛教中国化。

第一节　佛教人士促进佛教中国化的观点和实践

隋唐五代时期佛教僧人智顗、彦琮、神清、宗密等，在推进佛教中国化方面都有理论建树和成功实践。

一、智顗以儒释佛

智顗（538–597）③，吸收儒家思想，阐释佛教教义。他在《摩诃止观》提出"五常、五行义，亦似五戒"的理念，他说："若深识世法，即是佛法。何以故？束于十善，即是五戒。深知五常、五行义，亦似五戒。仁慈矜养，不害于他，即不杀戒；义让推廉，抽己惠彼，是不盗戒；礼制规矩，结发成亲，即不邪淫戒；智鉴明利，所为秉直，中当道理，即不饮酒戒；信契实录，诚节不欺，是不妄语戒。周孔立此五常，为世间法药，救治人病。

① （唐）柳宗元：《送僧浩初序》，载（唐）柳宗元著：《柳宗元散文全集》，今日中国出版社，1996，第 167 页。

② （唐）释道宣撰：《集古今佛道论衡》（卷丙）。《大正新修大正藏经》卷 52。

③ 智顗（538–597），中国佛教天台宗四祖。俗姓陈，字德安。隋代荆州华容（今湖北公安）人。世称智者大师、天台大师，佛教思想家。著有《法华玄义》《法华文句》《摩诃止观》各二十卷及四教义等著作。其著作大部分由弟子灌顶随听随录整理成书。有关释儒道关系的论述主要集中在《摩诃止观》中。

又五行似五戒：不杀访木，不盗防金，不淫防水，不妄语防土，不饮酒防火。又五经似五戒：《礼》明撙节，此防饮酒；《乐》和心，防淫；《诗》风刺，防杀；《尚书》明义让，防盗；《易》测阴阳，防妄语。如是等世智之法，精通其极，无能逾，无能胜。咸令信伏而师导之，出假菩萨欲知此法，当别于通明观中，勤心修习，大悲誓愿，精进无怠，诸佛威加，豁然明解，于世法药，永无疑滞。”①五常，指仁、义、礼、智、信，最早见于西汉董仲舒《举贤良对策一》：“夫仁、谊（义）、礼、知（智）、信五常之道，王者所当修饬也。”后遂与三纲一起成为是儒家最基本的道德规范；五行，出自儒家五经之一《尚书》：“五行：一曰水，二曰火，三曰木，四曰金，五曰土。水曰润下，火曰炎上，木曰曲直，金曰从革，土曰稼穑。润下作咸，炎上作苦，曲直作酸，从革作辛，稼穑作甘。”②五戒，即不杀生、不偷盗、不邪淫、不妄语、不饮酒，为佛教最基本的戒律。智顗将佛教“五戒”与儒家“五常”“五行”相比较，并逐条做出对应的解释。以表明佛教有关社会人生的基本观念与儒家伦理道德规范是一致的，而不是对立的，所以可以同时并存，互为补充；而所谓周孔立五常，以救治世间病人，则说明儒家的伦理原则也适用于佛教出世理念，在本质有相通之处。③

二、彦琮对儒释道的融会

隋代高僧、佛经翻译家彦琮（557–610），亦借用儒道义理阐释佛教教义。有人问彦琮：“《周易》云：天地之大德曰生，圣人之大宝曰位。老子云：域中有四大，王居一焉。窃以莫非王土，建之以国；莫非王臣，系之以主。则天法地，覆载兆民。”因此无论何人“必遵朝典”。彦琮根据北周道安提出的“释教为内，儒教为外”的论点，回答说：“吾所立者，内也；子所难者，外也。内则通于法理，外则局于人事，相望悬绝，讵可同年？”释、儒二家，佛教内则通于法理，儒家外则局于人事。两者虽有联系，但并不

① 《大正新修大藏经》（卷46）·诸宗部（3）·天台智顗说，门人灌顶记《摩诃止观》卷6（上）。

② （战国）《尚书·周书·洪范》。

③ 潘桂明著，南京大学中国思想家研究中心编：《智顗评传》，南京大学出版社，1996，第434页。

相属。造成一些认识上的误区，是因为“斯谓学而未该[①]，闻而不洽[②]”，即理解不完备，不周遍。因此彦琮为其解释佛理，“子之所惑，吾当为辨。试举其要，总有七条：无德不报，一也；无善不慑，二也；方便无碍，三也；寂灭无荣，四也；仪不可越，五也；服不可乱，六也；因不可忘，七也。初之四条，对酬难意；后之三条，引出成式。”并引用儒家经典予以论证“吾闻：天不言而四时行焉[③]，王不言而万国治焉。帝有何力，民无能名？成而不居，为而不恃。斯乃先王之尽善，大人之至德。同沾庶类，齐预率宾；幸殊草木，差非虫鸟。戴圆履方，俯仰怀惠；食粟饮水，饱满衔泽。既能矜许出家，慈听入道，断粗业于已往，祈妙果于将来。既蒙重惠，还思厚答，方凭万善之益，岂在一身之敬？追以善答，摄报乃深；征以身敬，收利盖浅。良以僧失正仪，俗灭余庆。僧不拜俗，佛已明言，若知可信，理当遵立。如谓难依，事应除废，何容崇之欲求其福，卑之复责其礼？即令从礼，便同其俗；犹云请福，未见其润。此则存而似弃，僧而类民，非白非黑，无所名也。窃见郊禋总祭，唯存仰福为尊，僧尚鄙斯不恭，如何令僧拜俗？天地可反，斯仪罕乖，后更为叙，是谓第一无德不报者也。”[④]

三、惠能《六祖坛经》

惠能（638–713 年，亦作“慧能”），俗姓卢。原籍范阳（郡治在今北京城西南），生于南海新兴（今属广东）。唐代高僧，禅宗南宗创始人，佛教史上称为禅宗六祖。门人法海编集《六祖法宝坛经》（简称《坛经》）。《坛经》所阐释的禅宗思想，不仅是禅宗重要义理，也是佛教中国化的重要体现。太虚《佛学之源流及其新运动》曾有这样的评价：“唐代六祖惠能更以目不识丁之人，以简单浑朴粗俗质直之语，飏落玄学之士，使皆舌

---

① 该：同赅，完备。

② 洽：周遍。

③ 天不言而四时行焉。语出（春秋战国）孔丘及弟子《论语・阳货》：“天何言哉？四时行焉，万物生焉。天何言哉？”后多引作“天不言而四时行，百物生”。《汉书・王吉传》：“凡南面之君何言哉？天不言，四时行焉，百物生焉。愿大王察之。”

④ （唐）释道宣撰：《广弘明集（卷 25 上）・彦琮福田论》。

挤卷而莫之放。”[1]《坛经》有一段著名偈语：“佛法在世间，不离世间觉，离世觅菩提，恰如求兔角。”彻底打破了拘泥禅法形式的传统，超越渐修渐悟模式，明确了一条重要义理，即“顿悟”“明心见性”是一种方便法门，但它并不脱离社会（世间），而是隐含于人们生活中。这与印度佛教的苦行相比，明显体现了佛教中国化特点。《坛经》解释“坐禅”云：“师示众云：善知识，何名坐禅？此法门中，无障无碍，外于一切善恶境界，心念不起，名为坐。内见自性不动，名为禅。”“善知识，何名禅定？外离相为禅，内不乱为定。外若著相，内心即乱；外若离相，心即不乱。本性自净自定。只为见境，思境即乱。若见诸境心不乱者，是真定也。”其方法简洁明了，但含义却十分深刻。没有繁琐的解释，没有复杂的仪程。心怀高大目标，观照现实人生，又从一点一滴做起。融入中国传统文化内省、自觉的要素，以儒释禅，更符合中国民众的特点。可以视为《坛经》中国化最深刻的体现。心性论是《坛经》重要理念。惠能十分强调“本心”的重要性。他说：“一切万法，本元不有，故知万法，本因人兴；一切经书，因人说有，缘在人中有愚有智，愚为小人，智为大人。迷人问于智者，智人与愚人说法，令彼愚者悟解心解。迷人若悟解心开，与大智人无别。故知不悟，即是佛是众生；一念若悟，即众生是佛。故知一切方法，尽在自身中，何不从于自心顿现真如本性？”[2]“本心”是“悟”的根基，心性的迷悟是众生成佛的关键，“一念若悟，即众生是佛”。悟证佛法，根本是认识本心。“般若常在，不离自性。悟此法者，即是无念，无忆，无著。莫起杂妄，即自是真如性。以智慧观照，于一切法不取不舍，即见性成佛道”[3]。佛教传入中国，注重融会儒家重视人本和心性的理念。《坛经》“心性论”思想正是这种融会的结晶之一，在促进发展中国化方面具有重要意义。

---

① （民国）太虚：《唐代禅宗与现代思潮》，载《太虚大师全集（第 13 编）·真现实论宗用论·文化》。

② （唐）惠能：《六祖坛经·般若》。

③ 同上。

四、神清主张“三教玄同，彝伦克谐”

中唐高僧神清（？–820）[①]，提出“三教玄同，彝伦克谐”。详述三教融会之理。神清《北山录》采用问答形式，从儒释道不同视角解释天地始生之理，阐释三者共存的合理性。他引用《道德经》和中国远古“开天辟地”传说，解释天地形成，“易有太极，是生两仪；厥初未兆，冯冯翼翼。澒澒洞洞，清浊一理。混沌无象，殆元气鸿蒙。萌芽资始，粤若盘古生乎其中。万八千岁，天地开辟。天日高一丈，地日厚一丈。盘古日。长一丈。头极东，足极西。左手极南，右手极北。开目为曙。闭目为夜。呼为暑。吸为寒，吹气成风云吐，声成雷霆。四时行焉。万物生焉，八纮九围之大。其孰与多，三皇五纪之尊。”[②]随后转入佛教对世界的认识，“乾竺圣人（原注：乾竺，天竺也。圣人，佛也）云，前劫既坏，天地已空，空而复成，此劫方始……为宝石，为山海，为土地，为宫室……人道成焉，忿吝既萌。爱欲是兴，有父子焉，有君臣焉。画野分邦，列国兴焉。我疆我里，货殖阜焉。闲邪讨罪，刑辟立焉……”[③]人类的发展，爱欲兴，私欲长，引发纷争，因而需要纲常规制，伦理教化，儒释道义理应运而生。“察往而知来，穷神而知化。原始而要终。苟非其时。道不虚行，姑修伯益之经大禹之迹。著三纲五常被于诸夏，是谓一天下也。”[④]神清认为儒释道义理有许多相通之处。《北山录》指出，儒、释、道创立理论的立足点不同，但基本理论互相融会，深浅相资，义理互证。“三教玄同，彝伦克谐。但法被乎多方，经籍出乎多门。释宗以因果，老氏以虚无，仲尼以礼乐。沿浅以洎深，籍微而为著。各适当时之器，相资为美。其犹天地四时，不以蕤荞故不春，菱苕故不秋故儒教渐至也，殷汤改祝，孔钓不纲；老教中至也，一曰慈，二曰俭，三曰不敢为天下先；释教极至也，自鸟兽刍土违而必惩。如有用释教者，使

① 神清（？–820），昌明（四川彰明）人，俗姓章。字灵庾。少习儒典，多闻强记，工诗文。于长投绵州（四川绵阳）开元寺出家，致力经论史传。后以辞章仕于大内，备受礼遇。晚年辞归故山，住梓州（四川三台）慧义寺，以讲说著作为事。著作有《法华玄笺》《释氏年志》《北山录》等10余种。

② （唐）神清撰，（北宋）慧宝注：《北山录（卷1）·天地始第一》。

③ 同上。

④ 同上。

人居乎漏尽；如有用老教者，使民至于冲和；如有用孔教者，使民登乎仁寿……老氏为高仙，仲尼为素王，圣谋洋洋，与天地而无穷者也。”①

五、宗密“孔、老、释迦，皆是至圣”

中唐高僧宗密（780–841），力图调和儒、释、道三教，建立一个统一思想体系。他援儒入佛，要把佛教与儒家伦理思想调和起来。宗密《华严原人论》（亦称《原人论》），论述世界和生命起源、社会上富贵贫贱不平等的根源。宗密认为天下万物皆有其存在的本源。作为天、地、人三才中最灵杰的人也是同样。所以他在数十年间广泛地考究佛、儒、道三家，以探究我自身存在的本源。经过不断的推究，果然知其根本。接着简要评述了儒、道、佛的特点和不足，“然今习儒、道者，只知近则乃祖、乃父，传体相续，受得此身，远则混沌气，剖为阴阳之二，二生天、地、人三，三生万物，万物与人，皆气为本。习佛法者，但云近则前生造业，随业受报，得此人身；远则业又从惑，展转乃至阿赖耶识，为身根本。皆谓已穷（其理），而实未也。”并且明确指出，“然孔、老、释迦皆是至圣，随时应物，设教殊途，内外相资，共利群庶策勤万行，明因果始终；推究万法，彰生起本末。虽皆圣意，而有实有权。二教惟权，佛兼权实。策万行，惩恶劝善，同归于治，则三教皆可遵行；推万法，穷理尽性，至于本源，则佛教方为决了。”② 孔子、老子、释迦牟尼均为“至圣”，他们“随时应物”，创设的教义虽不尽相同，但作为内学的佛教与外学的儒、道能够互相促进，都有益于激励众生能明察因果报应的原委，推究一切现象，了解事物的本末。但儒释道也有区别：儒、道二教只是权宜所示的方便之教，佛教则权实兼备。三教都有益于“策万行，惩恶劝善，同归于治”。但要推究一切现象，穷尽真谛与根本，则只有佛教能彻底解决。宗密在《原人论·会通本末第四》阐述了他儒释道三教“同归一源，皆为正义”的思想。首先他说：“真性虽为身本，生起盖有因由，不可无端忽成身相。但缘前宗未了，所以节节斥之。今将本末会通，乃至儒道亦是。”真如法性虽然为一切存

① （唐）神清撰，（北宋）慧宝注：《北山录（卷1）·圣人生第二》。

② 《大正新修大藏经（卷45）·原人论·序》。

在的根本，但“生起”要却需一定的因缘。所以有必要“会通”儒、道二教之义。宗密《原人论》还将五戒、五常与融合。他认为儒家“五常”（仁、义、礼、智、信五种纲常），与佛教“五戒”（不杀生、不偷盗、不邪淫、不妄语、不饮酒五种基本戒规），是完全可以融合的。《原人论》说：“故佛且类世五常之教（天竺世教，仪式虽殊，惩恶劝善无别，亦不离仁义等五常，而有德行可修。例如，此国敛手而举，吐番散手而垂，皆为礼也），令持五戒（不杀是仁，不盗是义，不邪淫是礼，不妄语是信，不饮酒啖肉，神气清洁，益于智也），得免三途，生人道中。”①也就是说，佛陀的教义类似于儒教所说的仁、义、礼、智、信等五种伦理规范。

六、延寿三教融合论

延寿（904–975）②，在《万善同归集》中，从“理、事”两个层面阐述“万善同归”：在理体上，“众善所归，皆宗实相”“诸法实相，无善恶相”，假善以助成，他说：“儒道仙家，皆是菩萨，示助扬化，同赞佛乘。”后世佛门弟子论述三教关系，大多沿袭这种“二谛”说法，并以佛法为根本。认“儒道仙家，皆是菩萨，示助扬化，同赞佛乘”“孔老设教，法天制用，不敢违天诸佛设教，诸天奉行，不敢违佛。”③他站在以佛教为中心的立场上，强调三教在“示助扬化”的社会功效方面的相通性。有人问延寿：“佛行无上，众哲所尊，儒道二教，既尽钦风，云何后代之中，而有毁谤不信者何？”答：“儒道先宗，皆是菩萨示劣所化，同赞佛乘……所以言者，孔、老设教，法天制用，不敢违天。诸佛设教，诸天奉行，不敢违佛。以此言之，实非比对明矣。”“明知自古及今，但有利益于人间者，皆是密化菩萨。惟大士之所明，非常情之所测……是以佛法如海，无所不包；至理犹空，何门不入；众哲冥会，千圣交归；真俗齐行，愚智一照。开俗谛也，则劝臣以忠，劝子以孝，劝国以绍，劝家以和。弘善，示天堂之乐；惩非，喧地狱之苦。不惟一字以为褒，岂止五刑而作成？敷真谛也，则是非双泯，能所俱空，

---

① 《大正新修大藏经（卷45）·原人论·斥偏浅第二》。

② 延寿（904–975），俗姓王，余杭（今浙江余杭）人。中年出家，宋初名僧。有《万善同归集》。

③ （五代宋初）延寿：《万善同归集·卷下》。

收万像为一真，会三乘归圆极。非二谛之所齐，岂百家之所及？”①

七、佛教宗派形成与佛教中国化

隋唐时期，随着封建统一王朝的建立和寺院经济的发展，佛教各家各派得到进一步融合发展的机会，一些学派在统一南北学风的基础上，通过“判教”而形成八大宗派，即三论宗、法相宗、天台宗、华严宗、禅宗、净土宗、律宗、密宗，这些宗派各具独特的教义、教规和修持方法。为了使各自的法脉得以良好的继承和发扬，便借鉴了世俗封建宗法制度，建立了各自的传法宗脉体系。他们的教法理论体系，融合吸收了大量的中国传统文化思想和方法，自成一体，以致于传播到海外。其中，天台宗的创始人智顗大师，以鸠摩罗什所译《法华经》《大智度论》《中论》等经论为依据，兼容当时各家宗派的思想，会通而形成天台宗的思想体系；禅宗是中国化最彻底的宗派，其“即心即佛”的核心思想、“平常心是道”的修行准则、“农禅并重”的修行方式，都是佛教中国化的直接体现。②

第二节　儒者“三教”观

隋唐五代部分儒者倡导三教合一，他们有的宣扬三教融会（如王通），有的主张儒释统合（如柳宗元）或抑道崇佛（如颜之推），这些理念对促进佛教中国化有积极意义。

一、颜之推“内外两教，本为一体”③

颜之推（531–约597），字介，江陵（今湖北江陵）人，祖籍琅琊临沂（今山东临沂），中国古代文学家、教育家。颜之推年少时因不喜虚谈而自己研习《仪礼》《左传》，得到南朝梁湘东王萧绎赏识，十九岁任为国左常侍。

---

① （五代）延寿：《万善同归集》卷下，载王书良等总主编，慧琳主编：《中国文化精华全集（4）·宗教卷（1）》，中国国际广播出版社，1992，第1115–1116页。

② 释庆道：《略论佛教中国化的文化特征》，《法音》，2021年第4期。

③ 中国历史上佛教通常称自己为内教，将儒家称为外教。

此后相继仕于北齐、北周和隋朝。颜之推兼容“儒释道”三家思想，形成了自己独特的信仰观念：以儒雅为业，归心佛教，兼收道教。[①] 颜之推调和三教思想集中体现在《颜氏家训》中。颜之推一生重视儒学，同时又是虔诚的佛教徒，在儒佛双重思想的影响下，他结合自己的体会，告诫子孙：克己从善，修身养性；把握现在，来世图报。[②]《颜氏家训》言：“三世之事，信而有征。”颜之推认为佛教中所说的过去、现在未来三世是可信，可靠而且有证据的。又说：“内外两教，本为一体，渐极为异，深浅不同。内典初门，设五种禁；外典仁义礼智信，皆与之符。仁者，不杀之禁也；义者，不盗之禁也；礼者，不邪之禁也；智者，不酒之禁也；信者，不妄之禁也……归周、孔而背释宗，何其迷也。”[③] 指出内（佛教）外（儒家）二教原为一体，后来逐渐分离，义理深浅也有了差异。但佛教的五戒与儒家提倡的五常（仁、义、礼、智、信）是相通的。仁，即不杀生；义，即不偷盗；礼，即不做奸邪的事；智，即不纵酒；信，即不妄言。因此，不能只是尊崇周孔之道，而违背佛家的教义。

二、王通“三教可一”

王通（584–617），字仲淹，绛州龙门（今山西万荣县）人。著名教育家、思想家。幼年从父受学业，后遍访诸师，专精儒论，隋文帝仁寿三年（603），王通十九岁，西游长安，见文帝，上奏《太平策》12篇，得帝赏识。不久被任命为蜀郡司户书佐、蜀王侍读，未就，一直隐居从事研究及著述，聚徒讲学。弟子有董常、薛收、叔恬、房玄龄、王孝逸、魏征、杨玄感、仇璋等。王通著述颇丰，但多遗失。其学生仿效《论语》所作的师生问答笔录，由薛收、姚义编纂，后由王通的儿子王福峙编定《中说》（又称《文中子中说》）十篇刊行于世。王通的一生几乎等同于隋朝的生灭年限，在数百年分裂战乱之后，身逢隋朝汉人天下一统，这激励了王通重振儒家学说的

---

① 雷传平、师衍辉：《〈颜氏家训〉解读颜之推“儒释道”三教兼容思想》，《东岳论丛》，2015年，第11期。

② 张泰著：《颜氏家训解读》，贵州人民出版社，2009，第185页。

③ （北齐）颜之推：《颜氏家训（卷5）·归心第十六》。

责任心。在思想界长期为佛道轮番把持的余威之下，将儒学思想重新抬高到如汉代时的地位，绝非易事。王通十分清醒地认识到，非得将三教（儒、道、佛）先平分秋色，否则儒家无出头之日。故而，王通的“三教可一”思想为复兴儒学而要迂回立论，避免“华夷之辨”之心实为良苦。① 在王通之前，三教融合的倾向已经出现。但站在儒家立场上，明确提出“三教可一”的，王通是历史上第一人。② 王通认为佛教在教化民众方面虽然存在不足，但仍有其积极方面。“或问佛子。曰：‘其教如何？’曰：‘西方之教也，中国则泥。轩车不可以适越，冠冕不可以之胡，古之道也。’”③ 他认为佛教是创立于西方的宗教，如果不加变通就无法适应中国的国情。恰如轩车（有屏障的车）不能在南方崇山峻岭中畅行，而冠冕不适合西方人穿戴，这是古之常理。这也正是佛教坚持中国化方向应当加以注意和解决的问题。

三、柳宗元“统合儒释”

柳宗元（773–819），字子厚，河东（现山西永济一带）人。唐代文学家、哲学家、散文家和思想家。他一生好佛，他曾说：“吾自幼好佛，求其道，积三十年。”④ 认为“佛之道，大而多容，凡有志乎物外而耻制于世者，则思入焉。故有貌而不心，名而异行，刚狷以离偶，纡舒以纵独，其状类不一，而皆童发毁服以游于世，其孰能知之！”⑤ 柳宗元提出“将统合儒释，宣涤疑滞”⑥。他这种思想有前人的影响，“昔之桑门上首，好与贤士大夫游。晋宋以来，有道林、道安、远法师、休上人，其所与游，则谢安石、王逸少、习凿齿、谢灵运、鲍昭之徒，皆时之选。由是真乘法印，与儒典并用，而人知向方。今有释文畅者，道源生知，善根宿植，深嗜法语，忘甘露之味，服道江表，盖三十年”。⑦ 也有家庭影响和政治因素。柳宗元在《巽公院

① 辛旗著：《中国思想通史·魏晋南北朝隋唐卷》，武汉大学出版社，2011，第273页。

② 尹协理、刘海兰著：《王通评传》，北岳文艺出版社，2016，第295页。

③ （隋）王通撰：《文中子中说·周公篇》。

④ （唐）柳宗元：《送巽上人赴中丞叔父召序》，（清）董诰等纂修《全唐文》卷579。

⑤ （唐）柳宗元：《送元举归幽泉寺序》，（清）董诰等纂修《全唐文》卷579。

⑥ （唐）柳宗元：《送文畅上人登五台遂游河朔序》，（清）董诰等纂修《全唐文》卷579。

⑦ （唐）柳宗元：《送文畅上人登五台遂游河朔序》，（清）董诰等纂修《全唐文》卷579。

五首·净土堂》说："结习自无始，沦溺穷苦源。流形及兹世，始悟三空门……"① 柳宗元认为自己领悟了"三空"（我空、法空、空空）的真实不虚。足见他笃行佛教，领悟的程度也很深。柳宗元认为佛教语录有教化民众向善的作用。柳宗元对禅宗的研究和参悟很深。最著名是《江雪》："千山鸟飞绝，万径人踪灭。孤舟蓑笠翁，独钓寒江雪。"他将对禅宗的深切领悟，以诗表现出来。自然界一切皆为空寂、虚无，唯一渔翁独钓于寒江。《江雪》一诗，从佛教境界论讲，既充分肯定涅槃寂灭，又注重缘起性空，空有不二，合乎中道。这正是它被后世禅林接受的思想基础。两宋以来，该诗在禅林也广为流传。② 又如《渔翁》："渔翁夜傍西岩宿，晓汲清湘燃楚竹。烟销日出不见人，欸乃一声山水绿。回看天际下中流，岩上无心云相逐。"诗借描写"渔翁"，反映出对禅宗的任运自在、随缘自适境界的理解。反映出柳宗元虽身陷厄境，却追求超然于世的心境。与《江雪》相似，《渔翁》也被禅林引用。柳宗元在《巽公院五首·禅堂》："发地结菁茆，团团抱虚白。山花落幽户，中有忘机③ 客。涉有本非取，照空不待析。万籁俱缘生，窅然喧中寂。心境本同如，鸟飞无遗迹。"④ 表达了追求淡泊清净、忘却世俗烦庸、与世无争的心境；意欲追求"心体二空，万缘俱寂"的空有双亡、心境如一的境界。

四、韩愈从"攘斥佛老"到"求福田利益"

韩愈（768–824），字退之，自称郡望昌黎，世称韩昌黎、昌黎先生，河南河阳（今河南孟州）人，唐代杰出的文学家、政治家，著有《韩昌黎集》等。韩愈站在维护儒家正统地位立场，他"觗排异端，攘斥佛老"⑤，一贯反对佛、道二教，斥责两教义理为异端邪说，但同时又多与佛、道两教人士接触唱和，交往频繁，表现出思想与行为的矛盾性，说明唐代佛、道两教的社会影响

① （唐）柳宗元：《巽公院五首·净土堂》，（清）曹寅、彭定求等《全唐诗》卷353。

② 李小荣：《柳宗元〈江雪〉禅林传播接受谈片》，《湖南科技学院学报》，2014年第1期。

③ 忘机，道家语，意为消除机巧之心。常用以指淡泊清净，忘却世俗烦庸，与世无争。语出《庄子·外篇·天地》。

④ （唐）柳宗元：《巽公院五首·净土堂》，（清）曹寅、彭定求等《全唐诗》卷三百五十三。

⑤ （唐）韩愈著，（宋）苏洵著：《韩愈散文全集》，今日中国出版社，1996，第17页。

较大，连高举反佛道旗帜的韩愈也不得不有所妥协。唐元和十四年（819），韩愈因向唐宪宗上《论佛骨表》提出“佛法之不足信”“事佛者不通情理”等，触怒宪宗，欲处韩愈以死刑，后经群臣谏阻营救，韩愈被贬为潮州刺史。韩愈遭贬潮州，途中巧遇元集虚，两人相处10余日，韩愈对元氏儒释相通的观点也开始接受。其后，韩愈多与禅师交往唱和，其诗展示了其对佛教（尤其是禅宗）义理的理解。如《醉赠张秘书》云：“……长安众富儿，盘馔罗膻荤。不解文字饮，惟能醉红裙。虽得一饷乐，有如聚飞蚊。”司马光在《书〈心经〉后赠绍鉴》中论及韩愈曾“遍观佛书”，是“取其精粹，而排其糟粕耳”①。韩愈《与孟简尚书书》说，他对于佛教“非崇信其法，求福田利益也”②。韩愈在文章最后说：“释老之害过于杨、墨。韩愈之贤不及孟子，孟子不能救之于未亡之前，而韩愈乃欲全之于已坏之后，呜呼！其亦不量其力，且见其身之危，莫之救以死也！”表明誓死捍卫儒道的决心。因为作此文目的是说明自己不奉佛，故必须做出个姿态。但他已经对佛教有了较深了解，又要有所表示。

第三节　道教“三教”观

隋唐时期，成玄英（608–669）、王玄览（626–697）、吴筠（？ –778）、司马承祯（639–735）的著述，大量吸收佛教思想完善道教义理。有利于人们正确认识佛教。

一、成玄英以佛典语言疏解道教经典

成玄英（608–669），字子实，陕州（今河南陕县）人，隐居东海郡（今江苏东海）。唐代初期道士。字子实，陕州（今河南陕县）人。早年隐居东海（今江苏东海），贞观五年（631）奉召至京师，加号“西华法师”。高宗永徽年间（650–655）被流放到郁州（今江苏连云港东云台山）。注《老

① （北宋）司马光著：《司马温公集编年笺注》（5），成都：巴蜀书社，2009，第251页。

② （唐）韩愈著，严昌校点：《韩愈集》，岳麓书社，2000，第231–232页。福田：佛教谓可生福德之田。凡敬侍佛、僧、父母、悲苦者，即可得福德、功德，犹如农人耕田，能有收获，故以田为喻。

子道德经》二卷，又《开题序诀义疏》七卷。注《庄子》三十卷，《疏》十二卷。[①]成玄英《道德经义疏》等著作中，借用了佛教“因果”“法相”“三业”“六尘”“根”“空”等佛教经典中语汇。譬如他批评隐修者“体知六尘虚幻，根亦不真，内无能染之心，外无可染之境。”“违其心者，遂起憎嫌，名之为恶，顺其意者，必生爱染，名之为美。不知诸法，即有即空。美恶既空，何憎何爱？”[②]“圣人自利道圆，利他德满，故能生化群品，畜养含灵。”[③]“能发弘誓愿，救度众生，故常在世间，有感斯应，慈善平等，终无遗弃也。”[④]“六尘”“根”“空”“发弘誓愿”“救度众生”，均为借用佛教名词。又如，“万象森罗，悉皆虚幻，故标此有，明即以有体空”。“即本即迹，即体即用，空有双照，动寂一时”。[⑤]借用了“空”的概念。在《庄子·天下疏》中，还引用了僧肇《物不迁论》语：“轮转不停……犹《肇论》云：‘旋风偃岳而常静，江河竞注而不流。野马飘鼓而不动，日月历天而不周。’复何怪哉！复何怪哉！”成玄英还引用中观“八不中道”精神及双非精神来疏解老庄思想，以“一异”“常断”“生灭”“来去”及“超四句，绝百非”来说明“重玄之道”的存在特性。八不，即八不中道（中道意为中正不偏），即“不生亦不灭，不常亦不断，不一亦不异，不来亦不出”[⑥]。成玄英在《道德经义疏》中借用“八不”诠解重玄之道：“至道深玄，不可涯量，非无非有，不断不常”（《道》卷一）。[⑦]修道者应体合于道，“若言神空，则是断见，若言神有，则是常见，前说神空，故得不死，仍恐学者心滞此空。今言若存，即治于断也；又恐学人心溺一圾，故继似字以治于常也。即用此非无非有之行，不常不断之心，而为修道之

① （北宋）欧阳修、宋祁等撰：《新唐书（卷59）·艺文志》。

② （唐）成玄英：《道德经义疏》卷5。

③ （唐）成玄英：《道德经义疏》卷1。

④ （唐）成玄英：《道德经义疏》卷1。

⑤ （唐）成玄英：《庄子·齐物论》疏。

⑥ 八不，即八不偈。佛教教义。以偈语总结的中道原理，又称“八不中道”“八不缘起”。出于龙树《中观论·缘起品》，即“不生亦不灭，不常亦不断，不一亦不异，不来亦不出”。

⑦ （唐）成玄英：《道德经义疏》卷1。

要术”。[1]玄道自身特性即是不断不常，而常见断见均为学道者的偏滞之见。“一异”“生灭”“来去”亦复如此。成玄英用“八不”思维去论证“玄道”作为本体。[2]

二、王玄览融佛入道

王玄览（626–697），本名晖，法名玄览，广汉帛竹（今属四川绵竹）人。对道、佛二教经典均留心研讨。其思想体系渊源于道家又杂有佛家色彩。王玄览的道教思想，受佛教大乘有宗和法相宗的思想影响，可说是道、佛二家的融合体。[3]王玄览对道、佛经典教义均有深入研究。“二教经论，悉遍披讨，究其源奥，慧发生知，思穷天纵，辩若悬河泻水，注而不竭。”[4]王玄览对佛道二教经典进行了全面学习研讨，深入探求其源流奥秘，开拓了视野，神思驰骋，能言善辩，“注而不竭”。《玄珠录》仿照佛学“佛”与“众生”非一非二的命题，认为“道”先于“众生”而存在，“众生未生，已先有道，有道非我道，犹是于古道”。并认为：“众生有生灭，其道无生灭，众生已死，道仍长存。”王玄览《玄珠录》借用了不少佛学理念，解释道教教理。如借用佛教“法”的理念：“诸法未出时，非道亦非俗；诸法若出时，是道亦是俗。其法若出时，无一物而不出，诸法尽相违；其法若不出，无一物而出，亦是尽相违。若出世起，相因而生诸法；若没世起，相违而灭诸法。出时不言生，入时不言死，未生之时若也空，复将何物出？已破之后若也无，复将何物归？”[5]实际上是借用了佛教“一切诸行无常，一切法无我，涅槃寂灭”的观点，以说明“道”“俗”“法”“物”四者的相因相生关系。“空”是佛教的重要理念，与“有”相对。佛教认为一切存在之物中，皆无自体、实体、我等，此一思想即称空。《玄珠录》多处借用这一概念，以阐明道教义理。例如，“道体实是空，不与空同，空

---

① （唐）成玄英：《道德经义疏》卷1。

② 成守勇：《成玄英“援佛入道”探》，《宗教学研究》，2005年第1期。

③ 卿希泰著：《中国道教思想史纲（第2卷）·隋唐五代北宋时期》，四川人民出版社，1985，第579页。

④ （唐）王太霄：《玄珠录序》，载朱森溥《玄珠录校释》，巴蜀书社，1989，第63页。

⑤ （唐）王玄览口诀，王太霄录：《玄珠录·卷下》。

但能空，不能应物；道体虽空，空能应物。”[①]“道体无本”是道教重玄派的重要观点，认为“道体”本来空净，无体可返，融会了佛教本体论和道教本原论。修道原本就是“无中求物”。王玄览引入佛教“空”的理念解释此理，证明“道体虽空，空能应物”，只有认识“空”，顺应事物发展规律，体悟“道”的真谛。

三、司马承祯融佛入道

司马承祯（639–735），字子微，法号道隐，自号白云子，河内郡温县（今河南温县）人。道教上清派第十二代宗师。著有《修真秘旨》《坐忘论》《天隐子》等书。司马承祯修仙思想融摄了佛教的禅定与天台宗的“止观”方法。天台宗四祖智顗（538–597）认为，“夫一心具十法界，一法界又具十法界、百法界。一法界具三十种世间，百法界即具三千种世间。此三千在一念心。若无心而已，介而有心即具三千。亦不言一心在前，一切法在后，亦不言一切法在前，一心在后。”[②]以佛教的视角看世界的多样性和复杂性，一切只不过是一念心的产物。又说：“若夫泥洹之法，入乃多途，论其急要，不出‘止、观’二法。所以然者。‘止’乃伏结之初门；‘观’是断惑之正要。‘止’则爱养心识之善资；‘观’则策发神解之妙术。‘止’是禅定之胜因；‘观’是智慧之由藉。若人成就‘定、慧’二法。斯乃自利利人法皆具足……当知此之二法如车之双轮，鸟之两翼。若偏修习即堕邪倒。”[③]认为成就泥洹（涅槃）的途径很多，但以“止”与“观”两种法门最为重要。“止”能降伏烦恼，培养善心识的资粮，深入禅定的殊胜善因；“观”可断除惑障，启发人的悟性，并凭藉此获得智慧。而“定、慧”二法犹如“车之双轮，鸟之两翼”，偏重一方，就堕入邪僻颠倒。“定、慧”为佛教重要法门。定，佛教称“定学”指的是禅定、静虑。即心专注于一境而不散乱，即精神状态集中。慧，佛教称“慧学”，指的是彻悟宇宙人生真相的般若智慧。司马承祯《坐忘论》吸纳了天台宗“止观”学说，《坐忘论·得道》说：

---

① （唐）王玄览口诀，王太霄录：《玄珠录·卷下》。

② 《大正新修大藏经》（卷46）·诸宗部（三）·天台智顗说，门人灌顶记《摩诃止观》（卷5）。

③ 《大正新修大藏经》（卷46）·诸宗部（3）·智顗《修习止观坐禅法要》。

“夫道者，神异之物，灵而有性，虚而无象，随迎莫测，影响莫求，不知所以不然而然之，通生无匮。”①“坐忘者，何所不忘哉？内不觉其一身，外不知乎宇宙，与道冥一，万虑皆遗。”②“坐忘”，语出《庄子·大宗师》，意即忘却自己的形体，耳不听，目不视，摆脱一切束缚，与大道融通，即为坐忘。但修习“坐忘”之法与佛教悟道不同，只能“渐进”，“不能顿悟”。

四、李荣融摄儒、佛

李荣（生卒不详。活动于唐高宗时），道号任真子，绵州巴西人（今四川绵阳）。少慕神仙，学道炼丹，刻苦修炼，成为蜀名道。有诗才，性格诙谐善辩。进京以后，李荣活动于长安和洛阳两地，以道教代表身份与佛教辩难。著述有《老子注》等。李荣的重玄思想，受到佛教中观的影响，尤其是来自初唐盛行的佛教三论宗的启发。《老子注》言：“道德杳冥，理超于言象，真尔虚湛，事绝于有无。寄言象之外，论有无之表，以通幽路，故曰‘玄之’。犹恐迷方者胶柱，失理者守株，即滞此玄以为真道，故极言之非有无之表，定名曰‘玄’。借玄以遗有无，有无既遣，玄亦曰丧，故曰‘又玄’。又玄者，三翻不足言其极，四句未可致其源，寥廓无端，虚通不碍，总万象之枢要，开百灵之户牖。达斯趣者，次妙之门”（第1章）。对“玄”和“又玄”作了定义，这是借用佛教中观方法。所谓“中观”，就是不偏不倚。中道从现象界直探本体界，破空破假破执中，以证本体实相，其中“有”和“无”是中观思想最主要的对立二边，最经常讨论的一对范畴。事物的实相（真相）既不在“有”，也不在“无”，这叫“不落二边”，只有不执二边，才能显现“中道实相”。③李荣解释“是谓无状之状，无物之象，是谓惚恍”时说：“从体起用，无物之象，斯为息应还真。息应还真，摄迹归本也。从体起用，自寂之动也。自寂之动，语其无也，俄然而有。摄迹归本，言其有也，忽尔而无。忽尔而无，无非定无，恍然而有，有非定有。有无恍惚，无能名焉。”（第14章）这显然是借用了佛教“即

---

① （唐）司马承祯：《坐忘论·得道》，《全唐文》卷924。

② （唐）司马承祯：《坐忘论·信敬》，《全唐文》卷924。

③ 卿希泰主编：《中国道教史》第2卷，四川人民出版社，1992，第193页。

体即用”的辩证思维方式来阐发重玄学。①

五、道教《本际经》对佛教义理的吸纳

道教经典《本际经》，全称《太玄真一本际妙经》，或作《太玄真一本际经》，简称《本际经》②，隋代道士刘进喜著③，道士李仲卿续成10卷，流行于初唐、中唐。是道教学者受晋代以来佛教学者以“格义”方式讲授佛经（即以中土人士熟悉的老庄学说来比附“般若”教义）的启示，援佛入道而撰写的经典。《本际经》大量吸收和汇集了当时汉译释典所有的精华和学说。《本际经》大量借用佛教理念，譬如《本际经·护国品》在解释“无依无本，无断无得，云何复言断灭烦恼而得道邪？有道可得，非谓无本”时说：“所谓得道，得无所得；所谓断灭，断无所断。何以故？烦恼性空，执计为有，以执心故，名为烦恼。若知烦恼本性是空，心无所著，诸计皆尽，名断烦恼。烦恼病除，故名得道。虽名得道，实无所得，无得无断，假名方便为化众生，名为得道。”④“烦恼性空”“心无所着”“断烦恼”等均出自佛教。《本际经·护国品》又言：“……三业既净，则六根净；六根净已，则六尘净；六尘净已，则诸法净；诸法净已，则国土净；国土既净，则无所染，无所染故，则无烦恼，既无烦恼，则为安乐。”⑤这一段，引用佛经语——“六根净”“六尘净”“诸法净”“国土净”。《本际经·付嘱品》云：“元法轮之体是真实智，运出三界，超逾玉清，到常寂处，故名法轮。”⑥引用佛教“法轮”概念。《本际经·道性品》云：“言道性者，

---

① 刘雅稚：《论唐代重玄学中的援佛入道现象》，中央民族大学硕士论文，2013，第34页。

② 本际，源自佛经。如《中阿含经（卷1）·本际经》：“有爱者，其本际不可知。本无有爱，然今生有爱，便可得知。”《大正藏（卷1）·杂阿含经（卷6）》“众生无明所盖，爱系我首长道驱驰，生死轮回生死流转，不去本际。”《大正藏（卷8）·圆觉经》：“是诸众生，清净觉地身心寂灭，平等本际。”《大正藏（卷17）·胜鬘经》云：“生死者依如来藏，以如来藏故，说本际不可知。”《大正藏（卷12）·佛说无言童子经》卷下云：“一切诸法本际，如是如真。本际无本，本际如真，本际如审。”

③ 刘进喜（生卒不详），隋末唐初道士。唐初居于清虚观，曾为高祖讲《道德经》，为高祖时参与佛道论争的道教代表人物之一。著有《显正论》《老子通诸论》《本际经》等。

④ 叶贵良著：《敦煌〈太玄真一本际经〉辑校》，巴蜀书社，2011，第8页。

⑤ 同上，第15页。

⑥ 叶贵良著：《敦煌〈太玄真一本际经〉辑校》，巴蜀书社，2011，第60页。

即真实空。非空不空、亦不不空……悟此真性，名曰悟道。”① “空”是佛教义理的核心范畴。《本际经》借用佛教“善恶观”解释道教教义，“子等舍恶行善，犹尚不免地狱三涂②者，岂可令子舍善行恶乎？吾前所言，子等自见仁，自是之过者，不谓以行恶为是，以行善为非也。但行善者，但行善者本以破恶，恶既已除，善亦无善。无善妄见善，是名自见。以此自见为长，名为自是。且为善之内自有多涂③，或作有见，或作无见……”④认为善与恶是相对应的，道无善恶之分别，善恶是由人的意念产生的，因此向善必“破恶”。“为善”的途径有多种。但由于道教强调“有无相生，难易相成，长短相形”⑤，有和无互相转化，难和易互相形成。因此，“道乃至亦有亦无，非有非无等法，是妄生分别”。即掌握根本，不要乱想生出分别的心。“因果”是佛教重要理念，认为今生的善恶业，可以引生未来世的善恶果报反作用到自身，佛门中布施、持戒、忍辱、精进、禅定、般若六度波罗蜜的修行皆是基于深信因果，但又不同于宿命论。道教并无“因果”这一概念，《本际经》引用佛教“因果”理念阐释“道”。例如，《本际经·道性品》言：“三世天尊断诸结习，永不生故真实显现，即名道果。果未显故强名为因。因之与果，毕竟元二，亦非不二。若知诸法本性清净，妄想故生，妄想故灭……”⑥这里只是借用了“因果”这个词，阐述“道”，已经不同于佛教了。

第四节　帝王“三教合一”观

隋代国祚短暂（仅38年），三代皇帝中隋文帝杨坚和隋炀帝杨广，均

① 叶贵良著：《敦煌〈太玄真一本际经〉辑校》，巴蜀书社，2011，第136页。

② 三涂，佛教语。又作三途。即火涂、刀涂、血涂，义同三恶道之地狱、饿鬼、畜生，乃因身口意诸恶业所引生之处。

③ 涂，通途。

④ 叶贵良著：《敦煌〈太玄真一本际经〉辑校》，巴蜀书社，2011，第159页。

⑤ （春秋）老子著《道德经》第2章。

⑥ 叶贵良著：《敦煌〈太玄真一本际经〉辑校》，巴蜀书社，2011，第136页。

重视佛教，亦扶持道教。唐代帝王中李渊倡导三教并行，同时抑制佛教道教；李世民重视道教和佛教，并加以利用；唐高宗李治崇道抑佛；武则天重视道教，利用佛教；李隆基推崇道教，限制和利用佛教。

一、隋文帝杨坚全面复兴佛教

隋文帝杨坚（581–604 年在位）出于个人信仰和社会政治需要，全面复兴佛教。隋文帝提倡佛教也是为了缓和社会矛盾，巩固其统治。隋文帝不仅笃行佛教，而且也是中国历代封建帝王中就佛教事务下诏、制最多的一位。北周大象二年（580），杨坚在辅助北周幼主静帝宇文阐时，即有恢复佛教之意。“大象二年，隋文作相，佛法稍兴”。① 并度僧 120 人。隋开皇元年（581）杨坚“普诏天下，任听出家，仍令计口出钱，营造经像”。② 同年，沙门昙延“初闻改政……奏请度僧，以应千二百五十比丘、五百童子之数。勒遂总度一千余人，以副延请。此皇隋释化之开业也”③。这一年八月，杨坚还专门下诏在相州战地立佛寺，“……可于相州战地，建伽蓝一所，立碑纪事”。④ 杨坚意识到，在当时三教并存的情况下，欲统一南北，收拾人心，只能因势利导，实行三教并用的方针。加之儒门冷落，借助佛、道遂成必然之势。⑤ 开皇三年（583），文帝降敕，每当官立寺院行道之日，附近百姓不许杀生。⑥ 杨坚还为一处舍利塔写的塔铭，体现了他对佛的尊崇。⑦

二、隋炀帝杨广对佛教的扶持

隋炀帝杨广（605–618 年在位）极力弘扬佛法，包括度僧、建寺、造像、

---

① （唐）释道宣撰：《续高僧传（卷 2）·隋东都上林园翻经馆沙门释彦琮传》。

② （唐）魏征撰：《隋书（卷 35）·经籍志 4》。

③ （唐）释道宣撰：《续高僧传（卷 8）·隋京师延兴寺释昙延传》。

④ （唐）释道宣撰：《广弘明集（卷 28）·隋高祖与相州战地立佛寺诏》（有的典籍记为《相州战地立佛寺制》）。

⑤ 张岂之主编，刘学智副主编：《中国学术思想史编年·隋唐五代卷》，陕西师范大学出版社，2006，第 3 页。

⑥ （隋）费长房撰：《历代三宝记（第 12 卷）》，载《大正新修大正藏经》卷 49。

⑦ （唐）释道宣撰：《续高僧传（卷 28）·隋京师大兴善寺释道密传一》。

写经等。例如，在新建东都洛阳大兴佛寺，广招僧侣，翻译佛经。大业二年（606），炀帝迁都洛阳，在宫廷内建慧日内道场。“大业之始，帝弥重之，威轹王公见皆屈膝，常侍三卫，奉之若神……时有释法济者，通微知异僧也。发迹陈世，及隋二主皆宿禁中，妃后杂住，精进寡欲。人罕登者。文帝，长安为造香台寺。后至东都造龙天道场。帝给白马，常乘在宫……”① 杨广倚重法安，以至于王公贵族见到法安都要屈膝行礼，法安身边还有护卫，可见其地位之高。慧日寺僧人有两千余人，四事供给皆由朝廷负责。另有寺僧法济，能通微知异。隋文帝杨坚和炀帝杨广均让他居于宫中，与皇后嫔妃杂住，法济精进佛业，清心寡欲。法济圆寂后，天子废朝，百官素服，敕送其灵柩于蒋州（今南京）。

三、唐太宗李世民以儒为主兼摄佛道

唐太宗李世民（627–650年在位），唐高祖李渊次子。十八岁领兵作战。初封赵公，进爵秦王。武德九年（626）六月初四，发动玄武门政变，被立为太子。同年八月即帝位。李世民继续以儒为主兼摄佛道的三教并行政策。李世民并不笃信佛教，只是由于佛教在唐初势力较大，他也注意加以利用。但佛、道地位，多为先道而后佛。贞观二十三年（649），太宗与玄奘谈玄论道，问及玄奘有关因果报应及佛教遗迹，颇留心佛法，并以多年来没有“广兴佛事”为叹。② 他曾应玄奘之请作《大唐三藏圣教序》：“……佛道崇虚，乘幽控寂，弘济万品，典御十方，举威灵而无上，抑神力而无下。大之则弥于宇宙，细之则摄于毫厘。无灭无生，历千劫而不古；若隐若显，运百福而长今。妙道凝玄，遵之莫知其际；法流湛寂，挹之莫测其源。故知蠢蠢凡愚，区区庸鄙，投其旨趣，能无疑惑者哉……”③ 认为佛法能够为众多平庸之辈解疑释惑，犹如屋里燃烧的熊熊烈火，使人不再迷失方向；佛光普照，引领众生到达超脱生死的彼岸，凭着佛缘而升入天堂。他在《于行阵所立七寺诏》也认为：“释教慈心，均异同于平等，是知上圣恻隐无

---

① （唐）释道宣撰：《续高僧传（卷25上）·隋东都宝杨道场释法安传（法济）》。

② 石峻等编：《中国佛教思想资料选编》第2卷第4册，中华书局，1983，第398页。

③ （唐）释道宣撰：《广弘明集（卷第22）·唐太宗三藏圣教序》。

隔万方，大悲弘济义犹一子。”①《度僧于天下诏》赞扬佛教：“三乘结辙济度为先，八正归依慈悲为主。流智慧之海，膏润群生；翦烦恼之林，津梁品物。任真体道理协至仁，妙果胜因事符积善……”

四、武则天对佛教的匡助

武则天（684–705年在位），自名武曌（zhào），并州文水（今山西文水）人。唐朝武周时期政治家，中国历史上唯一的正统女皇帝。在夺取帝位过程中，得到佛教徒的支持助，佛教由此得以垂青。垂拱元年（685），修葺白马寺。支持佛经翻译。天授二年（691），明令佛教在道法之上，僧尼处道士女冠之前。695 年，她命于阗国沙门实义难陀等重译《华严经》，历时 4 年完成，她为译本作序。天授二年（691），她令北宗神秀入京行道，给以极高的礼遇，“肩舆上殿”，武则天对他“亲加跪礼”。696 年，根据神秀的奏请，她又诏惠能入都，惠能固辞不出。后将惠能“得法袈裟”移到长安供奉。②武则天支持翻译佛经。《方广大庄严经序》坦言：“朕爰自幼龄，归心彼岸，务广三明之路，思崇八正之门。往者夙构闵凶，遽违严荫；近以孝诚无感，复背慈颜。露草之恨日深，风树之悲镇切。凡是二亲之所蓄用，两京之所旧居，莫不总结招提之宇，咸充无尽之藏……”③武则天规定“释教在道法之上”，抬高佛教的社会地位。《释教在道法上制》：“朕先蒙金口之记，又承宝偈之文，历教表于当今，本愿标于曩劫。《大云》阐奥，明王国之祯符；《方等》发扬，显自在之丕业。驭一境而敦化，宏五戒以训人；爰开革命之阶，方启惟新之运。宜叶随时之义，以申自我之规。虽实际如如，理忘于先后；翘心恳恳，畏展于勤诚。自今已后，释教宜在道法之上，缁服处黄冠之前，庶得道有识以皈依，极群生以回向。布告遐迩，知朕意焉。”④

① （唐）释道宣撰：《广弘明集（卷第 28）·唐太宗于行阵所立七寺诏》。

② 石峻等编：《中国佛教思想资料选编》第 2 卷第 4 册，中华书局，1983，第 409–410 页。

③ （唐）武则天：《大周新译大方广佛华严经序》，（清）董诰等纂修《全唐文》卷 97。

④ （唐）武则天：《释教在道法上制》，（清）董诰等纂修《全唐文》卷 95。

五、唐玄宗李隆基对佛教的限制与支持

唐玄宗李隆基（712–742年在位），唐高宗李治与武则天之孙，唐睿宗李旦第三子，故又称李三郎。唐隆元年（710）六月，李隆基与太平公主联手发动“唐隆政变”，诛杀韦后集团。先天元年（712），李旦禅位于李隆基，李隆基于长安太极宫登基称帝。李隆基限制佛教，但因佛教势力较大，他也注意加以利用。713年敕令，用他的寝殿材料修建安国寺勒佛殿。开元二十三年（735），他注《金刚经》，次年诏颁天下，普令宣讲[①]。其中《禁坊市铸佛写经诏》说：“佛教者，在于清净，存乎利益。今两京城内，寺宇相望，凡欲归依，足申礼敬。下人浅近，不悟精微，睹菜希金，逐焰思水，浸以流荡，颇成蠹弊。如闻坊巷之内，开铺写经，公然铸佛。口食酒肉，手漫膻腥，尊敬之道既亏，慢狎之心斯起。百姓等或缘求福，因致饥寒，言念愚蒙，深用嗟悼。殊不知佛非在外，法本居心，近取诸身，道则不远……”[②]从诏书内容看，既有尊重佛教的成分，也有限制佛教的意图。

第五节　儒释道辩论

隋唐两代朝廷多次召集儒释道人士对辩。隋文帝、隋炀帝曾令道士与僧人就两教义理论对辩；唐高祖、太宗、高宗、玄宗、肃宗、敬宗、文宗、武宗、宣宗、懿宗均开儒释道或释道论议。这样的论辩，促进了儒释道三教义理深化和相互了解。于佛教而言，对促进中国化是有益的。

一、隋开皇三年儒、释、道论辩

开皇三年(583),隋文帝杨坚到一处道坛,见画有老子化胡像,大生怪异,集沙门道士共议,以驳斥道教的“老子化胡说”。参加者有苏威、杨素、何妥、张宾（道士）、彦琮（和尚）等，令将讨论情况详细奏闻。[③]此次论辩结

---

① 石峻等编：《中国佛教思想资料选编》第2卷第4册，中华书局，1983，第416–417页。

② （唐）李隆基：《禁坊市铸佛写经诏》，（清）董诰等纂修《全唐文》卷26。

③ （唐）释道宣：《续高僧传（卷2）·彦琮传》。

果如何，史无记载。其后彦琮①作《辩教论》，驳斥道教的老子化胡说。“开皇三年，（帝怪道坛老子化胡像）因作辩教论，明道教妖妄者，有二十五条，词理援据，宰辅褒赏。”②

二、隋大业三年儒、释、道论辩

隋炀帝大业三年（607 年。一说大业四年），始平令杨宏率道士、儒生入智藏寺与佛徒进行辩论。这是一次理论、教义上的争辩。主角是沙门慧净和道士余永通。辩论时，由一方先立一个“义”（即出一个题目），再由对方提出问题进行诘难。这样彼此问答，互相诘难；谁被对方问难住，无词以对时，就自认失败。③“遇始平令杨宏集诸道、俗于智藏寺欲令道士先开道经……有道士于永通。颇挟时誉。令怀所重。次立义彐：‘有物混成先天地生。吾不知其名。字之曰道。’令即命言申论……净因问通曰：‘有物混成，为体一故混？为体异故混？若体一故混，正混之时，已自成一，则一非道生；若体异故混，未混之时已自成二，则二非一起。先生道冠余列。请为稽疑。’于是通遂茫然，忸怩无对。”④

三、唐武德八年释、道论辩

唐武德八年（625），唐高祖到国子学举行祭孔典礼时，召集百官和三教学者，宣布三教位序：“老教、孔教，此土元基；释教后兴，宜崇客礼

① 彦琮，隋赵郡柏人（今河北隆尧西南）人。僧人。俗姓李。出自大族。年十岁出家，法名道江。十四岁为北齐后主讲《仁王经》。后北周武帝排佛，以博学仍延入内殿，为通道观学士，陪侍讲论《易经》《老子》《庄子》。外假俗衣内着僧服，更名彦琮。大定元年（581），再次落发。入隋，与文帝过从甚密。开皇三年（583），撰《辩教论》，斥道教妖妄。十二年，入京住大兴善寺，执掌翻译佛经。仁寿二年（602）敕撰《众经目录》，寻又撰《西域传》，将《舍利瑞图经》《国家祥瑞录》译为梵文，付天竺僧人带回本国。大业二年（606），住洛阳上林园翻经馆，披阅由林邑（今越南中南部）所获佛典，撰目录五卷。著有《达摩笈多传》四卷、《辨正论》《僧官论》等，又与裴矩纂修《天竺记》。译经凡二十三部、一百余卷。

② 《大正藏》第 50 册，第 436–437 页。

③ 卿希泰著：《中国道教思想史纲（第 2 卷）·隋唐五代北宋时期》，四川人民出版社，1985，第 754 页。

④ （唐）释道宣：《续高僧传（卷 3）·慧净传》。

今可老先，次孔，末后释宗。”① 令道士李仲卿宣讲《老子》，同时与胜光寺慧乘以《老子》“道法自然”为中心展开一场辩论。慧乘先问道士李仲卿：“先生广位道宗，高迈宇宙，向释《道德》云：‘上卷明道，下卷明德’，未知此道更有大此道者，为更无大于道者？”李仲卿答道：“天上天下，唯道至极最大，更无大于道者。”慧乘诘问：“道是至极最大更无大于道者，亦可道是至极之法，更无法于道者。”李仲卿回应：“道是至极之法。更无法于道者。”慧乘又问：“老经自云，‘人法地，地法天，天法道，道法自然。’何意自违本宗。乃云更无法于道者。若道是至极之法。遂更有法于道者。何意道法最大。不得更有大于道者。”李仲卿回答：“道只是自然，自然即是道，所以更无别法能法于道者。”慧乘诘问：“道法自然，自然是道；亦可地法于天，天即是地。然地法于天，天不即地；故知道法自然，自然不即道。若自然即是道，天应即是地。”② 在这场辩论中，双方的水平都不太高，慧乘既有意发难，将“道”理解成一种实体，认为既然“道”可以效法“自然”，“自然”也应该可以效法“道”，李仲卿只是反复说明，并没有什么新义。③

四、唐贞观十二年唐高宗让太子李治主持三教论辩

贞观十二年（638），唐高宗让太子李治主持三教对谈。李治集诸官臣及三教学士于弘文殿。纪国寺慧净奉旨登座，开讲《法华经》。道士蔡晃代表道教参加论辩。蔡晃即问：“《经》称序品第一，未审序、第何分？”慧净答：“如来入定，征瑞放光，现奇动地，雨花假近开远。为破二之洪基，作明一之由渐。故为序也。第者为居，一者为始，序最居先，故称第一。”蔡晃又问：“第者弟也，为弟则不得称一；言一则不得称弟；两字矛盾。何以会通？”慧净答道：“向不云乎，‘第者为居，一者为始’。先生既不领前宗，而谬陈后难，便是自难何成难人？”蔡晃说：“言不领

---

① （唐）释道宣撰：《集古今佛道论衡（卷丙）·高祖幸国学当集三教问僧道是佛师事第二》。

② 同上。

③ 圣凯：《初唐佛道“道法自然”论争及其影响》，《华东师范大学学报》（哲学社会科学版），2011 年第 4 期。

者。请为重释。”净启令曰：“昔有二人。一名蛇奴。道帚忘扫。一名身子。一闻千解。然则蛇奴再闻不悟。身子一唱千领。此非授道不明但是纳法非俊。”蔡晃说：‘法师言不出唇。何以可领？”慧净说：“菩萨说法声震十方，道士在坐如迷如醉，岂直形骸聋瞽，其智抑亦有之。”蔡晃说：“野干说法[①]，何由可闻。”慧净说：“天宫严卫，理绝兽踪；道士魂迷，谓人为畜。”这场辩论，道士蔡晃避开《法华经》义理，而就《法华经》“序品第一”句中的“序”“第”展开辩论，认为“第者弟也”，既然是弟就不得称一；称一就不应当称弟。慧净辩讥笑蔡晃不通文墨，连“第者为居，一者为始”的基本知识都不懂。蔡晃无法对答竟然口出粗言。眼看论辩陷入僵局，国子祭酒孔颖达出来解围。孔颖达说：“承闻佛家无诤，法师何以构斯？”净启令曰：“如来存日已有斯事，佛破外道，外道不通，反谓佛曰：‘汝常自言平等，今既以难破我，即是不平，何谓平乎？’佛谓通曰：‘以我不平，破汝不平，汝若得平，即我平也。’而今亦尔，以净之诤破彼之诤，彼得无诤，即净无诤也。”于时皇储语祭酒曰：“君既剿说，真为道党。净曰‘常闻君子不党’，其知祭酒亦党乎？”孔颖达本来是儒家一方，却出面为道教助阵，攻击慧净违背了佛教的“无诤”之德。慧净则根据佛典中的破“外道”法给予回击，并说儒家向有“君子不党”的传统，而孔颖达这样做是不守儒家的本分。结果，太子“怡然大笑，合座欢跃”[②]。这场三教论议，各方都只是在个别字义上找对方的岔子，玩文字游戏，并未针对三教义理上论议。但从宗教交融对话的角度看，大致保持了辩论本身的纯洁性，言论自由，风气民主，既严肃紧张而又不失轻松幽默。[③]

五、唐显庆三年佛、道两教论议

唐高宗显庆三年（658）四月，敕令僧人、道士各7人入宫内论议。佛教代表为会隐、神泰、慧立等，道教为李荣、黄寿、黄赜等。佛教一方首先确立辩论主题，会隐法师竖“五蕴义”，神泰法师立“九断知义”，请

---

① 野干说法：佛经故事。佛彼时为野干（形似狐狸，但体形较小的动物），为帝释天说法。

② （唐）释道宣撰：《集古今佛道论衡（卷丙）·皇太子集三教学者详论事第五》。

③ 刘立夫：《唐代宫廷的三教论议》，《宗教学研究》，2010年第1期。

道士发难，道士往返数辩，均不着边际，“茫如梦海”。时会隐竖“五蕴义”；神泰立“九断知义”。道士相继登场论议。因对佛教义理“莫识名体”，故而“茫如梦海”，败落下来。接下来，“遣道士竖义”。李荣与慧立辩论的主题是道教义理“道生万物”。慧立论辩的策略是避开理论，以世间“混生万物，不蠲善恶”诘问李荣，并以业佛教“业感缘起”说明世间一切现象与有情的生死流转，皆由众生之业因所生起，证明“道是无知，不能生物”。

唐显庆三年（658）冬十一月，敕召大慈恩寺沙门义褒、东明观道士张惠元等入内讲道论辩。其时“内外宫禁，咸集法筵释李搜扬，选穷翘楚即斯荣观，终古无之”[①]，可见当时规模之宏大。在高宗李治主持下，佛、道两教思想界围绕“本际”问题展开理论交锋。参加者有道士李荣[②]，沙门义褒[③]。道士李荣先升高座（明显唐代体现了道先佛后的原则），立“本际”义。高宗令沙门义褒：“承师能论义，请升高座，共谈名理。”义褒便即登座，他问李荣：“既义标本际，为道本于际，名为本际；为际（于）本道，名为本际？”李荣回答：“互得进。”义褒诘问：“道本于际，际为道本；亦可际本于道，道为际元？”李荣回答：“何往不通。”义褒问：“若使道将本际互得相通，返亦可自然与道互得相法。”李荣答：“道法自然，自然不法道”。义褒看出了李荣回答的矛盾，于是问道：“若使道法于自然，自然不法道；亦可道本于本际，本际不本道。”义褒将道与自然分来作为两个层次。似乎“本际”反而为道之根本，使对方陷入自我矛盾中。只得“但存缄默，不能加报”。义褒则进一步诘问到：“汝道本于本际，遂得道、际互相本；亦可道法于自然，何为道、自不得互相法？”[④]李荣一时语塞，“既不领难，又不解结……逡巡下席。”

---

① （唐）释道宣撰：《集古今佛道论衡（卷丁）·帝以冬旱内立斋祀召佛道二宗论议事第三》。

② 李荣（生卒不详。活动于唐高宗时），道号任真子，绵州巴西人（今四川绵阳）。少慕神仙，学道炼丹，刻苦修炼，成为蜀名道。进京以后，李荣以道教代表身份与佛教辩难。著述有《老子注》等。

③ 义褒，唐僧人。俗姓薛，晋陵（今常州）人。少时出家，初在苏州从师习大品《华严》。后流转吴越30年，终住东阳金华山法幢寺。高宗时，奉敕至长安大慈恩寺，助玄奘译经。显庆年间，多次奉诏至内殿与道士辩论。后住洛阳净土寺。

④ （唐）释道宣撰：《集古今佛道论衡（卷丁）·帝以冬旱内立斋祀召佛道二宗论议事第三》。

六、唐龙朔三年佛、道两教论议

龙朔三年（663）四月十四日，唐高宗召集佛道二教人士在蓬莱宫月陂北亭辩论。先是道士姚义玄等5人与西明寺僧子立等4人讲论。后敕留僧灵辩及道士方惠长二人。道士方惠长开老经题。灵辩问曰："向陈《道德》唯止老教。亦在儒宗。"方惠长答："道经独有，儒教所无。"灵辩诘问："《孝经》曰'有至德要道'。《易》云'一阴一阳谓之道'，此则已显于儒家，岂独明于老氏。"方惠长回应"自然之道为本，余者为末"。灵辩诘问："自然之道不摄在阴阳？老氏可为本，阴阳亦苞于自然。《周易》岂为末。"方惠长答："元气已来，大道为本。万物皆从道生。道为万法祖。"灵辩又问："道为物祖，不异前言。《老》《易》同归，若为遣难。"方惠长无法回答……这一轮道教输。接下来针对"大道无形"辩论。最终因方惠长回话自相矛盾，道教败北。[①]

七、唐太和元年三教论议

唐文宗太和元年（827）正是"圣唐御区宇二百年，皇帝承祖宗十四叶"之时[②]，文宗李昂于十月诞节，为"序庆诞、赞休明"[③]，在麟德殿内道场举行儒、释、道三教谈论。儒、释、道三方代表人物分别是秘书监白居易、安国寺僧义休法师、太清宫道士杨弘元等，论议形式为一问一答，中间发难。白居易《三教论衡》"略录大端"。僧义休问（儒者）："《毛诗》称'六义'，《论语》列'四科'，何者为'四科'，何者为'六义'。其名与数，请为备陈者。"白居易回答："孔门之徒三千，其贤者列为'四科'；《毛诗》之篇三百，其要者分为'六义'。'六义'者，一曰风，二曰赋，三曰比，四曰兴，五曰雅，六曰颂。此'六义'之数也。'四科'者，一曰德行，二曰言语，三曰政事，四曰文学，此四科之目也。在四科内列十哲名……夫儒门释教，虽名数则有异同，约义立宗，彼此亦无差别。所谓同出而异名，殊途而同归者也。所对若此，以为何如？更有所疑，请以重难。"儒者问僧：

① （唐）释道宣撰：《集古今佛道论衡（卷丁）·大慈恩寺沙门灵辩与道士对论第六》。

② （唐）白居易：《三教论衡·序》，（清）董诰等纂修《全唐文》卷677。

③ 同上。

“《维摩经·不可思议品》中云：‘芥子纳须弥’。须弥至大至高，芥子至微至小，岂可芥子之内入得须弥山乎？假如入得，云何见得：假如却出，云何得知。其义难明，请言要旨。”（原注：僧答不录）接着儒者诘问僧人：“法师所云，芥子纳须弥是诸佛菩萨解脱神通之力所致也。敢问诸佛菩萨以何因缘证此解脱？修何智力得此神通？必有所因，愿闻其说。”（原注：僧答不录）

白居易《三教论衡》中，对佛、道二教回答儒者提问均未记录；佛、道互相提问和诘问也未记录。因此，对于这次论辩已不能窥其全貌。而且谈论的议题很像是事先预定编排的，几乎看不到有真正的“论议”交锋。白居易对此作总结。从白居易对此次论议的记载来看，这次论辩主要记录了儒僧、儒道的辩论，在此之间的转接，都有儒者白居易来穿针引线，而对于僧道辩论则未记录，体现了本次论辩以儒为主的指导思想，主要内容体现了儒教的礼、义、忠、孝等伦理思想、佛教的哲学思想、辩证逻辑思想等，这是一次上承显庆、龙朔三教论议的义理之辩，会议气氛融洽，三家互标义旨，说明三教辩论已程式化了。①

① 王洪军著：《中古时期儒释道整合研究》，天津人民出版社，2009，第335-336页。

第三章　宋元明时期：稳步推进阶段

魏晋以后倡导三教融合渐成风气，经历隋唐五代，至宋已成为一股强大的社会思潮。儒释道三教中许多中坚人物都主张三教旨归同源一致，三教之间的相互影响和相互渗透日益加深，唐宋之际形成的三教合一的思潮逐渐成为中国学术思想发展的主流。儒佛道三教从早期强调“三教一致”，到唐代的“三教鼎立”，进而发展为入宋以后思想上的“三教合一”，这标志着三教关系随着社会经济和政治的需要而进入了一个新阶段，儒佛道三教在中国这块土地上最终找到了它们的共同归宿。① 这种态势也有利于佛教发展。

宋代，儒释道相互融摄、渗透，开始了更深层次的融合，逐渐形成了以儒学为主体，融会佛、道的“三教合一”新格局。宋代佛、道义理更为成熟。宋代理学批判佛教同时又吸收、融合佛教和道教思想、理念。因此，也使儒释道对话交融更为深入。宋代理学是封建宗法制度在理论上的最高成就，也是古代哲学史上的高峰，它反对佛道的外在权威，却吸收佛道的思想营养以充实自身。周敦颐、二程与朱熹的理学，陆九渊、王阳明的心学，使儒、释、道三者合流，使神学哲学化。宋代理学家复兴儒家吸收了佛、道两教思想充实自己，增进了儒、佛思想融合，出现了阳儒阴释的理论。宋初道教思想亦渗入儒家理论体系。有宋一代，儒、释、道三教的斗争依旧非常激烈，但总体上仍保持三教合一趋势。②

元代，“三教合一”进一步发展。《元史》云：“释、老之教，行乎中国也，千数百年，而其盛衰，每系乎时君之好恶……元兴，崇尚释氏，

---

① 王友三主编：《中国宗教史·上》，齐鲁书社，1991，第589页。

② 赵书廉著：《中国人思想之源——儒释道思想的斗争与融合》，吉林文史出版社，1992，第151–152页。

而帝师之盛，尤不可与古昔同语。维道家方士之流，假祷祠之说，乘时以起，曾不及其什一焉。”①

明代佛教云栖祩宏、憨山德清、紫柏真可、蕅益智旭，在推进三教融合方面有突出贡献；道教程以宁主张以儒佛释道；阳道生以佛教禅理释道家修持；陆西星仙佛圣凡，同具同证；伍守阳“仙佛合宗”。

第一节　佛教人士促进佛教中国化的新举措

宋代佛教各派都向儒家靠拢，表明以儒家为主干的中国古老传统文化有着丰富内涵，就连佛教最终不能不依照儒家的模式加以改造，以便更好地适应中国民众的口味。② 宋元明时期佛教的宗教对话交融实践代表人物为赞宁、智圆、契嵩、宗杲和行秀。

一、北宋赞宁主张王法为本，融摄三教

赞宁（919–1001），湖州德清（今浙江德清）人，俗姓高。后唐天成中（约927）在杭州市祥符寺出家，唐清泰初（约934）入浙江天台山受具足戒。他博涉三藏，兼通儒、道二家典籍，善文辞，深受王侯名士敬仰。宋太平兴国八年（983），太宗下诏命赞宁修一部《高僧传》。赞宁等人历经6年修成《宋高僧传》30卷。著作除《宋高僧传》外，还有《三教圣贤事迹》等。宋初，赞宁看到当时“儒术特兴，玄风爰振”的现状③，针对一些儒士排佛言论，力排众议，撰《僧史略》，阐明“儒释道一贯，三教之贤圣，理归一揆”④ 的思想，以对抗儒士之说。赞宁《僧史略》云：“道安以诙谐而伏习凿齿，慧远以《诗》《礼》而诱宗、雷之辈，复礼以辩惑而柔权无二，皎然以《诗式》而友陆鸿渐。此皆不施他术，唯能博学耳。况乎儒道二教，

① （明）宋濂，王祎主编：《元史（卷202）·释老志》。

② 赵书廉著：《中国人思想之源——儒释道思想的斗争与融合》，吉林文史出版社，1992，第151–152页。

③ （北宋）赞宁：《宋高僧传·进高僧传表》。

④ （北宋）赞宁：《大宋僧史略·重开僧史略序》。

义理玄邈，释子即精本业，何妨钻极以广见闻，勿滞于一方也。”[①]赞宁认为，在皇权一统天下，儒家思想占有统治地位，道家有时是排挤佛教的境况下，必须忠君护国，融会儒释道三教，对于儒、道均“一切恭信”。《大宋僧史略》卷下《总论》云：“帝王不容，法从何立？况道流守宝，不为天下先，沙门何妨饶礼以和之。当合佛言，‘一切恭信’。信于老君先圣也，信于孔子先师也。非此二圣，曷能显扬释教，相与齐行，致君于牺黄之上乎？”[②]赞宁重申了“不依国主则法事难立”[③]的道理，教法有赖于王臣的认可，因此必须重视处理好王臣与佛教之间的关系，只有得到朝廷的支持，佛教才能得以生存和发展。

二、北宋智圆“修身以儒，治心以释”

智圆（976–1022），字无外，自号中庸子，俗姓徐，钱塘（今杭州）人，自幼出家。先从奉先源清习天台教义，三年后往西湖孤山，专心著述。智圆指出：“尝谓三教之大其不可遗也。行五常，正三纲，得人伦之大体，儒有焉；绝圣弃智，守雌保弱，道有焉；自因克，反妄归真，俾千变万态，复乎心性，释有焉。吾心其病乎，三教其药乎！病之有三，药可废耶？吾道其鼎乎，三教其足乎！欲鼎之不覆，足可折耶？”[④]三教并行不悖，均有存在价值。智圆自称“宗儒述孟轲，好道注《阴符》；虚堂踞高台，往往谈浮图”[⑤]。智圆《中庸子传》言：“夫儒、释者，言异而理贯也，莫不化民，都是教人迁善远恶也。儒者，修身之教，故谓之外典也；释者，修心之教，故谓之内典也。惟身与心，则内外别矣。蚩蚩生民，岂越于身心哉？非吾二教，何以化之乎？儒乎？释乎？其共为表里乎！”又说“非仲尼之教，则国无以治。家无以守，身无一安……国不治，家不宁，身不安，释氏之道，何由而行哉？”[⑥]认为儒学有助于提升个人道德修养，也有利

---

① （北宋）赞宁：《大宋僧史略（卷上）·外学》。

② （北宋）赞宁：《大宋僧史略（卷下）·总论》。

③ （南朝·梁）僧祐撰：《出三藏记集（卷15）·道安法师传》。

④ （北宋）智圆：《闲居编（卷34）·病夫传》。

⑤ （北宋）智圆：《闲居编（卷48）·潜夫咏》。

⑥ （北宋）智圆：《闲居编（卷19）·中庸子传（上）》。

于佛教传播。儒、释两教表达方式有差异，但基本义理相通，社会功能基本相契。智圆主张儒、佛共尊。他说："儒、释者，言异而理贯也，莫不化民俾迁善远恶也。儒者饰身之教，故谓之外典也；释者修心之教，故谓之内典也。惟身与心则内外别矣，蚩蚩生民岂越于身心哉？非吾二教何以化之乎？嘻！儒乎？释乎？其共为表里乎？"①"忠孝"问题是一些儒者攻击佛教的要点②，因此智圆撰《松江重佑和李白姑孰十咏诗序》，进行辨析："……夫诗之道本于三百篇也，所以正君臣、明父子、辨得丧、示邪正而已。洎乎王者之迹熄而《诗》亡，《诗》亡然后《春秋》作。后世屈、宋、李、苏，建安诸子、南朝群公，降及李唐，作者不一，而辞采屡变，骋殊轨辙。得之者虽变其辞，而无背于三百篇之道也……"③他解释"积善"说："《易》曰'积善之家，必有余庆；积不善之家，必有余殃。'……士有履仁义尽忠孝者，之谓积善也。"④智圆解释儒家"五常"（即仁、义、礼、智、信）他说："仁义五常谓之古道也，若将有志于斯文也，必也研几乎五常之道。""仁义敦，礼乐作，俾淳风之不坠而名扬于青史……老、庄、扬、墨弃仁义，废礼乐，非吾仲尼祖述尧舜、宪章文武之古道也。"⑤"我安得不禀仲尼之道，以好生、仁恕、恻隐为心乎！吾苟不能好生、仁恕、恻隐者，非但为仲尼之罪人，实包羞于释氏也！礼度由是修，仁风由是行。"⑥

三、北宋契嵩佛儒相融观

契嵩（1007–1072），俗姓李，字仲灵，自号潜子，藤津（今广西藤县）人。七岁出家，十三岁剃发，翌年受具足戒。十九岁游方，下江湘，登衡庐。北宋庆历年间居杭州灵隐寺。皇祐年间入京师，两作万言书上之。仁宗赐号"明教大师"。有《镡津文集》22卷。契嵩认为儒家治世，佛教治心，两教虽然处世方法有别，但其目的相同。"古之有圣人焉，曰佛，曰儒，

① （北宋）智圆：《闲居编（第19）·中庸子传（上）》。

② 如《旧唐书·傅弈传》说佛教"故使不忠不孝，削发而揖君亲"。

③ （清）严可均：《全宋文（卷310）·松江重祐和李白姑熟十咏诗序》。

④ （北宋）智圆：《闲居编（卷18）·善恶有余论》。

⑤ （北宋）智圆：《闲居编（卷29）·送庶几序》。

⑥ （北宋）智圆：《闲居编（卷14）·漉囊志》。

曰百家。心则一，其迹则异，夫一焉者，其皆欲人为善者也；异焉者，分家而各为其教者也。圣人各为其教，故其教人为善之方，有浅有奥有近有远，及乎绝恶而人不相扰，则其德同焉……佛者其教相望而出，相资以广，天下之为善其天意乎，其圣人之为乎，不测也。方天下不可无儒，无百家者，不可无佛，亏一教则损天下之一善道。损一善道则天下之恶加多矣。夫教也者圣人之迹也。为之者（本或无之）圣人之心也。见其心则天下无有不是。"[①] 儒、佛及诸子百家各有其道，都有其存在的合理性。无论是治世，还是出世，所起的社会作用是相同的。契嵩指出佛教"俾政治，广教化"，利国利民，所以能长期存在和发展。儒、佛二教"为善不同，同归于治"，行善的方式和途径不尽相同，但治理社会的效果是相同的。"然其法播于诸夏垂千载矣。所更君臣之圣贤者不可胜数。皆尊奉之，使与儒并化天下，盖用大公之道而取之，以其善世有益于生灵，俾政治，广教化者也。犹《书》曰：'会其有极，归其有极'[②]。又曰：'为善不同，同归于治'[③]……闾里胥化而慕善者几遍四海，苟家至户到而按之，恐其十有七八焉，前所谓助政治，广教化。"[④] 契嵩指出："佛、老与孔、周，自古帝王并用其教，以治其世俗，几乎百代。是佛之教巍巍然关乎天地人神，岂以杨墨为比。盖论者未思其所以相妨之谓也……今佛者其教固同，导人而为善，虽其所作者而有前后，盖以前后而相资也。孰谓有妨圣人之道乎？若夫儒经有与佛经意似者，数端含而蕴之；若待佛教而发明之，然意密且远。而后儒注解牵于教。不能远见圣人之奥旨……孔子曰……惟天下至诚，能尽其性；能尽其性，则能尽人之性，尽人之性则尽物之性，以至与天地参耳，是盖明乎天地人物其性通也，岂不与佛教所谓万物同一真性者似乎……"[⑤]

四、南宋宗杲三教同归观

宗杲（1089–1163），俗姓奚，宣州宁国（今安徽宁国）人。号大慧，

---

① （北宋）契嵩：《镡津文集（卷2）·辅教篇中》。

② 语出（战国）《尚书·周书·洪范》。

③ 语出（战国）《尚书·周书·蔡仲上》。

④ （北宋）契嵩：《镡津文集（卷9）·再书上仁宗皇帝》。

⑤ （北宋）契嵩：《镡津文集（卷8）·万言书上仁宗皇帝》。

因曾归居妙喜庵，故又称妙喜。宗杲在《示成机宜（季恭）》法语中说："三教圣人所说之法，无非劝善诫恶，正人心术。心术不正，则奸邪，唯利是趋。心术正，则忠义，唯理是从。理者理义之理，非义理之理也。如尊丈节使，见义便为，逞非常之真勇，乃此理也……菩提心则忠义心也，名异而体同。但此心与义相遇，则世出世间，一网打就，无少无剩矣。"① 宗杲在《示鄂守熊祠部（叔雅）》法语中说："……直要到古人脚踢实地处，不疑佛，不疑孔子，不疑老君，然后借老君、孔子、佛鼻孔，要自出气。"② 宗杲在《示张太尉（益之）》法语中指出，"吾佛之教，密密助扬至尊圣化者亦多矣，又何尝只谈空寂而已。如俗谓李老君说长生之术，正如硬差排佛谈空寂之法无异。老子之书，元不曾说留形住世，亦以清净无为为自然归宿之处。自是不学佛老者以好恶心相诬谤尔，不可不察也。愚谓：三教圣人立教虽异而其道同归一致，此万古不易之义。"③ 宗杲认为，佛教不是只谈"空寂"，而是在多方面弘扬"至尊圣化"之理；道家原本也没有长生久视，而是"以清净元为为自然归宿"。那些说佛教"只谈空寂"、道家只讲"长生之术"者，他们本来就"不学佛老"，他们个人好恶对释道二教妄加评论，"三教圣人立教虽异，而其道同归一致"是共通的道理。

五、南宋行秀以儒道释佛

万松行秀（1166–1246），俗姓蔡，河内（今河南怀庆）人。号万松老人。著有《从容庵录》（又名《从容录》）《评唱天童正觉和尚颂古从容庵录》。耶律楚材《〈万松老人评唱天童觉和尚颂古从容庵录〉序》引述圣安寺澄公老和尚评价行秀语，"万松老人者，儒释兼备，宗说精通，辩才无碍。"行秀《从容庵录》论述儒释道三者关系："儒道二教，宗于一气。

① （北宋末南宋初）大慧宗杲著：《大慧尺牍校注·大慧宗杲禅法心要》，金城出版社，2017，第222页。

② （北宋末南宋初）大慧宗杲著：《大慧尺牍校注·大慧宗杲禅法心要》，金城出版社，2017，第132页。

③ （北宋末南宋初）大慧宗杲著：《大慧尺牍校注·大慧宗杲禅法心要》，金城出版社，2017，第180页。

佛家者流，本乎一心。圭峰道[①]：元气亦由心之所造，皆阿赖耶识相分所摄。万松道：此曹洞正宗。”[②]行秀认为儒道二教来源相似，均“宗于一气”；佛教则本于心。圭峰补充说：“元气亦由心之所造”，表明儒释道三教同源。行秀在一则评唱征引道家庄子、儒家孔子及佛教诗文。引《庄子》寓言[③]在于说明顺应自然之理，避免“依样画猫儿”，效仿“俱胝举指”一类做法。只学形式，不悟禅理。

六、明末云栖袾宏三教同归一理

云栖袾宏（1535–1615），俗姓沈，名袾宏，字佛慧，别号莲池，因久居杭州云栖寺，又称云栖大师。袾宏经历由儒入释的过程，对儒释均有深入研究，因此力主会通儒释。他指出，“儒主治世，佛主出世。治世，则自应如《大学》格致、诚正、修齐、治平足矣，而过于高深，则纲常伦理，不成安立。出世，则自应穷高极深，方成解脱，而于家国、天下，不无稍疏。盖理势自然，无足怪者……虽然，圆机之士，二之亦得，合之亦得，两无病焉，又不可不知也。”[④]在儒释道关系上，袾宏认为，儒、释、道三家只是易地则然。由于地理环境、人文环境的不同而用不同的语言体系所表达的思想：“使夫子而生竺国，必演扬佛法以度众生；使释避而现鲁邦，必阐明佛道以教万世。盖易地则皆然。大圣人所作为，凡情固不识也。为儒者不可毁佛，为佛者独可毁儒乎哉？”[⑤]“童者，纯一无伪之称也。文殊为七师佛，而曰文殊师利童子；善财一生得无上菩提，而曰善财童子……故巨大人者，不失其赤子之心也。”[⑥]儒家最重视孝道，所谓“孝悌也者，其为仁之本

---

① 圭峰（780–841），华严宗第五祖。唐代果州（治今四川南充）人，俗姓何，世称圭峰禅师、圭山大师。

② （宋）天童正觉：《颂古·世尊升座》，载万松行秀评唱，尚之煜点评：《从容录》，宗教文化出版社，2013，第307–308页。

③ （宋）天童正觉：《颂古·俱胝一指》，载万松行秀评唱，尚之煜点评：《从容录》，宗教文化出版社，2013，第3页。

④ （明）释袾宏撰：《云栖法汇·竹窗二笔 儒佛交非》。

⑤ （明）莲池大师著述，曹越主编，孔宏点校：《竹窗随笔》，北京图书馆出版社，2005，第63页。

⑥ 同上，第24页。

与！”① 佛教初传中国，最令儒家诟病之处就在于舍弃孝悌人伦，因此佛教必须以一套比较成熟可信的理论来回应儒家，在这种情况下，佛教界形成了“出世不舍孝道”的思想。袾宏说：“人之于父母，服劳奉养以安之，孝也；立身行道以显之，大孝也；劝以念佛法门，得生净土，大孝之大孝也。”② 袾宏对孝道极为重视，当时有僧人主张出家为僧后，父母当反拜其子，据《法华经》所载，大通智如来成佛之后，其父轮王向之顶礼。袾宏对这种论调极为反感，他认为这给儒家更大的理由反对佛教，对儒佛二教的差异性，袾宏认为可以兼而用之，于国于家都有益处：“治世，则自应如大学格致诚正修齐治平足矣；而过于高深，则纲常伦理不成安立。出世，则自应穷高极深，方成解脱，而于家国天下不无稍疏。”③

七、明末憨山德清以儒道释佛

憨山德清（1546–1623），俗姓蔡，名德清，字澄印，后号憨山，全椒（今安徽全椒）人。他佛学造诣深，与云栖袾宏、紫柏真可、蕅益智旭并称明末四大高僧。德清对儒、道思想颇有研究，曾注《老子》《庄子》，著文《大学纲目决疑》《观老庄影响论》《道德经解发题》（主要著述由弟子集结为《憨山老人梦游集》）。德清其会通百家，力主三教会通。“不知春秋，不能涉世；不知老庄，不能忘世；不参禅，不能出世。知此，可与言学矣。”④ 德清认为，佛教义理与儒、道一样，讲的都是关于世间的真理。佛教虽为出世法，但也包含经世之法。德清《观老庄影响论》云：“余幼师孔不知孔，师老不知老。既壮，师佛不知佛。退而入于深山大泽，习静以观心焉。由是而知三界唯心，万法唯识。既唯心识观，则一切形，心之影也。一切声，心之响也。”⑤ 德清最初也不理解儒、道、释三家的义理，后来隐于“深山大泽”，通过“习静以观心”，才明白“三界唯心，万法唯识”的之理。

---

① （春秋战国）孔丘及弟子：《论语·学而》。

② （明）莲池大师著述，曹越主编，孔宏点校：《竹窗随笔》，北京图书馆出版社，2005，第100页。

③ 同上，第106页。

④ （明）那罗延窟海印沙门释德清撰，逸尘注解：《〈老子道德经憨山注·观老庄影响论〉解读》，同济大学出版社，2013，第15页。

⑤ 同上，第64页。

进而更深层地感悟“故治世语言资生业等，皆顺正法……若悟自心，则法无不妙”的道理。德清引用《法华经》“资生业等，皆顺正法”，说明包括儒释道在内的一切治理世间的理论，对人们生计有用的技能等，都是顺应正法的。真正从内心明了此理，那么万法均有妙用。德清《老子道德经解》言：“或曰，三教圣人教人，俱要先破我执。是则无我之体同矣，奈何其用，有经世、忘世、出世之不同耶？答曰：体用皆同，但有浅深小大之不同耳。假若孔子果有我，是但为一己之私，何以经世。佛老果绝世，是为自度，又何以利生？是知由无我方能经世，由利生方见无我，其实也。若孔子曰，寂然不动，感而遂通天下之故，用也。明则诚，体也。诚则形，用也。心正意诚，体也。身修家齐国治天下平，用也。老子无名，体也。无为而为，用也。”[①] 德清在《老子道德经解》“发明体用”篇以设问形式提出：三教圣人教化人们时，都要先破我执。既然如此为何还有经世、忘世、出世的区别呢？接着解答道：体用虽同，但有深浅大小之别。假如孔子的理论是为“我”谋一己之私，哪能治理世事。如果佛祖和老子只为追求自行解脱，怎能利益众生。可见“无我方能经世，由利生方见无我”才是佛、道二教的本质。如孔子说“寂然不动，感而遂通天下之故”，这是“用”（本质）；“明则诚”，这就“体”（表象）。将真诚表现于行动，就是“用”。儒家提倡的“正心诚意”是体。修身齐家治国平天下是用；老子所言“无名”是体，“无为而为”是用。

八、明末紫柏真可倡导“三家一道”

真可（1543–1603），字达观，江苏吴江人，俗姓沈。少任侠，年 17 辞亲远游塞上，至苏州阊门，遇雨不能前，逢虎丘僧明觉，遂从出家。万历年间矿税不止，百姓生活艰难，真可为此事多方奔走，亲自营救为弹劾矿税而入狱的南康太守吴宝秀出狱。后因“妖书”事件因人陷害而入狱，不肯低头最终坐化狱中。真可继承了三教同源的观点，他说：“‘介然有知，

---

① （明）那罗延窟海印沙门释德清撰，逸尘注解：《〈老子道德经憨山注·观老庄影响论〉解读》，同济大学出版社，2013，第 67 页。

唯施是畏'[①]。此老氏之言耳。曹溪大鉴则曰，'对境心数起，菩提作么长'[②]，则又若有知不乖无知也。老乎？曹乎？同乎？异乎？吾不得而知，付之副墨之子。俟来者辨之。"《道德经》"介然有知，唯施是畏"与《坛经》"对境心数起，菩提作么长"，一个讲认识事物要遵循规律，一个讲修习禅定也要遵循规律。道理是相通的。但真可只是提出，并不说破。[③]真可又说："儒也，释也，老也，皆名焉而已，非实也。实也者，心也。心也者，所以能儒能佛能老者也。噫！能儒能佛能老者。果儒释老各有之耶。共有之耶。又已发未发。缘生无生。有名无名。同欤不同欤。知此乃可与言三家一道也，而有不同者名也，非心也。"[④]儒释道三教名不同而实同，这就是"一心"。儒释道三教各有所宗，理论体系不同，但都是倡导人心向善，救世济人的目标是一致的。他认为，三教义理有别，但追求"心性"具有相似处。他在《题三教图》中说："我得仲尼之心而窥六经，得伯阳之心而达二篇，得佛心而始了自心。虽然。佛不得我心不能说法；伯阳不得我心二篇奚作；仲尼不得我心则不能集大成也。且道未一句，如何播弄，自古群龙无首吉，门墙虽异本相同。"[⑤]真可认为三教义理具有相通性，只有熟读其经典，融会三教，才能深刻理解之："三教中人，各无定见。学儒未通，弃儒学佛；学佛未通，弃佛学老；学老未通，流入傍门。无所不至。我且问你，你果到孔孟境界也未。若已到，决不作这般去就。若未到儒尚未通，安能学佛？佛尚未通，何暇学老？"[⑥]

九、明末蕅益智旭主张三教同源

蕅益智旭（1599–1655），字素华，别号"八不道人"，晚年称"蕅益老人"。智旭认为，三教都源于"自心"或"本心""自心"即是我们每一个人本

① 语出（春秋）老子著《道德经》第53章。原文："使我介然有知，行与大道，唯施是畏。"意思是，假如我有点知识，我就在大道上行走，怕的是走邪路。大路很平坦，而人却喜欢走捷径。

② 语出（唐）惠能《六祖坛经》。

③ （明）真可：《紫柏尊者全集（卷9）·长松茹退》。

④ 同上。

⑤ （明）真可：《紫柏尊者别集（卷1）·题三教图》。

⑥ （明）真可：《紫柏尊者全集（卷3）·法语》。

有的心性，此心性凡圣相同，人人平等。三教依自己本有之心性而有不同的施设，儒依“自心”而治世；道依“自心”而自然无为，不改物之本性；释依“自心”而度人：“三教深浅，未暇辩也，而仁民爱物之心则同。夫仁爱非外乐也。行于荒原矿泽，见骸体纵横，枯骨狼迹，未有不怵恻隐之心，仁不可胜用。儒以之保民，道以之不旅疵疠于物，释以之度尽众生。如不电手药，所用有大小耳。故吾谓求道者，求之三教，不若求于自心。自心者，三教之源。三教皆从此施设。苟无自心，三教俱无；苟昧自心，三教俱昧；苟知此心而扩充之，何患三教不总归陶铸也哉？”[①]在《法语·示潘拱宸》中，智旭说：“三教圣人，不昧本心而已。本心不昧，偏老释皆可也；若昧此心，儒非真儒，老非真老，释非真释矣。且唤甚么做‘本心’？自内、外中间邪？过去、现在、将来邪？有、无、亦有亦无、非有非无邪？果直知下落，百千三昧，恒沙法门，不啻众星拱月；如或不然，坚持三归五戒，以为缘因，时节若到，其理自彰。”[②]智旭认为，三教圣人都是体悟自己本有心性之人，智旭在这里所说的“本心”是三教圣人所共有之心性，在智旭看来，圣人即是体悟自己本有之心性的人。若非如此，常人只要做到“三归五戒”，以戒行来约束自己的行为，天长日久，必定也可以了悟自己本有之心性。由此看来，智旭的“本心”依然是禅宗的自性清净心，与憨山大师的如来藏真心实属同一。

十、佛教清规戒律中的中国化思想

印度早期佛教，僧团并无严格的制度。以后为了防止僧团的混杂，避免与世俗社会的法律秩序和其他伦理道德相抵触以便僧团更好地开展活动，佛陀才制定了奴隶、负债者、杀人犯、盗贼（悔过的除外）、残废、病人以及年不满二十岁者不能加入僧团等规定。起初，僧团以云游乞食为主，无固定的住处。后来为了适应雨季安居和集会的需要，才开始在僧众的所在地建立僧院。在僧众集体生活的过程中，又陆续制定了有关衣着、饮食、用具、礼仪、居所、医药等日常生活细则，作为僧团全体成员共同遵守的

---

① （明）蕅益大师著述，曹越主编，孔宏点校：《灵峰宗论》，北京图书馆出版社，2005，第463页。

② 同上，第94–95页。

戒律内容。释迦牟尼涅槃后，原始佛教又形成了在家信徒遵守不杀、不盗、不邪淫、不妄语、不饮酒五戒。①出家“沙弥”及“沙弥尼”应受持的“十戒”，以及“具足戒”（比丘为二百五十戒，比丘尼为三百四十八戒）。

佛教戒律传入中国，通说是始于三国时代的曹魏嘉平二年（250），即由昙摩迦罗在洛阳白马寺译出《僧祇戒心》及《四分羯磨》二种戒本为始。②这是就经典而言，而佛教信众持戒的行为则早于此。如中国第一部汉译佛经《四十二章经》（又名《孝明皇帝四十二章》）已有“二百五十戒”记载。

自鸠摩罗什来长安之后，现存的汉文律藏各种“律”“戒本”及“律论”陆续译出。主要有《十诵律》《四分律》《摩诃僧祇律》《五分律》《根有律》5种。③

盛唐僧人百丈怀海（720–814）从禅宗的长远发展考虑，决定订立“清规”。他折衷大、小乘戒律，以方便禅僧修习为宜，创议别立“禅居”；立德高望重、深具禅学见解者为禅居“长老”，或名“化主”，住于方丈。又规定，为了表示佛法的超乎言象，“不立佛殿，唯树法堂。”参学僧众不论高下、多少，一律入僧堂居住；在僧堂内设“长连床”，供坐禅偃息。除了入室请益（听禅师开堂说法），听任学者勤怠，或上或下不拘常准。还规定，禅院大众“朝参夕聚”，“长老上堂升坐，主事、徒众雁立侧聆，宾主问难，激扬宗要”，其用意在表示“依法而住”。“清规”还特别提出“行普请法”，即上下均力，开荒耕作自给，要求僧众“一日不作，一日不食”。此外，对禅院具体事务也作了种种规定。④正式把禅宗的规范法制化、条文化。百丈怀海禅师清楚地认识到禅宗面临的形势严峻，必须实行彻底的改革，为禅宗的进一步发展扫除障缘。经过认真分析和评估，怀海禅师博采大小乘戒律中适合中国国情的合理部分，结合当时佛教僧团的实际，制定出了一部全新的僧团管理制度——《百丈清规》。通行本《百丈清规》共分九章，前四章主要规定关于祝圣、国忌（帝王、王后忌日）、

① 赖永海主编：《中国佛教通史》第1卷，江苏人民出版社，2010，第11页、第14页。

② 劳政武著：《佛教戒律学》，宗教文化出版社，1999，第63页。

③ 同上，第66–67页。

④ 王志远主编：《佛教百问》，今日中国出版社，1992，第51–52页。

祈祷、佛诞节、涅槃节、达摩忌、百丈忌以及各寺历代诸祖忌等仪式。这些都是律所未定，古规所没有的。自此以下，才算是丛林本身的规章制度。第五章“住持”，是关于住持上堂、晚参、普请、入院、退院、迁化、荼毗、议举住持等一系列的规定。第六章“两序”，是关于丛林东西两序的头首、知事的规定。西序：首座、知藏、知客、书记、衣钵、侍者、汤药等。东序：都监、维那、副寺、典座等。列职：寮元、化主、园主、水头等各职事。第七章“大众”，是关于沙弥得度、登坛受戒、道具形式、游方参请、坐禅、普请及料理亡僧后事等项规定。第八章“节腊”，是关于大众入寮、建楞严会、四节念诵、茶汤、结制礼仪、朔望巡堂、月份须知等项规定。第九章“法器”，是关于钟、板、鱼、磬、椎、鼓等号令法器的说明及其打法的规定。“禅寺的独立和清规的制定，不仅有力地推进了禅宗的发展，而且对中国佛教寺院的本土化也产生了极大的影响。”①

元代，佛教本土化思想还写入了佛教清规戒律，以此促进僧尼和信众在行为上落实到行动上。元代德辉重编《敕修百丈清规》：“圣恩广博天地莫穷，必也悟明佛性以归乎至善，发挥妙用以超乎至神，导民于无为之化，跻世于仁寿之域，以是报君。斯吾徒所当尽心也，其见诸日用，则朝夕必祝，一饭不忘而存夫轨度焉。”②皇帝的恩典广博天地，佛教徒必须明晰佛典，发挥其特有作用，劝善戒恶，顺应社会和自然规律而为。有仁德而长寿，以此回报君主。见诸日用，朝夕必祝。通常寺院铸钟时都将“皇图永固，帝道遐昌；佛日增辉，法轮常转”，以较大字体铸于钟上，以使佛教信徒时时祈祷国家承平，社稷稳固，经济兴盛，人民幸福。元代自庆编述《增修教苑清规》也有类似规定：“自三公九卿百官以至于庶民，皆有常职，职不修而罚，从之，故不得不尽其职也。况国家不以此责，吾徒而优礼过之，盖尊其道而崇其教焉，尔为吾徒者盍思，所以报酬之道，其于盛演宗猷③，阴翊④王化，当尽其职，无或怠焉。”⑤佛教信仰者必须自觉遵从国

---

① 杨曾文著：《唐五代禅宗史》，中国社会科学出版社，1999，第325–326页。

② （元）德辉重编：《敕修百丈清规（卷1）·祝厘章第一》。

③ 宗猷（yóu）：谓推尊其道。

④ 阴翊：暗中辅佐。

⑤ （元）天竺大圆觉教寺住持比丘自庆编述：《增修教苑清规（卷上）·祝赞门（第一）》。

家制度，认同统治集团的权威，并尽到自己的职责。同时发挥佛教伦理教化等方面特殊作用，“盛演宗猷，阴翊王化”，为国尽忠、为民效力。南宋净善《禅林宝训》，收录南岳下11世黄龙慧南至16世佛照拙庵等宋代诸禅师语录。其中有浮山远禅师语，曰：“住持有三要：曰仁，曰明，曰勇。仁者，行道德，兴教化，安上下，悦往来。明者，遵礼义，识安危，察贤愚，辨是非。勇者，事果决，断不疑，奸必除，佞必去。仁而不明，如有田不耕；明而不勇，如有苗不耘；勇而不仁，犹如刈而不知种。三者备，则丛林兴。缺一则衰，缺二则危，三者无一，则住持之道废矣。”①寺院住持，是一寺僧众和一地居士的表率，必须具备高尚道德素质，其中“仁、明、勇”三者是最基本的素质，是佛教适应社会、融入本土的前提条件。

第二节　儒者融会儒释义理

宋元明时期，不少儒者崇信、研习佛教，融会儒释义理，阐释佛教教义，对佛教中国化起了一定推动作用。

一、北宋晁回提出儒释道“内外同济，阙一不可”

晁回（951–1034）②字明远，澶州清丰人（今河南清丰）。著有《法藏碎金录》十卷，集中阐述了三教关系。晁回认为，儒释道三教的基本理念具有相通处：“儒家之言云‘寂然不动’；道家之言云‘归根曰静’；禅家之言云‘息缘反照’。人能洞晓三家之言，同归一真之理，吾当目之为会三归一之智。”③“予以观书得意，聊举三家之所宗，孔氏之书云：‘有杀身以成仁，无求生以害仁’，此以名为宗，不顾其身者也；老氏之书云：‘名与身孰亲’，此以身为宗，不顾其名者也；释氏之书云：‘妙性圆明，离

① （南宋）净善《禅林宝训（卷1）》。《禅林宝训》收录南岳下十一世黄龙慧南至十六世佛照拙庵等宋代诸禅师之遗语教训，约三百篇，各篇末皆明记其出典。

② 晁回（951–1034），字明远，澶州清丰人（今河南清丰），举进士。累迁工部侍郎，刑部侍郎，兵部侍郎、工部尚书、礼部尚书。进承旨期间，诏令多出其手，以太子少保致仕。赠太子太保。

③ （北宋）晁回：《法藏碎金录》（卷7）载《四库全书·子部（13）》。

诸名相’，此以性为宗，不顾其名与身者也。源流实繁难以广记而备言之尔。”“老子云：‘有物混成，先天地生’，此乃释教所说‘一真法界’是也；《周易》云：‘精气为物，游魂为变’，此乃释教所说‘墓有从一真起灭名为生死随其因报轮环’，各入诸趣是也。若非大和会，不凝滞，何以到穷理尽性之处，不以时刻之少多，处所之喧静，情境之违顺，冥心息念，常存撚持。”“儒家燕居闲暇，和舒显放，懔之容止；禅家宴坐澄心，空寂晦入；道之指归，理有浅深说难穷尽。”“道书言真人至人，佛书言大乘最上乘者，其理大同小异。若执所说，则难为和会。”① 因此，三教思想虽有差异，但各有所长。“孔氏之教，以忠恕为宗；老氏之教，以道德为宗；释氏之教，以觉利为宗；举其宏纲，尽在此矣。内外同济，阙一不可。”② 晁回儒释道三教义理有相通性：“夫曲士束教，不能宏达，予好和会敷演，庶有开悟焉？据佛书《楞严经》说三元漏学，谓戒定慧也。予于儒书《周易》中各取一句，则象其理，亦无差别。今取《损》卦之文一句四字云‘惩忿窒欲’，用之以为戒；又取《系辞》一句四字云‘寂然不动’，用之以为定；又取《系辞》一句七字云‘精义入神以致用’，用之以为慧。唯变所适，有何不可？”③

二、北宋周敦颐参访禅师，习佛悟道

周敦颐（1017–1073），又名周元皓，原名周敦实，字茂叔，谥号元公，道州营道楼田保（今湖南道县）人，世称濂溪先生。是北宋五子之一，宋朝理学思想的开山鼻祖，文学家、哲学家。代表作有《爱莲说》《太极图说》《通书》（后人整编进《周元公集》）。周敦颐所提出的无极、太极、阴阳、五行、动静、主静、至诚、无欲、顺化等理学基本概念，为后世的理学家反复讨论和发挥，构成理学范畴体系中的重要内容。北宋时期，士大夫参禅问道蔚然成风。周敦颐也曾参访僧寿涯、黄龙慧南、祖心师弟、佛印了元、东林常总，受佛教影响较深。《居士分灯录》载，周敦颐自述云：“吾此妙心，实启迪于黄龙，发明于佛印。然易理廓达，自非东林开遮拂试，无繇表里

---

① （北宋）晁回：《法藏碎金录》（卷8）载《四库全书·子部（13）》。

② （北宋）晁回：《法藏碎金录》（卷9）载《四库全书·子部（13）》。

③ （北宋）晁回：《法藏碎金录》（卷6）载《四库全书·子部（13）》。

洞然。”①《居士分灯录》载周敦颐参悟祖心、了元、常总三位禅师的语录。“周敦颐……初见晦堂心，问教外别传之旨。心谕之曰，‘只消向你自家屋里打点。孔子谓朝闻道夕死可矣，毕竟以何为道夕死可耶？颜子不改其乐，所乐何事？但于此究竟。久久自然有个契合处。’又扣东林总禅师，总曰，‘吾佛谓，实际理地即真实，无妄诚也。大哉！乾元，万物资始，资此实理乾道变化，各正性命，正此实理，天地圣人之道至诚而已，必要着一路实地工夫，直至于一旦豁然悟人，不可只在言语上会。’”②他还与东林常总禅师“论性及理法界，事法界，至于理事交彻”③。周敦颐曾拜谒寓居鸾溪的佛印了元，他问道：“天命之谓性，率性之谓道，禅门何谓无心是道？”了元说：“疑则别参。”周敦颐说：“参则不无，毕竟以何为道。”了元说：“满目青山一任看。”周敦颐深受启发，豁然有省悟。周敦颐还学习佛教静坐之法，《性学指要》言：“元公（周敦颐）初与东林总游，久之无所入。总教之静坐，月余忽有得，以诗呈曰：‘书堂兀坐万机休，日暖风和草自幽。谁道二千年远事，而今只在眼睛头。’”④

三、北宋苏轼儒释道“其致则同”

苏轼（1037–1101）⑤，字子瞻、和仲，号铁冠道人、东坡居士，世称苏东坡，眉州眉山（今四川眉山）人。对于儒释道关系，苏轼认为：“孔、老异门，儒、释分宫，又于其间，禅律相攻。我见大道，有北南东，江河虽殊，其致则同。”⑥苏轼与禅宗名僧契嵩，天台宗慧辩、元净等交好。元丰三

---

① （明）朱时恩辑：《居士分灯录》卷下。

② 同上。

③ （明）朱时恩辑：《居士分灯录》卷下。

④ （明末清初）黄宗羲：《宋元学案（卷12）·濂溪学案下》。

⑤ 苏轼（1037–1101），字子瞻、和仲，号铁冠道人、东坡居士，世称苏东坡，眉州眉山（今四川眉山）人，祖籍河北栾城，北宋著名文学家、书法家、画家，历史治水名人。嘉祐二年（1057）进士及第。宋神宗时在凤翔、杭州、密州、徐州、湖州等地任职。元丰三年（1080），因“乌台诗案”被贬为黄州团练副使。宋哲宗即位后任翰林学士、侍读学士、礼部尚书等职，并出知杭州、颍州、扬州、定州等地，晚年因新党执政被贬惠州、儋州。宋徽宗时获大赦北还，途中于常州病逝。宋高宗时追赠太师；宋孝宗时追谥“文忠”。苏轼为“唐宋八大家”之一。作品有《东坡七集》《东坡易传》《东坡乐府》等。

⑥ （北宋）苏轼：《东坡后集（卷16）·祭龙井辩才文》。

年（1080），他“谪黄州时，佛印了元住归宗，轼与酬酢妙句……游庐山宿东林，与照觉、常总论无情话有省。黎明献偈曰：‘溪声便是广长舌，山色岂非清净身。夜来八万四千偈，他日如何举似人。’又曰：‘横看成岭侧成峰，远近看山了不同。不识庐山真面目，只缘身在此山中。’抵荆南，闻玉泉承皓机锋不可触拟。抑之。即微服求见。皓问，‘尊官高姓’。轼曰‘姓秤。乃秤天下长老底秤’。皓喝曰，‘且道这一喝重多少。’轼无对。自此益重禅宗……知登州石塔，戒来迎轼……元祐丙寅（1086），除翰林学士。己巳出知杭州。复过金山。谒了元留数月……辛巳（1101）度岭北。归中止常州。请老。以本官致仕。南迁。日携阿弥陀佛像一轴……”①

《佛祖统纪》载：“……韶阳南华寺重辩请轼书柳宗元六祖碑。复题其后曰，‘释迦以文设教，其译于中国，必托于儒之能言者，然后传远。故大乘诸经至《楞严》则委曲精尽胜妙独出。以房融笔授故也……轼家藏十八罗汉像。每设茶供则化为白乳。或凝为花桃李芍药仅可指名。或云。罗汉慈悲深重急于接物。故多见神变。倘其然乎。今以授子由。使以时修敬。”②

四、北宋张商英以儒释佛

张商英（1043–1121），字天觉，号无尽居士。四川蜀州新津人。宋徽宗崇宁（1102–1106）官至左丞。他会通儒释道三教，主张三教融合。张商英早年不信佛教。他任主簿时到佛寺，“见藏经梵夹齐整，乃怫然曰‘吾孔圣之教，不如胡人之书人所仰重。’”于是打算“著《无佛论》”。一次“访一同列”③。见《维摩诘所说经》，“借归尽读”，“由是深信佛乘，留心祖道。后为江西漕，遍参祖席。首谒东林照觉总公。”又访兜率从悦禅师“忽然省得”。有颂曰“鼓寂钟沈托钵回，岩头一拶语如雷”。④从此，他景仰从悦禅师，待以师礼。后作《护法论》，阐释对佛教的认识。张商

① （明）朱时恩辑：《居士分灯录》卷下。

② （南宋）志磐撰，释道法校注：《佛祖统纪校注》（下），上海古籍出版社，2012，第1096–1099页。

③ 同列：即同僚。

④ （北宋末南宋初）大慧宗杲撰，道谦编：《大慧普觉禅师宗门武库》。

英《护法论》言："余谓，群生失真迷性、弃本逐末者，病也；三教之语，以驱其惑者，药石也。儒者使之求为君子者，治皮肤之疾也；道书使之日损，损之又损者，治血脉之疾也；释氏直指本根、不存枝叶者，治骨髓之疾也。其无信根者，膏盲之疾，不可救者……儒者治外，而佛者治内；儒者该博，而佛者简易；儒者进求，而佛者休歇。者言性，而佛见性；儒者劳心，而佛者安心；儒者贪着，而佛者解脱；儒者喧哗，而佛者纯静；儒者尚势，而佛者忘怀；儒者争权，而佛者随缘；儒者有为，而佛者无为；儒者分别，而佛者平等；儒者好恶，而佛者圆融；儒者望重，而佛者念轻；儒者求名，而佛者求道；儒者散乱，而佛者观照；儒者治外，而佛者治内；儒者该博，而佛者简易；儒者进求，而佛者休歇。不言儒者之无功也，亦静躁之不同矣。""佛法化度世间，皎如青天白日。而迷者不信，是犹盲人不见日月也。岂日月之咎哉。但随机演说，方便多门未易究耳。学者如人习射，久久方中。"①

五、南宋朱熹援禅入儒及辟佛

朱熹（1130–1200），字元晦，又字仲晦，号晦庵，晚称晦翁，谥文，世称朱文公。祖籍徽州婺源（今江西婺源），生于南剑尤溪（今福建尤溪）。宋朝著名的理学家、思想家、哲学家、教育家、诗人，闽学派的代表人物，儒学集大成者。朱熹著述甚多，后人辑有《朱子大全》《朱子集语象》等。朱熹在创立理学思想体系的过程中，出入佛教。他援禅入儒，提升儒家哲学的思辨性及精致性。但为维护儒家学说的正统地位，力主辟佛。朱熹早年研究释道二教，据他自述："初师屏山籍溪，籍溪学于文定，又好佛老，以文定之学为论治道则可，而道未至，然于佛老亦未有见。屏山少年能为举业，官莆田，接塔下一僧，能入定数日。后乃见了老，归家读儒书，以为与佛合，故作《圣传论》。其后屏山先亡，籍溪在，某自见于此道未有所得，乃见延平。"②他早年即留心于禅，"某常谓，人要学禅时，不如

① （北宋末南宋初）大慧宗杲撰，道谦编：《大慧普觉禅师宗门武库》。

② （南宋）黎靖德编：《朱子语类》（卷104）。

分明去学他禅和一棒一喝便了。今乃以圣贤之言夹杂了说，都不成箇物事……子静[①]说话，常是两头明，中间暗……他所以不说破，便是禅。所谓‘鸳鸯绣出从君看，莫把金针度与人’[②]，他禅家自爱如此。某年十五六时，亦尝留心于此。一日在病翁所会一僧，与之语。其僧衹相应和了说，也不说是不是；却与刘说，某也理会得箇昭昭灵灵底禅……”[③]朱熹《答江元适书》言：“（熹）出入于释老者十余年，近岁以来，获亲有道，始知所向之大方。”[④]后来考虑到需研究的内容太多，只得放弃，“某旧时亦要无所不学，禅、道、文章、楚辞、诗、兵法，事事要学，出入时无数文字，事事有两册。一日忽思之曰：‘且慢，我只一个浑身，如何兼得许多！’自此逐时去了。大凡人知个用心处，自无缘及得外事。”“某少时未有知，亦曾学禅，只李先生极言其不是。后来考究，却是这边味长。才这边长得一寸，那边便缩了一寸，到今销铄无余矣。毕竟佛学无是处。”[⑤]但后来朱子在研究佛教过程中，逐步对其义理产生了疑惑。譬如，他在同安时有《题石佛岩》：“卧草浮云不记秋，忽然成殿坐岩幽。纷纷香火来求佛，不悟前生是石头。”[⑥]朱子认为石佛原本是一块久藏于野草浮云下的大石头，人们将其刻成佛像，“纷纷香火来求佛”，他们难道不明白这本来就是块石头吗？绍兴末期，朱熹开始师事李侗[⑦]，逐渐脱离佛道走上儒学的道路。朱子曾说：“却回头看释氏之说，渐渐破绽，罅漏百出！”[⑧]最终转向了辟佛。佛教融入中

---

① 子静，即陆九渊（1139–1193），字子静，号存斋，抚州金溪（今江西省金溪县）人，汉族江右民系。南宋大臣、哲学家，“陆王心学”的代表人物。讲学于象山书院，人称“象山先生”“陆象山”。

② 鸳鸯绣了从教看，莫把金针度与人：语出（金）元好问《论诗》（三首之二），诗云：“晕碧裁红点缀匀，一回拈出一回新。鸳鸯绣了从教看，莫把金针度与人。”意思是：鸳鸯图刺绣好了可以随便人家观看，欣赏，却不能把绣花金针传送给别人。朱熹引此诗句是要表明习禅的一般理论可以传习，而其“秘要”“决窍”却无法传授给别人。

③ （南宋）黎靖德编：《朱子语类》（卷 104）。

④ （南宋）朱熹著：《朱子大全》（卷 38）。

⑤ （南宋）黎靖德编：《朱子语类》（卷 104）。

⑥ （清・光绪）《同安县志》（卷 23）。

⑦ 李侗（1093–1163），字愿中，南剑州剑浦（今福建南平）人。李侗师事罗豫章（从彦），豫章教之静坐，要他于静中看喜、怒、哀、乐未发前气象，间授以《春秋》《中庸》《语》《孟》等书；李侗从容潜玩，有会于心。数年以后，李侗隐居山田，专心体认师门所学。

⑧ （南宋）黎靖德编：《朱子语类》（卷 104）。

国传统文化，中唐时期的韩愈和南宋时期朱熹，均应予以关注：韩愈是由“攘斥佛老”向“求福田利益”演变；朱熹则是由援禅入儒向辟佛转化。其实他们都是以另一种形式推动着佛教中国化。

六、元代刘因融会儒释道

刘因（1249–1293），字梦吉，号静修，世称静修先生，保定容城（今河北省容城县）人。黄宗羲称他为“元之所藉以立国者”。① 刘因一生致力于研究理学，教授弟子，为元代理学在北方传播做出了巨大的贡献。刘因在对“道”和“心”的论述中，说过一段话：“夫道无时而不有，无处而不在也。故欲为善、为君子，盖无时无处而不可，而吾之初心，亦无时无处而不得其遂也……心境本无外，而自拘于一隅。道体本周遍，而自滞于一偏，其为累也甚矣。”② 有学者认为这段话中刘因认为道“无时不有，无处不在”的说法，缘于佛教之心与法的观点。刘因将道与心联系在一起说明“无时而不有，无处而不在”，将道与心的关系置于佛学的思想背景之下，提出了“心境本无外”“道体本周遍”的观点，即道体的周遍与初心与道体的“无时不有，无处不在”合为一体，从而使道与心获得了哲学的普遍性的意义，将儒、释、道思想兼融在一起。③ 刘因道与心的哲学意义是否如此还可以进一步商榷，但是他使用了“可”“不可”“初心”“心境”“周遍”等佛学术语还是一目了然的。刘因思想中还参杂了一些佛教因果报应的思想④，表现在他的酬应之作中。他在为一位重病康复并封官的友人送行文中云：“凡事有智数之所不能测者，必有一定之天存乎其间。”⑤ 这里一方面说明他相信命定说，一方面也说明他认可这位友人是因为祖上荫德而获得了好报的因果说。

---

① （明末清初）黄宗羲：《静修学案》，载《宋元学案》卷九十一，中华书局，2017，第 3019 页。

② （元）刘因：《遂初亭说》，载《静修集》卷十一，《四库全书》文渊阁影印本。

③ 王素美：《刘因的理学思想与文学》，人民出版社，2004，第 70 页。

④ 商聚德：《刘因评传》，南京大学出版社，2011，第 147 页。

⑤ （元）刘因：《送翟良佐序》，载《静修先生集》卷 2，《四库全书》文渊阁影印本。

七、元代刘谧“三教如鼎，缺一不可”

刘谧（生卒不详），号静斋学士。元英宗时（1321–1323）曾著《三教平心论》，对于后世三教合流思想有着较大影响。宋、元时代之儒释道三教调和论者，为三教关系史上极受瞩目之学者。刘谧主张儒教系端正纲常，示明人伦，而有功于天下；道教崇尚清虚无为；佛教则舍伪归真、自利利他；故儒释道三教各有意义及任务，缺一不可。书中力驳欧阳修、朱熹、程明道、程伊川等宋代儒者之排佛论，而主张三教调和。①《三教平心论》言：“三教之兴，其来尚矣，并行于世，化成天下，以迹议之，而未始不异；以理推之，而未始不同。一而三三而一，不可得而亲疏焉。孤山圆法师曰‘三教如鼎，缺一不可’”。②“尝观中国之有三教也，自伏羲画八卦，而儒教始于此也；自老子著《道德经》，而道教始于此也；自汉明帝梦金人，而佛教始于此。此中国之三教之序也。大抵儒以正设教，道以尊设教，佛以大设教……故孝宗皇帝制《原道》辩曰：‘以佛治心，以道治身，以儒治世’，诚知心也、身也、世也，不容有一之不治，则三教岂容有一之不立。”③三教缺一不可，竭力主张儒释道三教调和。“儒教在中国，使纲常以正人伦以明，礼乐刑政四达不悖，天地万物以位以育，其有功于天下也大矣。故秦皇欲去儒。而儒终不可去。道教在中国，使人清虚以自守卑弱以自持，一洗纷纭轇轕之习，而归于静默无为之境。其有裨于世教也至矣。故梁武帝欲除道，而道终不可除。佛教在中国，使人弃华而就实，背伪而归真，由力行而造于安行，由自利而至于利彼，其为生民之所依归者，无以加矣。故三武之君欲灭佛，而佛终不可灭。”④因此儒、释、道三教皆归一心之旨，当互补共存。

八、明代王阳明的三教观

王阳明（1472–1529），名守仁，字伯安，别号阳明。浙江绍兴府余姚（今浙江余姚）人。明代著名的思想家、文学家、哲学家和军事家，陆王心学

① 《佛光大辞典·下》，佛光出版社（台湾高雄），1989，第5962页。

② （元）静斋学士刘谧撰：《三教平心论序》。

③ （元）静斋学士刘谧撰：《三教平心论（上）》。

④ 同上。

之集大成者，精通儒家、道家、佛家。弘治十二年（1499）进士。官至南京兵部尚书、都察院左都御史。王阳明早年曾研习佛道二教，经历了由“笃志二氏”到“渐悟仙、释二氏之非”。但是，王阳明对释道二教，并不是根本否定，他认为“大抵二氏之学，其妙与圣人只有毫厘之间”，“萧惠好仙、释，先生警之曰：‘吾亦自幼笃志二氏，自谓既有所得，谓儒者为不足学。其后居夷三载，见得圣人之学若是其简易广大，始自叹悔错用了三十年气力。大抵二氏之学，其妙与圣人只有毫厘之间。汝今所学乃其土苴[①]，辄自信自好若此，真鸱鸮窃腐鼠耳！’惠请问二氏之妙。先生曰：‘向汝说圣人之学简易广大，汝却不问我悟的，只问我悔的！’惠惭谢，请问圣人之学。先生曰：‘已与汝一句道尽，汝尚自不会。’”[②]王阳明的学生萧惠喜好仙、释，王阳明以自己研究释道二教的经历警示他，说：自己“自幼笃志二氏”，“错用了三十年气力”。后在贵州龙场（今贵州修文）悟道，才明白佛道之学，“其妙与圣人只有毫厘之间”，但没有“圣人之学简易广大”。可见王阳明并不排斥释道二教，只是觉得二教不如儒学“简易广大”。王阳明认为：“道，一而已，仁者见之谓之仁，知者见之谓之知。释氏之所以为释，老氏之所以为老，百姓日用而不知，皆是道也，宁有二乎？今古学术之诚伪邪正，何啻碔砆[③]美玉！然有眩惑终身而不能辩者，正以此道之无二，而其变动不拘，充塞无间，纵横颠倒，皆可推之而通。世之儒者，各就其一偏之见，而又饰之以比拟仿像之功，文之以章句假借之训，其为习熟既足以自信，而条目又足以自安，此其所以诳己诳人，终身没溺而不悟焉耳！然其毫厘之差，而乃至千里之谬。非诚有求为圣人之志而从事于惟精惟一之学者，莫能得其受病之源而发其神奸之所由伏也。”[④]王阳明说：“仙家说到‘虚’，圣人岂能虚上加得一毫实？佛氏说到‘无’，圣人岂能无上加得一毫有？但仙家说虚，从养生上来；佛氏说无，从出离生死苦海上来，却于本体上加却这些子意思在，便不是他虚无的本色了，

---

① 土苴（jū）：渣滓，糟粕。比喻微贱的东西。

② （明）王阳明：《王阳明全集》卷6。

③ 碔砆（wǔ fū）：像玉的石头。

④ （明）王阳明：《王阳明全集（卷11）·静心录（之3文录3）·寄邹谦之》。

便于本体有障碍。圣人只是还他良知的本色，更不着些子意思在。良知之虚，便是天之太虚。良知之无，便是太虚之无形。日、月、风、雷、山、川、民、物，凡有貌象形色，皆在太虚无形中发用流行。未尝作得天的障碍。圣人只是顺其良知之发用，天地万物俱在我良知的发用流行中，何尝又有一物起于良知之外能作得障碍？”① 王阳明心学的主体是“心”，或言“良知”，其特性就是“虚无本体”，这与同佛道二教所说的“虚”“无”在本质上无差别。只是在终极目标上有差异。王阳明心学强调“心即理、心外无物、心有体用”，终极目标是“致良知”，就是希望人们通过参悟恢复“本来面目”，重现本我之大智慧。但基点仍在现世；而佛教追求超脱生死，达到涅槃境界；道教则是长生不老，羽化飞升。

九、明代黄绾“三教之言性皆同”

黄绾（1477–1551），字宗贤、叔贤，号久庵、石龙。浙江黄岩人。承祖荫官后军都督府都事。他认为儒释道之言“性”是相同的，“……释氏曰：‘前一念不生即心，后一念不灭即佛，成一切相即心，离一切相即佛’，亦指此性言也。故予尝曰：三教之言性皆同，而作用不同，今之为禅学者，并作用而同之，所以施之修身、齐家、治国、平天下则泥。何哉？盖人之有生，性为之本，故儒、佛、老为教，皆由性起；性无二道，故吾圣人与佛老之言性皆同，至于作用则有大不同者。程伯子曰：‘释氏有体而无用，正言其性之同、其用之不同也。后之学圣人者，于其可同者而反谓之不同，于其不可同者而反欲其同，所以混圣学于佛、老，杂经世于出世，此圣学所以不明，而天下后世皆由此斯误也。’”② 他认为儒释道三教是“体”（根本、本源）同，而“用”（外在表现、表象）不同。他还说：“人我之心，为害极大，败性殒身，坏乱天下国家，无不由此。故释、老亦以此为第一关。”③ 肯定了释道二教戒律和修持的意义。从人事上用功着力，也是儒、释、道三教一致之处，如不是这样，性就不能明，而道也就不能彰明。他

---

① （明）王阳明：《传习录·下》。

② （明）黄绾：《明道编》卷1。

③ 同上，卷6。

又说："今之经典，古之人事也，不在人事上理会到极致处，则性终不明，道何由著？上等用功无所窒碍，只缘大端打得透，此理分明多在目前，只知之者鲜；上乘释、老亦在此处着力，岂可忽其异端而不知其所用工哉？"① 释、老二教在心性修炼上有不少可取之处，简单武断地将释道之学列为"异端"，根本否定其作用，是错误的。他还说："释氏之志，在于出离生死，以全神无漏为事，以此为大。其平时所求，只在于此，他事一切不管，最简而径，然犹极其勇猛，竭其精勤之力，方能得道。吾儒以道德为志，而不外乎天下国家；苟非坚苦勤劬，以至至精至一之地，何以能有得也？"② 他赞赏并提倡学习佛教"极其勇猛，竭其精勤之力"的精神。

十、明代赵贞吉研习释道之学

赵贞吉（1508–1576），字孟静，号大洲，谥文肃。四川内江人。明代名臣、学者。官至礼部尚书兼文渊阁大学士、掌都察院事、太子太保。著有《赵文肃公文集》《赵太史诗抄》等。赵贞吉主张三教融会，他在《答胡庐山督学书》说："……《中庸》曰：'天命之谓性'，言不假人为，无善无不善也。'喜怒哀乐之未发，谓之中也。发而中节，谓之和也'，指其率性而不假人为之处也……老子观微观妙同出同立之旨与此同也。佛氏'不思善，不思恶，见本来面目'之义，于此同也。"③ 据《居士传》载，赵贞吉（大洲）与其弟小洲，自小就喜欢"入坡谷僻处趺坐。抵掌语。""大洲年二十学禅。时与小洲闭户习静。既居母丧。悟哀而不伤之体……"④ 他作《求放心斋铭》云："乾为吾健，坤为吾顺，风行水流，日丽泽润，动处为雷，止处为山，无声无臭⑤，充满两间，此名为心，别名为仁。无内无外，无损无增⑥，自孝自弟，自聪自明，喜怒哀乐，未有一物，感而遂通天下之故。无情有情，合为一体，未着躯壳，只有此耳……至精至一，

---

① （明）黄绾：《明道编》（卷 6）。

② （明）黄绾：《明道编》（卷 6）。

③ （明）赵贞吉：《赵文肃公文集（卷 22）·答胡庐山督学书》。

④ （明末清初）黄宗羲：《明儒学案（卷 33）·泰州学案（二）·文肃赵大洲先生贞吉》。

⑤ 无声无臭：语出《诗经·大雅·文王》"上天之载，无声无臭"。

⑥ 语出《大般若波罗蜜多经》，原文："于一切法，无益无损，无增无灭，无生无灭，无染无净。"

为天地心。原此真心，不分愚智，鱼跃鸢飞，各职其职。蒙蒙我生，营营自戕，自斲自丧，自迷自狂，自筑自墙，自固其防，自放于忧悲怆逸、鄙吝贪妒之场，而不悟其非真常也……辟彼渊泉，今见涓涓，辟彼大茎，今见萌根，无象之象[①]，无形之形，根滋茎大，水到渠成，一时翕聚，万古常灵……于是一念不起[②]，境不触也，一见不倚，微不忽也，不离绳缚，自解脱也，不绝思虑，自澄彻也……”[③]融会了道教、佛教的修习理论。如“乾为吾健，坤为吾顺”“日丽泽润，动处为雷”“无象之象，无形之形”为道教理念；“无损无增”“一念不起”“解脱”为佛教义理。《明儒学案》言，赵贞吉针对朱熹所言“佛学至禅学大坏”，明确提出“禅不足以害人”，他说：“朱子云：‘佛学至禅学大坏。’盖至于今，禅学至棒喝而又大坏。棒喝因付嘱源流，而又大坏。就禅教中分之为两：曰如来禅，曰祖师禅。如来禅者，先儒所谓语上而遗下，弥近理而大乱真者是也。祖师禅者，纵横捭阖，纯以机法小慧牢笼出没其间，不啻远理而失真矣。今之为释氏者，中分天下之人，非祖师禅勿贵，递相嘱付，聚群不逞之徒，教之以机械变诈，皇皇求利，其害宁止于洪水猛兽哉！故吾见今之学禅而有得者，求一朴实自好之士而无有。假使达摩复来，必当折棒噤口，涂抹源流，而后佛道可兴。”[④]他认为佛教禅学传播中出现的问题，与禅学本身无关。只要正本清源，则“佛道可兴”。

十一、明末林兆恩三教合一思想

林兆恩（1517–1598），道号子谷子、心隐子，后又号混虚氏、无名氏，弟子尊称为“三教先生”。他博览三教典籍，意识到儒、释、道三家分而言之，各有所偏；合而言之，则可圆备。于是倡导三教合一，逐步形成一套理论，并创立“三一教”。著有《林子三教正宗统论》《夏午尼经》《夏午经纂》《夏午经训》《九序图》等。林兆恩看到，儒、释、道三教各有

---

① 语出（春秋）老子著《道德经》第 14 章，“无状之状，无象之象”。

② 一念不起：佛教理念。如（宋）释道颜《颂古》：“一念不起须弥山，翻着襕衫退步看。直上拄天下拄地，言前荐得也颟顸。”

③ （明末清初）黄宗羲：《明儒学案（卷 33）・泰州学案（二）・文肃赵大洲先生贞吉》。

④ （明末清初）黄宗羲：《明儒学案（卷 33）・泰州学案（二）・文肃赵大洲先生贞吉》。

特色，但由于各自为是，虽同处一国，但交流不多，还互相攻讦，相互损毁，促进儒释道融会，对三教有利，于社会有益。他说，儒释道三教“标门自尊，互相同异，此孔、老、释迦之道之大，不明于天下万世也。”①“若世之所谓释流者，以断灭为宗，入于幻焉，而非释也；道流则以迂怪为高，入于诞焉，而非道也；儒流则以习威仪，腾口说为事，入于辟焉，而非儒也。然二氏者流，每以余欲悉道释而昏之，尼而匹之，而二氏之教，不几于绝灭，而尽归于儒乎？殊不知此乃黄帝老子之道，释迦之释，而与孔子之儒不异者此也。”②林兆恩提出了宗教交融对话的一项重要原则：只有了解各教特点，找到共同点，才能实现融合，“若不知孔老释迦之教之所以三，则无以识其一……道浑然而一也，若不知孔老释迦之道之所以一，则无以统其三。”“幸今而天生我林夫子，透三氏之真原，悟一中之宗旨，由真性以为道，其道也，乃未有儒，未有道，未有释之先之道也；由至道以立教，其教也，乃儒之所以为儒，道之所以为道，释之所以为释之教也；其合而一之也，实有不待合而自一者。”③林兆恩指出儒释道三教总体上是一致的，“《金刚》之降伏其心，《道德》之虚心实腹，《周易》之洗心退藏，其道一也。而坐禅以学佛，运气以修道，支离以明儒，三教之名于是乎兴矣。”④但儒释道又有区别——儒为“世间法”；释道为“出世间法”：“三门一致。三教圣人之所以养之于内，而身心性命之学同也。但以此而为世间法，以正三纲，便是儒者之道；以此而为出世间法，以超物外，便是二氏者流。”他认为儒释道三教“譬之树然。夫树一也，分而为三大枝，曰儒，曰道，曰释”⑤。林兆恩指出创立“三一教”的基础在于儒释道三教同源。“心宗者，以心为宗也。而黄帝释迦老子孔子非外也，特在我之心尔。夫黄帝释迦老

---

① （明）林兆恩撰：《林子三教正宗统论（上）·元函·本体》，宗教文化出版社，2016，第19页。

② （明）林兆恩撰：《林子三教正宗统论（上）·元函·倡道大旨》，宗教文化出版社，2016，第25页。

③ （明）林兆恩撰：《林子三教正宗统论（上）·元函·门孙陈衷瑜百拜谨跋》，宗教文化出版社，2016，第18页。

④ （明）林兆恩撰：《林子三教正宗统论（上）·元函·林子》，宗教文化出版社，2016，第36页。

⑤ （明）林兆恩撰：《林子三教正宗统论（上）·元函·三教本始》，宗教文化出版社，2016，第18页。

子孔子，既在我之心矣，而我之所以宗心者，乃我之所以宗黄帝释迦老子孔子也。由是观之，我之心，以与黄帝释迦老子孔子之心，一而已矣。心一道一，而教则有三。譬支流之水固殊，而初泉之出于山下者一也。”①

十二、明末焦竑援儒释佛

焦竑（1540–1620），字弱侯，号漪园、澹园，祖籍山东日照，生于江宁（今江苏南京）。万历十七年（1589）会试北京，得中一甲第一名进士（状元），官翰林院修撰，后曾任南京司业。著有《澹园集》（正、续编）《焦氏笔乘》等。焦竑对释道的态度是虽言教但不在教，不执门户之见，即尽可能以中立的视角看释道，吸取其义理之精华，融合儒释道三教。焦竑认为："孔老释迦之出，为众生也。《法华》云：'诸佛世尊唯以一大事因缘故，出现于世。'又云：'诸佛如来，但教化菩萨，诸有所作，常为一事。'唯以佛之知见，示悟众生，知佛则知孔、老矣。后世源远流分，三教鼎立，非圣人意也。近日王纯甫、穆伯潜、薛君采始明目张胆，欲合三教而一之。自以为甚伟矣，不知道无三也，三之未尝三；道无一也，一之未尝一。如人以手分擘虚空，又有恶分擘之妄者，随而以手一之，可不可也？梦占成梦，重重成妄。”② 焦竑认为，儒释两家，教虽不同，道则为一，佛家义理与儒家宗旨可以圆通。他写有《弥勒赞》《观世音菩萨赞》等，晚年至有《枝语》，纯以佛法解儒。他还为新刻佛经作序，广泛传布儒释会通宗旨。他曾说："余谓能读此经然后知六经《语》《孟》无非禅，尧舜周孔即为佛。可以破沉空之妄见，纠执相之谬心。上无萧衍之祸，下无王缙之惑，其为吾孔子地也不益大乎。”③ 儒家经典"四书五经"的理论与佛教禅理相类似，"尧舜周孔即为佛"。他认为《华严经》的精髓即在法与性相容无间，这既可破本体上沉空守寂，又可破功夫上拘执事相，从而达到理事双融、理事无碍的境地。此即儒家经典中下学上达、性与天道同百姓日用一以贯之。

---

① （明）林兆恩撰：《林子三教正宗统论（上）·元函·三教以心为宗》，宗教文化出版社，2016，第18页。

② （明）焦竑撰：《焦氏笔乘》，上海古籍出版社，1986，第229–230页。

③ （明）焦竑撰：《澹园集》（卷16）。

故佛教是孔学之助而非其害。他自认为不像宋司马光那样，知佛而不敢谈佛，以为妨孔，而是直谈直悟，儒释两益而不相妨。他反对辩争儒佛是非，高其壁垒，主张不辩而两存之，他说："学者诚有志于道，窃以为儒释之短长可置勿论，而第返诸我之心性。苟得其性，谓之梵学可也，谓之孔孟之学可也，即谓非梵学，非孔孟学而自谓一家之学亦可也。"①

第三节　道士倡导"三教合一"

宋元明道士陈抟、张伯端、马钰、白玉蟾、张三丰、张宇初、程以宁、阳道生、陆西星、伍守阳等，均倡"三教合一"，成为佛教中国化的助缘之一。

一、北宋陈抟采借禅宗义理解说内丹修炼

陈抟（871–989），字图南，号扶摇子，赐号"白云先生""希夷先生"，亳州真源（今河南鹿邑）人，北宋著名的道家学者、养生家。著有《易龙图序》《太极阴阳说》等。陈抟熟读儒家经典及诸子百家，儒学功底扎实，对佛学义理也有认识。陈抟的内丹理论采借了禅宗义理，强调内丹修炼中注重心性养成。陈抟《〈正易心法〉注》在解释首章"羲皇易道，包括万象；须知落处，方有实用"时，说："《易》道见于天地万物、日用之间，能以此消息，皆得实用。方知羲皇画卦不作纸上工夫也。"②"不作纸上功夫""不立文字"等理念明显受到佛教熏染，提出在领悟"易道"或"自然之理"的过程中应超越语言文字而用心去体悟，即以"心法"悟道。"心法"乃佛教术语，是五位法即色法、心法、心所有法、心不相应解法和无为法五者之一。"心法"指精神活动之根本主体。③陈抟《胎息诀》中也有相似的思想，"……定心不动，谓之曰禅；神通万变，谓之曰灵；智通万事，谓之曰慧……"④陈抟在阐述炼丹的方式时，吸收了佛教"空"的观念。

① （明）焦竑撰：《澹园集（卷16）·刻大方广佛华严经序》。

② 刘联群编著：《陈抟传奇》，四川人民出版社，2003，第239页。

③ 杨军著：《宋元三教融合与道教发展研究》，巴蜀书社，2009，第144页。

④ 刘联群编著：《陈抟传奇》，四川人民出版社，2003，第267页。

陈抟《观空篇》言："欲究空之无空，莫若神之与慧，斯太空之蹊也。于是有五空焉。其一曰顽空。何也？虚而不化，滞而不通，阴沉瓩浑。清气埋藏而不发，阴虚质朴而不止，其为至愚者也。其二曰性空。何也？虚而不受，静而能清。惟任乎离中之虚，而不知坎中之满，扃其众妙，守乎孤阴，终为杳冥之鬼，是为断见者也。其三曰法空。何也？动而不挠，静而能生。块然勿用于潜龙，乾位初通于玄谷，在乎五色、无形之中，无事也、无为也，合于天道焉，是为得道之初者也。"① 佛教所谓"空"，意译空无、空虚、空寂、空净、非有。一切存在之物中，皆无自体、实体、我等，此一思想即称空。亦即谓事物之虚幻不实，或理体之空寂明净。自佛陀时代开始即有此思想，尤以大乘佛教为然，且空之思想乃般若经系统之根本思想。② 在道教发展史上，陈抟开以道为本、融儒佛道为体之先河，极大地影响了宋元及之后道教的三教合一的形成和发展。③

二、北宋张伯端"教虽分三，道乃归一"

张伯端（984–1082），字平叔，号紫阳，天台（今浙江天台）人。北宋时期著名高道。敕封"紫阳真人"。自幼勤学，涉猎广泛，"仆幼亲善道，涉猎三教经书，以至刑法、书算、医卜、战阵、天文、地理、吉凶、死生之术，靡不留心详究。"④ 张伯端《悟真篇》阐释对佛教的认识："释氏以空寂为宗，若顿悟圆通，则直超彼岸。如有习漏未尽，则尚徇于有生……"⑤ 张伯端《即心是佛颂》说："佛即心兮心即佛，心佛从来皆要物。若知无物又无心，便是真如法身佛。法身佛，没模样，一颗圆光涵万象。无体之体即真体，无相之相即实相。非色非空非不空，不来不向不回向。无异无同无有无，难取难舍难听望。内外灵光到处同，一佛国在一沙中。一粒沙含大千界，一个身心万法同。知之须会无心诀，不染不滞为净业。善恶千端无所为，

① 刘联群编著：《陈抟传奇》，四川人民出版社，2003，第265页。

② 丁福保编：《佛学大辞典》，文物出版社，1984，第637页。

③ 杨军著：《宋元三教融合与道教发展研究》，巴蜀书社，2009，第145页。

④ （北宋）张伯端：《悟真篇·自序》。

⑤ 同上。

便是南无释迦叶。"[①]张伯端认为佛教禅宗修持方法有许多可取之处，但也有单修性之嫌，他非常赞同禅宗明心见性、顿悟成佛的修持理论和方式，他说："……得达摩、六祖最上一乘之妙旨，可因一言而悟万法也。"[②]《悟真篇》七绝五首（以象五行）评述禅宗："饶君了悟真如性，未免抛身却入身；何以更兼修大药，顿超无漏作真人。"[③]真是真实不虚，如是如常不变，佛教认为真如是不变的最高真理或本体，合真实不虚与如常不变二义，谓之真如。但即使彻底明白了这个道理，不持之以恒修炼，被抛弃了的尘浊杂念还会重新袭来。如果在禅法修炼的同时加入道家内丹修炼方式，必然事半功倍，修炼有成。

三、南宋王重阳儒释道相通

王重阳（1113–1170），始名中孚，字知明，号重阳子（入道教后更名喆）。道教全真派创始人。京兆咸阳（今陕西省咸阳市秦都区）人。幼学儒术，后入学府。曾仕于金廷。金正隆四年（1159）夏望，自称遇仙入道，更名王喆，号重阳子。大定七年（1167）到山东宁海（今牟平）传教，收马钰、丘处机等七大弟子，号称"全真七子"。创立全真道。著有《重阳全真集》《教化集》《立教十五记》等。王重阳认为儒释道三教的社会作用相似，即都以扫除人的妄念、救治人的愚迷为己任，都以普度众生为职事，只是分工不同而已。佛以修心，道以养身，儒以治世。主张三教是平等的，没有高下之分，没有先后之别。既不可是道而非禅，亦不可是道而非儒。宣扬三教的门人应当相敬如宾，亲如一家。在道教传统学说的基础上，大量融摄儒释二家之说，形成了一套既相似于儒释又不尽同于儒释、具有三教合一特色的全真道教义体系。[④]王重阳《答战公问先释后道》云："释

---

① （北宋）张伯端著，（清）董德宁等注，史平点校：《悟真篇三家注》，华夏出版社，1989，第180页。

② （北宋）张伯端：《悟真篇·后序》。

③ （北宋）张伯端著，（清）董德宁等注，史平点校：《悟真篇三家注》，华夏出版社，1989，第63页。

④ 周立升：《全真道文化丛书序》，载（金）王重阳著，白如祥辑校：《王重阳集》，齐鲁书社，2005，"序言"第4页。

道从来是一家，两般形貌理无差。识心见性全真觉，知汞通铅结善芽。马子休令川拨棹，猿儿莫似浪淘沙。慧灯放出腾霄外，照断繁云见彩霞。”① 《问禅道者何》云：“禅中见道总无能，道里通禅绝爱憎。禅道两全为上士，道禅一得自真僧。道情浓处澄还净，禅味何时净复澄。咄了禅禅并道道，自然到彼便超升。”② 他提出“识心见性”，即是“全真”，可以统一儒、佛，所以他说“少思寡欲”是道，可以通儒；“正心诚意”是儒，可以通佛。劝人诵《道德清净经》《般若心经》《孝经》，修证得道。“心中端正莫生邪，三教搜来作一家。义理显时何有异，妙玄通后更无加。”“满座谈开三教语，一杯传透四时春。”③ “夫三教各有至言妙理，释教得佛之心者，达麼（磨）也，其教名之曰禅；儒教传孔子之家学者，子思也，其书名之曰《中庸》；道教通五千言之至理，不言而传，不行而至……”④ 王重阳对佛教有深入了解，其有诗词多能恰如其分地运用佛理、佛典，足见其佛学造诣之高深。一位高道对佛理如此深研和推崇，对佛教融入中国文化无疑是一大幸事。其《木鱼》诗，寓意深刻“无腹无心拦殿庭，个人敲击响珰叮。种成因果能招饭，唤起僧尼使念经。水难不容垂饵线，火灾犹未脱身形。忽朝月夜清风至，吹断攀缘一任罄。”⑤《老僧问生死》云：“平生已得正摩诃，玉韵金声总处和。正觉途中登回岭，菩提路上出高坡。慧灵俞达白莲果，真性还超祇树柯。从此不生应不灭，定归般若与波罗。”《僧净师求修行》云：“依旨念弥陀，清凉气候和。要全三曜照，须认六波罗。般若常令显，菩提每见多。真如应得悟，欢喜出娑婆。”《苏幕遮》词云：“五台峰，三耀刹。八识俱明，四象灵光匝。罗汉回头看菩萨。佛果圆成，这里无言答。证虚无，腾可恰。清净全扶，澄湛尤相洽。休衮神珠分等甲，

---

① 周立升：《全真道文化丛书序》，载（金）王重阳著，白如祥辑校：《王重阳集》，齐鲁书社，2005，“序言”第 4 页。“川拨棹”“浪淘沙”为词牌名。

② 同上。

③ （金）王重阳撰，门人编辑：《重阳全真集》（卷 1）。

④ （金）金源璹：《终南山重阳真人全真教祖碑》。

⑤ 周立升：《全真道文化丛书序》，载（金）王重阳著，白如祥辑校：《王重阳集》，齐鲁书社，2005，“序言”第 4 页。

彩色传辉。再现黄金塔。”①

四、南宋马钰“三教同门异户”

马钰（1123–1183），原名从义，字宜甫，入道后更名钰，字玄宝，号丹阳子，世称马丹阳。山东宁海（今山东牟平）人。道教全真道道士。大定十年（1170）王重阳去世后，马钰成为全真道第二任掌教。著有《洞玄金玉集》10卷。马钰早年习儒业，后归宗道教，其间接触过佛教禅宗，对三教都有相当深入的研究。马钰认为佛道应互相尊重，各遵其旨，各行其是，以实现各自追寻的目标。《劝僧道和同》曰：“道毁僧，僧毁道。奉劝僧道，各休返倒。出家儿、本合何如，了性命事早。好参同，搜秘奥。炼气精神，结为三宝。真如上、兜率天宫，灵明赴蓬岛。”②《万年春·赠兴国寺修塔僧》曰：“物外高僧，澄澄湛湛真禅刹。真禅刹，心无察察，理趣常搜刷。玉性玲珑，处处皆通达。皆通达，无拘无辖，垒起黄金塔。”③马钰“在东牟道上行，僧道往来者，识与不识，必先致拜。从者疑而问之曰：‘彼此俱昧平生，何用拜之？’师曰：道以柔弱谦下为本，况三教同门异户耳。孔子言：‘虽执鞭之士，吾亦为之。’未闻一拜之为一过。”④马钰与佛教人士多有交往。如京兆台院寺尼通师来献香，他以诗赠之，“尼姑割万缘，我相一齐捐。清净功成日，超升忍辱仙。”⑤他有一首《赠吴庵师》，诗云：“庵师急。庵师和尚迎仙客。迎仙客。香烟缭绕，把予眸隔。如麻观者难筹测。良缘共结功无溺。功无溺。龙华三会，熙熙消息。”⑥认为道教与佛教是平等的关系。“……证佛得无量，修仙道有玄。仙佛归一趣，道德在两全。”⑦马钰吸收佛教义理阐释道教修炼。他借用佛教“空”的理念阐释修炼说：“且

---

① （金）王重阳：《重阳全真集》，载《正统道藏·太平部》。

② （金）马钰著，赵卫东辑校：《马钰集·洞玄金玉集》，齐鲁书社，2005，第124页。

③ 《渐悟集》卷下，载《道藏》第25册，第471页。

④ 《丹阳真人语录》，载《道藏》第23册，第701页。

⑤ （金）马钰著，赵卫东辑校：《马钰集·洞玄金玉集》，齐鲁书社，2005，第30页。

⑥ 同上，第134–135页。

⑦ 同上，第85页。

道如何是体空[①]处？夫体空者，心体念灭，绝尽毫思，内无所知，外无所觉，内外俱寂，色空双混。目视其色不着于色，耳听其声非闻于声。故声色不能入者，自然摄性归性，混合奋冥，化为一点灵光，内外圆耻，到此处，方契自然体空之道也。夫自然体空者，若有所体，即是所不体；若无所体，即无所不体。”[②]“体空”为佛教术语，指修炼者追求的一种境界。马钰认为全真道修道者通过修炼，应当以“心体念灭，绝尽毫思”和“内外俱寂，色空双混”为目标。

五、金元时期丘处机“儒释道源三教祖”

丘处机（1148–1227），字通密，号长春子，山东栖霞人。金元时期，道教全真派创始人之一。与马钰、谭处端、王处一、刘处玄、郝大通、孙不二等同称“北七真”。十九岁时，到昆嵛山烟霞洞修行。翌年9月拜王重阳为师。深得王重阳器重。金大定二十八年（1188）3月，丘处机应金世宗召，赴燕京（今北京），奉主持“万春节”醮事。丘处机发展了其师王重阳的“三教合一”思想。著有《番溪集》《长春祖师语录》等。丘处机主张“三教合一”，将儒家伦理与道教教义融会，提出独具특色的修道原则。他有诗云：“……儒释道源三教祖，由来千圣古今同。”[③]提出“三皇五帝皆宗祖，六道四生成唯诺。至圣文才尚发蒙，犹龙道德何其博。”[④]“推穷三教，诱化群生，皆令上合天为”[⑤]，融会儒佛两家义理。“舍己从人，克己复礼，乃外日用；饶人忍辱，绝尽思虑，物物心休，乃内日用。”[⑥]他将儒家“仁”、道教“清静”、佛教“圆融”“空”的思想融会，指出“仁者，生也。一点生机，鸟啼花放，山色波光，俱为造化，含之皆为真地，舒之尽是阳春。一念不生为仁体，万念皆圆为仁用。空则化，圆则通。

① 体空：佛教术语，经中所明之空理，有二种：一者体空，二者拆空，如分拆人而为五蕴，十二处，十八界等，分拆色而至于极微，分拆心而至于一念，分拆之结果，始观空，谓之拆空，是一切小乘教之空理也。

② （金）马钰著，赵卫东辑校：《马钰集·洞玄金玉集》，齐鲁书社，2005，第124页。

③ （金）丘处机著，赵卫东辑校：《丘处机集·番溪集》卷之一，齐鲁书社，2005，第17页。

④ （金）丘处机著，赵卫东辑校：《丘处机集·番溪集》卷之五，齐鲁书社，2005，第37页。

⑤ （金）丘处机著，赵卫东辑校：《丘处机集·番溪集》卷之五，齐鲁书社，2005，第71页。

⑥ （金）丘处机：《真仙直指语录》，载《道藏》（第32册），第437页。

通则四维上下、虚空、往古来今，不外吾腔子矣。不特地狱饿鬼畜生可悯，直视夫人亦为雪涕。回视多生眷属、多生冤仇，俱在慈光覆阴之中。到此方是能仁，方证如来果位。今从一枝一节起见，皆非大道。”①丘处机对佛教义理有较深理解，其《沁园春·赞佛》充分展示了这一点，“净梵王宫，太子殷勤，雪山六期。把世情我态，丝毫断念，云根水谷，麻麦充饥。芥纳须弥，毛吞大海，自古男儿了悟时。超生灭，任循环宇宙，不管东西。圆成无得无知。信法界，空空寂灭机。又勿劳习定，安禅作用，偷闲终日，打坐行治。大理无时，真功非相，动静昏昏合圣规。无高下，但能通般若，总证牟尼。”②

六、南宋白玉蟾“三教同源”说

白玉蟾（1134–1229），原名葛长庚，字白叟。父死，过继雷州白氏，遂改姓白。祖籍福建闽清，生于南海琼州。南宋道教思想家，金丹派南宗教团创立人。他师承张伯端之说，提出了“三教同源”说。白玉蟾沿袭张伯端“教虽分三，道乃归一”思想，明确提出“三教同源”主张（“三教异门，源同一也”）。白玉蟾《谢张紫阳书》指出：“缅维我道祖太上老君，晓天下以此道，明圣人以此心。此道之在天下，不以物物，不容以化化。故凡物物化化之理，在天下而不在此道也。此道如如也，以此心而会此道可也。此心之在圣人，不容以知知，不容以识识。”③可见南宗所言“金丹”即为本心，故言“心即是丹”。如果知晓佛经，也就明了金丹。所以他进一步申言：“……凿石以求玉，淘沙以取金，炼形以养神，明心以合道，皆一意也……以此理而质之儒书则一也，以此理而质之佛典则一也，所以天下无二道，天之道无二理，而圣人之心岂两用邪！形中以神为君，神乃形之命也；神中以性为极，性乃神之命也。自形中之神以合神中之性，此谓之归根复命也。斯道甚明矣，此心不惑矣。斯道甚明矣，此心不惑矣。”④

---

① 《藏外道书（第11册）·丘祖全书·语录》，巴蜀书社，1992，第287页。

② 郭武著：《丘处机学案》，齐鲁书社，2011，第412页

③ （南宋）白玉蟾：《谢张紫阳书》，载曾枣庄、刘琳主编：《全宋文》第296册，上海辞书出版社、安徽教育出版社，2006，第161页。

④ 同上，第162页。

白玉蟾《满庭芳·道释儒门》，对儒释道关系说得更为透彻：三教归一，算来平等肩齐。道分天地，万化总归基。佛在灵山证果，六年后，雪岭修持。儒家教，温良恭俭，万代帝王师。道传秘诀，佛流方便，忍辱慈悲。大成至圣，岂辩高低。都是后学晚辈，分人我、说是谈非。休争气，三尊一体，瞻仰共皈依。”①白玉蟾在《常寂光国记》中，借用了不少禅宗术语来阐释修道之理，他用禅宗语气描述修仙之人，“彩云翔碧霄之南，中有人焉，冠逍遥自然之冠，履如理实际之履；衣虚无湛寂之衣；食禅悦法喜之食……须弥、庐山不能高其身，萨婆、若海不能广其意；其步趋也，白云流水；其语默也，翠竹黄花……真人乃是国之君，真人之居，心空之殿，解脱之楼，真如之亭，寂灭之台，圆觉之宫，真观之堂……真人欲还，乘般若船，渡平等海，不弹指间，往复无际，真人揖翁宴坐于清净之轩，敞六通户牖，严万化堦庭，焚五分之香，献六味之馔，荐八自在之茗，酌八功德之泉……”②这里所用“禅悦法喜”“须弥”“萨婆若海”“翠竹黄花”“心空”“解脱”“真如”“寂灭”“圆觉”“真观”“乘般若船”“弹指间”“六通”“六味”“八自在”“八功德”，均为禅宗或佛教用语。一篇600余字的短文，竟用了这么多佛教术语，足见白玉蟾对佛教（尤其是禅宗）了解至深，融会佛道义理已到了炉火纯青的地步。

七、宋末元初李道纯三教融合主张

李道纯（1219–1296），字元素，号清庵，又自号莹蟾子。都梁（今湖南武冈）人。宋末元初著名道士。通老、易，达禅机，倡导“三教同源”。著有《护命经注》《清静经注》《全真集玄秘要》《道德会元》《中和集》等。李道纯《中和集》云：“禅宗理学与全真，教立三门接后人。释氏蕴空须见性，儒流格物必存诚。丹台留得星里火，灵府销镕种种尘。会得万殊归一致，颐台内外总是春。”③说明三教的共通特性。李道纯在《三天易髓》

---

① （元）彭致中：《鸣鹤余音（卷3）·词·满庭芳修炼（其2）》。

② （南宋）白玉蟾：《谢张紫阳书》，载曾枣庄、刘琳主编：《全宋文》第296册，上海辞书出版社、安徽教育出版社，2006，第256页。

③ （宋末元初）李道纯：《中和集（卷5）·赠邓一蟾》。李道纯（1219–1296），湖南都梁（武冈）人，宋末元初著名道士。字元素，号清庵，别号“莹蟾子”。精于内丹学。

中提出三教“名三体一”理论。他说：“释曰玄珠，儒曰太极，道曰金丹，名三体一。只在目前，世人不识。只这便是，休更疑惑。”① 他认为儒释道三教对其崇拜的实体或教义的称谓虽有不同，但根本点是一致的。《无一歌》云：“道本虚无生太极，太极变而先有一……禅向一中传正法，儒从一字分开阖。老君以一阐真常，曾参一唯妙难量。道有三乘禅五派，毕竟千灯共一光。抱元守一通玄窍，惟精惟一明圣教，太玄真一复命关，是知一乃真常道。休言得一万事毕，得一持一保勿失……”② 李道纯对佛教义理研究很深，并多有采借。李道纯在《咏儒释道三教总赠程洁庵》中将释教义理概括为“二身一体、三心则一、消碍悟空、显微无间、不立有无、戒定慧、无有定法、虚彻灵通、真如觉性、常乐我静、朝阳补破衲、对月了残经、金刚经塔。”并以七言四句诗歌形式分别解析。譬如“二身一体”：“法身清净本无形，有象何名圆满身。假使化身千百亿，不能合一不全真。”“无有定法”：“参禅求法性全迷，离法求玄事转违。会得法从心上出，法空心寂见牟尼。”“真如觉性”：“真性元来本自圆，如如不动照中天。光明莹彻无遮障，照破鸿蒙未判前。”“常乐我静”：“颐神养志慕清虚，终日逍遥任卷舒。最是定中真乐处，禅天独露莹如如。”③ 这些解释均融会了释道二家理念。实际上仍然是以道家为基础，采借佛家义理。是“道”为体，而“佛”为用，以“道”解释“佛”。

八、元代陈致虚主张“三教合一”

陈致虚（1290-？），字观吾，号上阳子。江右庐陵（今江西吉安）人。好道，通群籍。元代著名的内丹理论家。著有《金丹大要》《金丹大要图》《修炼须知》《参同契分章注》《悟真篇注》等。陈致虚有浓厚的三教合一的思想。他在《〈道德经〉序》中指出：“……天以清，地以宁，三光以明，万物以荣，圣人仙佛以修以成……孔子而佛，皆明此道，非别有一道也。后来乃分三教。儒者不明曾子、子思之相授何事，却猜之为日用常行；

---

① （宋末元初）李道纯：《三天易髓》，载《正统道藏·洞真部·方法类》。

② （宋末元初）李道纯：《中和集（卷4）·无一歌》。

③ （宋末元初）李道纯撰：《清庵莹蟾子语录》（六卷），载《正统道藏·太玄部》。

释者不能明心见性，只得念诵顽坐；道则不究金丹窍妙，以为焚修法术。皆非道也。盖未有所授受耳……释云佛法，儒谓仁义，道曰金丹。三教大圣，必用是气而后方能成佛作仙……道名踵音，儒谓中和，释云世音，即自然之道。三教大圣必用此道，故名虽殊，而道则同也。是以天下无二道，圣人无两心。"①陈致虚认为三教同源，"孔子而佛，皆明此道，非别有一道也"。后来分为三教，反而使得原本明晰的理论变得模糊了，弃本逐末，传承的内容偏离根本，儒者只关注"日用常行"，释者"只得念诵顽坐"，道家"以为焚修法术"。实际上最根本的是"释云佛法，儒谓仁义，道曰金丹"，"道名踵音，儒谓中和，释云世音，即自然之道"。其结论为"天下无二道，圣人无两心"。陈致虚进一步论述，"三教一家，实无二道，其分彼我者，乃是一个盲人鞭骑瞎马，而与人较胜负，岂不为明眼底所笑。圆悟云：禅非意想，以意想参禅则乖；道绝功勋，以功勋学道则失。直须绝却意想，唤什么作禅？脚跟下廓尔，无禅之禅，谓之真禅，如兔子怀胎。绝却功勋，唤什么作道？顶门上照耀，无道之道，谓之真道，似蚌含明月。佛祖留下数百公案，见性为先。是此《金丹大要》，禅道俱明，仙佛同证，性命二者皆要了知，既得了知，宜加精进。"②他推崇禅宗修持方法，"唯正法眼藏，涅槃妙心，直指人心，见性成佛之道，此可以心授而不可以立谈也。正法眼藏，直指人心，即最上一乘之道也。"③

九、元明时期张三丰的三教观及对禅理的解析

张三丰（1247或1264–1458），名君实，字全一（一说为君宝），别号葆和容忍，辽东人。元末明初儒者、武当山道士。善书画，二诗词。道教武当派开山祖师，明英宗赐号"通微显化真人"；明宪宗特封号为"韬光尚志真仙"；明世宗赠封他为"清虚元妙真君"。他撰《正教篇》《儒书篇》《禅旨篇》阐释三教关系，这在道教人士中并不多见。他在《正教篇》中指出，"古今有两教，无三教。奚有两教？曰正、曰邪。奚无三教？惟一、

① （元）陈致虚：《上阳子金丹大要（卷2）·道德经序》。

② （元）陈致虚：《上阳子金丹大要（卷1）·三教一家》。

③ （元）陈致虚：《上阳子金丹大要（卷8）·续须知七事》。

惟道。一何以分？分何以三？盖自有孔、老、牟尼，乃至有孔、老、牟尼，虽至有孔、老、牟尼，仍非有孔、老、牟尼。”他认为“然有所分，故究无所分；故以无所分，故必有所合，故不孔亦不老，不老亦不牟尼，牟尼、孔、老，皆名曰‘道’”。张三丰明确指出，儒释道三教义理具有相通性，他说：“孔之‘绝四’，老之‘抱一’，牟尼之‘空五’，皆修己也；孔之‘仁民’，老之‘济世’，牟尼之‘救苦’，皆利人也。修己利人，其趋一也。彼世人之别为孔、老、牟尼者，盖以名分、不察实也，抑以形分、不按理也。见为孔、老、牟尼，即非孔、老、牟尼，虽非孔、老、牟尼，还是孔、老、牟尼。”① 张三丰《禅旨篇》讲的全是佛教之理，表明其对佛教有深入研究。他说：“如是我闻，释主离世；如是我闻，佛主醒世。金经数百藏，无非超脱尘垢，警悟沉迷。是故牟尼清净，复得大士清净，牟尼总其清净，大士普其清净，非有所执其清净，非有所坏其清净，非有所吝其清净，乃至无清净、非清净，非清净、亦清净，是大清净，是满清净。”他认为，“人能呗诵潮音，必得清净心，必得般若心。但得般若，便忘般若，不忘般若，即非般若。既非般若，不名般若。非非般若，乃是般若。得般若者，是谓之释，是可成释，是有释释。是释非有释释，是释自有释释，是谓之佛，是可成佛，是有佛佛。是佛非有佛佛，是佛自有佛佛……释佛之经藏，即释佛而成藏，是谓正法眼藏。”② 这样的阐释形式，颇具禅宗意味。如果不深入研究佛教（尤其是禅宗），是无法做到的。

十、明初张宇初融会儒释道

张宇初（1359–1410），字子璇，别号耆山，明代正一派天师，是历代天师中最博学者之一。他自幼喜读书，除熟谙其世传的符箓斋醮术外兼博揽众家之长，尤善于词墨，为当时名人雅士所重。著有《岘泉集》《道门十戒》《元始无量度人上品妙经通义》等。张宇初重视儒学研究（尤其是程朱理学），也研究佛学，他顺应时代思潮倡导“三教归一”，以心性为三教共同之源，其著作中有不少合儒融佛之言。他说：“道家者流，使人

① （清）李西月重编：《张三丰全集》，华夏出版社，2017，第 270 页

② 同上，第 271–272 页。

精神专一，动合无形，担足万物。其为卫也，因阴阳之大顺；采儒墨之善，撮名法之要，与时迁徙，应物变化，立俗施事，无所不宜……”①认为道家也需“采儒墨之善，撮名法之要”，才能“与时迁徙，应物变化”，发展壮大自己。他在辨析儒释道关于“性命”的理论时说：“性命之道一也，学者求道而已……韩愈氏之原夫性也，发乎未见以继圣。然理有未明，将以广之。古今之言性者多矣，得其本者复几人焉。若夫尧、舜性之，汤、武身之，得性之本然也。故其命舜曰‘道心惟微’是也，足以发王道之本焉。周衰，孔子生，足以继矣。其曰性与天道，成之者性也，各正性命，知性则知天矣。道之源，莫切着于是哉……孟子之谓性善是也。人心统乎性情，本无不善，所谓天命之性也。其具仁、义、礼、智，不假为而能也，即继之者善也。盖天之命于物为性善，所固有其恶也，所谓气质之性也，即性相近也。由乃感于物，动于欲，蔽于习而然，是有上智下愚之分焉……告子以生之谓性，是情之所欲所为，皆性也。荀子之谓性恶，以其善者伪也……董子曰：命者天之令也，性者生之质也，情者人之欲也，道者所由适于治之路也，仁义礼乐皆其具也。王子曰：性者，五常之太极，而五常不可谓之性，庶几若近道焉……然而老、释之谓异者何？老曰：性即神也，元初不坏之灵也；释曰：性即觉也，全其本来之虚灵也。”②儒释道论述“性命之道”各依其理，但本质上具有相似性。

十一、明代程以宁以儒佛释道

程以宁，生卒不详，活动于明嘉靖年间（1522–1566），江西婺源人。本为儒生，中年开始学道，约在五十岁后正式加入道教，号复圭子。著有《太上道德宝章翼》《南华真经注疏》等。程以宁在《南华真经注疏序》中指出：“《道德经》为三教之祖，太上悯人不悟，性命之学无传，不得不化身作《南华》，以泄其秘……窃思《易》之所谓老夫得其女妻，如枯杨生稊也③；《妙

① （明）张宇初：《正统道藏 · 正一部 · 岘泉集（卷 1）· 玄问》。

② （明）张宇初：《正统道藏 · 正一部 · 岘泉集（卷 1）· 广原性》。

③ 语出（西周）《周易（第 28 卦）· 大过》，原文：“老夫之娶少女，有如枯杨生稊之象，但仍能随其生育之愿，自无不利。”

法莲花经》佛受龙女之献珠宝也；《维摩经》云：‘不入烦恼大海，则不能得一切智宝也’；云岩禅师云：‘百花丛内过，一叶不黏身’，即丹经取坎填离之旨。其有不合也，有不同也，入门炼己之异也。《易》之所谓殊途也，其无不合也，无不同也，成功究竟之一也。《易》之所谓‘殊途而同归’也[①]……”[②]程以宁列举了儒释道三教求道的事例，以此说明三教“殊途而同归”。程以宁注解《南华真经》对“谓盈虚衰杀，彼为盈虚非盈虚，彼为衰杀，非衰杀。彼为本末，非本末；彼为积散，非积散也”一句，注释为：“释氏下一语，便下一扫尘语；下一扫尘语，便下一扫扫尘语，本此孰谓南华为玄伯而非禅门之所取宗哉？”[③]对“循有照”的注释是：“诚则明矣，吾儒以诚为照，释氏戒定慧，以定为照。庄老之照，照于尽有天之后，乃循其天神。天明自然不占卜，而知吉凶祸福矣。”[④]程以宁在《太上道德宝章翼》在解释“玄”时言：“生仙生佛在是，生天生地在是，是生人生万物在是，岂非般妙之门乎？”[⑤]在注释“能无章第十”时，他指出儒与释道的不同：“世儒不读丹书，未闻秘诀予，而欲以吾儒经史诸子百家解《道德经》，是凡见而窥仙，俗骨而测佛，地下人而谈天上事，此必不行之数。”[⑥]注释“无用章第十”时，引用释德清语曰：“‘此言世人但知有用之用，而不知无用之用’也。[⑦]意谓人人皆知车毂有用，而不知用在毂中一窍；人人皆知器之有用，而不知用在室中空处。”[⑧]注释“检

---

① 语出（西周）《周易·系辞传下》。原文：“天下同归而殊途，一致而百虑。”

② 胡道静、陈耀庭、林万清主编：《藏外道书（第2册）·南华真经注疏》，巴蜀书社，1992，第305页。

③ 同上，第425页。

④ 同上，第445页。

⑤ 熊铁基、陈红星主编：《老子集成（第8卷）·太上道德宝章翼》，宗教文化出版社，2011，第233页。

⑥ 同上，第240页。

⑦ 此非德清语。语出（战国）庄周及弟子《庄子·内篇·人间世》。原文：“人皆知有用之用，而莫知无用之用也。”

⑧ 熊铁基、陈红星主编：《老子集成（第8卷）·太上道德宝章翼》，宗教文化出版社，2011，第240–241页。

欲章第十”引用释德清语曰：“此言物欲之害，教人祛欲之行也。”①

十二、明代阳道生以佛教禅理释道家修持

阳道生（约1462–？），号葆真子。著有《真诠》（亦称《仙学真诠》）。《真诠》开篇即引用元代丘处机弟子赵古蟾（赵虚静）《心书》语：“三教之道，同一心地法门，修仙者修此而已。舍此而他求，皆旁蹊曲径，苦已而劳形，终无所成。”② 阳道生欲借此说明，三教修持之道为“同一心地法门”，为修仙者必遵。舍此别无他路。阳道生指出，“夫心，先天地而独存，历事变而不朽，先际无始，后际无终，廓彻玄通。灵明虚湛，所谓体也；遍周沙界，所谓用也；运用无方，灵变莫测，所谓神也……人能察心观性，则圆明之体自现，无为之用自成，不假施为，顿超彼岸。奈何世人性根迷钝，执其有身，恶死悦生，卒难了悟。是以黄老悲其贪着，以修生之术顺其所欲，渐次导之，然岂若虚无大道明心见性之学，为一了百了哉。”③ 他指出，“心”是“先天地而独存”，修持就是修炼心性。由于“世人性根迷钝”，“恶死悦生，卒难了悟”。如果“人能察心观性，则圆明之体自现”，就能明心见性，“顿超彼岸”。阳道生借用佛教的空观来阐释道家的虚无观。他说：“凡人内而心上，有许多攀援妄想；外而形上，有许多荣辱利害；远而一切物上，有许多贪求染着；着之则为三件，总之着了一个有。所以古仙教人修行须先去有，若不着在有上，自然是空。心无其心者，一切妄想攀援算计皆是虚幻，并无实性。从幻缘起，从幻缘消，觅个真实处，了不可得，故曰心无其心也，形无其形，物无其物者，形与物不久败坏，终归于无，此观察之慧也，悟也。既能悟则自然离幻境，其诸颠倒妄想不待除而自无，心念皆空，故曰惟见于空。乃智度④之事，非寻常沉空滞寂之学也。观空亦空，空无所空。”⑤ 道教修炼与佛教有相同之处，必须修“心”，去除“攀援妄想”“荣

---

① 熊铁基、陈红星主编：《老子集成（第8卷）·太上道德宝章翼》，宗教文化出版社，2011，第241页。

② 胡道静、陈耀庭、林万清主编：《藏外道书（第10册）·真诠》，巴蜀书社，1992，第844页。

③ 同上，第844页。

④ 智度：佛教语，大智慧到彼岸。

⑤ 胡道静、陈耀庭、林万清主编：《藏外道书（第10册）·真诠》，巴蜀书社，1992，第849页。

辱利害”“贪求染着”等，只有通过修炼进入“心无其心”“形无其形”“物无其物”之境，才能开悟，“既能悟则自然离幻境”，得大智慧到彼岸。他引用佛教和道家大师语录来进一步阐述。其中引用佛教云门宗修持术语：“初禅念住，二禅息住，三禅脉住，四禅灭尽入乎大定。七百年老古椎也妙哉。”①

十三、明代陆西星仙佛圣凡，同具同证

陆西星（1520–1606），字长庚，号潜虚子，又号方壶外史，江苏兴化人。道教内丹派东派的创始人。陆西星认为道佛二家理论具有某些相通性，不存在“佛教了性，道教了命”的区分，他说：“夫佛无我相，破贪着之见也；道言守母，贵无名之始也。不知性，安知命耶？既知命矣，性可遗耶。故论性而不沦于空，命在其中矣；守母而复归于朴，性在其中矣。是谓了命关于性矣，是谓形神俱妙，与道合真也”。②他又说：“无极在人则至静无感，寂然不动者当之。而佛氏所谓真空，儒者所谓未发，亦不外是。《老子》云：常无欲以观其妙。《易·系辞》云：圣人以此洗心退藏于密，《圆觉经》云：惟取极静，由静力故，永断烦恼。究竟成就不起于坐，便入涅槃。三教圣人，同一宗旨，但作用不同，固有三教之别耳。”③儒释道均重视心性修炼，其宗旨是同一个，只是概念和方法有所区别。有人向陆西星请教“佛言性体本空，罪福何有？仙翁此诗独以罪业为言，无乃诬乎？”他融会佛道二教义理解答说：“凡人罪业不出身口心意，皆吾平日气质所为，与本性无与，但熏习渐染，反遭遮障，颠倒迷惑，以致临行未能解脱，胸挂轮纲，各随其业之所造以为果报。故天堂地狱一切皆吾心之所为，除非了心之人，脚根廓尔，无有挂碍④，乃能空诸罪性。佛经所谓：‘无挂碍，故无有恐怖，远离颠倒梦想，究竟涅槃’⑤。永嘉禅师亦云：‘了则业障本来空，未了

---

① 胡道静、陈耀庭、林万清主编：《藏外道书（第10册）·真诠》，巴蜀书社，1992，第849–850页。

② 胡道静、陈耀庭、林万清主编：《藏外道书（第5册）·玄肤论·性命论》，巴蜀书社，1992，第363页。

③ 胡道静、陈耀庭、林万清主编：《藏外道书（第5册）·金丹大旨图》，巴蜀书社，1992，第372页。

④ 挂碍：佛教语。谓凡心因迷成障，未能悟脱。

⑤ 语出《般若波罗蜜多心经》：“心无挂碍，无挂碍故，无有恐怖，远离颠倒梦想，究竟涅槃。”

应须偿夙债’。[1]世有不信轮回罪业之说，以为死则魂归于天，魄降于地，纵有镬汤碓磨[2]，复有何身可受，不知尔自梦中忽遇魔境，及诸笞挞痛楚苦恼，伊谁受之？如幻梦未醒，只见苦耳，莫更执迷，早求解脱。”[3]如此纯熟和恰如其分地引用佛经和禅师语录，表明陆西星对佛教的义理十分熟悉。

十四、明末伍守阳“仙佛所修，果同一法”

伍守阳（1574–约1644），原名阳，字端阳，自号“冲虚子”。江西南昌人，龙门派第8代弟子，明末著名内丹家，内丹清修派的集大成者。著有《仙佛合宗语录》《天仙正理直论》。伍守阳融会佛教义理解释道教内丹修炼，他说：“如不保精保炁，更何以得长生。故《华严经》中，佛言初禅念住；《楞严经》中佛言，‘汝以淫身求佛妙果，轮转三途，必不能出，如来涅槃何路修证’。陈虚白[4]云：‘大道教人先止念，念头不住亦徒然’[5]。是仙佛皆同除此一念也。”[6]修炼丹道必须保精保炁，“止念”这是佛教道教均重视的修持要点。在阐述“水源清浊要分别”时说：“……我邱祖真人，亦有心地下工，全抛世事之旨在也。《楞严经》亦云：‘尘既不缘，根无所偶；反流全一，六用不行’是也。此四条，皆结证上文神乐静动合一、不合一之旨。仙佛同然者，而禅宗人，又言动念即乖者，亦是此意。按邱祖教人心地上用工，即照而寂。寂而照之意，明心见性也。禅心无想，禅性无生，正与世事大相反者，法尚应舍。而世事必抛也，抛至无生，便是性地。按《楞严》所言，尘者，是外来六尘之事与物也；缘者，相依着之意；根者，眼耳鼻舌身意六根也；偶者，根与尘相对也。言心不

---

① 语出（唐）永嘉玄觉《永嘉證道歌》。原文：“了即业障本来空，未了先须偿夙债。”

② 镬（huò）汤碓磨：传说中地狱处置罪人的刑罚。

③ 胡道静、陈耀庭、林万清主编：《藏外道书（第5册）·悟真篇·悟真篇诗小序》，巴蜀书社，1992，第320页。

④ 陈虚白（生卒、籍贯不详），名冲素，字虚白，宋代道士；居武夷，升真玄化洞天，曾著《规中指南》。

⑤ 语出陈虚白《规中指南（卷上）·止念第一》。

⑥ 胡道静、陈耀庭、林万清主编：《藏外道书（第5册）·仙佛合宗语录·吉王朱太和十九问》，巴蜀书社，1992，第640页。

着于外，尘则不使眼根用见；与外色尘对偶，不使耳根用闻。与外声尘对偶之，类反流者，逆流之水。故洞山和尚言，‘洞水逆流’。即仙家返还真一之水意。真之流得反，则命根断。性独明灵。六根之用皆不用，则心地之工成。而得证此。”① 他还多次借用佛教义理阐释道教修炼方法，譬如，以“禅定”解释“调息”：“调息者……呼吸全不宜执著者，呼吸之气一着，便起邪火，而为疾病……《华严经》云：‘为践如来所行之道，不迟不速，审谛经行’是也……禅家云：‘转得身，吐得气’，亦似此意。而后可称为禅那② 拄杖子，禅者静也，那者息也。言静定之息也。拄杖子亦言息也。人手执拄杖，相依而行路，喻人修佛，心必依息。而后能离尘离境，解脱而见性。欲大修行，心不依息而禅定，则止于外道，凡夫口头禅而已……而息何得调。禅家故云：‘未到水穷山尽处，且将作伴过时光’。亦似此意。而后可能摄心寂灭。”③ 又如，引用佛教理念解释“五龙捧圣”说：“……古圣仙佛，借喻言以说法者。心切于度人也。法不说，则人不知求，不知用，未来者何以得超凡入圣……昔世尊佛喻之曰，‘芦芽穿膝’④。王重阳真人亦云，‘……芦芽穿膝，上下河车，搬精补脑，水火双行’。此见我仙宗即同佛法……今以芦芽穿膝，为佛说五龙之喻；以折芦渡江，为达摩说五龙之喻……”⑤

十五、明末《性命圭旨》的三教融会思想

《性命圭旨》全名《性命双修万神圭旨》，作者不详，有明万历（1573–1620）年间刊刻本。《性命圭旨》宗罗三教历代精义，倡导破除三教门户之见。佘永宁《刻〈性命圭旨〉缘起》云：“闻之师云：修行法门

---

① 胡道静、陈耀庭、林万清主编：《藏外道书（第5册）·仙佛合宗语录·吉王朱太和十九问》，巴蜀书社，1992，，第644页。

② 禅那：梵语音译。简称为禅，六度之一。义译为思维修，静虑（即禅定）。

③ 《藏外道书（第5册）·仙佛合宗语录·吉王朱太和十九问》，巴蜀书社，1992，第649页。

④ 芦芽穿膝：佛教大日如来修法之中有芦芽穿膝，射九重铁鼓之法。道家修炼内丹筑基炼气功中的一个步骤。芦芽穿膝，喻运气过膝。

⑤ 胡道静、陈耀庭、林万清主编：《藏外道书（第5册）·仙佛合宗语录·伍太一十九问》，巴蜀书社，1992，第680–682页。

有二种，一从法界归摄色身，一从色身透出法界。从法界摄色身，《华严》尚矣；从色身出法界，《楞严》诸经有焉。《圭旨》所陈，大都从色身而出者。”[①] 全书以图配文，博采众家之说，阐述内丹理论与功法。开篇即标三圣图，将孔子、释迦、老子三圣人之像绘于一图之中，题有“具大总持门，若儒、道、释之度我度他皆从这里；能知真实际，而天地人自造自化只在此中。”此外还收录宋儒周敦颐《太极图》，佛教《观音密咒图》《行禅图》《立禅图》《坐禅图》《卧禅图》《超出三界图》，以及道教《大小鼎炉图》《九鼎炼心图》《周天璇玑图》《飞升图》等。在唐以来倡导“三教合一”的著作中，可以说《性命圭旨》做到了极致。《大道篇》言：“故三教圣人以性命学开方便门，教人熏修，以脱生死。儒家之教，教人顺性命以还造化，其道公；禅宗之教，教人幻性命以超大觉，其义高；老氏之教，教人修性命而得长生，其旨切。教虽分三，其道一也。”[②] 在《性命圭旨》著者看来，尽管儒、释、道各修炼的名词、概念各不相同，但都均为“性命之道”。无论是儒家“存心养性”、道家“修心炼性”、释家“明心见性”，核心均为“性”。作者在《性命说》中进一步强调说：“夫学之大，莫大于性命。性命之说，不明于世也久矣。何谓之性？元始真如，一灵炯炯是也。何谓之命？先天至精，一炁氤氲是也。然有性便有命，有命便有性，性命原不可分……故《易》曰：‘乾道变化，各正性命。’《中庸》曰：‘天命之谓性。’此之谓也。乃玄门专以气为命，以修命为宗，以水府求玄立教，故详言命而略言性，是不知性也，究亦不知命；禅家专以神为性，以修性为宗，以离宫修定立教，故详言性而略言命，是不知命也，究亦不知性。岂知性命本不相离，道、释原无二致。神气虽有二用，性命则当双修也哉。唯贤人之学，存心以养性，修身以立命；圣人之学，尽性而至命。”[③] 作者在《念观音咒说》引用并解释了“六字大明咒”，即“唵、嘛、呢、叭、咪、吽”，认为照此修习，“久则五炁归元，即成就不思议功德，而证圆通也。”[④] 在《法轮自转工夫》

① 董沛文主编，周全彬、盛克琦校：《玄门宝典·性命圭旨·大道说》，华夏出版社，2017，第240–241页。

② 同上，第10页。

③ 董沛文主编，周全彬、盛克琦校：《玄门宝典·性命圭旨·大道说》，华夏出版社，2017，第12页。

④ 同上，第57页。

中说："三教法门，同途异辙，迹虽分三，理则一也。如此着工夫，释家谓之'法轮'，道家谓之'周天'，儒家谓之'行庭'……"①"法轮""周天""行庭"并不存在对应关系：法轮，在佛教中代表佛法；周天，道教指人体"气"路之行径也；行庭，即"艮背行庭"，按宋儒陆九渊的说法，那是一种无我无物的境界。由此也可以看出，作者为了"融会三教"，有时也牵强附会。反之则可以应证其力图"融通三教"的良苦用心。作者在《性命双修万神圭旨第一节口诀涵养本原救护命宝》言："人自受生感气之初，禀天地一点元阳，化生此窍，以藏元神……儒曰'灵台'、道曰'灵关'、释曰'灵山'，三教同一法总不外此灵明一窍。释教曰：'佛在灵山莫远求，灵山只在汝心头。人人有个灵山塔，好向灵山塔下修。'论其所也。玄教曰：'大道根茎识者稀，常人日用孰能知？为君指出神仙窟，一窍弯弯似月眉。'论其形也。盖此窍乃神灵之台，秘密之府。真净明妙，虚彻灵通，卓然而独存者也。众生之本原，故曰'心地'；诸佛之所得，故曰'菩提'；交彻融摄，故曰'法界'；寂净常乐，故曰'涅槃'；不浊不漏，故曰'清净'；不妄不变，故曰'真如'；离过绝非，故曰'佛性'；护善遮恶，故曰'总持'；隐覆含摄，故曰'如来藏'；超越玄秘，故曰'密严国'；统众德而大备，烁群昏而独照，故曰'圆觉'。其实皆一窍也。背之则凡，顺之则圣。迷之则生死始，悟之则轮回息。"②道教追求羽化飞升、成仙成道；佛教追求超脱生死轮回而达到寂灭解脱。两者终极目标完全不同。但《性命圭旨》的著者，做此番阐释，目的在于融会释道二教修持方法，即佛教的修持法，亦可用于道家修炼。相生相长，共兴共荣。

第四节　帝王儒释道合一观

北宋皇帝除宋真宗和宋徽宗后期抑佛外，佛教在宋代始终受到推崇。自太宗以降有五位皇帝亲幸皇家寺院大相国寺供养佛牙。其中太宗、真宗

① 董沛文主编，周全彬、盛克琦校：《玄门宝典·性命圭旨·大道说》，华夏出版社，2017，第94页。

② 同上，第72页。

和仁宗有《三朝御制佛牙赞》传世。宋代的帝王，也是以崇奉道教为主，然而，仍是对三教采取并用政策。为佛教中国化提供了良好的政治环境和社会基础。

元初，朝廷曾召集僧、道对辩。其中，元宪宗五年（1255），以李志常为首的全真道与以少林长老福裕为首的佛教在御前展开辩论，论题仍是《老子化胡经》和《老子八十一化图》的真伪，道教败北。次年李志常辞世，将掌教位传于张志敬。元宪宗八年（1258），佛道辩论有僧人、道士 500 余人参加，各出 17 人参加主辩。以张志敬为首的全真道一方，道败，道士樊士应等 17 人诣龙光寺削发为僧。

明代的宗教交融对话与帝王所采取的宗教政策关系极为密切。明太祖朱元璋，出身卑微，深谙民情民俗，重视儒释道三教在统摄治民心中的作用，采取儒释道三教并用政策，对佛教、道教既利用又加以限制。明神宗朱翊钧倡导佛道并用。

一、宋太祖：佛教“有裨政理，普利群生”

宋太祖于乾德四年（966），“诏秦凉既通，可遣僧往西竺求法。时沙门行勤一百五十七人应诏。所历焉耆、龟兹、迦弥罗等国。并赐诏书谕令遣人前导。仍各赐装钱三万……河南府进士李蔼，造《灭邪集》以毁释教，窃藏经以为衾。事闻。上以为非毁圣道诳惑百姓。敕刺流沙门岛”①。开宝五年（972），“诏僧道。每当朝集。僧先道后。并立殿廷。僧东道西。间杂副职。若遇郊天。道左僧右”②。“诏曰：释门之本贵在清虚。梵刹之中岂宜污杂。适当崇阐尤在精严。如闻道场斋会，夜集士女深为亵渎。无益修持。宜令功德司祠部告谕诸路并加禁止。”③ 太平兴国八年（983）六月，“示宰臣曰：‘佛氏之教有裨政理，普利群生。达者自悟渊源，愚者妄生诬谤。朕于此道微识其宗，凡为君而正心无私，即自利行也；凡行一善以安天下，即利他行也。如梁武舍身为奴，此小乘偏见，非后代所宜

① （南宋）志磐撰，释道法校注：《佛祖统纪校注》（下），上海古籍出版社，2012，第 1019 页。

② 同上，第 1023 页。

③ 同上，第 1023 页。

法也。’赵普对曰：‘陛下以尧舜之道治世，以如来之行修心。圣智高远非臣下所能知也。’”[①] 雍熙二年（985），“诏两街供奉僧于内殿建道场，为民祈福，岁以为常。诏西天僧有精通梵语可助翻译者，悉馆于传法院。诏岭南粤俗杀人祭鬼，僧置妻孥，所在长吏诫厉，以顺正教。”[②] 在东京（开封）大相国寺，宋太祖为鉴别佛牙真伪，亲以烈火煅试，晶莹坚固，光彩五色照人，遂制赞曰：“功成积劫印文端，不是南山得恐难。眼睹数重金色润，手擎一片玉光寒。炼经百火精神透，藏处千年莹彩完。定果熏修真秘密，正心莫作等闲看。”

二、宋真宗崇奉佛教

宋真宗主张三教并用。他曾对宰相王旦说：“三教之设，其旨一也。大抵皆劝人为善，唯识达之士能一贯之，滞情偏执，于道益远。”[③] 宋真宗于咸平元年（998）作《御制崇释论》云：“奉乃十力（佛有十力），辅兹五常，上法之以爱民，下遵之而迁善，诚可以庇黎庶而登仁寿也。”又曰：“释氏戒律之书兴周孔荀孟，迹异而道同。大指劝人之善，禁人之恶。不杀则仁矣，不盗则廉矣，不惑则信矣，不妄则正矣，不醉则庄矣。”[④] 景德三年（1006），“诸王府侍读孙奭奏：‘请灭损修寺度僧’。上曰：‘释道二门，有助世教；人或偏见往往毁訾。假使僧道时有不检，安可即废。’”[⑤] 天禧三年（1019）八月，“恭谢圣祖大赦天下……应天下僧尼道士女冠系帐童行，并与普度。尚书右丞林，特提举祠部文牒。是岁度僧二十三万百二十七人，尼万五千六百四十三人；道士七千八十一人，女冠八十九人。诏于天安殿建道场答谢天地。大会沙门道士万三千八十六人。上亲以药银铸大钱而赐之。”[⑥] 宋真宗曾迎供开宝寺灵感塔下，拜瞻之际，神光洞发，遂作《佛牙赞》云：“西方大圣号迦文，接物垂慈世所尊。常愿进修增妙果，庶期饶益在黎元。”

---

① （南宋）志磐撰，释道法校注：《佛祖统纪校注》（下），上海古籍出版社，2012，第1033页。

② 同上。

③ 同上，第1048页。

④ 同上，第1043页。

⑤ 同上，第1046页。

⑥ 同上，第1062页。

他又有《赐僧义澄》："止观心地法，色相本皆空。禅慧明宗性，超然万法中。"

三、宋孝宗崇佛并著《原道论》

《佛祖统纪》载："宋孝宗淳熙七年（1180），召明州雪窦宝印禅师入见。上问曰，'三教圣人本同此理'。师曰，'譬如虚空初无南北'。上曰，'但所立门户异耳，故孔子以中庸设教'。师曰，'非中庸何以立世间。《华严》有云：不坏世间相，而成出世间法'。上曰，'今时学者秖[①]观文字不识夫子心'。师曰，'非独今之学者，当时颜子为具体，秖说得瞻之在前忽焉在后，如有所立卓尔，亦未足以识夫子心。夫子亦曰：二三子以我为隐乎，吾无隐乎，尔以此而观当时弟子，尚不识夫子心，况今人乎。张商英有云：唯吾学佛然后能知儒。'上曰，'朕意常作此见'。上又问曰，'老庄之教何如？'师曰，'可比佛门中小乘人耳，小乘厌身如桎梏，弃智如杂毒，化火焚身入无为界，正如庄子形固可使如槁木，心固可使如死灰，老子曰：吾有大患为吾有身。大乘人则不然，度众生尽方证菩提，正如伊尹所谓予天民之先觉者也。将以斯道觉斯民也。如有一夫不被其泽若已推而内之沟中也。上大说[②]。即日诏住径山。诏佛照禅师德光住阿育王山。十一月，召对内殿。赐'妙胜之殿'四字。为释迦舍利殿额。"[③]南宋孝宗帝于淳熙八年（1181）作《原道论》，阐释对儒释道三教看法，提出"以佛修心，以老治身，以儒治世"的观念，对后世有较大影响。他说："朕观韩愈原道，言佛老之相混，三教之相纰，未有能辩之者。但文烦而理迂。揆圣人之用心则未昭然。何则释氏专穷性命，弃外形骸不着名相，而于世事了不相关；又何与礼乐仁义哉。然尚犹立戒曰，不杀，不淫，不盗，不饮酒，不妄语。夫不杀，仁也；不淫，礼也；不盗，义也；不饮酒，智也；不妄语，信也。如此与仲尼又何远乎。从容中道圣人也。圣人所为孰非礼乐孰非仁义。又乌得而名焉。"又说："杨雄谓老氏弃仁义、灭礼乐，今迹老子之书，其

---

① 秖（zhǐ）：古同"只"，意为仅仅。

② 说（yuè）：古同"悦"。

③ （南宋）志磐撰，释道法校注：《佛祖统纪校注》（下），上海古籍出版社，2012，第 1100–1110 页。

所宝者三，曰慈，曰俭，曰不敢为天下先。孔门曰，温良恭俭逊；又曰：惟仁为大。老子之所谓慈，岂非仁之大者邪！曰，不敢为天下先，岂非逊之大者邪！至其会道则互相偏举。所贵者清净宁一。而与孔圣果相背驰乎？”他驳斥讲儒释道三教相异的人为“末流”“昧者”。他说：“盖三教，末流昧者执之，自为异耳。夫佛老绝念无为，修身心而已矣。孔子教以治天下者，特施设之不同耳，譬犹耒耜而耕，机杼而织。后世徒纷纷而惑，固失其理。或曰当如之何去其惑哉。”他的结论是：“以佛修心，以老治身，以儒治世斯可也。”①

四、元仁宗“妙悟释典”

元仁宗（1312–1320年在位）《元史》载，“仁宗天性慈孝，聪明恭俭，通达儒术，妙悟释典，尝曰：‘明心见性，佛教为深；修身治国，儒道为切。’又曰：‘儒者可尚，以能维持三纲五常之道也。’平居服御质素，澹然无欲，不事游畋，不喜征伐，不崇货利。事皇太后，终身不违颜色；待宗戚勋旧，始终以礼。大臣亲老，时加恩赉；太官进膳，必分赐贵近。有司奏大辟，每惨恻移时。其孜孜为治，一遵世祖之成宪云。”②

五、明太祖朱元璋主张三教并用

明太祖朱元璋（1368–1398在位），出身卑微，“太祖孤无所依，乃入皇觉寺为僧”③，元至正四年（1344）九月进入皇觉寺做了小行童，入寺50天，寺院因灾情严重遣散其僧众，他只得离寺云游。4年后回到皇觉寺。共计当了8年僧人。朱元璋称帝后，深知治民必先治其心，因此重视儒释道三教的社会教化功能，制定了儒释道三教并用政策。他撰有《三教论》《释道论》等，主张三教并用。朱元璋《三教论》言：“夫三教之说，自汉历宋，至今人皆称之。故儒以仲尼，佛祖释迦，道宗老聃，于斯三事，误陷老子已有年矣。孰不知老子之道，非金丹黄冠之术，乃有国有家者，日用常行

---

① （元）释觉岸：《释氏稽古略》（卷4）。

② （明）宋濂，王袆主编：《元史（卷26）·仁宗（纪3）》。

③ （清）张廷玉等撰：《明史（卷1）·太祖（1）》。

有不可阙者也。古今以老子为虚无，实为谬哉！其老子之道，密三皇五帝之仁，法天正已，动以时而举合宜，又非升霞禅定之机，实与仲尼之志齐。言简而意深，时人不识，故弗用，为前好仙佛者假之。若果必欲称三教者，儒以仲尼，佛以释迦，仙以赤松子辈，则可以为教之名，称无瑕疵。况于三者之道，幽而灵，张而固，世人无不盖其事而行于世者，此天道也……于斯三教，除仲尼之道祖尧舜，率三王，删诗制典，万世永赖。其佛仙之幽灵，暗助王纲，盖世无穷，惟常是吉。尝闻：天下无二道，圣人无两心。三教之立，虽持身荣俭之不同，其所济给之理一。然于斯世之愚人，于斯三教，有不可缺者。"[①]《释道论》言："假如三教，惟儒者凡有国家不可无。夫子生于周，立纲常而治礼乐，助国家宏体，文庙祀焉……释迦与老子虽玄奇过万世，时人未知其的，每所化处，宫室殿阁，与国相齐，人民焚香叩祷，无时不至……于是乎感动化外蛮夷。及中国假处山薮之愚民，未知国法，先虑生死之罪，以至于善者多而恶者少，暗理王纲，于国有补无亏……"朱元璋认为，儒释道三教在治理国家中，各有其用：儒家立纲常治礼乐，"助国家宏体"，是治理国家所必须；释道二教倡导行善戒恶，因果报应，使普通民众有所敬畏，阴翊王度，暗助王纲。洪武七年（1374）十一月，朱元璋《御制玄教立成斋醮仪文序》云："朕观释道之教，各有二徒，僧有禅有教，道有正一有全真。禅与全真，务以修身养性，独为自己而已；教与正一，专以超脱，特为孝子慈亲之设，益人伦，厚风俗，其功大矣哉。虽孔子之教明国家之法，严旌有德而责不善，则尚有不听者。纵有听者，行不合理又多少。其释道两家，绝无绳愆纠缪之为，世人从而不异者甚广。官民之家，若有丧事，非僧非道，难以殡送。若不用此二家殡送，则父母为子孙者是为不慈，子为父母是为不孝，耻见邻里。此所以孔子云：西方有大圣人，不教而治，即此是也……敕礼部会僧道定拟释道科仪格式，遍行诸处，使释道尊守，庶不靡费贫民，亦全僧道之精灵，岂不美哉。"朱元璋看到释道二教在敦礼仪、厚风俗方面的作用，但其科仪繁复，"靡费家资"，因此应加以规范管理，使其发挥积极作用。

朱元璋优遇僧人，《明史》载："帝自践阼后，颇好释氏教，诏征东

---

① （明）朱元璋撰，胡士荨点校：《明太祖集》，黄山书社，1991，第214–215页。

南戒德僧，数建法会于蒋山，应对称旨者辄赐金襕袈裟衣，召入禁中，赐坐与讲论。”①对道教也是同样。龙虎山四十二代天师张正常，“洪武元年（1368）入贺即位。太祖曰：‘天有师乎？’乃改授正一嗣教真人，赐银印，秩视二品。设寮佐，曰赞教，曰掌书。定为制。”②“刘渊然……颇能呼召风雷。洪武二十六年，太祖闻其名，召至，赐号‘高道’，馆朝天宫”。③并支持修建寺观和保护寺产。

六、明神宗朱翊钧对佛教资助

明神宗朱翊钧（1573–1620在位），对佛教亦给与支持。《神宗皇帝谕勅》载，“皇帝敕谕方广寺住持及僧众人等：朕惟佛氏之教，具在经典，用以化导善类，觉悟群迷，于护国佑民，不为无助。兹者圣母慈圣宣文明肃皇太后命工刊印《续入藏经》11函，并旧刻《藏经》637函，通行颁布于本寺：尔等务须庄严持诵，尊奉珍藏，不许诸色人等故行亵玩，致有遗失损坏。特赐护持，以垂永久。”④

① （清）张廷玉等撰：《明史（卷139）·李仕鲁传》。

② （清）张廷玉等撰：《明史（卷299）·方技·张正常》。

③ （清）张廷玉等撰：《明史（卷299）·方技·刘渊然》。

④ （清）张廷玉等撰：《明史（卷299）·方技·张正常》。（清）王夫之著,《船山全书》编辑委员会编校：《船山全书（第11册）·宋论·永历实录·箨史·莲峰志》，岳麓书社，1996，第613页。

第四章　清代至民国时期：曲折演进阶段

清代至民国时期，佛教中国化处于曲折发展阶段，一方面佛教中国化理论方面建树远不及前代，更多是表现在寺院建设、塑像及宗教仪式等外在形式上。理论方面，以元贤、彭绍升、杨仁山较有代表性。儒家及学者王夫之及康有为、谭嗣同、梁启超、章太炎等对佛教亦有研究借鉴。道教人士王常月、吴太一、娄近垣、刘一明、柳华阳、闵一得、薛阳桂、李西月等推崇三教合一，有利于佛教中国化。清初诸帝，对于佛教，颇示尊崇。故保护亦备至。[①] 尤其是清代前期顺、康、雍、乾诸帝，均佞佛。

民国时期中国佛教界中的不少有识之士，提倡借鉴天主教、基督教适应社会和服务社会的传教方式，推动了中国佛教的改革运动，促进了中国佛教组织、教育机构和社会服务事业创办，以及积极参加抗战救亡运动等，使中国佛教不断适应时代，逐步向现代化转型。这些实践均为宗教对话交融的直接成果，比一般性的对话和文字交流更为深刻和有效。学者对宗教对话交融有较多关注和参与，其中以陈独秀、陈寅恪、许地山较为突出。道教人士汪东亭、刘名瑞、陈撄宁虽然提倡“仙学”，力避“三教合一”之说，但实际上在阐述“仙学”和解答问题时，又不能完全抛开儒、释二家，从另一种角度推进了儒释道融会。这一时期，有个特殊现象，即基督教人士关注与佛教的对话交融，阐释耶儒和耶佛关系，对促进佛教中国化有一定作用。同时，清末的复杂局势和民国前期的“破除迷信”活动，迫使佛教转向世俗化，在一定程度上阻碍了佛教中国化进程。

---

① 蒋维乔著：《中国佛教史》，团结出版社，2005，第 324 页。

第一节　佛教人士促进佛教中国化的观点和实践

这一时期，佛教界促进佛教中国化的代表人物主要有：明末清初元贤倡导儒释道融会；清代彭绍升以儒解禅；清末杨仁山以佛释儒道；太虚辨析儒释二家，倡导“人间佛教”；欧阳竟无以佛释儒；王恩洋以佛摄儒；印顺对儒、道、耶三教的评析。

一、明末清初元贤倡导释道融会

元贤（1578–1657），字永觉。俗姓蔡，原名懋清，字阔修，福建建阳人。早年研习周、程、张、朱之学。二十五岁于山寺读书时接触并开始研究《楞严经》《法华经》《圆觉经》。四十岁双亲去世后，才离别妻子儿女出家。后住持福州鼓山涌泉寺。著有《法华私记》《楞严翼解》《金刚略疏》《蔡氏诸儒遗书》《寱言》《续寱言》等。元贤主张会通儒释道。他援儒道入释，充实他的禅学理论体系。元贤是宋儒蔡元定后裔，从小研习宋儒之典，儒学功底深厚，有融会儒释之力。他说：“大皆知释迦是出世底圣人，而不知正入世底圣人，不入世不能出世也。人皆知孔子是入世底圣人，而不知正出世底圣人，不出世不能入世也。”①儒释二家义理在出世、入世方面有相通之处。“三教圣人，设教不同，而所以必同者，此‘无我’也。”②他指出：“儒家谓人物之性，本于天赋，学佛者多非之，不知儒所言天者，非实指天也，乃妄识未参之先，则曰天；人为莫与之日则曰天；拟议不及之处，则曰天。故《文始经》③曰：‘不可为，不可致，不可测，个可分，

① （明末清初）元贤：《寱言》，《永觉元贤禅师广录》卷29。《续藏经》第一辑第二编第三十套。转引自王荣国著《福建佛教史》，厦门大学出版社，1997，第320页。

② 《卍新纂续藏经》第72册第569页下。转引自韩凤鸣、申思《一个禅者的儒学——元贤禅师“以禅证儒”的学术旨趣》，《佛教文化研究》，2015年第2期。

③ 《文始经》：即《文始真经》，关尹子著。其书文辞沉博绝丽，意境深远隽永，超超玄著，从做事读书到待人接物，从日常生活到思想修养，从事理到道理，极大地体现了“道”的内涵。关尹子，本名喜，又称关令尹、文始真人。为先秦诸子百家重要道家流派，道教楼观派祖师、文始派祖师。

强而名之曰天曰命’①。孟氏亦曰：‘莫之为而为者天也，莫之致而至者命也。’此善谈天命者也。诚如此说，则儒者原性于天，未与佛异，特引而未竟，隐而未发，作方便之权说耳。”②也就是说，儒家也有“天”的理念，但虽有揣度议论，但未能说透。而道家创始人之一关伊子认为道是不可言，不可思的，正因为如此，才牵强地用“天”或“命”来称呼它。所以儒、道有关“天”的认知与佛教是相同的，只是“引而未竟，隐而未发”。他还指出，“如《书》云‘维皇上帝，降衷下民’③，《诗》云‘天生烝民，有物有则’等④，正所谓安识未参之先，人为莫与之日，拟议不及之处也。又如他言达天知命，及天意、天心等语，俱不出此意。”⑤元贤认为儒家经典《尚书》《诗经》中的“上帝”“天”的描述，从崇敬的意义上理解，与佛教也是相通的。“龙溪、近溪二老⑥，讲阳明之学，而多用禅语。非有得于禅，乃以儒解禅也。以儒解禅，禅安得不儒哉……至卓吾乃谓二老之学，可赏别传之旨。凡属僧者，案头不宜少此书，此何异唤钟作瓮乎。”⑦阳明后学王龙溪、罗近溪“以儒解禅”，元贤注意到了这种儒释交融现象。但他站在佛教的立场提示僧人注意不要因此混淆了“儒”和“禅”的界限。元贤提倡儒释道融会，始终是站在佛教的立场、以佛教义理为根据，他不认为儒释道具有同等地位，而是用佛教统摄儒、道，尽量显现佛教优越之处。

二、清代彭绍升以儒解禅

彭绍升（1740–1796），法名际清，字允初，号尺木（亦称尺木居士），

---

① 语出《文始真经·宇》：“惟不可为，不可致，不可测，不可分，故曰天曰命曰神曰元，合曰道。”

② （明末清初）元贤：《寱言》，《永觉元贤禅师广录》卷29。《续藏经》第一辑第二编第三十套。转引自王荣国著《福建佛教史》，厦门大学出版社，1997，第320页。

③ 语出（战国）《尚书·商书·汤诰》。

④ 语出（春秋）《诗经·大雅·烝民》。

⑤ （明末清初）元贤：《寱言》，《永觉元贤禅师广录》卷29。《续藏经》第一辑第二编第三十套。转引自王荣国著《福建佛教史》，厦门大学出版社，1997，第320页。

⑥ 龙溪、近溪：即王龙溪、罗近溪，阳明后学中的中坚人物。龙溪以《易》证心，以《易》证良知；近溪论《易》重生生之道。

⑦ 《卍新纂续藏经》第72册第569页下。转引自韩凤鸣、申思：《一个禅者的儒学——元贤禅师“以禅证儒”的学术旨趣》，《佛教文化研究》，2015年第2期。

江苏长洲人。出身于仕宦之家，自幼聪颖，秉家教，读儒书，尤喜陆王之学。十七岁举于乡，乾隆己丑（1769）进士，例选知县不就。他曾从道士学修炼之术三年无验。后与薛起风、汪缙二先生交游，“读先儒书……阅《大藏经》，究出世法，绝欲素食。久之，归心净土，持戒甚严。好作有为功德……修净业后，一切屏去，惟读古德书”。乾隆四十九年（1784）后，“往深山习静，参究向上第一义。”①为由儒而入于禅者。著述颇多，以《居士传》最为著名。彭绍升早年也是排佛者，后来通过研习儒释道三教之理，“予初习儒书，执泥文字，效昌黎韩氏语，妄著论排佛。然实未知佛之为佛，果何如者也。已而究生死之说，瞿然有省。始知回向心地，从宋、明诸先辈论学书。窥寻端绪，稍稍识孔颜学脉。而于明道、象山、阳明、梁溪四先生②，尤服膺弗失。以四先生深造之旨，证之佛氏，往往而合。然四先生中，独阳明王氏无显然排佛语，而明道、象山、梁溪所论著，入主出奴，时或不免。岂世出世间，其为道固不可得而同与；抑法海无边，罕能尽其原底与。予畜疑久之，累数年而后决。《莲华经》云：‘十方佛土中，唯有一乘法。无二亦无三，除佛方便说。但以假名字，引道于众生。’予读孔氏书，得其密意，以易系无方③，中庸无倚之旨，游于华严藏海。世出世间，圆融无碍。始知此土圣人，多是大权菩萨。方便示现，乃以名字不同，横生异见，斗争无已，不亦大可悲乎。既自信于中，又惧天下万世之疑。不能直决也。因疏畅其说，以解诸儒之惑，以究竟一乘之旨。自四先生外，有显然排佛者。并附论之。”④彭绍升由儒入佛的经历与其他如佛儒者相似，均为由怀疑、

---

① （清）江藩、方东树著，徐洪兴编校：《汉学师承记·国朝宋学渊源记·彭尺木居士》，中西书局，2012，第206页。

② 明道、象山、阳明、梁溪四先生：明道即程颢（1032–1085），字伯淳，号明道，世称“明道先生”；象山即陆九渊（1139–1193），字子静，号存斋，讲学于象山书院，人称“象山先生”“陆象山”；阳明即王守仁（1472–1529），自号阳明子，故学者称其为阳明先生。梁溪即李纲（1083–1140），字伯纪，号梁溪先生。

③ 无方：语出（西周）《周易·系辞上》“神无方而易无体”。有多重含义：阴阳合一而不测，故无定所；《周易》随应变化，故无定体。蓍数神妙不测，卦象之变易不定。指乾坤的性质。“神”“易”指乾，“方”“体”指坤，乾在坤前，所以神，易无方所，形体。圣人、《易》皆无形迹可寻。指卦爻的盈虚变化。神为否泰盈虚，易为变化周流。神、《易》只是无一定方、体，而非全然无方，无体。

④ （清）彭绍升：《一乘决疑论》。

排斥到认识、相融，所不同的是，自对佛学“瞿然有省”后，以程颢、陆九渊、王守仁、李纲四先生的论述“证之佛氏，往往而合”。通过逐步解析疑问，“累数年而后决”。对佛学认识迅速提升，终得“世出世间，圆融无碍”。认识到“此土圣人，多是大权菩萨。方便示现，乃以名字不同”。因此各教间“横生异见，斗争无已，不亦大可悲乎”。因此倡导儒释相融。彭绍升以儒解禅，融通儒释“世出世间”之法。他不赞成程氏提出的“佛氏之术，其为忠孝仁义，皆以为不得已……今必尽绝为得天真，是丧天真也”。他指出：“此殆非佛氏之言也。佛言以无我无人无众生无寿者，修一切善法，即得阿耨多罗三藐三菩提。清净海中，本无一法，而不舍一法，忠孝仁义，感而遂通。如谷响应声，来无所从，去无所至。又孰为不得已哉。”①

三、清末杨仁山以佛释儒道

杨仁山（1837–1911），名文会，仁山其字，安徽池州人。生于世代书香家庭。聪明颖悟，知识广博。后接触佛学。是中国近代著名佛学家。有《杨仁山居士遗著》。他是清季中国佛教复兴的关键人物，也是唯识宗复兴的播种者。杨仁山汇通儒佛两家，表面虽极简略，实则深广；表面是遵循儒家原著，随文解说，内里实则俱本佛说取舍儒义。②杨仁山在《经典发隐·〈论语〉发隐》中，采取引述孔子语录加以阐释的方法，融会儒释义理。《论语》言：“子谓子贡曰：‘女与回也孰愈？’对曰：‘赐也何敢望回？回也闻以知十，赐也闻一以知二。’子曰：‘弗如也！吾与女弗如也。’”③杨仁山阐释说：“《维摩经》中，三十二菩萨，皆以对法显不二法门。六祖《坛经》，以三十六对，显禅宗妙义。子贡闻一知二者，即从对法上知贯之旨也。若颜子闻一知十者，乃证华严法门也。经中凡举一法，即具十门，重重无尽，名为圆融法界。子贡能知颜子造诣之深，复

---

① （清）彭绍升：《一乘决疑论》。

② 赵建华、张瀚文、刘陶著：《近代儒佛思想研究·杨文会儒佛思想论》，四川大学出版社，2017，第109页。

③ 《论语·公冶长》。

能自知修道分齐，故孔子印其弗如而与之也。”①《论语》言：“子约而不网，弋不射宿。”②杨仁山以佛教义理解释说：“时人有设网与射宿者，孔子辄止之。钓与弋未尝禁也，门下士因悟孔子接引学徒之方，遂记此二言。观陈亢问伯鱼一章，便可知矣。一部《论语》中，弋钓之机，时时有之。乃至古今圣贤，莫不如是。禅门所为垂钓看箭，亦此意也。近世代以传教为务者，则设网射宿矣。”③《论语》言：“曾子有疾，召门弟子曰：启予足！启予手！《诗》云：‘战战兢兢，如临深渊，如履薄冰。’而今而后，吾知免夫！小子！”④杨仁山解释说：“菩萨现身人道，欲护持在家律仪，毫无违犯，难之又难也。曾子冰渊自懔，至临终时，方知得免。若据此章，便谓儒家修己局一生，死后无事。亦浅之乎测纯儒矣。”⑤《论语》言：“子曰：‘吾有知乎哉？无知也。有鄙夫问于我，空空如也，我叩其两端而竭焉。’”⑥杨文会结合自己的感受解读此语说：“杨子读《论语》至此，合掌高声唱曰：‘南无大空王如来！’闻者惊曰：‘读孔子书，而称佛名，何也？’杨子曰：‘子以谓孔子与佛有二致乎？设有二致，则佛不得为三界尊，孔子不得为万世师矣。《论语》一书，能见孔子全体大用者，惟此章耳。夫无知者，般若真空也。情与无情，莫不以此为体。虽遇劣机，一以本分接之。盖鄙夫所执，不出两端，所谓有无异、俱不俱、常无常等法。孔子叩其两端，而竭其妄知，则鄙夫当体空空，与孔子之无知何以异哉？’将欲显示根本无分别智，先以有知纵之，次以无知夺之。虽下劣之机，来问于我，亦以真空接之。‘空空如也’四字，形容得妙。世人之心，不出两端。孔子以空义叩而竭之，

---

① 杨仁山：《杨仁山卷·〈论语〉发隐》，载麻天祥主编：《20世纪佛学经典文库》，武汉大学出版社，2008，第155–156页。

② 《论语·述而》。意为，孔子只钓鱼，而不用大网捕鱼；孔子射鸟，而不射栖息在巢中的鸟。

③ 杨仁山：《杨仁山卷·〈论语〉发隐》，载麻天祥主编：《20世纪佛学经典文库》，武汉大学出版社，2008，第156页。

④ 《论语·泰伯》。

⑤ 杨仁山：《杨仁山卷·〈论语〉发隐》，载麻天祥主编：《20世纪佛学经典文库》，武汉大学出版社，2008，第156页。

⑥ 《论语·子罕》。

则鄙夫自失其妄执，而悟真空妙谛矣。”①

四、太虚辨析儒释二家，倡导“人间佛教”

太虚（1890–1947），法名唯心，字太虚，号雪山老僧，俗姓张，学名沛林。原籍浙江崇德（今浙江桐乡），生于浙江海宁，近代著名高僧。中国近代佛教改革运动中的理论家和实践家。太虚主张佛教要顺应时代变迁，提升国家认同、政治认同意识，“适应社会而生存发达”。“但佛法之流行于世间，以众生世界为依止，故往往因时、因地、因人而不同。今中国之政教，既有时代之变迁，而佛教亦应随之而一变其往时之习惯，始能适应社会而生存发达。”② 太虚认为，儒释道虽称为三教，但在教化和约束士、农、工、商方面，作用是相通的。“分儒、释、老之教为三则可，而以其教之三，乃与农、工、贾并列为六民，则纰缪之极矣！盖释、老与儒教虽三，律之四民③，则均为士民耳。儒者曰学术士，释老通称道士，其为士也，又何别乎？”④ 他指出，儒学博大精深，有助国政；佛教宣扬教义，“坊进民德，辅益国治”，两者有相似处。“……儒为学术士之称，九能百艺，众学群教，凡百学者，皆得称儒……孔子门弟三千，为教育家易知。取为教育师之学者，则有《论语》《孝经》及裁取乎《孟子》《荀子》《礼记》诸篇。《大学》《中庸》，及《礼记》也。孔子作《春秋》而删订五经，即历史之文也。文源国史，史集国文，文之所宗，不离于史。即小说等亦史枝流，诗书之为史无论已，故史为文学天枢也……而汉唐来大儒，亦莫不以宰相执国政为行道，斯即政治家之魁也。以此三科，师法孔圣，建立为孔圣会，则全国中坚之人物，必尽属乎孔圣之徒。僧伽本以宗教自居方外，但宣扬其教

---

① 杨仁山：《杨仁山卷·〈论语〉发隐》，载麻天祥主编：《20世纪佛学经典文库》，武汉大学出版社，2008，第157页。

② （民国）太虚：《建设适应时代之中国佛教》，载太虚：《太虚大师全集（第十编）·学行·通论·建设适应时代之中国佛教》。

③ 四民：旧称士、农、工、商为四民。

④ 太虚：《整理僧伽制度论》，载慈忍室主人编：《佛学足论九·整理僧伽制度论》，上海佛学书局，1931，第131页。

义，坊进民德，辅益国治，与学孔者相成而不相妨，奚用奋心为嫉忌乎！”① 他分析了儒学与佛教发展的关系，认为“孔学昌明，则佛教必兴”。因此，“孔学与佛教，宜相嘉尚，不宜相排毁”“……八十万之僧伽，亦以孔学为基本者，特其增上戒定慧学，则必高出孔学上耳。抑孔学昌明，则佛教必兴，征之前史，非无成例。其理譬泥多佛大，水涨船高也。故奉佛教者必希望孔学之昌，然修孔学者亦当相资于佛教也。布佛教之戒善，足以化人民辅刑政，其理固灿如者。抑就大儒居士论之，功业既立，名誉既修，退养林泉，游神禅悦，足以悬解忧虑，洒落尘累，娱老怡情，安心乐性，其为益亦非浅鲜也……故孔学与佛教，宜相嘉尚，不宜相排毁也。此则吾窃有望当世之大居士、大君子者也。因便涉笔，不觉语繁。”② 太虚提出“人间佛教”思想，在深层次上引领着佛教中国化。他在《人生佛教》《怎样来建设人间佛教》《建设人间净土论》等文中阐释了这一思想。首先实行改革。1928 年 4 月，太虚《对于中国佛教革命僧的训词》提出“人生佛教”，主张：“甲、依三民主义的文化建由人而菩萨而佛的人生佛教；乙、建设适应现时中国环境的佛教信众制；丙、收新化旧成中国大乘人生的信众制；丁、昌明大乘的人生佛教于中国的全民众，以人生佛教成十善风化的国俗及人世。”③ 其次，要适应社会。“人间佛教，是表明并非教人离开人类去做神做鬼，或皆出家到寺院山林里去做和尚的佛教，乃是以佛教的道理来改良社会，使人类进步，把世界改善的佛教。”④ 人间佛教就是要融入社会，适应社会，服务社会。“建设人间佛教，要先从普通一般人的思想中建设起来。”⑤ 太虚特别强调了佛教教人做人的道德——报恩伦理，即报父母恩；报社会恩；报国家恩；报圣教恩。“以知恩报恩，即为成人的道德行为，

---

① 太虚:《整理僧伽制度论》，载慈忍室主人编:《佛学足论九·整理僧伽制度论》，上海佛学书局，1931，第 131–132 页。

② 同上，第 134 页。

③ （民国）太虚:《对于中国佛教革命僧的训词》，载太虚:《太虚大师全集（第 9 编）·制议·救治》。

④ （民国）太虚：《怎样来建设人间佛教》，载太虚：《太虚大师全集（第 14 编）·支论》。

⑤ 同上。

亦即为佛教切近教人实行的道德。"①第三，还原佛教本质。"佛教的本质，是平实切近而适合现实人生的，不可以中国流传的习俗来误会佛教是玄虚而渺茫的；于人类现实生活中了解实践，合理化，道德化"。②"人生佛教"所指的"人生"，"狭义说，是人类整个的生活；广义说，人是人类，生是九法界的众生。人类是九法界一切众生的中枢，一念向下便为四恶趣等，一念向上便为天及三乘等，故人类可为九法界众生的总代表，也就是九法界众生的转捩点。"③第四，人间佛教的目的是建立人间净土。"人间设想一美满之治境，期以改善之方法建立之。"④

五、欧阳竟无以佛释儒

欧阳竟无（1871–1948），名渐，以字行。江西宜黄人。佛教居士、佛学教育家、唯识宗代表人物。早岁肄业经训学院，攻经史之学，后受友人桂伯华影响而对佛学发生兴趣。著述宏富，有《竟无内外学》等。欧阳竟无主张以佛释儒。《孔佛概论之概论》从四个方面来论述："一、寂灭寂静义；二、用依于体义；三、相应不二义；四、舍染取净义。四义皆本诸二家之经，佛家则凡大乘经，除疑伪者皆是；孔家则性道如《中庸》《大学》《论语》《周易》皆是，文章如《诗》《书》《三礼》《春秋》皆是。"⑤他分别阐释："寂灭寂静义"——"寂非无物也，寂灭寂静即是涅槃，灯灭炉存，垢尽衣存，烦恼灭除，一真清净，所谓人欲净尽，天理纯全是也。欲明斯旨，佛家当读《大涅槃经》《瑜伽师地论·无余依地》也；孔家应读《学》《庸》《周易》也。孔道概于《学》《庸》《大学》之道又纲领于'在止于至善'一句，至善即寂灭寂静是也……则至善之谓无声臭也。至善为无声臭，非寂灭寂静而何耶？明其明德而在止至善……古之欲明明

---

① （民国）太虚：《怎样来建设人间佛教》，太虚：《太虚大师全集（第14编）·支论》。

② （民国）太虚：《人生之佛教——三十五年八月在镇江欢迎大会讲》，载太虚：《太虚大师全集（第2编）·五乘共学·义释》。

③ （民国）太虚：《人生之佛教——三十五年八月在镇江欢迎大会讲》，载太虚：《太虚大师全集（第2编）·五乘共学·义释》。

④ （民国）太虚：《建设人间净土论》，太虚：《太虚大师全集（第14编）·支论》。

⑤ 王雷泉编：《欧阳渐文选·孔佛概论之概论》，上海远东出版社，2011，第356页。

德于天下者，我皆令入涅槃而灭度之。”“用依于体义”——“寂灭寂静，常也，不生不灭也，真如也，涅槃也，体也；变生万有，无常也，生灭也，正智也，菩提也，用也……孔家肝髓，实在乎此。发而皆中节，根于未发之中；感而遂通天下之故，根于寂然不动；两仪、四象、八卦，根于太极；皆是也。然此不用，非即是体……孔学依体之用也，佛学则依体之用而用满之体也。”“相应不二义”——“用依于体，而用犹在，不可说一；明明相依，不可说二；是故阐《般若》义者曰不二法门，是故阐《瑜伽》义者曰相应善巧。既曰相依矣，相应于一处矣，无孤立之寂，亦无独行之智，而言无余涅槃者，就寂而诠寂故也。独阳不长，不可离阴而谈阳也，而乾之为卦，六爻纯阳，就阳而诠阳也；孤阴不生，诠坤亦尔也。是故谈涅槃者须知三德，伊字三点，不纵不横，不即不离，是涅槃也。唯有不二法门，唯有相应善巧之可谈也。”“舍染取净义”——“舍染取净，立教之原，无著菩萨显扬圣教，作《显扬圣教论》，部论旨，唯明是义而已。扶阳抑阴，孔学之教：阳，善也、净也、君子也；阴，恶也、染也、小人也。扶抑即取舍，则孔亦舍染取净也。《易》之夬、垢、复、剥、泰、否六卦，于义尤显，比而观之，可以知要……”“了此四义，可知人之所以为人，天之所以为天，孔、佛无二，循序渐进，极深研几，是在智者。”①

六、王恩洋以佛摄儒

王恩洋（1897–1964），字化中，四川南充人。佛学家，居士。幼习儒典，十七岁入南充中学堂，课余喜究宋明理学。二十二岁入京，在北京大学哲学系旁听，并从梁漱溟研究印度哲学。由梁漱溟介绍，在哲学系管理印度哲学图书室，因此有机会广泛阅读印度瑜伽、法相的著述。有《佛学概论》《世间论》《佛法与人生》《因明通论》《大学新疏》《孟子新疏》《论语新疏》《孔子学案》《孟子学案》《荀子学案》等。王恩洋一生学修并重，言传身教，道德文章均受人敬仰。他治学的明显特点在内佛外儒，佛儒并重。②王恩洋认为研究儒学可以解决现实社会问题，但缺少对人的

① 王雷泉编：《欧阳渐文选·孔佛概论之概论》，上海远东出版社，2011，第356–359页。

② 李远杰著：《近现代以佛摄儒研究·王恩洋的以佛摄儒思想》，巴蜀书社，2002，第221页。

终极关怀。这应该是他以佛摄儒的动机之一。他在《人生学》第四篇《大菩提论》开篇语中说："儒学大义已说世间人群生养修齐治平之道，解脱道论中复说出世资粮加行修道及果，然世间纵得平治，终不免生老病死之灾横，二乘虽得出离，复无宏济有情大悲无畏之愿力，一生虽得修治，其如无量生死之险趣何？一身虽得度脱，其如无量有情之苦难何？人生之学，其犹未臻至极究竟广大无边之境也。"①王恩洋《孟子疏义》说："吾少读孟子书，想见其英伟磊落之气象，慨然令人感奋兴起。既学佛，复读其书，亦觉其见理之深切明透，盖非徒思维比度之功，实乃入德深而现前见得如此，故直口说出，不加拟议。人称孟子好辩，然其辩也，乃与一般辩士殊，非必引何经据何典，又非必求同于世，乃语语皆从心头说出者，是以与荀子异。宜夫后世之儒者孔孟并称。近世学说人心，唯功利之是尚，陷溺转深，祸害转大。救正之，儒学为切近，孟子尤为醒快。"②《孟子学案》云："余少读孟子，服其英伟磊落之雄才，而示人以立身作人之要道。鼓舞兴起，奋然思齐。如鸿飞长空，有俯视尘俗之志。由是进修孔子之道，如涉巨浸者之得指南。长而学佛，达般若唯识之宏旨。"③又说："惟吾之教，儒佛是宗。佛以明万法之实相，儒以立人道之大经。游之以文艺，广知以新知。本末兼赅，中庸以时。为学之道，正心为本，力行是急。淡泊是甘，艰苦勿惧。毋思利，毋近名。孔子曰，'德之不修，学之不讲，闻义不能徙，不善不能改，是吾忧也。'④君子忧道不忧贫。诸佛菩萨，照临在上。有情饥溺，困苦在旁。诗云，战战兢兢，如临深渊，如履薄冰。而今而后，吾党其知勉乎。"⑤王恩洋幼习儒学，其人生观、价值观肇始于此。后来研习佛学，没有让他放弃儒学，而是更加深了其对儒学的理解。因此，尽管其虔诚信佛，护持佛法，但同时积极倡导儒佛并重。

---

① 王恩洋著：《大菩提论》，上海佛学书局，1934，第1页。

② 王恩洋著：《孟子疏义》，上海佛学书局，1933，第1页。

③ 王恩洋：《孟子学案》，载李远杰编辑：《王恩洋先生论著集》第6集，四川人民出版社，2001，第307页。

④ （春秋战国）孔丘及弟子：《论语·述而》。

⑤ 王恩洋：《龟山书房记》，《佛学半月刊》，1939年第8卷6号。

七、印顺对儒、道、耶三教的评析

印顺（1906–2005），俗名张鹿芹。浙江海宁人。幼读诗书，思维敏捷，性情沉静。1930 年剃度，法号印顺，内号盛正。著述研学，不遗余力。撰书数十种（700 余万字），蜚声士林。印顺认为“儒佛之道大同”。他解析说：“孔子说：‘君子求诸己’。子路问君子，孔子告诉他：‘修己以敬’；‘修己以安人’；‘修己以安百姓’。修身，就是修己。在梵语中，‘迦耶’译为身，是积聚的意思……统指身心的综合体，就是个人或个己……依儒者看来，希求世界和平，社会安宁，国家富强，家庭和乐……必须重视自身的修养，尤其是从事政治的人，修身更觉重要。不能以身作则，一味要求别人，或者觉得都是别人不好，那是不对的。所以孔子说：‘子欲善而民善矣’，‘子帅以正，孰敢不正’……这一观点，与佛法完全一致……重视自己的身心修治，外在的一切问题，才能因而得到解决……‘心净则众生净’；‘心净则国土净’……”“儒佛一致的修身之道，是有修学次第的。从平凡的人身，向上修学，达到高明究竟的地步，当然要有次第，要遵循渐入的程序。《大学》说：‘知所先后，则近道矣’……‘登高自卑，行远自迩’……佛法也是一样，佛说：‘佛法如大海，渐入渐深’。”“大乘学的自利利他，可说是穷深极广！说修身，要把从我见而来的生死，彻底掀翻，了生死，得解脱。儒家的修身，意趣相近而深度不够。至于大乘的利他，论对象，不只是人类，而遍为一切众生。论时间，不但是现在，而尽未来际。论空间，遍为一切世界，不舍弃一个众生，而儒家呢，着重于人类，拘限于现在，局促于这个小天地。儒者不大注意到这种深度与广度的差别，反而以小乘的专重修身为佛法，这是不对的。如儒学，不能以小人儒来代表；那佛法，也当然要以大乘学为正宗了！或者见到大乘的智增上者，就评为自私，不肯为人。不知道在修学的过程中，自修其身是必要的。如儒者，尽管‘欲明明德于天下’；‘己欲立而立人，己欲达而达人’，到底非先从修身做起不可。而且，在行不通的时候，也只能退到‘独善其身’的立场。”①

---

① 印顺：《妙云集·我之宗教观》，正闻出版社（台湾台北），2000，第 56–64 页。

第二节　儒者对佛教中国化的推动

清代，儒者对佛教中国化的推动主要表现为：儒家及学者中王夫之对佛、道义理的吸收和批判；康有为、谭嗣同、梁启超对佛学的研究；章太炎对佛、道二教的研究借鉴等。与此前历代儒者不同的是，一些儒者研究佛教并将佛理用于解释其新思想。如康有为《大同书》即借用了佛教“四谛”（苦谛、集谛、灭谛、道谛）学说，揭露了人世间由于不平等而产生的种种苦难，提出“去九界”以达人类“大同”，表现出民主主义的平等精神和某些空想社会主义思想。谭嗣同借用佛学宣传平等、自由与民主思想。章太炎借用佛教理论证明寻求民主、主张革命是符合佛教教义的，因此提倡效法佛教不怕困难、不畏牺牲精神，试图通过借用佛理，解决现实问题。

民国时期，许地山的文学作品和讲演中也有融会佛耶的思想。陈寅恪认为佛教发展得益于宗教间的交融，以及对儒家文化的吸收，他们的做法对于发展中国文化有借鉴意义。

一、清初王夫之对佛教的吸收和批评

王夫之（1619–1692），字而农，号姜斋、又号夕堂，学者称船山先生。湖广衡州府衡阳县（今湖南衡阳）人。他与顾炎武、黄宗羲并称明清之际三大思想家。著有《周易外传》《黄书》《尚书引义》《永历实录》《春秋世论》等。王夫之一生力辟佛道二教，但对于佛道义理亦有吸收，是他思想体系组成部分之一。王夫之对佛教禅宗领悟颇深。康熙十五年（1676）作《与惟印书》，信中有一段话，颇具禅理：“世有出世，出世有世，出不出，世不世，即世即出，即出即世。堂堂昂昂，眉毛下只许鼻头领过。公奉妙法莲花塔，三千僧是，大乘菩萨是。”① 从佛法说，世间、出世间法本来就是圆融的，世出世法不二，出世法即世间法，世间法即出世法，为方便说。世间有出世之路，出世也有入世之别，出世也好，不出世也好，出世也是，

① 王夫之著：《船山全书》第15册，岳麓书社，2011，第998页。

不出世也是，原无分别，不必苦苦执着，强作分别。即心、即佛，即烦恼，即菩提也。[①]康熙二十年（1681），王夫之应先开和尚之请而写作《相宗络索》，全书约 1.9 万字。对法相宗 29 个范畴和基本命题作了比较系统的论述，并提出了自己独到的见解。全书分八识、九缘、四缘、十二支、三境、三量、三性、见分三性、五位唯识、二障、我法二障各二、四分、五受、三界九地、三有身、二类生死、六位心所、六识五种、八识十证、八识三藏、八识所熏四义、七识能熏四义、邪见五种、迷悟二门、八识转四智次第、四加行、资粮三位、十地、八识转成四智共 29 章。王夫之对于法相唯识学的研究并不仅仅停留在梳理其范畴体系，更有意义的是他汲取各家之言，提出了自己独到的见解，开近代法相唯识学探讨之先河。顿悟在中国佛学思想中占有极其重要的地位，但是法相宗却强调以渐修为修持方式。王夫之则引禅宗顿悟之法至法相宗，明确指出，“此约渐教而说，若从相宗悟入，只有径灭七识，余七一齐俱转。相宗显标渐教，密示顿宗，在人自悟尔”，“初发心时，早识此末那为八识流转根本，一刀斩断，不假六识观门，渐次降伏，尤唯识秘密法也”，强调渐修与顿悟的相结合。此外，王夫之还将儒学与佛学相联系，他以“小体之官”释前五识，以“虑”释第六识，以“志”释第七识，以“量”释第八识，以“能、所”之说阐发儒家的认识论，使儒学别开生面。[②]

二、清末康有为对佛学的研究

康有为（1858–1927），又名祖诒，字广厦，号长素、更甡。广东南海人。早年受程、朱理学的教育。1878 年冬，在家乡静坐养心。继在家乡的西樵山白云洞专习佛道之书，研究无生之说。曾持斋不茹荤。意在通过研习佛典，寻求变革思想。光绪五年（1879）开始接触西方文化。康有为著述有《康子篇》《新学伪经考》《大同书》等。康有为没有专题佛学著述，有关佛教观点见于《大同书》《康子内外篇》等著述中。梁启超论述康有为佛学思想：“其为学也，即心是佛，无得无证，以故不歆净土，不畏地狱……以故日

① 吴立民、徐荪铭著：《船山佛道思想研究》，湖南出版社，1992，第 38 页。

② 谭仲池、朱汉民主编：《湖湘文化名著读本·佛教卷》，湖南大学出版社，2013，第 191 页。

以救国救民为事，以为舍此外更无佛法”。[①]康有为在理论上推崇儒佛二家，但实践上却不以佛理为据，认为其不合中国国情。康有为的《大同书》是以佛教的根本教义“四谛”（苦谛、集谛、灭谛、道谛）说为理论根据的。他首先揭示了人类所遭受的种种苦痛，然后找出造成这些苦痛的原因和解决的办法，最后到达“极乐”的境界，这和佛教“四谛”说的含义基本相同。《大同书》，共分成甲、乙、丙、丁、戊、己、庚、辛、壬、癸10部分。其中甲部是“入世界观众苦”。在这里，康有为把“苦”分成“人生”“自然灾害”“人道”“人治”“人情”“人所尊羡”6类40种苦。如“人道之苦”分为“鳏寡之苦、孤独之苦，疾病无医之苦、贫穷之苦、卑贱之苦”；“人治之苦”分为“刑狱之苦、苛税之苦、兵役之苦、有国之苦，有家之苦”等。这些苦在实质上与佛教“四谛”说相近。他在《大同书》的“入世界观众苦”中指出了所以产生诸苦的根源。他说：“一览生哀，总诸苦之根源，皆因九界而已。”这是说，人类所以有众苦，是因为有“九界”（即国界、级界、种界、形界、家界、业界、乱界、类界、苦界）。他认为要拯救人类脱离苦海，就要消灭造成“苦”的根源，即破除“九界”，即“去国界合大地”“去级界平民族”“去种界同人类”“去形界保独立”“去家界为天民”“去产界公生业”“去乱界治太平”“去类界爱众生”“去苦界至极乐”。去除“九界”，即可到达“极乐”。康有为认为，儒佛二家各有所长，不必争高下。“孔子之伦学民俗，天理自然者也，其始作也；佛教之去伦绝欲，人学之极致者也，其卒也。孔教多于天，佛教多于人；孔教率其始，佛教率其终；孔教出于顺，佛教出于逆；孔教极积累，佛教极顿至；孔教极自然，佛教极光大。无孔教之开物成务于始，则佛教无所成名也……人治盛则烦恼多，佛乃名焉，故舍孔无佛教也。佛以仁柔教民，民将复愚，愚则圣人出焉，孔教复起矣，故始终皆不能外孔教也。然天有毁也，地有裂也，世有绝也，界有劫也，国有亡也，家有裂也，人有折也，皆不能外佛教也，故佛至大也，是二教者终始相乘，有无相生，东西上下，迭相为经也。”[②]儒家重视现实世界，讲求“天理自然”，以解决现实问题为重；佛教主张

① 梁启超著：《梁启超传记五种·南海康先生传》，百花文艺出版社，2009，第292页。

② （清）康有为撰，姜义华、张荣华编校：《康有为全集》第1集，中国人民大学出版社，2007，第178–179页。

出世，“去伦绝欲”，重视“终极关怀”。但从长远看，世界总会有一些人们不可抵御的大变故，这又应了佛教的一些说法。因此“二教者终始相乘”“迭相为经”。儒佛二家不必论是非和胜负，从社会伦理角度看，二家均不可或缺。

三、清末谭嗣同佛学思想

谭嗣同（1865–1898），字复生，号壮飞、华相众生等。湖南浏阳人。出身封建官僚家庭。勤奋好学，博览群书，研习儒家、墨家及庄子思想，潜心研习宋儒张载、王夫之等人著作。喜好金石、算学、自然、剑术和兵法等。中日甲午战争后转向研究新学，力主变法以图强。著述颇丰，后汇编成《谭嗣同全集》。他提倡佛学，崇信佛教，曾随杨文会学习佛学，颇有心得。其佛学思想主要反映于他的《仁学》一书中。他说：“凡为仁学者，于佛书当通《华严》及心宗、相宗之书……于中国当通《易》《春秋公羊传》《论语》《礼记》《孟子》《庄子》《墨子》《史记》，及陶渊明、周茂叔、张横渠、陆子、王阳明、王船山、黄梨洲之书。”① 可见，“仁学”是以佛学为主，兼济释道等家学问。《仁学》开宗明义，指出“仁以通为第一义”宣称“通之象为平等”②。他认为“通有四义：中外通，多取其义于《春秋》，以太平世远近大小若一故也；上下通，男女内外通，多取其义于《易》，以阳下阴吉、阴下阳吝、泰否之类故也；人我通，多取其义于佛经，以‘无人相，无我相’故也。”③ 他指出：“天地间亦仁而已矣。佛说：‘百千万亿恒河沙数世界，有小众生起一念，我则知之。虽微至雨一滴，能知其数。’岂有他神奇哉？仁之至自无不知也。牵一发而全身为动，生人知之，死人不知也。伤一指而终日不适，血脉贯通者知之，痿痹麻木者不知也。吾不能通天地万物人我为身，即莫测能通者之所知，而诧以为奇；其实言通至于一身，无有不知者，至无奇也。知不知之辨，于其仁不仁。故曰：天地

---

① 李敖主编：《谭嗣同全集·仁学》，天津古籍出版社，2016，第 6 页。

② 同上，第 5 页。

③ 李敖主编：《谭嗣同全集·仁学》，天津古籍出版社，2016，第 5 页。

间亦仁而已矣，无智之可言也。孔曰：‘仁者必有勇’[①]。手足之捍头目，子弟之卫父兄，其事急其情切，岂有犹豫顾虑而莫敢前者。勇不勇之辨，于其仁不仁。故曰：天地间亦仁而已矣，无勇之可言也……”[②]谭嗣同借用佛学和儒学理论宣传平等思想，启发人们思考变革之理，寻求变革之路。承袭孔子“仁者必有勇”的精神，正确平等、自由和民主。谭嗣同认为佛经义理能促进国民道德提升。他在《仁学》中指出：“好生而恶死，可谓大惑不解者矣。盖于‘不生不灭’瞢焉，瞢而惑，故明知是义，特不胜其死亡之惧，缩脑而不敢为，方更于人祸之所不及；益以纵肆于恶，而顾景汲汲，而四方蹙蹙，惟取自心快已尔，天下岂复有可治也？……今使灵魂之说明，虽至暗者犹知死后有莫大之事及无穷之苦乐，必不于生前之暂苦、暂乐而生贪着厌离之想。知天堂地狱森列于心目，必不敢欺饰放纵，将日迁善以自亲锡。知身为不死之物，虽杀之亦不死，则成仁取义，必无怛怖于其衷；且此生未及竟者，来生固可以补之，复何所惮而不亹亹。”[③]

四、清末梁启超佛学思想

梁启超（1873–1929），字卓如，号任公，又号饮冰室主人。广东新会人。早年接受训诂辞章等旧学教育。1890年起，拜康有为为师。戊戌变法时期，是康有为的得力助手。佛学方面，有《佛学研究十八篇》等，论述佛教宇宙观、人生观等，对中国近代佛教文化有较大影响。他对印度和中国佛教都有系统研究，其成果对其后的佛教有参考价值。梁启超1900年撰《唯心》一文说：“境者心造也。一切物境皆虚幻，惟心所造之境为真实。同一月夜也，琼筵羽觞，轻歌妙舞，绣帘半开，素手相携，则有余乐；劳人思妇，对影独坐，促织鸣壁，枫叶绕船，则有余悲……”“桃花流水杳然去，别有天地非人间”与“人面不知何处去，桃花依旧笑春风”，同一桃花也，而一为清净，一为爱恋，其境绝异。“舳舻千里，旌旗蔽空，酾酒临江，横槊赋诗”与“浔阳江头夜送客，枫叶荻花秋瑟瑟。主人下马客

---

① 《论语·宪问》。原文：“仁者必有勇，勇者不必有仁。”

② 李敖主编：《谭嗣同全集·仁学》，天津古籍出版社，2016，第10–11页。

③ 李敖主编：《谭嗣同全集·仁学》，天津古籍出版社，2016，第20–21页。

在船，举酒欲饮无管弦”，同一江也，同一舟也，同一酒也，而一为雄壮，一为冷落，其境绝异。① 因此，世界上没有“物境”，“但有心境而已”。认为，由于人的境遇、观念不同，对同一客观境物，会有不同看法。②“戴绿眼镜者，所见物一切皆绿；戴黄眼镜者，所见物一切皆黄；口含黄连者，所食物一切皆苦；口含蜜饴者，所食物一切皆甜……其分别不在物而在我，故曰‘三界惟心’”。③ 他还引用《六祖坛经》“风动幡动”的禅宗公案来证明：“有二僧因风飏刹幡，相与对论。一僧曰：‘风动’，一僧曰：‘幡动’，往复辨难无所决。六祖大师曰：‘非风动，非幡动，仁者心自动。’④ 任公曰：三界惟心之真理，此一语道破矣。”一般研究都认为“三界唯心”，是梁启超的佛学唯心主义宇宙观的主要观点。但联系下文则并非如此。梁启超还有更深一层寓意：他要人们转变观念去观察世界。他打比方说一个“三家村学究”（来自小地方的学人）取得好成绩，会“惊喜失度”，而对于“世胄子弟”，这根本不算回事；乞丐拾得百金，“则挟持以骄人”，而对于富豪家庭这算得了什么呢。“飞弹掠面而过”，常人定大惊失色，而“百战老将”则会处变不惊，安然自若。这些都是因为“我为物役，亦名曰‘心中之奴隶’”。由于观念不同，对事物的看法也就各异。他希望人们“明三界唯心之真理”，“除心中之奴隶”，摆脱羁绊。“苟知此义，则人人皆可以为豪杰。”⑤ 只有破除对名利等外物的执着，才能无所畏惧，确立更高理想，成就一番大事业。梁启超救世保国的主要手段是：造就一代无挂碍、无畏惧、无歆羡、无畔援，无恐怖……的大英雄和大豪杰。⑥“无我”是佛教的一个基本命题，认为世界上没有永生不灭的实体（包括“自我”这一实体）。他认为：“今夫世界乃至恒河沙数之星界，如此其广大；我之一身，如此其藐小。自地球初有人类，初有生物，乃至前此无量劫，

---

① （清）梁启超著：《饮冰室合集》（专集·第2册），中华书局，2015，第45页。

② 同上。

③ 同上，第46页。

④ （唐）惠能：《六祖坛经·行由第一》。原文：“值印宗法师讲《涅槃经》。时有风吹动。一僧曰：‘风动’，一僧曰：‘幡动’，议论不已。惠能进曰：‘不是风动，不是幡动，仁者心动。’一众骇然。”

⑤ （清）梁启超著：《饮冰室合集》（专集·第2册），中华书局，2015，第45页。

⑥ 李向平著：《救世与救心——中国近代佛教复兴思潮研究》，上海人民出版社，1993，第91页。

后此无量劫，如此其长，我之一身，数十寒暑，如此其短。世界物质，如此其复杂；我之一身，分合六十四原质中之各质组织而成，如此其虚幻。”① 这里对“无我”的解释基本上套用了佛教的概念。他将“无我”思想作为立身行事准则，认为一个人的美满的人生观，应该追求并达到“无我”境界。从他的一生经历看，他推崇“无我”论，还蕴含启迪人们跳出自我，奋起救世济众的思想。“牺牲一身觉天下”“以此发心度众生，得大无畏兮自在游行。”②

五、清末民国初年章太炎对佛教的研究借鉴

章太炎（1869–1936），初名学乘，后名炳麟，字枚叔（一作梅叔）。浙江余杭人。清末民初民主革命家、思想家。早年读四书五经。后随俞樾学习经学。1906年至日本参加同盟会。1912年任南京临时总统府枢密顾问、广州护法军政府秘书长等。他于1903年开始研习佛学，讲佛学理论引入自己的思想体系。对儒释道关系，他说：“我从前颠倒佛法，鄙薄孔子、老、庄，后来觉得这个见解错误，佛、孔、老、庄所讲的，虽都是心，但是孔子、老、庄所讲的，究竟不如佛的不切人事。孔子、老、庄自己相较，也有这种情形，老、庄虽高妙，究竟不如孔子的有法度可寻，有一定的做法。”③ 章太炎认为佛教义理有助于重构社会道德，激励人们“勇猛无畏”，去做“最热心的事”：“有的说佛教看一切众生，皆是平等，就不应生民族思想，也不应说逐满复汉。殊不晓得佛教最重平等，所以妨碍平等的东西，必要除去，满州（洲）政府待我汉人种种不平，岂不应该攘逐？……所以提倡佛教，为社会道德上起见，固是最要，为我们革命军的道德上起见，亦是最要。总望诸君同发大愿，勇猛无畏。我们所最热心的事，就可以干得起来了。”④ 他指出，

---

① （清）梁启超著：《梁启超佛学文选·仁学序》，武汉大学出版社，2011，第408页。

② （清）梁启超：《举国皆我敌》，载梁启超著：《梁启超全集》（9），北京出版社，1999，第5425页。

③ （清末民国初）章太炎：《说新文化与旧文化》，载汤志钧编：《章太炎年谱长编》（下册），中华书局，1979，第618页。

④ （清末民国初）章炳麟：《东京留学生欢迎会演说辞》（1906年7月15日），载章炳麟著，汤志钧编：《章太炎政论选集·上》，中华书局，1977，第274页。

“我们今日要用华严、法相二宗改良旧法。这华严宗所说，要在普度众生，头目脑髓，都可施舍与人，在道德上最为有益。这法相宗所说，就是万法惟心。一切有形的色相，无形的法尘，总是幻见幻想，并非实在真有……要有这种信仰，才得勇猛无畏，众志成城，方可干得事来。佛教里面，虽有许多他力摄护的话，但就华严、法相讲来，心佛众生，三无差别……”① 章太炎在寻求对现实社会的批判武器时，佛教思想已被他赋予资产阶级革命所需之色彩。他借用佛教理论证明寻求民主，主张革命是符合佛教教义的。当时确实使得一些人从改良派中分化出来，投到了革命派的阵营，也促使革命派中一些人确实做到了不怕困难、不畏牺牲，道德高尚。这些都与章太炎的宣传不无关系。因此，决不能笼统地把章太炎的佛学思想说成只有消极作用而没有一点积极作用。② 章太炎认为“……居今之世，欲建立宗教者，不得于万有之中，而横计其一为神，亦不得于万有之上，而虚拟其一为神。所以者何？诸法一性，即是无性，诸法无性，即是一性，此般若精妙之悉檀，亦近世培因辈所主张也。”③ 他试图通过借用佛理，解决现实问题。他借用佛教义理宣扬平等思想，反对国内外的民族压迫和君权专制。他说：“佛教最恨君权。大乘戒律都说：‘国王暴虐，菩萨有权，应当废黜’。”又说：“杀了一人，能救众人，这就是菩萨行。”④

六、熊十力援儒入佛

熊十力（1885–1968），原名继智、升恒、定中，号子真、逸翁，晚年号漆园老人。湖北黄冈（今湖北团风）人。中国著名哲学家、思想家。新儒家开山祖师，国学大师。著有《新唯识论》《佛教名相通释》等。其哲学观点以佛教唯识学重建儒家形而上道德本体，其学说影响深远。对于儒

---

① （清末民国初）章炳麟：《东京留学生欢迎会演说辞》（1906 年 7 月 15 日），载章炳麟著，汤志钧编：《章太炎政论选集·上》，中华书局，1977，第 273 页。

② 高振农著：《佛教文化与近代中国》，上海社会科学院出版社，1992，第 145 页。

③ （清末民国初）章太炎著，姜玢编选：《革故鼎新的哲理——章太炎文选·建立宗教论》，上海远东出版社，1996，第 203 页。（原载《民报》第 9 号。1906 年 11 月 15 日）

④ （清末民国初）章炳麟：《东京留学生欢迎会演说辞》（1906 年 7 月 15 日），载章炳麟著，汤志钧编：《章太炎政论选集·上》，中华书局，1977，第 274 页。

释关系，熊十力曾自评说："评判佛家空有两宗而折衷于《易》。""《易》者，儒道两家所统宗也。"[①] 熊十力认为："有人说，我的哲学是援儒入佛的。这话，好像说得不错。其实，个中甘苦，断不是旁人所可知的。我从前有个时期，是很倾向于印度佛家思想的。我的研究佛家学问，决不是广见闻矜博雅的动机，而确是为穷究真理，以作安心立命之地的一大愿望所驱使。我尝问无著和世亲一派之学于欧阳大师。也曾经服膺勿失的……其后，渐渐离开百家之说。佛家和其他（连孔家也在内）一概不管，只一意反己自求。我以为，真理是不远于吾人的。决不是从他人的语言文字下，转来转去，可以得到真理的。所以，我只信赖我自己的热诚与虚心。久之我所证会者，忽然觉得与孔门传授之大易的意思，若甚相密契……我之有得于孔学，也不是由读书而得的，却是自家体认所至，始觉得和他的书上所说堪为印证。"[②] 他说："佛学，理境极高，先儒以穷大失居护之，实则佛学能穷其大。谈理到至大无外处，即其理无在而无不在。谓不可以定居求之，固也；谓之失居，便非。因其不可以定居求，故短于抽象作用者，当若不可捉摸，而眩惑起矣。又凡玄学所表者，只是概念与概念之关系，而佛学尤为玄学之极诣……"[③] 他认为，佛家主张出世，舍弃现世生活，以脱离无常、烦恼、痛苦，冀望通过祈佛得到永恒的解脱；儒家重视现世，肯定人生积极的价值。他在《新唯识论》中说："印度的佛家，把生灭的世界说为无常，而隐存呵毁，因有厌离或超脱的意思……儒家哲学的思想，则以为：绝待的大易，举其全体而显现为分殊的大用，或生灭的现象，即于生生不息，而见为至诚；于流行而得识主宰。因此，不言超脱，而自无不超脱；不起厌离，则以本无可厌离故……识得孔氏意思，便悟得人生有无上崇高价值，无限丰富的意义。尤其是对于世界，不会有空幻的感想，而自有改造的勇气。"[④]

---

① 熊十力：《初印上中卷序言》，载熊十力著：《新唯识论》，岳麓书社，2010，第 3 页。

② 梁漱溟著：《东方学术概观》（增订本），北京世纪文景文化传播公司，2014，第 38 页。

③ 熊十力著：《境由心生：熊十力精选集·易、道、佛》，陕西师范大学出版社，2008，第 39–40 页。

④ 熊十力：《新唯识论》（卷上），转引自朱封鳌著：《中华佛缘人物志》，上海辞书出版社，2009，第 220 页。

七、陈寅恪辨析儒释道

陈寅恪（1890–1969），字鹤寿，江西修水人。中国现代历史学家、古典文学研究家、语言学家、诗人，先后任职任教于清华大学、西南联大、广西大学、燕京大学、中山大学等。著有《隋唐制度渊源略论稿》《唐代政治史述论稿》《元白诗笺证稿》《金明馆丛稿》等。陈寅恪指出，中国儒释道交融由来已久，但不能把儒家看做一种宗教。他将儒释道交融定位为："外服儒风""内宗佛理""潜修道行"。"中国自来号称儒释道三教，其实儒家非真正之宗教，决不能与释道二家并论。故外服儒风之上可以内宗佛理，或潜修道行，其间并无所冲突。"①陈寅恪认为佛教能够在中国"发生重大久远之影响"，在于其经过了"国人吸收改造"，正因为这种对话交融才使其得以立足发展，避免了像某些宗教兴盛一时但最终走向"消沉歇绝"。他指出，"释迦之教义，无父无君，与吾国传统之学说，存在之制度，无一不相冲突。输入之后，若久不变易，则决难保持。是以佛教学说，能于吾国思想史上，发生重大久远之影响者，皆经国人吸收改造之过程。其忠实输入不改本来面目者，若玄奘唯识之学，虽震动一时之人心，而卒归于消沉歇绝。近虽有人焉，欲然其死灰，疑终不能复振。其故匪他，以性质与环境互相方圆凿枘，势不得不然也。六朝以后之道教，包罗至广，演变至繁，不似儒教之偏重政治社会制度，故思想上尤易融贯吸收。凡新儒家之学说，几无不有道教，或与道教有关之佛教为之先导。如天台宗者，佛教宗派中道教意义最富之一宗也……北宋之智圆提倡中庸，甚至以僧徒而号中庸子，并自为传以述其义（《孤山闲居编》）。其年代犹在司马君实作《〈中庸〉广义》之前（孤山卒于宋真宗乾兴元年，年四十七），似亦以宋代新儒家为先觉……"②

---

① 陈寅恪：《陶渊明之思想与清谈之关系》，载刘桂生、张步洲：《二十世纪中国学术文化随笔大系·陈寅恪学术文化随笔》，中国青年出版社，1996，第104页。

② 冯友兰：《中国哲学史》（下册），审查报告·本文小引，载刘桂生、张步洲：《二十世纪中国学术文化随笔大系·陈寅恪学术文化随笔》，中国青年出版社，1996，第16页。

八、马一浮汇通儒佛

马一浮（1883–1967），幼名福田，后改名浮，字一佛，后字一浮，号湛翁。浙江会稽（今浙江绍兴）人，中国现代思想家、诗人和书法家。与梁漱溟、熊十力合称为“现代三圣”（或“新儒家三圣”）。马一浮是中国引进马克思《资本论》德文版、英文版第一人。对古代哲学、文学、佛学造诣精深，又精于书法。著述颇丰，后人辑有《马一浮集》。熊十力评价说“清末以来谈佛学者虽盈天下……若乃践履纯实，理解圆澈，则马一浮湛翁一人而已。”①马一浮认为，佛学思理具有细密和逻辑圆融的特性，有诸多可取之处。“其引用佛书旁及俗学，诚不免庞杂。然兼听并观，欲以见道体之大，非为夸也。罕譬曲喻，欲以解流俗之蔽，非为戏也。”“兄不喜佛氏，乃并其所用中土名言而亦恶之，此似稍过矣。浮今以‘六艺’判群籍，实受义学影响，同于彼之判教，先儒之所未言。”“判教实是义学家长处，世儒治经实不及其缜密。”②他认同佛学义理之长，不赞成宋儒对佛氏的态度。认为一些儒者辟佛，是没有明晰佛教之理，没有认识到儒释本源具有同一性。儒佛“论心性之要，微妙玄通”。他说：“旧于释氏书不废涉览，以为此亦穷理之事。程子所谓大乱真者，庶由此可求而得之。及寻绎稍广，乃知先儒所辟，或有似乎一往之谈，盖实有考之未晰者。彼其论心性之要，微妙玄通，校之濂、洛诸师③，所持未始有异。所不同者，化仪之迹耳。庄、列之书，特其近似者，未可比而齐之。要其本原，则《易》与礼乐之流裔也。此义堙郁，欲粗为敷陈，非一时可尽。”④马一浮研究佛教，尤喜禅宗义理，其诗多带禅意。如“落花常念佛，念佛即花开。莫向花边觅，俱从佛处来。落开时不异，花佛理全该。寄语看花客，门门有善才。”“见性不言见，闻道不言闻。若可从人得，岂惜持赠君。澄潭映秋月，青山生白云。只为

---

① 熊十力著：《境由心生：熊十力精选集·易、道、佛》，陕西师范大学出版社，2008，第35页。

② 马一浮：《致叶左文（第十函）》（1938），载马一浮：《马一浮集》（第二册），第438–442页。转引自刘梦溪著：《现代学人的信仰》，商务印书馆，2015，第122页。

③ 濂洛：北宋理学的两个学派。“濂”指濂溪周敦颐；“洛”指洛阳程颢、程颐。

④ 马一浮：《致叶左文（第十函）》（1938），载马一浮：《马一浮集》（第二册），第438–442页。转引自刘梦溪著：《现代学人的信仰》，商务印书馆，2015，第123页。

勤方便，转以滋混禁。不如吃茶去，休问麻三斤。”①

九、梁漱溟辨析儒佛义理

梁漱溟（1893–1988），原名焕鼎，字寿铭，曾用笔名寿名、瘦民、漱溟，后以漱溟行世。蒙古族。原籍广西桂林，生于北京。中国著名的思想家、哲学家、教育家、社会活动家、国学大师、爱国民主人士，主要研究人生问题和社会问题，现代新儒家的早期代表人物之一。著述颇丰，有《中国文化要义》《东西文化及其哲学》《唯识述义》《读书与做人》与《人心与人生》等。熊十力说：“清末以来谈佛学者虽盈天下……颖悟高而有其独到，梁漱溟不可薄也。”②梁漱溟说：“前不云乎，生灭托于不生灭，世间托于出世间。其不生灭法或出世间云者，则正指宇宙本体也。儒佛两家同以人类生命为其学问对象，自非彻达此本源，在本源上得其着落无以成其学问。所不同者：佛家旨在从现有生命解放出来，实证乎宇宙本体；儒家反之，勉于就现有生命体现人类生命之最高可能，彻达宇宙生命之一体性，有如《孟子》所云‘尽心、养性、修身’以至‘事天、立命’者，《中庸》所云‘尽其性’以至‘赞天地之化育’‘与天地参’者是”。儒家与佛家把宇宙作为本体，把人当做研究的对象。佛家是将宇宙从人的本体中脱离出来；而儒家是通过修身养性的方式达到人类的最高境界。梁漱溟的人生哲学之要义在于倡导人们过一种超凡脱俗、奋发进取、孜孜不倦的精神生活，这种生活用佛教术语表达就是“出世间”。要出世就要破“二执”、断“二取”，从生死无体中超脱出来。“二执”就是“我执”与“法执”。梁漱溟认为“二执”是破坏人与人、人与物最大的凶手，破除“二执”才可以避免陷入“我痴”“我见”“我爱”，才可以避免追逐外物、物欲横流。他说宇宙万物都是“在通不在隔”，只有破除了“二执”才会使得我们有所为变成无所为，或者说有所为等同于无所为，达到精神上与宇宙合一。梁漱溟重视佛教唯识学的思维方式，他曾说：“照我的意思——我为慎重起见，还不愿意说

---

① 转引自刘梦溪：《马一浮的佛禅境界和方外诸友》，载刘梦溪著：《现代学人的信仰》，商务印书馆，2015，第142页。

② 熊十力著：《境由心生：熊十力精选集·易、道、佛》，陕西师范大学出版社，2008，第35页。

就是佛家或唯识家的意思，只说是我所得到的佛家的意思——去说说生活是什么。生活就是‘相续’，唯识把‘有情’——就是现在所谓生物——叫做‘相续’……”①认为，佛教虽然主要是追求达到超脱生死的理想境界——涅槃，但对于现世的道德教化亦有积极作用，“随顺世间义云何？为世间人不能尽以出世期之，众生成佛，要非今日可办，则方便门中种种法皆得安立。释迦设教，上契无生，下教十善。德行之义，若知为随顺而有，非其本有，则云何不可？宽随顺之途，亦所以严出世之教，如来措置，莫不得宜。况以吾世智所测，成佛大愿，将来必成……此觇②于欧土佛化之兴，与人群变化所趋，可信其不虚者也。然则今之随顺世间促进进化者，亦所以促佛法之成功，亦未有违反耳。”③

第三节　道教对佛教中国化的助缘

清代，道教人士王常月、吴太一、娄近垣、刘一明、柳华阳、闵一得、薛阳桂、李西月，民国时期汪东亭、刘名瑞等，均倡导“三教合一”，有益于佛教的中国化。

一、明末清初王常月三教同根，良知共有

王常月（1522–1680），明末清初著名道士。俗名平，法名常月，号昆阳，山西潞安府长治县人。全真道龙门支派律宗的第七代律师。王常月的“三教合一”思想，集中体现在《碧苑坛经》中。④王常月《碧苑坛经》说：“这三教圣人，大藏经典，万法千门，诸天妙用，三万六千种道，八万四千法门，

① 梁漱溟：《如何是东方化？如何是西方化》，载中国文化书院学术委员会编：《梁漱溟全集》（第1卷），山东人民出版社，1989，第376页。

② 觇（chān）：暗中察看。

③ 梁漱溟：《究元决疑论》，载中国文化书院学术委员会编：《梁漱溟全集》（第1卷），山东人民出版社，1989，第19–20页。

④ 《碧苑坛经》是王常月在南京说戒的记录，由其弟子整理而成。分为卷首、卷上、卷中、卷下、卷末共22篇，包括修炼次第和修炼方法等。

恒河沙数菩萨，无鞅数众金仙①，皆不能出清静、定慧、无为妙法。”②这段论述也体现了王常月三教合一思想的基本内涵。强调无论是三教圣人、众多的菩萨和金仙，以及无数经典，万法千门，均包容于“清静定慧无为妙法”之中，概括了儒释道修身观的核心内容。王常月又从信仰和社会两方面论述了“三教”义理的一致性，“自意皈依以后，即如冰消瓦解，万象回春。可以入圣成真，可以登仙了道。在俗化导，国治民安，时和岁稔，忠孝节义，谦洁贞清，三纲五伦，意诚而出；九流三教，意诚而生。诚不诚之间，祸福灾祥，吉凶否泰，皆视此意，为性命因缘轮回果报也。”③阐释中相继用了儒家理念“三纲五伦”、佛教理念“因缘轮回果报”，表明王常月熟知儒释道义理，而且运用自如。王常月还在宣道著述中引用佛教经典，“心无二念谓之清，念无驳杂谓之静。心不着相谓之清，念不停滞谓之静。念念圆明谓之清，光明无碍谓之静。”“释氏自西方释迦牟尼佛祖，雪山苦行，弃国辞家，降伏身心，功圆行满，五蕴皆空，六根清净，显诸妙相，化现十方。”“诸子呀！色即是空空是色，不空不色道非真；真空妙相真常道，非空非色妙无穷；与我虚空同一体，虚空与彼没分己。”④清静、不着相、圆明、光明无碍、五蕴皆空、六根清净、显诸妙相、化现十方、色即是空等，均出自佛教经典。据研究者统计《碧苑坛经》中还引用了无常、轮回、无上法王、福报、六根、三毒、戒定慧、妙行、八识、理障、事障、三业、功德、爱缘、六道、解脱、三界。色身、法身、三身、四大、四恩、五蕴、世法、出世法、我人四相、精进、色、空、六通、自性等大量佛教名相。⑤

二、清代吴太一“三教典籍旨本一”

吴太一（生卒不详。活动于康熙年间），他为王常月《初真戒说》所

---

① 无鞅数众金仙：无鞅数众，无数的仙众或信众。鞅，为借字。古以“鞅”为“央”，意为终止、完结。无鞅，表示不可称量。金仙，道教仙的最高境界，为仙道上品，永生不死、永不轮回。

② 胡道静、陈耀庭、林万清主编：《藏外道书（第10册）·碧苑坛经》，巴蜀书社，1992，第176页。

③ 同上，第161页。

④ 同上，第175-176页、第201页、第204页。

⑤ 参见朱展炎著：《驯服自我——王常月修道思想研究》，巴蜀书社，2009，第118-123页。

作“序”的落款为“楚郢[1]吴太一震阳氏书于金陵清凉山祖庭隐仙庵”，说明他是楚郢（今湖北荆州）人。曾住金陵（今江苏南京）清凉山隐仙庵。吴太一有关儒释道三教著述今仅见《初真戒说·序》。文章仅1900余字，但较为详尽地论述了三教融会之理。《初真戒说·序》指出：“余观戒律者，于三教典籍旨本一也。唤是道教，恰是儒规；唤为道法，即是王法。人能受持者，非仅欲人尽心尽性，抑且欲人知命知天，出世于入世之中，达身于省身之内。实有佐于王化，绳人于众善也。法中之戒，即正心诚意之学；戒中之法，即治国齐家之化。不过欲人循文归正，借此知玄，希圣希贤，为仙为佛，无不从此戒法而出。故正心诚意，离此戒而何造？治国齐家，舍此法而何化？诚为三教梯航[2]，万不可阙然。”[3]吴太一认为道教戒律吸收了儒释道三教典籍中许多重要伦理规范，以及国家法律中的条款，儒规、道法、王法的一些内容具有一致性。人能够认真遵行，不仅能尽心尽性，知命知天，以出世的精神做入世的事业，在实现自身价值的同时注意反省与自律。这些戒律“实有佐于王化，绳人于众善”。这是儒释道三教实现修持目标的有效途径。吴太一又说：“仙、佛之教幽而灵，儒之教张而固，皆有益于人而行于世者，实天道也。明有王法，幽有道法，道法治己，王律治人，二者表里，以扶世教。”[4]儒释道三家戒律或伦理规范表述方式不同，但“皆有益于人而行于世者，实天道也”。作为修道者既要了解“王纲之律”，又要遵行“道法之戒”，因为，“仙、佛之戒，与王纲之律，治己治人，其理一也”。他引用佛教义理论述道教修炼：“迷人未识道时……尽被贪、瞋、痴，淫、杀、盗，恶口、绮语、两舌、妄言十恶，并尘境外缘，扰乱身心，致使六根妄动。甘受驱驰劳苦……三皈戒后洗心忏悔……从今以后所有十恶等业，愚迷执着憍诳嫉妬等罪，今已觉悟，悉皆永断，更不复作……”修道者在入道之前，未闻经，未遇师，陷入种种谜团中，甚至存在佛教所称“十恶”（心恶：贪、瞋、痴；身恶：杀、盗、淫；口恶：绮语、恶口、

---

① 楚郢：今湖北荆州市荆州区。

② 梯航：本意是梯与船，即登山渡水的工具；引申指有效的途径。

③ 胡道静、陈耀庭、林万清主编：《藏外道书（第12册）·初真戒说·序》，巴蜀书社，1992，第15页。

④ 同上，第15–16页。

妄言、两舌）。因此，“若不求戒为师，持戒为命，即是不明性理，不顺天命，不遵圣教之人也。不明性理，不顺天命，不遵圣教者，即是不畏天命，不畏大人，不畏圣人之言也……”[①]深刻阐明了佛、道二教的戒律与儒家道德规范，在宗旨和功用上是完全一致的。而且，宗教戒律有辅佐国家王法施行的作用。

三、清代娄近垣援佛证道

娄近垣（1689–1776），字朗斋，法号三臣，又号上清外史，又称妙[illegible]真人，江南松江娄县（今上海市松江区）人。自幼好道，先后师从杨纯一、[illegible]大经。雍正五年（1740）循例到京城值季，雍正九年（1744）正月，奉召入宫为雍正帝驱邪治病，大获效验，赐其龙虎山四品（后晋秩为三品）提点，供奉内廷钦安殿住持，诰授通议大夫。娄近垣的丹道思想，融入禅宗思想义理。他明确指出，释道的修持方式具有同一性，最根本的是解决“心”的问题。他说：“紫阳张祖师云：‘见物使见心，无物心不现’。又云：‘靓境能无心，始是菩提面。’只此二语，一部《楞严》全旨已备，即世尊四十九年所说妙法，亦不出此四句。可知佛、仙一贯之理，总以见性明心开导后学。”[②]他认为紫阳张祖师（张伯端）提出的“睹境能无心，始是菩提面”，与佛教《楞严经》主旨完全相同，为“佛、仙一贯之理”，可以用佛教“见性明心开导后学”。他说：“众生仙佛，同一大圆镜智[③]，不过遇圣现圣，遇凡现凡。因有圣凡之差别，强立镜中之觉照，如圣凡同体，心镜一如，则觉照之[illegible]，

---

① 胡道静、陈耀庭、林万清主编：《藏外道书（第12册）·初真戒说·序》，巴蜀书社，1992，第16–17页。

② 胡道静、陈耀庭、林万清主编：《藏外道书（第19册）·龙虎山志（卷11）·阐真篇》，巴蜀书社，1992，第553–554页。

③ 大圆镜智：佛的“四智”之一。谓洞照一切的清净真智。

何处施设，所谓‘大千沙界海中沤[①]，一切圣贤如电拂’[②]，到者[③]里始知本无圣凡。本无生灭，本无来去，本无前后，本无今古，本无上下，本无垢净，本无表里。增半点不得，灭半点不得，舍半点不得，取半点不得。一种平怀，泯然自尽[④]。”[⑤]每个人修持的起点都是相同的，但结果却千差万别。原因在于，跟从什么人，遵从什么理。世界多如恒河沙数，多如海面上被风吹起来水泡，一切圣贤都如同闪电一闪即逝。只有通过修炼，使自己的“心”证悟到一切平等，能平等看待一切，自然会胸襟开阔，就能到达理想的境界。因此，“不妨于本无圣凡，出入圣凡；本无生灭，出入生灭；本无来去，出入来去；本无前后，出入前后；本无今古，出入今古；本无上下，出入上下；本无垢净，出入垢净；本无表里，出入表里；非出入，是出入；离内外，即内外；心是个什么，物是个什么，见是个什么，不见是个什么，直饶识得菩提面，犹恐祖师未肯点头在。若然，则祖师与从上佛祖，实实同一鼻孔呼吸。吾徒究明大道者，当奉为宝范，幸共勉旃。”[⑥]修持到了最高境界，就再不会有圣凡、生灭、来去、前后、今古、垢净，以及表与里、心与物的区别，也就没有了佛教道教间的区别，祖师与从上佛祖，实实同一鼻孔呼吸。对于“心”和“心性”，娄近垣亦有深入探讨，他所作《性地颂》云：“惟兹心性中，同含真常道。妙体恒湛然，光华六门耀。纷纭处本静，寂历中原闹。忘机泯取舍，归根无老少。欲知仙佛理，祇者玄关窍。”[⑦]佛教禅

---

① 大千沙界：即大千世界。佛教表示地域范围的概念。以须弥山为中心，同一日月所照的东、西、南、北四个洲（人类只住在其中一个洲）为一小世界，合一千个小世界为小千世界，一千个小千世界为中千世界，一千个中千世界为大千世界。沙界，即多如恒河沙数的世界。海中沤：海面的水泡。沤，水泡。

② 语出唐代高僧永嘉玄觉《永嘉证道歌》：“了了见。无一物。亦无人。亦无佛。大千沙界海中沤。一切圣贤如电拂。”

③ 者：指示代词。义同“这”。

④ 一种平怀，泯然自尽：语出僧璨（约510–606）《信心铭》：“……莫逐有缘，勿住空忍。一种平怀，泯然自尽……”平怀：心已证悟到一切平等，故能平等视一切法，不生高下、取舍、爱憎之见。泯然：胸襟开阔。

⑤ 胡道静、陈耀庭、林万清主编：《藏外道书（第19册）·龙虎山志（卷11）·示后学》，巴蜀书社，1992，第553页。

⑥ 同上，第553页。

⑦ 胡道静、陈耀庭、林万清主编：《藏外道书（第19册）·龙虎山志（卷11）·性地颂》，巴蜀书社，1992，第551页。

宗提出“明心见性，顿悟成佛”，实际上就包含着“真常之道”。抓住根本，突破“玄关”，则一通百通。

四、清代刘一明性命为学，三教无别

刘一明（1734–1821），清代著名内丹家。号悟元子，别号素扑散人。山西平阳府曲沃县（今山西闻喜县东北）人。龙门派第十代传人。精通内丹、《易》学，兼通医理，著有《周易阐真》《悟真阐幽》《修真辨难》《象言破疑》《修真九要》《〈阴符经〉注》《三教辨》等（后辑为《道书十二种》）。其内丹学具有浓厚的三教合一思想。其《指南针序》以中正之道为“贯通三教之理”，谓中正之道，“在儒谓之中庸，在释谓之一乘，在道谓之金丹”。《周易阐真》《孔易阐真》，以易学论金丹，以金丹释儒门易学。其《修其辨难》称：“大学中庸，俱心性命之学，其中有大露天机处，特人不自识耳。”“《至于赞易十传》，无非穷理尽性至命之学。”故其内丹理论中，颇多融合儒释特别是理学思想的言论。① 刘一明在阐明“道”的性质时，认为儒释道均源于“道”，只是表现不同而已：刘一明《通关文》言：“……昔孔子得之，而为儒教之圣；释迦得之，而为诸佛之祖；老君得之，而为群仙之宗；黄帝得之，而跨龙升天；女娲得之，而炼石补天；旌阳② 得之，而拔宅飞升；天师得之，而分人判鬼；五祖得之，而位证天仙；七真得之，而不生不灭。”③“道”广大无际，无处不在。孔子得而为儒教之圣，释迦牟尼得之成为佛祖；太上老君得之成为仙宗。黄帝、女娲得“道”，均成就了伟大事业。许旌阳得“道”举家飞天成仙。刘一明《三教辨》阐述儒、释、道三教之关系，倡导三教合一。其中评析佛教说：“至于释氏之教，亦西域圣人之教。其教随方而设，因人而用。闻之西域人，性好杀，风俗粗陋。佛法以慈悲低下为主，以方便施舍为要，以因果报应为教，与儒之省方观

---

① 卿希泰主编，丁贻庄等撰稿：《中国道教》（第 1 卷），知识出版社，1994，第 396 页。

② 旌阳，即许逊（239–374），字敬之，豫章南昌人，东晋道士，净明道派尊奉的祖师。曾任四川旌阳县令。居官清廉，政绩卓著，被人们亲切称为“许旌阳”。传说许逊活到一百三十六岁，于东晋宁康二年（374）八月初一日合家 42 口一齐飞天成仙。

③ 胡道静、陈耀庭、林万清主编：《藏外道书（第 8 册）·通关文·轻慢关》，巴蜀书社，1992，第 232 页。

民设教之意同。故西域之人，不遵国法，遵佛法。”[①]佛教创立于天竺，国人“性好杀，风俗粗陋”。因此佛法倡导“慈悲”，宣扬“因果报应”，与儒家观察民风而设教的意思相同。所以“三教圣人，其教不同，其意总欲引人入于至善无恶为要归。不特此也，儒有精一之道，道有得一之道，释有归一之道；儒有存心养性之学，道有修心炼性之学，释有明心见性之学；儒有道义之门，道有众妙之门，释有方便之门。溯源穷流，三教一家，谁曰不然乎！”[②]儒释道三教圣人创教的目的都是“引人入于至善无恶为要归”。儒家“存心养性”，道家“修心炼性”，释家“明心见性”，“溯源穷流，三教一家”。

五、清代柳华阳“三教之师，靡不参究”

柳华阳（1736-？），洪都（今江西南昌）人。幼即好佛，在皖水双莲寺落发。后遇伍守阳传秘旨，豁然通悟。著《慧命经》《仙佛合宗》《金仙正论》。柳华阳倡导和奉行儒释道三教融会，与他自身阅历关系密切。他在《慧命经》自序中称自己“幼而好佛”，并出家为僧。对儒释道均有研习，“三教之师，靡不参究”。但最终选择了道教。[③]他撰《慧命经》，融会了佛道二教修炼要理，只要照此修习，“励志精勤”，则“则佛果可以立证”。《慧命经》解释“无为”“有为”时说：“无为者，是养道胎面壁后半之法，非今之俗僧，以枯坐之无为也……故《宝积经》云：‘一切诸法，悉如幻化’，是中却有一法，和合凝集，决定成就。又经颂云，‘大士修行解脱门，转益慈悲求佛法，知诸有为和合作，志乐决定勤行道’。又经云，所谓二乘，堕于无为广大深坑，不能超脱证果……譬如天地是个无为，而天地所以生万物者，是个有为矣。则最上一乘之佛法者，亦然。而人之心能到无为之时，

---

① （清）刘一明原著，腾胜军、张胜珍点校：《悟元汇宗 道教龙门派刘一明修道文集（1）上·会心外集（卷下）·杂文类·三教辨》，宗教文化出版社，2015，第812页。

② （清）刘一明原著，腾胜军、张胜珍点校：《悟元汇宗 道教龙门派刘一明修道文集（1）上·会心外集（卷下）·杂文类·三教辨》，宗教文化出版社，2015，第812页。

③ 胡道静、陈耀庭、林万清主编：《藏外道书（第5册）·慧命经·自序》，巴蜀书社，1992，第876页。

则内里有一物，超然而出，若不以意取之，此物岂不散于外境，即非我所有矣。如此取皈之法，故名之曰有为法矣。即六祖所谓往北接度者，是也。”① 又如，在解释《摩诃般若波罗密多心经》中“时”的概念时说：“盖诸经之句法，都有双意数字，独此曰‘时’……时者，又非时候之时也，即禅静中萌动之时矣。古德云：‘若言其时无定时，清风朗月自家知。’儒云：‘月到天心处，风来水面时’②……夫时者，即吾身中慧命自动时也……别名猛虎专吞人之性命，吸人之骨髓，任他三教英雄豪杰，不得真传者，无不被他所丧矣……且时者，释教之秘也，至切矣。”③

六、清代闵一得融会儒释道

闵一得（1758–1836），字小艮，道名一得，自号懒云子。浙江吴兴（今湖州市）人。龙门派第 11 代传人。清代著名内丹家。在“心性”问题上，闵一得认为儒释道有相通处：“实见此心，即天地元气中之元一，其大无外，其小无内，在道曰‘道心’，在佛曰‘佛心’，在儒曰‘天心’，原非指夫肉团之心也。肉团之心，但能生血而已。”④ 又说“学知尽心穷理，自克原始返终，是知行并进之学。知之者心，行之者身，知行并进，身心不二，是为脚踏实地，能自第一著。实实体返体还，玄关自开，玄关一开，金丹大道修复，不落虚妄。”⑤ 闵一得指出“心”不是人体内的“肉团之心”，而具有极大的包容性的意识之“心”，“其大无外，其小无内”，修炼之术在于心知而身行，只要“尽心穷理”“知行并进”“脚踏实地”，

---

① 胡道静、陈耀庭、林万清主编：《藏外道书（第 5 册）·慧命经·自序》，巴蜀书社，第 885 页。

② 诗句出自北宋邵雍《清夜吟》：“月到天心处，风来水面时。一般清意味，料得少人知。”邵雍（1011–1077），字尧夫，谥康节，北宋著名理学家、数学家、道士、诗人，河南林县人，与周敦颐、张载、程颢、程颐并称“北宋五子”。

③ 胡道静、陈耀庭、林万清主编：《藏外道书（第 5 册）·慧命经·自序》，巴蜀书社，1992，第 888 页。

④ 胡道静、陈耀庭、林万清主编：《藏外道书（第 10 册）·栖云山悟元子修真辩难参证》，巴蜀书社，1992，第 248 页。

⑤ 胡道静、陈耀庭、林万清主编：《藏外道书（第 10 册）·栖云山悟元子修真辩难参证》，巴蜀书社，1992，第 293 页。

道必有成。他引用佛教“识心”与“道心”理论论述道术修炼：“谨按佛乘，原不以识神为心神，后代禅学，不明佛旨，乃以昭昭灵灵为心，认识心为真，夫岂达摩即心即佛之旨哉！《唱道真言》，专以炼心为主者，盖以心即是道，而心为识神占居，故须加功炼死其识，识死，道心乃见。识心，是轮回种子；道心，乃金刚不坏之神。寂体《金刚》《圆觉》《华严》《楞严》何尝以识为真哉！”①“识心”与“道心”同为佛教义理，但“识心是轮回种子；道心乃金刚不坏之神”。故而必须通过修炼抑制“识心”，巩固“道心”，功至道成。闵一得曾订正尹真人东华正脉《皇极阖辟证道仙经》，该经对禅宗修持法有一段论述：“禅关一窍，息心体之，一旦参透，打开三家宝藏，消释万法千门，还丹至理。豁然贯通。而千佛之秘藏，复开于今世。盖释曰禅关，道曰玄窍，儒曰黄中，事之事之，方能炼虚合道。乃为圣谛第一义，即释氏最上一乘之法也……凝成一粒，谨谨护持，无出无入，眼前即是无量寿国，而此三千大千世界，咸各默受其益。”并有一偈曰：“一颗舍利光烈烈，照尽亿万无穷劫。大千世界总皈依，三十三天咸统摄。”②

七、清代薛阳桂三教皆道，殊途同归

薛阳桂（生卒不详），字心香，吴中（今属浙江省）人。师事金盖山闵一得，得北宗龙门派丹法秘旨。著作有《梅华问答编》《金仙直指性命直源》。薛阳桂《梅华问答编》，继承其师闵一得思想。他说：“古今无二道，圣凡无两心，教有三教，行之则一。所谓道者，一也。”③他认为儒家的“《大学》之格物致知④，先儒之穷理主敬，实乃入门之秘钥也”。“赞曰：在明明德，

---

① 胡道静、陈耀庭、林万清主编：《藏外道书（第10册）·栖云山悟元子修真辩难参证》，巴蜀书社，1992，第237页。

② 胡道静、陈耀庭、林万清主编：《藏外道书（第10册）·皇极阖辟证道仙经》，巴蜀书社，1992，第380–381页。

③ 胡道静、陈耀庭、林万清主编：《藏外道书（第10册）·梅华问答编》，巴蜀书社，1992，第632页。

④ 格物致知：语出（西汉）戴圣所编《礼记·大学》：“古之欲明明德于天下者，先治其国；欲治其国者，先齐其家；欲齐其家者，先修其身；欲修其身者，先正其心；欲正其心者，先诚其意；欲诚其意者，先致其知，致知在格物，物格而后知至。”

为学绳墨，德本我有，明之宜力，终日乾乾，乃造其极，明无可明，一得永得。‘明德’二字，朱子注曰，‘明德者，人之所得乎天，而虚灵不昧，以具众理，而应万事者也。’[①] 此言人之心乎性乎。”[②]“格物致知”“在明明德”均为儒家重要理念。“格物致知”，意思是探究事物原理，从而从中获得智慧（或从中感悟到某种心得）。“在明明德”核心是要求人们锻炼心志，提高道德修养，彰显人固有的光明之德。因此，薛阳桂特别强调效法孔孟之道：“竹影梅华，郁仪光净。先贤秘要，穷理主敬。大道真宗，是为正令。克己复礼，以师孔孟。”[③] 有人向薛阳桂请教怎样才能“明心”。他综合儒释道义理予以回答：“夫心者，非身中肉团之心，乃虚灵不昧之心也。为一身之主宰，故天君泰然，则百体从令矣！人之一心为最灵最活之物，为善为恶皆此心也，乃至成圣、成贤、成仙、成佛，亦此心也……人心即人欲，是轮回之种子。若起灭之时，能察其善恶，审其是非，而有把握在动静事物之间，辨其义利。在义者，即为天理，在利者，是为人欲，此天理乃道心也。常存天理而去人欲，即是圣贤克己复礼之功。更得心中空空洞洞，一尘不染，一丝不挂，常觉而常照；但灭动心，不灭照心；惺惺常存而清明在躬，得志气如神者，方是修道之实际，可以为圣、为贤、成仙、成佛……故《易》曰：‘复其见天地之心’。[④] 修道之士将声色货利，一切障碍，扫除廓清，养得此中空空洞洞如明镜然，至一阳来复之际，而生机发动。”[⑤] 薛阳桂强调了修“心”的重要性。只有修好心，才能正确理解和对待世上的一切，譬如“为善为恶”“声色货利”，存天理，灭人欲，克己复礼。最终“为圣、为贤、成仙、成佛”。

八、清代李西月推崇三教合一

李西月（1806–1856），初名元植，字平泉，入道后更名西月，字涵虚，

---

① 语出（南宋）朱熹《四书章句集注》。

② 胡道静、陈耀庭、林万清主编：《藏外道书（第 10 册）·梅华问答编》，巴蜀书社，1992，第 632 页。

③ 胡道静、陈耀庭、林万清主编：《藏外道书（第 10 册）·梅华问答编》，巴蜀书社，1992，第 632 页。

④ 语出（西周）《周易（24 卦）·复》。意为复卦中可见到天地生生不息的自然规律。

⑤ 胡道静、陈耀庭、林万清主编：《藏外道书（第 10 册）·梅华问答编》，巴蜀书社，199，第 634 页。

号长乙山人。四川乐山人。幼而颖悟，从学于李嘉秀之九峰书院，二十岁时成为县学生员。他是道教丹法西派的创立人，其丹法基本上是继承了陆西星、张三丰的思想。他以隐士身份弘阐仙道，也不效出家之行。他赞同并力主儒释道三教合一论。他说："夫三教者，吾道之三柱。分而为三，合而为一者也……是故以三柱立其极。释道言性默言命，仙道传命默传性。儒道则以担荷世法为切。言性难闻，言命又罕，并性命而默修之。"[①] 撰有《三丰全书》《吕洞宾年谱海山奇遇》《无根树注解》等。李西月在注解张三丰《无根树词》时，引入佛教理念，他说："仙翁（张三丰）《五更道情》所谓……'防猿马，劣更顽'，即《一枝花》道情所谓'娇夭体态，十指纤纤，引不动我意马心猿[②]'者也……悟元以铁面为定，宝剑为慧，真是知音，但定慧二者，非从炼己得来，则定非真定，慧非真慧，不可取用于临事也。《一枝花》云：'时时防意马，刻刻锁心猿。昼夜不眠，炼已功无间'，宜须炼到那，'俺是个清净海，一尘不染'，方是真定；'俺是个夜明珠，空里长悬'，方是真慧……"[③]"意马心猿"（亦作心猿意马），源出佛教。此处的"心"指的是心念，比喻心念如猿猴攀缘不定。"意"则犹如奔马，故称"意马"。借以说明道家修持当调心息念，专注一境。"定、慧"为佛教术语。定，即摈除杂念，专心致志，观悟四谛。慧，就是有厌、无欲、见真。摈除一切欲望和烦恼，专思四谛、十二因缘，以窥见法，获得智慧解脱。李西月引入佛教"定、慧"理念，就是要修道者通过修习达到一尘不染、空里长悬的"真定""真慧"境界。李西月作《养心咏》诗云："……佛书参透无烦恼，仙语得来有定观。长自收心腔子里，独行独坐独盘桓。"[④]《满江红》词言："请问名公，怎么叫，修仙修佛。须要把儒书参透，再同君说。"[⑤]

---

① 胡道静、陈耀庭、林万清主编：《藏外道书（第 26 册）· 道窍谈（第 40 章）· 仙佛同修说》，巴蜀书社，1992，第 625 页。

② 意马心猿：语出《大乘本生心地观经》（卷 8）："心如猿猴，心如猿猴。游五欲树，不暂住故。"赵州录遗表曰："心猿罢跳，意马休驰。"东汉魏伯阳（151–221 年）《参同契》注．亦引用此意"心猿不定，意马四驰"。

③ （清）李西月重编：《张三丰全集》，华夏出版社，2017，第 483 页。

④ 胡道静、陈耀庭、林万清主编：《藏外道书（第 26 册）· 三车秘旨 · 心神篇》，巴蜀书社，1992，第 635 页。

⑤ 胡道静、陈耀庭、林万清主编：《藏外道书（第 26 册）· 三车秘旨 · 心神篇》，巴蜀书社，

他认为修道不仅要熟知“仙语”，还要参透“佛书”，而且“修仙修佛”“须要把儒书参透”。足见李西月对儒释道三教合一的重视和推崇。

九、清末汪东亭提出“三教一贯”

汪东亭（1839–1917），名汪启濩，字东亭，号体真山人。安徽休宁人。幼习儒学，然嗜慕玄学道法，博览经史道籍。二十二岁起访师学道20余年。著有《性命要旨》《教外别传》《体真心易》《三教一贯》等。汪东亭光绪二十五年（1899）在《教外别传》上篇指出：“夫参者，三也，魏公《参同契》也。同契者，三家合一成真种也。禅者，六祖曰：‘自性不动名为禅’①。盖自性不动，则真土归位，水火自然既济。《书》曰：‘致中和，天地位，万物育’。总之‘打坐参禅’四字，只是个三五一之理，与日月喻易，戊己喻刀，二土喻圭，同是一义。故丰翁曰‘初打坐，学参禅，只个消息在玄关’。又曰：‘不打坐于枯木寒堂，而打坐于神室之内。’”②他在《三教一贯》中说：“惟有《易经》，四圣共作，足为三教鼻祖。就是《阴符》《道德》《华严》《楞严》《大学》《中庸》，夫此六种，皆不越离《易经》之外，尽在此范围之中。”③“请观此图‘○’。凡是纸笔墨能以摹写者，皆不能越出此一图之外也；凡是天地人三才，以及有形有象者，尽在此一图之中也。儒曰‘太极’，道曰‘金丹’，释曰‘圆觉’，即是此一图也。六祖曰：‘吾有一物’。老子曰：‘其中有物’。子思子曰：‘其为物不二’。则其生物不测，即是此物也。咦！可是三教一贯乎？……总之，惟此一事实，余二即非真。故孟子曰：‘吾道一而已矣。’可能分为二乎？夫《易经》，圣人所作；丹书，仙佛所著。然必要至诚不二，专心如一，有圣人仙佛之志，方可以读圣人仙佛之书。假使愚夫愚妇，俗人蠢子，囫囵吞枣，隔山叫羊，枉加评论，罪孽深重。吾每见之，真实不忍见也；吾闻之，真实不忍闻也。

1992，第636页。

① 语出（唐）惠能《六祖坛经》。原文：“外于一切善恶境界，心念不起，名为坐；内见自性不动，名为禅。”

② （清末民国初）汪东亭：《教外别传》，载盛克琦编：《性命要旨——道教西派汪东亭内丹典籍》，宗教文化出版社，2012，第38–39页。

③ 同上，第130页。

故著首卷直言申之也。”①汪东亭在解释“悟空”时说：“是太极中之无极也，是玄牝之门、天地根也，是如来涅槃妙心也。’子思子曰：‘其为物不二，则其生物不测即是悟空也。不二者，不二之一也’。儒曰：‘吾道以一贯之。’道曰：‘得其一，万事毕’。释曰：‘万法归一’。”②

十、清末民国初刘名瑞“体真搜髓，儒释道原”

刘名瑞（1839–1933），字秀峰（一作琇峰），号盼蟾子，别号敲蹻道人。晚清时期全真教南无派第20代宗师，兼通医学。他认为儒释道三教所讲性命实质上相同，只是其名称不同。他在《元汇医镜》自序中指出：“……天之定数，理之法数，地养人生，乖戾而淳善乎？盖阴阳者，即无极动静之真机。无极一萌，化为太极，而太极即天乙之精……是故圣人知此法窍，顿开机缄③，辟破鸿濛④，即千变万化，亦由此而得也。原夫体立天之道，曰阴与阳；立地之道，曰柔与刚；立人之道，曰仁与义。而究其根原者，皆属一脉之端本也。谓此大圣人者，即儒所云‘盘古开辟，始立天地之祖’，道云‘元始天尊，立教为先’，释云‘太初古佛，为西天二十八祖之始祖’。凡三教之原，乃一圣所化，而尊称不一矣。奈因宗范各立，而后派分，固执专门者甚多，而弊谬毁谤者亦复不少。大抵究其实，得真命脉者，能有几人哉？夫从今而弃古，大道已废，其不闻自初劫，天地人造生物化皆本于道。”⑤“经书子集，性理洪范；二帝三王，先贤格言；体真搜髓，儒释道原；大乘中乘，下乘贯涵。三教之中，各有真传。剥去皮毛，实学志专。”⑥“故《大学》曰：‘知止而后有定，定而后能静，静而后能安，安而后能虑，虑而后能得’。物有本末，事有终始。物者，亦非外来之物，本身所有之灵物，是真物矣。孔子曰：回之为人也，择乎中庸，得一善则

---

① （清末民国初）汪东亭：《教外别传》，载盛克琦编：《性命要旨——道教西派汪东亭内丹典籍》，宗教文化出版社，2012，第134页。

② 同上，第82页。

③ 机缄：犹关键。指事物变化的要紧之处。

④ 鸿濛：宇宙形成前的混沌状态。

⑤ （清末民国初）敲蹻道人：《元汇医镜》，中国中医药出版社，2015，第1页。

⑥ （清末民国初）敲蹻道人：《元汇医镜》，中国中医药出版社，2015，第6页。

拳拳服膺，而弗之矣。道家曰‘真铅’，曰‘元精’；释家曰‘种子’，曰‘地果’。凡三教之金言，在乎贤愚之辨耳。用之深者，超凡入圣；用之浅者，延年益寿。若夫真参实悟，必当究诘《易考》之精微。盖《易》之书，与天地为准，故能弥纶天地之道。而仰观俯察之中，是故知幽明之故；原始反终，故知死生之说；精气为物，游魂为变，是故知鬼神之情状。与天地相似，故不违；知周乎万物而道济天下，故不过；旁行而不流，乐天知命，故不忧；安土敦乎仁，故能爱。”①

第四节　清代帝王宗教观

清初诸帝，对于佛教，颇示尊崇；故保护亦备至。②尤其是清代前期顺、康、雍、乾诸帝，均佞佛。乾隆年间，组织人力将《大藏经》译为满文，目的在于利用佛教“阴翊王度”，巩固其统治。

一、顺治尊崇佛教

顺治（1644–1661 在位），他六岁登基，二十四岁病逝。他曾阐述对儒、释、道三教的看法：“朕惟治天下，必先正人心，正人心必先黜邪术。儒、释、道三教并垂，皆使人为善去恶，反邪归正，遵王法而免祸患”③。认为儒释道三教均教人“为善去恶，反邪归正”，使人们遵守王法，避免祸患，有利于社会稳定。顺治致力于参究禅宗。他与玉林通琇及其弟子茆溪森关系密切。④顺治十四年（1657）冬十月，顺治去南苑秋狩时，到海会寺认识了住持憨璞性聪，他圆满回答了顺治的提问，令顺治帝很满意。后召入

① （清末民国初）敲蹻道人：《元汇医镜》，中国中医药出版社，2015，第 8 页。

② 蒋维乔著：《中国佛教史》，团结出版社，2005，第 324 页。

③ 《大清会典事例·都察院·五城·谕禁左道惑众》（卷 1038），第 3–4 页。

④ 玉林通琇（1614–1675），法号通琇，字玉林，江苏省江阴人，俗姓杨。明末清初时期的名僧，任浙江湖州报恩寺住持。顺治十五年（1658）奉诏入京，在万善殿弘扬佛教，授“大觉禅师”封号。未久，他留其弟子茆溪行森和尚在北京继续佛教弘法事业。翌年，进封“大觉普济禅师”，赐紫衣。憨璞性聪（1610–1666），字憨璞，福建延平顺昌人，俗姓连。顺治十三年（1656）五月，任北京海会寺住持。有《明觉聪禅师语录》十六卷。

宫中，问佛法大意。结冬万善殿[①]，并赐性聪号为“明觉禅师”。此后顺治乃留心参究。既有玉林师弟，复召玄水杲和尚，说法于内庭。十六年(1659)冬，天童道忞和尚，奉召入京。进见于万善殿。传谕，免礼赐坐，慰劳叙谈毕，即谕万善、愍忠、广济三处结冬。帝亲至方丈问法；时茆溪森、玄水杲、憨璞聪，皆承召对。十七年，道忞还山，帝亲送出北门，赐号宏觉禅师。[②]

二、康熙对佛教特加保护

康熙（1662–1722年在位），他八岁登基，在位60年，重视儒学及各种学术。对于佛教亦特加保护。康熙认为：“释氏之流进曰，佛道崇虚，不以威力，常生欢喜之心，必在清净之域……释氏之道，湛然虚净，脱离六根，明心见性，无恶无善，岂达性命，义之不存，又安能敬顺，动静以循环，匪偏枯于寂定，包理数其纷罗，何谈空而作圣，虽了彻乎三生，亦奚裨于国政，既尘芥夫山河，宁存心于万姓。舍身同泰[③]，迎骨凤翔[④]，垂鉴前史。曷云其臧，敬而远之，圣言孔彰。”康熙指出佛教存在的弊端，如讲“无恶无善”，这就无法认识万物的天赋和禀受；佛教主张出世，这就断绝了亲友情谊，“义之不存，又安能敬顺”；人体需要“动静以循环”，佛教“偏枯于寂定”；而且佛教主张个人“了彻三生”，这并不能裨益于国家和社会。但出于政治需要，他六次南巡，几乎都要参礼佛寺，延见僧人，题辞题字。[⑤]其中，康熙二十三年（1684），南巡，临扬州之天宁、平山二寺，各有题词：天宁曰“萧闲”，平山曰“怡情”；至金山敕重加修建，亲制文勒石纪之；书匾额曰“江天一览”。此外，所至江南名刹，多有题词。二十八年(1689)，南巡至苏州邓尉山圣恩寺，亲拈香礼佛；赐额曰松风水月；至灵岩，赐书翠岚二字；复至杭州之灵隐云栖，而回江宁大报恩寺等处；

---

① 每年阴历十月十五到次年正月十五这3个月期间，禅宗寺院也结制安居，这就是"结冬"。万善殿位于北京中海，初建于明代，名为崇智殿。清顺治帝崇信佛教，改名万善殿。

② 蒋维乔著：《中国佛教史》，团结出版社，2005，第326页。

③ 梁武帝于大通元年（527）、中大通元年（529）、太清元年（547），三次舍身同泰寺作佛徒，每次皆由其子及大臣用重金赎回。

④ 唐元和十四年（819）正月，唐宪宗派太监到凤翔把佛骨迎到长安。他亲自顶礼膜拜，将佛骨留在宫中供奉了3天，然后又送到各佛寺中轮流供奉。

⑤ 郭朋著：《明清佛教》，福建人民出版社，1982，第300页。

所至遇山林学道之士，优礼有加。又曾发帑重修补陀罗迦普济寺，亲制碑记。云："海寇猖狂，寺宇梵刹……复发帑重建寺宇，上为慈闱延禧，下为苍生锡祉。"亲制重修天竺碑文，云："能仁之量，等于好生；佛道之成，关乎民隐；将使般若之门，随方而启；仁寿之域，举世咸登。"①

三、雍正主张三教合一

雍正（1723–1735 年在位）对于禅宗颇有造诣。他很早就接触佛教禅宗，据《御选语录（卷 18）·御制后序》中说："朕少年时喜阅内典，惟慕有为佛事……心轻禅宗……壬辰（1712）春正月，延僧坐七……即洞达本来。方知惟此一事实之理……恰至明年癸巳（1713）之正月二十一日，复堂中静坐，无意中忽蹋末后一关，方达三身四智合一之理，物我一如本空之道，庆快平生……"②他辑古来禅师语录中之提持向上、直指真宗者，编为十九卷，名《御选语录》。而以自己与人问答言句，收录于第十二卷，颇多奇拔之语。③雍正以禅门宗匠自居，编纂《御选语录》，大讲禅道。他们所崇信的最初还是藏传佛教，后渐移到其他各宗特别是禅宗。中国佛教史上最后一部官刻佛教大藏经《龙藏》，始刻于雍正，完成于乾隆，共收佛书 1672 部，7246 卷。④雍正主张利用儒释道三教为朝廷统治服务。他指出："朕惟三教之觉民于海内也，理同出于一原，道并行而不悖。人惟不能豁然贯通，于是人各异心，心各异见。慕道者谓佛不如道之尊，向佛者谓道不如佛之大。而儒者又兼辟二氏，以为异端。怀挟私心，纷争角胜，而不相下。""儒以正设教，道以尊设教，佛以大设教。观其好生恶杀，则同一仁也。视人犹己，则同一公也。惩忿塞欲，禁过防非，则同一操修也。""朕以持三教之论，亦惟得其平而已矣。能得其平，则外略形迹之异，内证性理之同，而知三教，初无异旨，无非欲人同归于善。夫佛氏之五戒十善，导人于善也。吾儒之五常百行，诱掖奖劝，有一不引人为善者哉？""以佛治心，以道治身，以儒治世。"雍正因此主张儒释道"三教合一"，三

---

① 蒋维乔著：《中国佛教史》，团结出版社，2005，第 326–327 页。

② 《御选语录（卷 18）·御制后序》（雍正十一年癸丑九月朔日）。

③ 蒋维乔著：《中国佛教史》，团结出版社，2005，第 327–328 页。

④ 赵书廉著：《中国人思想之源——儒释道思想的斗争与融合》，吉林文史出版社，1992，第 209 页。

教共用。“三教虽各具治心、治身、治世之道，然各有所专。其各有所长，各有不及处，亦显而易见，实缺一不可者。”①

四、乾隆的佛教道教政策

乾隆（1736–1795 年在位）年间，组织人力将《大藏经》译为满文，历时 18 年；后又编修《四库全书》，被视为乾隆年间文化建设两件大事。乾隆时废度牒制度，出家漫无限制，僧尼达 34 万人。②翻译佛经的意义，在《御制清文翻译大藏经序》中说得明白：“为事在人，成事在天，天而不佑，事何能成……国语（指满语）译大藏，恐人以为惑于祸福之说，则不可不明示其义。夫以祸福趋避教人，非佛之第一义谛也，第一义谛，佛且本无，而况于祸福乎！但众生不可以第一义训之，故以因缘祸福引之，由渐入深而已，然予之意仍并不在此，盖梵经一译而为番，再译而为汉，三译而为蒙古。我皇清主中国百余年，彼三方久属臣仆而独阙国语之大藏可乎！以汉译国语，俾中外胥习国语，即不解佛之第一义谛，而皆知尊君亲上，去恶从善，不亦可乎……”③乾隆之所以要花偌大功夫翻译满文大藏经，其主要目的，并不在于要使人们了解“佛之第一义谛”（因为“众生”是“不可以第一义训之”的），而是在于要“以因缘祸福引之”，从而使人们“皆知尊君亲上，去恶从善”。这仍然是利用佛教“阴翊王度”，利用佛教巩固其统治。在满文藏经译出后，接着又刻了满文《大藏经》（同时还刊有蒙文《大藏经》），共计 108 函，699 部，2466 卷。④

第五节　佛教事务管理

一、政府管理机构、僧官体制与佛教中国化

中国对佛教事务管理始于晋代，到唐、宋时期形成了中央政权统一管理、

---

① 《道藏辑要（卷 1）·雍正上谕》，巴蜀书社，1995，第 13–14 页。

② 赵书廉著：《中国人思想之源——儒释道思想的斗争与融合》，吉林文史出版社，1992，第 209 页。

③ （清）《高宗御制文》（第 9 卷）。

④ 郭朋著：《明清佛教》，福建人民出版社，1982，第 303 页。

地方政权分层负责的管理体系，以后经历代发展，逐步完善了管理机构设置、各级管理官员选任、寺院、僧尼、活动，以及涉外佛教事务管理制度，规范了佛教管理，对保持社会稳定、维护国家统一起了一定作用。也有力地推进了佛教中国化。尤其是僧官制度的建立，符合中国实际，具有明显的中国特色。

晋代设僧司，由僧团推举僧官，设置衙署，负责维持教团的纪纲、监察戒规的执行。

南朝时由中央僧官、地方僧官和基层僧官构成的僧官系统已基本形成。中央僧官概由皇帝敕任；地方僧官一般由藩王或州郡长吏推举，由皇帝敕任。任期无严格规定。僧官一般由国家给予俸禄。

北朝时设管理全国比丘尼的最高中央僧官——比丘尼统（也作“尼统”）。南朝宋泰始二年（466）。敕尼宝贤为尼僧正。又以法净为京邑尼都维那。此则承乏之渐。梁陈隋唐少闻其事。①

北魏皇始年间（396–397），道武帝礼征沙门法果至京师，后任其为“道人统”“绾摄僧徒”②。后又设置代表中央管理全国僧务的昭玄寺（此前称监福曹），内设官属。昭玄寺内的僧官均为德业较高的出家之人。北魏僧官权力很大，其职权包括立法和司法权、人事权、佛教活动管理权（含建寺审批、寺院经济、外国僧尼管理等）。同时在鸿胪寺内设崇虚都尉，以世俗官员充任，秩从五品中。③地方各级管理佛教事务的有州统、郡统和大州都统、畿郡都统等。④后秦姚弘始三年（401）设僧录执掌佛教事务。北齐沿用魏制，设昭玄寺，置大统一人，统一人，都维那三人，以及功曹、主簿员等僧官。“以管诸州郡县沙门曹”。⑤僧官有立法司法权、人事权、

---

① （北宋）赞宁《大宋僧史略（卷中）·立僧正附立尼正》说：“北朝立制多是附僧，南土新规别行尼正。宋太始二年，敕尼宝贤为尼僧正，又以法净为京邑尼都维那。此则承乏之渐。梁陈隋唐少闻其事，偏霸之国往往闻有尼统尼正之名焉。”“梁陈隋唐少闻其事，偏霸之国往往闻有尼统尼正之名”。说明尼统之称只限于北朝。

② 《魏书·释老志》。

③ 《魏书·官氏志》。

④ 《魏书·食货志》。

⑤ 《隋书·百官志中》。

建寺审批权、对寺院和僧尼（含外国来华僧人）监管权。

北魏孝文帝（471–499 在位）下诏设立“沙门都统”，敕思远寺昙曜为沙门都统。① 北魏时期由于僧人数量增多，朝廷对僧人数量作了限制。西魏和北周（535–581）时期，僧官改称“三藏”，由皇帝敕授。中央有国三藏、昭玄三藏，地方有州三藏等。僧官职权也缩小了。

隋初设鸿胪寺所属之崇玄署管理佛教，置令、丞为正副主官。设有昭玄寺，置沙门大统、沙门统与都维那三种僧职，管理佛教事务。隋炀帝逐步废弛了中央和州、郡的僧官，加强了寺院的基层僧官，重视由僧人担任的寺院三纲（上座、寺主、维那）配置。并改佛寺为道场，改道观为玄坛，各置监丞（属鸿胪寺），由官府派员担任。② 使官府对寺观的监督直接延伸到基层。增设“外国僧主”一职，专管外国来华僧人。增设“监寺”，加强寺院管理。

唐初，僧官制度一承隋制。中央为鸿胪寺（后改为礼部之祠部），地方为州、县的有关曹属兼管。“祠部郎中员外郎，掌祠享祭、天文、漏刻、国忌、庙讳、卜筮、医药、道佛之事。”③ 高宗以后，屡有改易。武则天延载元年（694），令天下僧尼转隶礼部祠部。祠部设郎中、员外郎各一人，主事、令史、书令史数人。凡试轻度僧，由祠部给牒。僧人簿籍，三年一造。天宝六年（747）置祠部使，典领佛教事务。贞元四年（788），复置左右街大功德使、东都功德使、修功德使，管理僧尼簿籍及役使。元和二年（807），又于左右街功德使下设僧录司，置僧录等职，例由僧人充任，掌全国寺院、僧尼簿籍以及僧官补授等事（左右僧录司有时并为一职，称为两街僧录或左右街僧录）。州、县通常由州功曹、司功曹掌管。各州皆置僧正，具体掌管一州僧务。出家要考试合格才能获准。“唐中宗景龙初（707），诏天下试经度僧，山阴灵隐僧童大义诵《法华》，试中第一。”④ 唐宝历元年（825），“令两街功德使各选择有戒行僧谓之大德者考试，僧能暗记经一百五十纸、

① （北宋）赞宁：《大宋僧史略（卷中）·立僧正附立尼正》。

② 《隋书·百官志下》。

③ 《唐六典》卷之 4。

④ 《佛祖统纪》卷 51《试经度僧》。

尼能暗记经一百纸，即令与度。”①

宋代，佛教道教事务由礼部之祠部管理，“祠部郎中一人，员外郎一人，掌天下祀典、道释、祠庙、医药之政。”②中央级设左右街都僧录（亦称两街都僧录），掌寺院僧尼账籍及试经、梵修事。实行僧领籍管理等制度。对佛教僧尼出家的资格，度谍的发放，寺额的管理，都做了明细的规定。宋代禁止私度。

元代，由于蒙古贵族的扶植和支持，僧官的权力大大加强，僧官不仅掌握僧务管理权，而且主政管军，即所谓“军民通摄，僧俗并用”③，僧务机构与民事官署相交叉，僧官主政，俗官也可管理佛教事务。僧务机构先后有释教总统所、总制院、宣政院、功德使司等。地方性僧务机构为僧录司、僧正司、都纲司等。同时设宣政院管理佛教及西藏事务。至元元年（1264），元廷设置总制院，“掌浮图氏之教，兼治吐蕃之事。”④以桑哥为总制院使。同时设有“总统所”管理佛教，在僧人中选拔人员担任。至元二年（1265），“诏谕总统所僧人通五大部经者为中选。以有德业者为州郡僧录判正副都纲等官。”至元三年（1266），“以僧机为总统，居庆寿”。⑤总统所的主要职能是选拔僧官。至元二十五年（1288），桑哥向朝廷正式奏请，将总制院更名为宣政院。《元史》载：“宣政院，秩从一品。掌释教僧徒及吐蕃之境而隶治之。遇吐蕃有事，则为分院往镇，亦别有印。如大征伐，则会枢密府议。其用人则自为选，其选则军民通摄，僧俗并用。”⑥桑哥为第一任宣政使。其后由于佛教机构司法权影响国家管理，至大四年（1311），“罢总统所及各处僧录、僧正、都纲司，凡僧人诉讼，悉归有司。”十月，“罢宣政院理问僧人词讼。”为处理涉外佛教事务，至元二十八年（1291）以“吃剌思八斡节儿为帝师，统领诸国僧

① 王钦若等编修：《册府元龟·帝王·崇释氏》。

② 《续通典》。

③ 《续文献通考》卷56《职官考六》。

④ 《元史》卷205“桑哥”。

⑤ （南宋）志磐：《佛祖历代通载》卷48，载《大正新修大藏经》第49册。

⑥ 《元史》卷87《百官》3。

尼释教事”。①

明代，改礼部的祠部司为祠祭司，在中央设僧录司，处理全国佛教事务。僧录司设左右善世（正六品）等；府设僧纲司，置都纲一人（从九品）；州设僧正司，置僧正一人；县设僧会司，置僧会一人。分别处理地方各级所管辖的僧务。明朝还规定了各级僧司人员的编制，如，僧录司设左、右善世二人，左、右阐教二人，左、右讲经二人，左、右觉义二人。僧纲司设都纲一人，副都纲一人。僧正司设僧正一人。僧会司设僧会一人。对佛教事务管理在法律中作了明确规定。对僧、道出家年龄和数量等作出限制。明太祖还下令禁止僧道“交结有司”。②清朝僧官制度基本沿袭明代。但在中央的僧录司增设了正印、副印各一人，意在强化管理。府设僧纲司，设都纲一员，副都纲一员。州设僧正司，设僧正一员。县设僧会司，设僧会一员。针对一部分僧人追逐世俗名利，兼并土地，欺压百姓，诈骗钱财，暗蓄娼妓，为非作歹，甚至密谋反清等行为，清朝统治者对修建寺院、僧人出家和收徒、僧人犯法及僧人服饰等，制定了严厉的法律加以约束。

清朝政府建立了“金瓶掣签制度”，加强了中央政府对藏传佛教势力的管理力度。

民国初期，法律法令中已明确规定了宗教信仰自由，《中华民国刑法》还专设了保护宗教信仰自由的条款。这无疑是一种进步。民国二年（1913）6 月 20 日，北洋政府内务部公布《寺院管理暂行规则》，该规则共七条，分别对寺院确认、财产管理、住持继承等作出了规定。关于寺院财产的规定是：寺院财产管理由其住持负责；任何人不得强取寺院财产；寺院住持及其他关系人不得将寺院财产变卖、抵押或赠与他人，但因特别事故得呈请该省行政长官许可者不在此限。民国四年（1915）10 月 29 日，北洋政府颁布了《管理寺院条例》，分为总纲、寺院之财产、寺院之僧道、寺院注册、罚则、附则六章，凡 31 条。规定了寺院财产须申请注册；寺院财产不得抵押或处分；不得借端侵占寺院财产；荒废寺院及无僧道住守寺院财产处理等。民国十年（1921）5 月 20 日，北洋政府又公布《修正管理寺院

① 《元史》卷 16《世祖》13。

② 《明太祖实录》卷 184。

条例令》，在寺院的保护方面有所加强。根据《修正管理寺院条例》第三条规定，著名丛林及有关名胜或形胜之寺院，由该管地方官特别保护。其特别保护方法，由内务部参酌地方情形定之。内务部遂于条例颁布当年11月制定了《著名寺院特别保护通则》。该《保护通则》规定，应受特别保护之寺院分为七种，管理措施比普通寺院更为严格。北洋政府寺院管理法规，意在制止当时社会上侵占寺产的行为，以回应佛教界保护寺产的强烈呼吁，但实际实施的成效很差。为统一寺院标准，加强管理，国民政府内政部于民国十七年（1928）9月2日公布实施《寺院登记条例》，规定登记范围为："僧道住持或居住之一切公建、募建或私家独建之坛、庙、寺、院、庵、观"。登记内容有人口、不动产和法物三项。明确规定"未成年人不得登记为僧道""僧道还俗时应申请注销登记"。并规定，违反本条例，轻者可以强制使之登记，重者可以科以一百元以下罚款或撤换住持。民国十八年（1929）1月，国民政府颁布《寺院管理条例》。同年12月颁布《寺院监督条例》。《寺院管理条例》规定："凡寺院财产及僧道除本条例另有规定者外，与普通人民受同等之保护。""寺院财产应照现行税则一体投税。""有僧、道主持者，应由该管市县政府与地方公共团体以及寺院僧道各派若干人合组庙产保管委员会管理之。"《监督寺院条例》规定："寺院财产及法物为寺院所有，由住持管理之。""寺院之不动产及法物，非经所属教会之决议并呈请该管官署许可，不得处分或变更。"对于藏传佛教，民国成立初期，在设置各部官署时，民国政府决定不设"理藩"部，将蒙藏各种事务交归内务部接收，后又移入教育部管辖。内务部于民国元年（1912）4月成立"蒙藏工作处"，同年7月改为"蒙藏事务局"，管理藏传佛教事务。民国十八年（1929），蒙藏委员会将其改名为北平事务处。次年又改为喇嘛生计处（1932年，改为喇嘛寺院管理委员会，负责管理北平、热河等地喇嘛寺院）。民国二十年（1931）6月，国民政府颁布《蒙古喇嘛寺院监督条例》，共18条，涉及范围包括蒙古各旗及北平、沈阳、承德、五台、长安、归绥、甘肃、青海、东陵等处的喇嘛寺院。不论何人建立，均依本条例监督之。民国二十一年（1932），蒙藏委员会为按照《蒙古喇嘛寺院监督条例》整理前京城喇嘛印务处所辖各寺院起见，设立北平喇嘛寺院整理委员会。并于同年8月公布《北平喇嘛寺院整理委员会组织规则》。该会承蒙藏委员会的指挥监督，办理前京城喇嘛印务处所辖寺院各项事宜，阐明喇嘛教义，整饬喇嘛教规，修缮喇嘛寺院，保管喇嘛庙产，筹划喇嘛生计，领发喇嘛钱粮等，但不得干预蒙古行政及蒙旗境内各喇嘛寺院一切事项。民国二十五年（1936）修正《喇嘛登记办法》，试图建立一个完善的登记管理制度。

二、现代佛教社团及其对佛教中国化的推动

民国时期建立的佛教社会团体，是一种完全不同于历史上僧官制度的社会组织，具有民间性、自治性、合法性、正规性和非营利性等特征。在推动佛教适应社会、自我管理、维护佛教界权益等方面做了许多卓有成效的工作，进一步促进了佛教中国化。①

中华佛教总会。1912 年 3 月在上海的静安寺成立，《章程》确定了昌明佛学、普及教育、中外布教、组织报馆、整顿教规、提倡公益、振兴实业、保守权利等工作目标。在 4 年间，以上书、请愿、代理司法诉讼方式，维护佛教界权益，保护佛教正常发展。上书是《临时约法》赋予国民的一项重要的权利，中华佛教总会就充分利用这个权利，发起了多次上书，重要的共有 5 次。譬如，1913 年 8 月，太虚大师等联名上书参众两院："兹者正式国会成立，正式之宪法亦将以订定，故吁请贵院根据信教自由一条，施行承认政教分权，凡佛教范围内之财产、居宅得完全由佛教统一机关之佛教总会公有而保护之，以兴办教育慈善等事业。除佛教统一机关之外，无论何项机关或团体或私人均不能侵蚀而干涉之。"② 又如发生在 1912 年冬请愿活动，迫使袁世凯乃命内务部准许对中华佛教总会立案。北洋政府不久便废除了将寺产分为官、公、私三类的政策，强调庙宇住持僧道犯罪由其自己承担，不能没收其住持的庙产，宗教庙产不允许庙宇住持以私人名义抵押或借贷。③ 中华佛教总会存在时间不长，但它是中国佛教界的一

---

① 中国佛教总会，1912 年 4 月 11 日成立。会址设在上海留云寺。主要领导人有敬安、欧阳渐、谢元量等。提出了"保护寺产、振兴佛教"的口号，出版有《佛教日报》。一度发展到 22 个省级支会，600 多个县级分会。

② 太虚：《上参众两院书》，《佛教月刊》（第三期），1913，第 68–69 页。

③ 《内务部咨浙江都督覆陈本部对于各项祠庙意见请酌量办理文》，《政府公报》第 247 号，

次练兵和尝试，为以后的中国佛教组织提供了经验与教训！①

中国佛教会。1929 年 4 月在上海觉园成立（称中国佛学会。1930 年 3 月第二次全国佛教徒代表大会，改称中国佛教会），圆瑛任会长。以联合全国佛教徒、实现大乘救世精神、宏宣佛教、利益群众为宗旨，主要任务是举办慈善公益活动，普及平民教育，提倡农工事业，设立各种研究所，整理教规等。自成立起至 1936 年，共开过八届全国代表大会。其间，除第三届全国代表大会太虚被推为常务主席外，其余七届，圆瑛均被选为会长（后称理事长）。该会对保护寺产、发展佛教文化教育事业等作出了不少成绩。曾组织锡兰（今斯里兰卡）学法团，派青年僧侣赴锡兰留学。抗战期间，该会全力投入抗日救护工作。理事长圆瑛在上海成立中国佛教会灾区救护团。该团第一京沪僧侣救护队，在上海前线救护军民万余人。同时建立难民收容所和佛教医院，救济难民，救护抗日将士。又曾组织僧侣掩埋队，掩埋上海郊区战场的尸体。其间，理事长圆瑛两次赴南洋各地筹募抗日经费。由于理事长圆瑛等留在上海，一些随国民政府撤至重庆的理监事，在太虚、章嘉等人发起下，于重庆罗汉寺设立中国佛教会临时办事处，由太虚主持。曾筹办僧众救护队、佛教伤兵慰劳队等，并募款救济流亡难胞。抗战胜利后，成立中国佛教会整理委员会。1946 年 2 月，整理委员会由重庆迁至南京毗卢寺，太虚为常务委员。1947 年 5 月，抗战胜利后的中国佛教会第一届全国佛教徒代表大会在南京毗卢寺召开，推选章嘉为理事长。同时发表《宣言》，修订《章程》，制定“选举代表”“会员入会”“传戒”“寺院住持”“僧尼剃度”“分支会组织”“大会议事”等各种规则。1948 年停止活动。

第六节　佛教信仰中国化

佛教信仰的中国化，主要表现在信仰形态方面适应了民众的需求，形

1913 年 1 月 13 日。以上参见许效正：《中华佛教总会（1912–1915）述评》，《法音》，2013 年第 4 期。

① 黄夏年：《“中华佛教总会”研究》（下），《中国佛学》，2014 年第 2 期。

成了中国佛教内容丰富的菩萨信仰。菩萨信仰与大乘佛教有着直接的联系，是中国佛教的一个重要特色，反映了中国传统的价值取向。印度佛教中有众多的崇拜对象，如佛、菩萨、阿罗汉，在中国佛教中，菩萨信仰逐渐成为信仰崇拜的重要的对象，在中国佛教中占有核心的地位，其中一个重要原因就是受到儒家“兼济天下”精神的影响，也就是古代印度来华的高僧经常说的“震旦有大乘气象”。在中国佛教中，逐渐形成了以观音、文殊、普贤、地藏为代表的四大菩萨信仰体系，分别代表了大乘佛教的悲、智、行、愿四大精神，在此基础上，相应形成了普陀山、五台山、峨眉山和九华山四大名山道场，对于中国佛教信仰形态产生重要影响。①四大名山信仰本质属性是菩萨信仰：菩萨信仰在大乘佛教中具有重要地位，主张自度度人、自利利他、自觉觉人，其表征的理念在个人修养和人格养成方面都具有重要意义。在中国文化发展史中，四大名山信仰融合会通了作为中国传统文化代表的儒、释、道，并以其作为文化内核，同时又吸收了具有深厚群众基础的民间信仰作为重要组成部分，最终发展成为中华传统文化一种重要的代表形式。②

四大名山信仰中，尤以观音菩萨信仰更为突出和普遍。观音信仰于两晋之际传入中国，在不断适应中国社会、中国文化、中国民众的过程中，形成特有的中国观音信仰，并对中国哲学、宗教、伦理、文艺、社会生活以及思维方式、精神情趣等产生了深刻影响。③。到宋元时期，观音彻底女性化，这与当时广传的“妙善公主”传说相关。《妙善舍身救庄王》言：观音大士得道之前，为妙庄王三女，她幼小即悟佛法，长大后不愿出嫁，执意到白雀寺出家修行。庄王大为震怒，以斩首、火烧寺院等方法威逼，都未使妙善回心转意。后来庄王得了重病“破痈溃痤不治”，需用亲生骨肉的手和眼做药，才能治好。其大女、二女均不愿割手和眼为父治病。妙善得知后，为报父母恩，“慨然可取手眼予王”。“王疾愈，率宫姬百吏渡海谢，知其为季女也。”妙善之孝心感天动地，功德圆满化作观世音菩

① 纪华传：《坚持佛教中国化方向的历史根源与时代意义》，《世界宗教文化》，2017年第5期。

② 景天星：《四大名山信仰佛教中国化的智慧结晶》，《中国宗教》，2020年第4期。

③ 谢志斌：《中国古代汉地观音形象研究》，西北大学2019年博士学位论文，第3页。

萨之相。① 也就促成了中国观音信仰身世、形象各方面彻底的女性化。逐渐形成了中国特色的“三十三观音”②。以及千手观音、自在观音、渡海观音、送子观音、三面观音、南海观音等。以致中国不少地方，建佛寺只建观音山、观音庙、观音阁等，还有不少观音山、观音洞等。极大地突出了观音信仰，成为中国佛教信仰的一大特色。

第七节　佛教文学艺术中国化

佛教文学艺术中国化是佛教中国化的重要表现形式。主要体现在建筑、雕塑、戏曲以及小说、诗歌等方面。

一、佛教寺院建筑中国化

中国佛教建筑是中国传统文化浸染下形成的独特建筑形制。据《后汉书·陶谦传》载，丹阳人笮融，在徐州广陵间，“大起浮屠寺，上累金盘，下为重楼，又堂阁周回，可容三千许人，作黄金涂像，衣以锦采。”这是中国文献最早记述佛寺的文献。这座佛寺规模巨大，可容纳三千余人。所谓“上累金盘”，就是用金属做的刹，它本身就是印度窣堵波（塔）的缩影或模型。所谓“重楼”，就是汉武帝建造来迎接神仙的那种多层的木构高楼。③ 这是中国传统建筑类型与印度外传入的佛教因素的结合。是佛教中国化最早的外在体现。中国佛寺布局，基本上是采取了中国传统建筑的院落式布局方法。一般地说，从山门起，在一条南北轴线上，每隔一定距离，

① 周心慧编：《中华善本珍藏文库（第4辑）·南海观音菩萨出身修行传》，中国致公出版社，2001，第808–823页。

② 杨柳观音、龙头观音、持经观音、圆光观音、游戏观音、白衣观音、莲卧观音、泷见观音、施药观音、鱼篮观音、德王观音、水月观音、一叶观音、青颈观音、威德观音、延命观音、众宝观音、岩户观音、能静观音、阿耨观音、阿摩提观音、叶衣观音、琉璃观音、多罗尊观音、蛤蜊观音、六时观音、普慈观音、马郎妇观音、合掌观音、一如观音、不而观音、持莲观音、洒水观音。

③ 梁思成：《中国的佛教建筑》（上），《意林文汇》，2017年第12期。梁思成（1901–1972），广东新会人，中国著名建筑史学家、建筑师、城市规划师、教育家，曾任中央研究院院士、中国科学院哲学社会科学学部委员。

就布置一座殿堂，周围用廊庑以及一些楼阁把它们围绕起来。这些殿堂的重要性，一般地是逐步加强，往往到了第三或第四个殿堂才是庙宇的主要建筑——大雄宝殿。大雄宝殿的后面，在规模比较大的寺院可能还有些建筑。这些殿堂和周围的廊庑楼阁等就把一座寺院划为层层深入、引人入胜的院落。在最早的佛寺建筑中，佛塔的位置往往是在佛寺的中轴线上，有时在山门之外，有时在山门以内。但是后来佛塔多不放在中轴线上而建立在佛寺的附近，甚至有相当距离的地方。中国佛寺的这种院落式的布局是有它的历史和社会根源的。除了它一般地采取了中国传统的院落布局之外，还因为在历史上最初的佛寺就是按照汉朝的官署的布局建造的。我们可以推测，用寺这样一个官署的名称改做佛教寺院的名称，那么，在形式上佛教的寺很可能也在很大程度上采用了汉朝官署的寺的形式。①

二、佛塔中国化

佛塔简称塔，起源于印度，梵语音译“窣堵波”（Stupa）或浮图、浮屠、佛图，意译为方坟、圆冢、灵庙、高显处等。早期主要用于收藏舍利。后亦用于收藏经卷、佛像、法器，庄严佛寺。中国原本无塔，故汉语中的“塔”字，是魏晋译经时，按既象形又表意近音的规则新造的。传说佛祖释迦牟尼的弟子曾问佛陀，怎样做才能表示弟子们对他的忠心和虔诚。佛陀听后，将身上披的方袍平铺于地，再将化缘钵倒扣在袍上，然后把锡杖竖立在覆钵上——这便是塔的雏形。释迦牟尼圆寂后，弟子们按照他的暗示，建了八座塔供养其舍利，并作礼拜之用，以表示自己的虔信。由此产生了印度佛塔。其结构为覆钵状圆坟形，上饰竿和伞。上面的部分后来发展为相轮，即在塔顶竖一根金属刹，用七重或九重铁环套在刹身。到印度阿育王时代（公元前 273–232 年），阿育王造了八万四千舍利塔（高仅几十厘米）送往世界各地，“塔”这种建筑式样便随之传播开来。

公元 1 世纪，塔随佛教传入中国。经东汉至南北朝与中国传统文化和建筑风格融合，得以迅速发展，呈现出崭新的姿态，式样也起了很大变化。形成了楼阁式、密檐式、亭阁式、华式、覆钵式、金刚宝座式以及过街式、

① 梁思成：《中国的佛教建筑》（上），《意林文汇》，2017 年第 12 期。

门式、宝箧印经式等结构形式和艺术造形。在一千多年间，中国各地建造了数以万计的木塔、砖塔、砖木塔及铜塔、铁塔、陶塔、琉璃砖塔，为后世留下了一份珍贵的艺术财富。

东汉明帝时都城洛阳修建了中国第一座佛教寺院——白马寺，就依院建了中国最早的楼阁式塔。其后东汉中平五年到初平四年（188–193），笮融在徐州建浮图祠，“上垂铜盘九重，下为重楼阁道，可容三千余人”，规模宏大，气势雄伟（《三国志·吴书》）。《魏书·释老志》说：“凡宫塔制度，犹依天竺旧状而重构之，从级至三、五、七、九”，可见在这个时期，塔不仅在中国大地生了根，而且已初成定制。此制一直沿袭下来，塔层多为单数，一般是 7 层或 9 层，多的达 17 层。塔形通常为平面正方形和八角形，也有六角、十二角形。

东汉至隋唐时期所建的塔，主要是楼阁式和密檐式两大类，建筑材料为木或砖，由于木结构塔经不住风雨侵蚀，又容易发生火灾，因而隋唐前的木塔已无一存，只能从壁画、石刻和文献中了解它的造形结构。现存最早的木塔为建于北宋前期（约 1000 年）的敦煌慈氏塔和建于辽清宁二年（1056）的应县释迦塔，慈氏塔小巧玲珑，空灵秀美。释迦塔敦厚浑朴、伟然挺立，均有极高的艺术价值。砖塔保存下来的较多，著名的楼阁式砖塔有唐代西安慈恩寺大雁塔和兴教寺玄英塔等；密檐式砖塔最早和最有影响的有北魏嵩岳寺塔、西安荐福寺小雁塔、河南登封法王寺塔、云南大理崇圣寺千寻塔等。

到五代、两宋时，楼阁式和密檐式塔又发展为砖身木檐楼阁式塔（如上海龙华塔等），砖石楼式塔（如河北开元寺塔等），砖石密檐塔（如南京栖霞寺舍利塔等）。楼阁式塔，内部均有楼层可登，塔内有暗层，所以塔的实际层数往往多于外观楼层。密檐式塔则与此相反，它的檐层往往多于内部楼层，塔檐间无窗柱，实心的、不能登临的居多。楼阁式和密檐式塔受中国传统建筑影响最深，是中国塔中最有代表性的，其后的不少支系（如亭阁式、华式等）都是由它们派生的。早期的塔均建得异常高大，如史书记载最高的木塔——洛阳永宁寺塔（今已不存），高达千尺，耗资巨万，百里以外都能望见。如此大兴土木建造佛塔，是中小寺院及一般信众望尘莫及的。因此，一种将塔与中国亭阁建筑结合的亭阁式塔便应运而生了，这类塔的下部为一个木结构的圆形、方形或六边形亭子，上部加一小阁或带有相轮的刹，它省工省料，易于建造，故墓塔多采用这种形式。山东历城四门塔，河南登封会善寺净藏禅师塔，山西五台佛光寺祖师塔等，都是现存最具代表性的亭阁式塔。

元代，覆钵式塔再度由尼泊尔传入中国，各地大量兴建，成为古塔中数量最多的一种，北京妙应寺白塔、山西五台山塔院寺白塔等，在这类塔中最为著名。明代以后，别的塔型已趋不振，覆钵式塔仍继续发展，瓶状塔形也由粗巨雄浑转向纤瘦清丽。因藏语系佛教建塔常采用这种形式，故被称为喇嘛塔、藏式塔。宋以后，随着华塔的兴起，这两种塔便逐步取代了亭阁式塔。所谓华塔，是因其外形似花而得名，它的塔身上半部装饰各种繁复的花式，有巨大的莲瓣、密布的佛龛，或塑制出各种佛、菩萨、天王力士及一些动物形像，如同一巨大花束，华塔与楼阁式塔同出一系，在宋、辽、金 200 多年间最为兴盛。

密宗兴起后，金刚宝座式塔于明代传到中国。它主要是供奉金刚界五部的主佛（五方佛），故塔上列中央大、四隅小的五座塔，也象征须弥山五形。塔座上还布满了五方佛各自的坐骑的浮雕，塔顶增加了中国式琉璃瓦罩亭，塔身按中国传统雕刻斗拱、柱子、椽飞、瓦陇。金刚宝座塔今存实物仅 10 余处，为明清建筑，其中北京真觉寺金刚宝座塔、山西五台圆照寺金刚宝座塔都较有名。宝箧印经式塔是一种特殊塔形，传说西晋泰始年间（265–274），有个叫刘萨诃的从地下挖出一个青色小塔，“高一尺四寸，广七寸”，塔利有五重相轮，四面有雕刻，里面藏有佛舍利。人们都认为这是阿育王所造八万四千塔之一，由于此塔与五代时吴越王钱弘仿阿育王所造塔（形似宝箧，内藏印经）相似，以致后人对刘萨诃从地下挖出塔的记载也产生了怀疑。这种塔因其体积小，易运用和保存，所以流传亦快，宋以后还有新发展，如建于明代的开元寺宝箧印经式塔（高 4.2 米）即为一例，该塔至今仍为建筑学家所重视。

塔受中国建筑和文化传统的影响是多方面的。每类塔都有自己的演化过程，即使同一类塔，因建造时间、地理环境、文化习俗不同，也会各有所异，因此，可以说在中国现在的塔中，找不出完全相同的两座塔。塔的分类，只是大略分为以上几种，实际上就样式而言，还有九顶式、阙式、圆筒式等。

就结构而言，还有钟形塔、球形塔、经幢式塔和高台列式塔、组合式塔等。①

三、佛教雕塑中国化

东汉永平十一年（68），汉朝使臣蔡愔、秦景由天竺求经返回，携回了佛经及释迦立像，佛教雕塑艺术中国化由此肇始。三国时期康僧会等到南方佛教活动中心吴都建业，建寺院，造佛像；道安在襄阳檀溪寺铸丈六释迦金像；戴逵在瓦官寺雕丈六无量寿木像及菩萨像等。可惜汉魏时期佛教造像今存实物极少，不能窥其全貌了。

南北朝时期，造像也颇为兴盛，南朝造像多为泥塑，而北朝则以石窟为主。南朝宋、齐、梁、陈各代帝王都崇信佛教。尤其是梁武帝，笃信佛教，四次舍身入寺，并大建寺院，造佛像。因此，仅梁朝便拥有寺院近3000座，造像不计其数。此外陈文帝曾造金铜佛像百万躯，宣帝造金铜佛像二万躯，在当时也颇有影响。北魏文帝在大同开凿了云冈石窟；孝文帝迁都洛阳后，为纪念母后，开始营造龙门石窟。雕琢有大量佛、菩萨、天王力士，供养人像及佛经故事，场面宏大，工艺高妙。如云冈20窟露天大佛，飞壁主尊高13.7米，结跏趺坐，双手作禅定印，唇厚、鼻高、目长、颐丰、肩宽，雄伟肃穆。雕刻技法上既继承了秦汉时代的传统，又大胆地吸收、融合了中亚、印度佛教造像风格。又如，龙门石窟宾阳中洞两块各高2米、宽4米的浮雕“帝后礼佛图”，更是精美的艺术瑰宝。画面上分别以孝文帝和文昭皇太后为中心，前簇后拥，组成南北相对的礼佛行进队列，场面宏大，人物众多，层次分明，动静相应，被视为超绝之作。这一无价之宝，于1943年被盗往国外，现分别藏于美国堪萨斯城纳尔逊艺术馆和纽约市艺术博物馆。

隋唐是我国雕塑艺术史上取得辉煌成就的时期，作品绚丽多姿，技艺成熟完美，充分显示了豪迈、蓬勃向上的时代气魄。隋代，塑像开始由“梵式”向“汉式”转变，一扫北魏以来“清癯瘦削”技法，追求雍容华贵之风日渐：塑像面目丰满，鼻梁降低，耳朵加大，面部轮廓柔和自然。唐代是中国佛教造像的黄金时期，塑像已经走上独立发展道路。佛像面容温和、慈祥，

---

① 纳光舜：《话说佛塔》，《佛教文化》，1997年第3期。

神情庄严、从容，服饰华美、艳丽；菩萨像头戴宝冠，胸垂璎珞，手足戴环钏，面容圆润，袒胸露臂，表现了女性的善良、智慧和尊严；天王像突出了男性的健美，显示了阳刚之美。隋代佛教造像达数百万躯。据记载，仅礼部尚书张颖就出资铸造鎏金、佛像十万躯，浙江天台山和尚智顗造鎏金、檀木等佛像80万躯。隋代小型鎏金铜造像流传下来的较多，艺术水平都较高。1974年陕西西安出土的隋代“弥陀鎏金铜佛像”，就是一件保存完好、制作精美的有代表性的作品。现存隋代石雕佛像较多，有不少精品已流落国外，现藏美国波士顿博物馆的石雕观音立像是现存隋代观音像中最精美的一件。该像高2.49米，身体略向前倾，头部微俯，腰肢向前左侧凸出，比例适中，体态自然，富有女性特征，面部及帔帛、饰物处理极为细腻。整个造像华丽庄严，雕琢技法高超。隋代的石窟艺术也很出色，尤以莫高窟、天龙山、玉函山、驼山、云门山最为突出。如，莫高窟隋代塑像达350躯，其中保存完好的有140余躯。塑像尺寸大，彩绘与塑作的结合更加讲究，色彩绚丽，并一改北魏以来“清癯瘦削”式样，造形丰厚圆润，表情温和可亲，脱“梵”入“汉”之迹甚明。唐代，由于社会生产力和科学技术发展，为雕塑艺术的繁荣提供了优裕的物质基础和技术条件，这个时期佛教造像数量多，规模大，工艺精巧，形式繁复。造像更加中国化，更充满时代精神，更贴近现实生活。足以展现唐代佛教造像面貌及成就的，当推龙门、天龙山及莫高窟三处石窟中的唐代造像。龙门唐代洞窟，重要的有十多个，最杰出的是皇室具名营造的奉先寺，其中主要造像九尊，以本尊卢舍那大佛为中心，两侧二罗汉、二菩萨、二天王、二力士，左右对称侍立。本尊卢舍那佛坐像，通高17.14米，庄严慈祥，气宇宏大，代表了唐代佛像雕刻的最高水平。天龙山唐代造像较好地反映了这一时期佛教绘画及造像流行的“曹衣带水”式样，艺术处理很成功。敦煌莫高窟现存490多个洞窟中，唐代洞窟约占一半，共有塑像670余躯，规模宏大，内容丰富，细致生动，真实自然。

五代时期佛教雕塑，融入了较多中国雕塑因素。杭州烟霞洞十六罗汉像，自然生动，富于变化；南京栖霞山舍利塔束腰部分的“释迦八相”浮雕，构图层次分明，疏密适度，富丽精致，自然活泼，堪称五代佛教雕塑之杰作。

宋代石窟造像较有代表性的是陕北和四川两地，又以四川最为典型。

如四川大足北山窟龛造像，起于唐代，止于南宋绍兴年间，有窟龛264个，大小造像3664躯。其中宋代部分最为突出，如136窟众观音像，个个端庄秀丽，雍容华贵，神情沉静温和，个性特征突出，无有雷同之感。大足宝顶造像万余躯，题材广泛，名目繁多，布局合理，制作精细，以朴实、自然、生动见长，风格倾向大刀阔斧，重视整体效果。

元代保持隋唐风格的佛教造像为数亦不少，特别值得一提的是英宗至治元年（1321）在北京卧佛寺用50万斤铜铸造的卧佛像，此像长5米余，右手支颐，左臂伸直放在腿上，体态自如，比例匀称，实在是一件了不起的古代铜铸艺术品。

明清时期佛教雕塑绝大部分属于寺院雕塑，今存古代作品，也以这一时期为最多。明代因统治者支持汉地传统的佛教宗派，故禅、净、律、天台、华严诸宗逐渐恢复发展，寺院塑像也随之转为"汉式"。保存较好、艺术价值高的明代塑像多集中在北京，如大觉寺三十诸天像，形像丰满、端庄、动态变化合度、自然；延寿寺观音铜立像，设计独特，造形精美，充分展示了明代雕塑艺术风格。

清代雕塑中也有不少上乘之作，如河北承德普宁寺木雕千手千眼观音像，完成于乾隆二十年（1755），由松、柏、杉、榆、椴五种木料拼合后雕成，像高22.23米，重约110吨，它不仅是清代，也是我国古代最大的木雕像。此外，四川新都宝光寺、武汉归元寺、昆明筇竹寺等寺院所塑五百罗汉，均千姿百态，变化多端，动静相应，彼此关联，刻画十分逼真，艺术价值颇高。

四、佛教绘画中国化①

中国佛画是印度佛教绘画艺术与中国绘画艺术相结合的产物，其内容包括非情节性的（如佛、菩萨、罗汉等）和情节性的（如佛传故事、经变故事等）两类。

佛画于汉代传入中国，晋袁宏《后汉纪》说："初，明帝梦见金人……于是遣使天竺，而问其道术，遂于中国而图其形像焉。"《魏书·释老志》

① 纳光舜：《话说佛画》，《佛教文化》，1997年第4期。

记载更为具体："自洛中构白马寺，盛饰佛图，画迹甚妙，为四方式。"白马寺是中国第一座寺院，寺中所作壁画，当是中国最早的佛画。

据史载，汉代蔡愔、康僧会等人均从西域带回佛像画本。画家曹不兴最早接受这种来自西域的佛画的影响，堪称中国佛画的始祖。西晋画师卫协亦擅此道，他是曹不兴的学生，其画精工细密与粗犷简略兼有。东晋顾恺之进一步发展卫协的技法，讲求形神兼备，他首创《维摩诘像》"有清羸示病之容，隐几忘言之状"。达到了较高的艺术水平。与顾恺之同时代的戴逵，虽不是专业画家，但其佛画在南北朝却很有名气，他善于将民族风格和个人生活感受融于佛画之中，其所作瓦官寺大殿外文殊壁画颇有影响。东晋高僧慧远在庐山东林寺建筑龛堂，请画师用淡彩图写佛形，"色凝积雪，望似烟雾，晖相炳娘，若隐而显"，不失为早期佛画之杰作。

南北朝时期，佛教大兴，寺院绘画之风盛极一时。刘宋陆探微的天宁寺惠明板像、灵基寺瑾统像，一时称妙。北齐曹仲达，来自中亚曹国，其早期绘画，西域风格甚浓。后久居中原，吸收中国传统技法，创立"曹家样"，为唐代盛行的四大式样之一。特点是"其体稠叠，衣服紧窄"，有明显的印度热带衣饰特点。后与吴道子所创"吴家样"并称，曹画衣紧如湿沾体上；吴画衣带宽博，动感强烈，所谓"曹衣出水，吴带当风"正是对两家风格的生动写照和高度概括。

梁代画家张僧繇，善画佛像，其所创造的绘画技艺，称为"张家样"。他对来自印度的绘画技法——晕染法的吸收和对中国绘画的发展，在佛像中国化方面，起了重要作用。张僧繇作画笔法简练，《历代名画记》描述说："笔才一二，而像已应焉，因材取之，今古独立。"他的佛画改变"秀骨清像"的特点，使形象比较丰腴。

隋代，画师郑法士、田僧亮和杨契丹画技出众，名扬京师。三人曾在光明寺画塔，画成，深受赞誉，"是称三绝"。杨契丹还为宝刹寺画壁，其中《佛涅槃变》《维摩变》"亦为妙本"。此外，著名画家展子虔还画过一些构图宏伟、情节丰富、人物众多的大壁画，如《八国王分舍利》等。

唐代，佛画的发展空前绝后。据统计，这个时期以道释人物为题材的壁画达数万堵，著名的画师 70 多位。西域人尉迟乙僧擅长西域画法，技法特点是"铁线描加凹凸法"。粗硬遒劲的圆笔线条结合印度艺术的晕染法，较好地表现了佛、菩萨形象及西域风情，他后来还掌握了中原传统的线型勾勒，增强了作品的表现力和感染力。他的作品十分丰富，其画风极大地影响了唐一代的画家。盛唐画家吴道子被誉为“画圣”，一生创作了400多堵壁画，观者蜂拥喧呼，传世的《天王送子图》笔墨雄放，流畅而有变化，表现云鬓飞动，肤脉相连，甚为真切，使人物八面生动，有衣带飘扬飞举之感。他在慈恩寺塔前画文殊、普贤像及西南下画降魔变相，深为人称道。赵景公寺壁画中的执炉天女，使人感到“窃眸欲语”，菩提寺中的舍利佛，观之有“转目视人”的感觉。所画天王力士威武健壮，强悍有力，“虬须云鬓，数尺飞动；毛根出肉，力健有余”，“变相人物，奇踪异状，无有同者。”艺术感染力极强。他将以线条造形的中国画推向了顶峰，标志着中国佛教画体系的最终完成。

宋代以后，寺院壁画失去了繁荣的势头，但仍出现了众多以画释道人物为主的画家，仅宋代就达57位，占画家总数的百分之二十八，且留下了不少的佳作。如北京汴京大相国寺内的《阿育王变相》《降魔变相》等大型壁画，均出自名家手笔。此外，河北正定静志寺塔基地宫壁画《梵王礼佛图》，山西高平县开化寺壁画《说法图》，苏州瑞光寺塔木函彩画《天王像》，也有很大影响。又如莫高窟三窟元代十一面千手千眼观音，一改怪诞异常的画法，把千手千眼画得像花瓣一样美丽，使人觉得自然，悦目，给人以美感。此外，明代所作北京西郊法海寺壁画《帝释梵天图》，其画面将梵天的肃穆、天王的威武、功德天的智慧、天女的俊丽、爱之母的温柔和小孩的天真刻划得细致入微，十分生动。其笔力挺拔，线条流畅，色彩绚丽，艺术价值颇高。清代所作山西大同华严寺大雄宝殿壁画，高达6.4米，面积887.25平方米，十分壮观，如此鸿篇巨制，全国罕见。

中国佛教绘画发源于印度佛教向中土的传播时期，是中印两大民族间的文化交汇，后来发展成一枝独特的艺术奇葩，有浓厚的中印传统风格，在中国美术史上占有重要地位，除其宗教含义外，有极高的艺术价值和欣赏价值。

五、佛教中国化在中国戏曲、舞蹈中的表现

佛教与中国戏曲有着密切联系。魏晋后，随着佛教在中国的传播，佛

教形象、佛教仪式及佛教思想，逐步融入早期戏曲中，促进了中国戏曲的发展。佛教影响中国戏曲最主要是佛教史实，诸如出自佛经的故事，以及观音显迹、僧尼高风、僧俗交通、神僧异行等，作为戏曲创作素材，丰富了戏剧的内容，其影响深远、内涵丰富、特色鲜明。

（一）佛教文化对中国戏曲、舞蹈表演内容的影响

中国戏曲、舞蹈中多有佛教内容，而且较多地体现了佛教中国化特点。南朝梁代学者宗懔所著《荆楚岁时记》（卷上）有这样的记述："十二月八日，为腊日……村人并系细腰鼓，戴胡公头，及作金刚、力士以逐疾……"①佛教中的金刚、力士形象出现在民间的游艺表演活动中，显然是吸收了佛教出像仪式的内容，可见外来的佛教舞乐，在当时的中国民间已有较广泛的影响，并且融入了本土，融入了民间。

同时，戏曲反映佛教中国化也较多。南宋洪迈《夷坚志·优伶箴戏》这样描述当时的一出戏："又尝设三辈为儒、道、释，各称诵其教……至僧，僧抵掌曰'二子腐生常谈，不足听。吾之所学，生老病死苦，曰五化。《藏经》深奥，非汝等所得闻，当以现世佛菩萨法理之妙为汝陈之。盍以次问我。'"②接着是关于生、老、病、死、苦之问答。扮演僧人者，在以佛理解答提问的同时，针砭时弊，警醒众生。元代这类剧作更为丰富。例如元杂剧家范子安《陈季卿误上竹叶舟》内容为：终南山青龙寺的惠安和尚"自幼攻习儒业，中年落发为僧"，全真教真人吕洞宾偏偏就在这青龙寺的佛刹之中度脱儒生陈季卿出家为道。道、释、儒三家竟如此和睦地携手共舞于红氍毹之上。③展示了儒释道三教合一思想。《白蛇传》几乎家喻户晓。最早见于明末冯梦龙《警世通言》。故事情节较简单：说南宋绍兴年间蛇妖化作美女白素贞，她与侍女青青在杭州西湖遇许仙（初名许宣），一见钟情。婚后白娘子屡现怪异。许仙求镇江金山寺高僧法海，法海赠许一钵盂，

---

① （南朝·梁）宗懔：《荆楚岁时记》（卷上）。

② （南宋）洪迈：《夷坚志·优伶箴戏》。

③ 郭英德著：《世俗的祭礼——中国戏曲的宗教精神》，北京：国际文化出版公司，1988，第73页。氍毹（qú shū），古代演戏地上多铺地毯，故"氍毹"代指舞台。

令罩住其妻。后法海将钵盂置雷寺峰前，并造七级宝塔，永镇白、青于塔中。后世根据此传说又添加了一些符合大众欣赏习惯的情节，得以流转至今。虚云法师认为“水浸金山寺的故事，儒书中有载，佛书中没有，可见不是事实。金山现在还看得到法海洞，小说又把它拉到雷峰塔和飞来峰上去，更是无稽之谈。”可见《白蛇传》明显展示了明清儒释道文化的融合的特点。

南宋孟元老《东京梦华录·中元节》载：“七月十五日，中元节。……自过七夕，便般《目连救母》杂剧，直至十五日止，观者倍增。”“目连救母”为佛经故事，在我国民间流传久远。唐代即有《大目连冥间救母变文》，说的是目连之母刘氏，生前悭吝作恶，死后堕入地狱。目连是个孝子，他求佛救度其母。佛祖让他每年七月十五日设盂兰盆会，这样便能使其母得救。后来母子果同升天界。这出戏在当时能连演8天，可见情节已较为曲折复杂。剧中将佛教关于轮回报应、冥界地狱、礼佛敬僧的理论与儒家所主张的“孝道”结合起来，成为中国古代戏曲中以佛经故事为题材、影响较最广泛的一出戏。在宋代戏曲剧目尚不多、排演经验亦不足的情况下，这样的连台戏，对戏曲剧本创作和表演是有重要借鉴作用的。目连戏内涵丰富，生命力极强，在不同社会形态下均得以保留，影响了大半个中国，延续了一千多年，它本身就是佛教与中国戏曲结合的产物。具有明显的中国化特色。

在当代，佛教文化影响日益扩展，佛经故事《盲人摸象》《水中捞月》《九色鹿》等①，曾入选小学课本，还改编为动画片。近年来，中国舞蹈家运用佛教壁画素材，创作出《反弹琵琶》等影响广泛的舞蹈。2000年以来，以著名的敦煌石窟为题材而创作的舞剧《大梦敦煌》，自搬上舞台后，已上演数百场，足迹遍及世界多个国家，先后获得过“荷花奖”“文华奖”和“五个一工程奖”等多项荣誉。而以著名佛教寺院少林寺为主要场景、以少林武僧为主要内容、以少林武术为基本素材的大型舞剧《风中少林》，由于舞蹈精湛、武术威猛、舞美灯光新奇、故事情节紧凑，获得中国舞蹈最高奖“荷花奖”金奖，并成功入选2005-2006年度国家舞台艺术精品工程。在2005年的春晚上，著名导演张继钢执导的舞蹈《千手观音》引起了巨大轰动，随后，太原市组织强大的主创阵容历经7年打造了舞剧版《千手观音》。

① 三个故事分别出自《大般涅槃经》《摩诃僧祇律》《九色鹿经》。

该剧于 2011 年 1 月 27 日至 2 月 1 日在国家大剧院举行首演。其后又进行巡演。

（二）佛教文化对中国戏曲、舞蹈表演形式的影响

中国戏曲在佛教影响下，产生和保留最多的是“观音戏”“目连戏”“布袋和尚戏”“达摩戏”“济公戏”“度脱戏”“西游记系列戏”以及众多的高僧、神僧戏等。仅元杂剧中就有《半夜雷轰荐福碑》《布袋和尚忍字记》《花间四友东坡梦》《月明三度临歧柳》《地藏王证东窗事犯》《陈季卿悟道竹叶舟》《玉萧女两世姻缘》《庞居士误放来生债》《龙济山野猿听经》《神奴儿大闹开封府》《朱砂担滴水浮沤记》《志公和尚问哑禅》《刘泉进瓜》《哪吒太子眼睛记》《船子和尚秋莲梦》《石头和尚草庵歌》《秦太师东窗事犯》《佛印烧猪待子瞻》《行孝道目连救母》。[①]

剧作家及文人学士的佛教内容剧本更多。例如，元杂剧奠基人关汉卿《泗洲大圣锁水母》；元杂剧家吴昌龄《唐三藏西天取经》；元杂剧家李寿卿《月明和尚度柳翠》；元杂剧家尚仲贤《洞庭湖柳毅传书》；元杂剧家郑廷玉《布袋和尚忍字记》；元代杂剧家李好古《沙门岛张生煮海》；元末明初杂剧家杨讷《西游记》；元杂剧家范子安《陈季卿误上竹叶舟》等 50 余部。如，元代剧作家李寿卿所作《月明和尚度柳翠》，从主题到具体细节，都取自佛教，可以看作是借佛教内容增强戏曲艺术效果的一个典型例子。剧中说：南海观音净瓶中的柳叶，偶染微尘，被贬到人间，转生为美女柳翠，在杭州沦落于风流场中。罗汉月明奉命化身和尚度化柳翠。该剧宣传了佛教清净生活的美好和超脱尘俗的精神。虽是度脱戏，却充满人情味，有些对白还颇具哲理。元代另一位剧作家郑廷玉所作《布袋和尚忍字记》剧情为：汴梁富户刘均佐为罗汉转世，他积钱守财，自私自利。弥勒佛化为布袋和尚前往开导，终使刘均佐信佛。并成为护法罗汉。将中国传统伦理观念与佛教思想较好地结合起来，在宣扬佛教四大皆空超脱思想的同时，又显现中国传统观念和神仙故事情节，语言浅近风趣，比喻贴切生动，情节生动曲折，富于戏剧性。明清时多为其他剧种移植。佛教史实入戏曲，扩大了戏曲反

---

① 颜长河主编，安葵副主编：《戏曲研究》（第 31 辑），文化艺术出版社，1989，第 2–3 页。

映社会生活的范围，进一步满足了观众的精神需求，佛教形象走上舞台展示威仪，他们能为人所不能为，使观众深入到戏中去吐纳爱憎、宣泄怨愤，让人产生联想，扩大实际效果。这种作用和客观需要，又反过来推动了戏曲创作。

（三）佛教文化与中国戏曲、舞蹈表演内容的融会

佛教变文对中国戏曲也有一定影响。六朝时佛教就产生了一种佛经讲唱形式，谓之“唱导”，主要是宣讲佛理，演唱佛教故事或史诗传说。南朝梁代僧人慧皎《高僧传》（卷 15）说：“唱导者，盖以宣唱法理，开导众心也。”在其发展过程中，为适应民众需要，又将讲经文改写成白话，以吸引更多的听众，使村夫农妇都能听明白。这种具有表演性的变文的艺术效果很好。据慧皎描述：“谈无常则令心形战栗，语地狱则使怖泪交零，征宿因则如见往业，核当果则已示来报，谈怡乐则情抱畅悦，叙哀戚则洒泣含酸。于是，阖众倾心，举重侧伦，吾体输席，碎首陈哀，各各弹指，人人唱佛……”可见俗讲的魅力之大。到了唐代，俗讲已相当发达。韩愈《华山女》诗云：“街东街西讲佛经，撞钟吹螺闹宫庭。广张罪福资诱胁，听众狎洽排浮萍。”这时的俗讲不仅内容广泛，而且听众已遍布各阶层。为适应这种需要，僧、俗作者以原有的俗讲题材为基础，汲取中国古代说唱文学的表现形式、手法，编写出变文，以供俗讲之需，使这种形式自成一体，并相对固定下来。在僧俗作者参与的这种再创作过程中，变文的内容在佛教经义、佛经故事的基础上，逐步增添了历史故事。民间传说及反映当时社会生活的题材，前者如《维摩诘经变文》《降魔变文》《大目连冥间救母变文》《地狱变文》《庐山远公话》等；后者有《伍子胥变文》《王昭君变文》《孟姜女变文》《张义潮变文》《张淮深变文》《孝子董永变文》等。变文语言浅显，通俗易懂；讲唱结合，形式活泼；故事连贯，艺术性强；情节曲折多变，富于传奇色彩；每事均喻佛理，创作意图明确。这些特点，对中国的说唱艺术，如诸宫调、鼓子词、弹词、平话的形式和创作手法均有明显影响。如《降魔变文》，讲述佛及其弟子们战胜外道邪魔的故事，表现了正义者勇敢、坚定、无所畏惧的斗争精神，情节生动，描写细腻，扬善抑恶，褒贬分明，符合中国民众的欣赏习惯和审美意识，为人们所喜

闻乐见，有一定教育意义。类似这样题材、内容、情节和结构形式的变文，稍加改编，即可成为一出好戏。故南戏、金院本、明清传奇及历代杂剧中，都有由变文演化而成的剧本。

佛曲也是影响中国戏曲的重要因素。佛曲是以乐曲旋律配以佛经偈颂谱成的歌曲，或描述佛教精神的乐曲。佛曲传入中国，在时间上先于佛教，在早期的传播和影响上也大于佛教本身。《晋书·乐志》云："张博望入西域。传其法于西京，惟得《摩诃兜勒》一曲。李延年因胡曲更造新声二十八解，乘舆以为武乐。"张骞于公元前 139 年－前 119 年间，两度出使西域，此时佛教尚未传到中原，但张骞带回了这首《摩诃兜勒》佛曲，受到音乐家李延年的重视，李延年将其改编成一组多达 28 首的军乐，使其艺术价值大增。到南北朝时，佛曲传入的途径增加，数量增多，影响渐广，并日益与中国传统戏曲结合。《隋书·音乐志》载："西凉者……其歌曲有《永世乐》、解曲有《万世丰》、舞曲有《于阗佛曲》。"《旧唐书·音乐志》也说："自周隋以来……鼓舞曲多用龟兹乐，其典度皆时俗所知也。"《佛学大辞典》"佛曲"条也记道，《西河诗话》曰："佛曲在隋唐有之，非始金元，如唐乐府有普光佛曲、日光明佛曲等八曲，入婆陀调；释迦文佛曲、妙华佛曲等九曲，入乞食调；大妙至极曲、解曲，入越调；摩尼佛曲，入双调；苏密七具佛曲、日腾光佛曲，入商调；弥勒佛曲，入征调；婆罗树佛曲等四曲，入羽调；迁星曲，入般涉调；提梵，入移风调。"在敦煌发现的史料中，唐代佛曲就有 200 多首。在《高僧传》《续高僧传》《宋高僧传》及《佛祖统纪》等书中，还记录了不少佛教音乐家，其中少康、文淑、段善本等，成就卓著，影响亦大。唐赵璘《因话录》说："有文淑（溆）僧者，公为聚众谭说……听者'填咽寺舍，瞻礼崇奉，呼为和尚'。教坊效其声调，以为歌曲。"这些佛教音乐家，在灵活运用佛曲的同时，还注重学习中土民族民间音乐，大大增进了宣教效果，成为民间艺人和教坊效法的对象。又如，元代李行道《包待制智赚灰栏记》，即取自佛教的《贤愚经》中"国王断案"的故事，经云："见二母共争一儿，诣王相言。时王明黠，以智权计，语二母言：'今唯一儿，二母召之，听汝二人，各挽一手，谁能得者，即是其儿。'其非母者，于儿无慈，尽力顿牵，不恐伤损；其生母者，于儿慈深，随从爱护，不忍曳挽。王鉴真伪，语出力者：'实非汝子，强挽他儿，今于王前，道汝事实。’即向王道：‘我审虚妄，枉名他儿。大王聪圣，幸恕虚过。’儿还其母，各尔放去。”在李行道剧本中，整个结构形式几乎无变化，只是人物中国化了，以包公取代国王，以富商马均卿之妻、妾为二母，情节也是中国式的，即恶人诬告，清官审理，公正判决，圆满结局。当然，像这样利用佛典改编成剧本的情况，并不多见。

佛教舞蹈是娱神和传教的重要手段。佛教发源地古印度为歌舞之乡，佛教创立后，舞蹈被用于宣教活动。佛舞既表达了信众对佛的虔诚和敬仰，又能获得较好的宣传效果。这种习俗随佛教传入后，渐与中国本土舞蹈结合，得到较快发展，效果很明显。北魏杨衒之《洛阳伽蓝记》（卷1）描述景乐寺佛教舞蹈说：“至于大斋，常设女乐，歌声绕梁，舞袖徐转，丝管寥亮，谐妙人神……得观者，以至为天堂。”如此热闹而华丽的场面，优美而生动的表演，有极强的艺术感染力，它比起枯燥的说教来，更能吸引听众。其后，由于帝王的喜好和提倡，佛教舞蹈获得了新的发展动力，如，唐代著名的娱佛舞《四方菩萨蛮舞》，就是由唐懿宗伶官李可及编导的，其音乐、舞蹈、服饰均源于女蛮国贡唐的《菩萨蛮舞》，编排高妙，表演细腻。同时，由于娱佛舞蹈合于统治者的审美取向，又得到民众认可，故宫廷燕乐和城乡娱乐活动中，这类表演都较多，且内容渐丰，形式日增。佛舞具有综合性，表演有一定难度，对场地、服饰、表演都有具体要求，传播相对受限。但佛舞具有稳定性，艺术感染力强。同时，佛舞的音乐取自佛曲，技巧源于天竺（印度），在隋唐著名宫廷燕乐——《九部乐》《十部乐》之“天竺乐”中，连舞者的穿戴都是僧装，有浓厚的佛教色彩。

六、佛教中国化在中国古典小说中的表现

魏晋以后，随着佛教的传播，佛经翻译增加，佛教影响逐步扩大。这种影响遍及各个领域，在小说创作中更为明显，佛经故事的内容、构思、形式、形象和佛教思想，都对中国古典小说产生了一定的影响。鲁迅先生在《中国小说史略》中指出：“魏晋以来，渐译释典，天竺故事亦流传世间，文人喜其颖异，于有意或无意中用之，遂脱化为国有。”① 佛经故事有不

① 鲁迅著：《中国小说史略》，江西教育出版社，2017，第26页。

少是在古印度民间文学的基础上改造、加工的，目的是用故事和寓言将抽象的佛教理论具体化、形象化，使教徒更容易接受。这些佛经故事收入《百喻经》《杂譬喻经》《旧杂譬喻经》《杂宝藏经》《贤愚经》《大庄严论经》《天尊说阿育王譬喻经》《出曜经》等佛教经典中。佛教传入中国后，佛经故事逐步融入中国早期笔记小说、唐传奇、宋元话本及明清章回小说中，广为流传，为人们所熟知。佛经故事情节曲折，形象生动，寓意深刻，在形象的创造、语言的运用方面，给中国小说创作提供了借鉴，扩展了思维空间，开辟了艺术构思与艺术表现的新领域。此外，在中国佛教史上，曾出现过不少有传奇色彩的人物及影响深远的人物和事件，这些佛教史实，也是小说家进行创作的极好素材。

佛经故事演化为中国小说较典型的有：《续齐谐记·阳羡书生》《宣验记·鹦鹉灭火》，以及《纪闻·仪光禅师》《广异记·阆州莫徭》《枕中记》等。《续齐谐记·阳羡书生》取材于《旧杂譬喻经》中梵志故事。讲的是某国太子随其母入山中，因其母仪轻浮，太子躲入山中。后太子见梵志浴后作术，先吐一壶，壶中有一女人，“与于屏处作家室，梵志遂得卧。女人复作术，吐一壶，壶中有年少男子，复与共卧。已便吞壶。须臾，梵志起，复将妇着壶中，吞之已，作杖而去。”此故事最早被东晋荀氏改写收入《灵鬼志》，题名《外国道人》（或《道人幻术》），它将“梵志作术”借用过来，一开始便直接写道人作术，到后半部加进道人以术惩治为富不仁的富豪，扬善抑恶，有进步意义。由于这种“幻中幻”的神异变化术，很符合中国人的欣赏习惯，故继旬氏之后，南朝梁吴均运用这一素材写成名作《阳羡书生》，演化出一个更为神奇的故事：“阳羡许彦，于绥安山行，遇一书生，年十七八，卧路侧，云‘脚痛’，求寄鹅笼中。彦以为戏言。书生便入笼，笼亦不更广，书生亦不更小，宛然与双鹅并坐，鹅亦不惊。彦负笼而去，都不觉重。”后书生能无中生有变出器皿、食品、人物，甚为神奇。① 与“梵志故事”相比，到梁吴均撰《续齐谐记》的《阳羡书生》，外国道人已经改为中国书生。为了迎合一些人的阅读喜好，《阳羡书生》仅渲染、突出了男女私情。这是引进佛教故事而逐步使之中国化的一个例子。

① （唐）段成式等撰：《古今逸史精编——剑侠传等五种》，重庆出版社，2000，第95-96页。

根据佛教史实写成的小说亦不少，如《汉明帝梦见神人》《朱士行西行求法》《庐山远公话》《西游记》《济公传》等，其中最著名的要数《西游记》。众所周知，这部名著源于一个真实的佛教历史故事——玄奘取经。唐太宗贞观年间，僧人玄奘独自到印度取经，历时17年，克服无数艰难险阻，取回佛经600部，并写了《大唐西域记》记述自己的亲身经历。这个带有传奇色彩的故事，遂在民间广为流传。后经文人和民间作者不断加工，到宋代出现的话本《大唐三藏取经诗话》，已有猴行者化为白衣秀士降妖伏怪，保护唐僧西行取经。元代刊印的平话《西游记》，内容更为丰富，有“大闹天宫”、斗“黑熊精”“黄风怪”“蜘蛛精”“红孩儿”，以及越“火焰山”、过“女儿国”等，到明代，吴承恩根据传说、传记、话本，用高超的创作技法，写成长篇章回小说《西游记》。可以毫不夸张地说：如果没有佛教的传入，就绝不会有《西游记》的问世。

佛教传入，给中国文坛带来了新的思想内容和表现形式，在推动小说发展方面也起了积极作用。佛陀、菩萨、鬼神、诸天等新形象，名山、寺院、佛塔、石窟等新场景，佛教思想、佛教仪式、佛教人物、佛经故事等新的创作源泉以及龙宫、地狱、三千大千世界等神奇领域，扩大了小说表现的范围，拓宽了小说家创作之路。如中国小说中较多地运用的人格化的“龙”这一形象，便来源于佛教。

中国古代典籍多有关于龙的记载，说它善于变化，能潜深海，能翔天际，但它不能变人形、作人言。佛教传入中土，佛经中的人格化的龙与中国龙一拍即合，龙王、龙母、龙子、龙女等形象，龙宫等场景，不仅开阔了龙的世界，也大大丰富了中国小说家创作题材。于是关于龙和龙宫的小说骤然增加，使故事色彩更为瑰丽，想象更为奇特，情节更为曲折。在众多描写龙的小说中又以柳宗元《谪龙说》、沈亚之《湘中怨辞》、薛莹《龙女传》、王士祯《古夫亭杂录·龙宫造殿》等较为出色。但在中国民间流传广、影响大的要数《封神演义》《西游记》中的描写。对于龙宫，《楼炭华严经》是这样描述的：“纵横八万由旬，七宝所成，墙壁七重，栏楯罗网，严饰其上，园林浴池，众鸟和鸣，金壁银门，高二千四百里，广二千二百里，彩画殊好。”龙宫有宏伟的广宇大宅，华丽的亭台楼榭，精美的花苑池泽，无穷的金银珠宝，与人世间帝王的宫殿没什么不同。这已经成为中国古典小说描写龙宫的蓝本。龙还分男女。龙王能兴云布雨，消灭众生之热恼。龙女聪颖过人，经历超乎寻常。相比之下，关于龙女的故事更曲折多变，惊险动人。更有甚者，佛经中还有龙女与人交往直至恋爱的故事。

《大唐西域记》“蓝勃卢山龙池”条云：释迦族遭外敌入侵，某人逃到池旁，遇一龙女。他向龙女求爱。龙女以人畜异途异类辞谢。此人便发愿使龙女变为人，并一同去拜见龙王。后他依龙王之计夺回王位，迎娶龙女为王后。唐代李朝威，据此写成《柳毅传》，故事梗概为：落第书生柳毅过泾阳，遇被丈夫（泾川龙王次子）厌弃、遭公婆虐待而被罚在此牧羊的一少妇（即洞庭龙王之小女）。柳毅出于义愤，答应为其捎信给龙王。龙女得叔父钱塘君相救，杀婿归家。龙王欲嫁龙女于毅，毅拒之以大义。后龙女化生为范阳卢氏女，嫁于柳毅。《柳毅传》取材佛典，但在布局结构、情节安排、语言文字、写作技巧方面都有创新，充满了浪漫主义色彩。尤其是柳毅与洞庭君会见、龙女归来、龙宫欢宴的描写，极为出色，而钱塘君“擘青天而飞去”一节，寥寥数十字，读来有声有色，令人惊心动魄。《柳毅传》以自然巧妙的情节结构、亦真亦幻的环境渲染、声色俱备的叙述描写、形神兼备的人物形象演绎了一个美丽动人的神话故事。《柳毅传》在艺术上的成功，使它广为流传，脍炙人口。元、明、清及近代，曾数度被改写为传奇故事、杂剧及现代剧。远在唐末，就有根据本篇而写的《灵应传》。到金时有人选来作杂剧的内容，董解元的《弦索西厢》中有“也不是柳毅传书”的话语；元代尚仲贤有《柳毅传书》的剧本，还翻演成《张生煮海》；清代黄说仲有《龙箫记》，许自昌有《橘浦记》，李渔有《蜃中楼》。到现代，评剧里有《张羽煮海》，越剧和京剧里也有《龙女牧羊》。这一动人的人神相恋的故事，已经成为不同剧种中的传统剧目之一了。这均得益于佛经故事的影响。它对后代的戏剧产生了很大的影响。

佛教因果报应论对中国民众影响极大，因此在中国古代小说中涉及最多。六朝的志怪小说中，已有不少描写善恶报应、轮回转世、地狱恐怖、天界美好的内容。如宋刘义庆《宣验记》《幽明录》，齐王琰《冥祥记》，北齐颜之推《冤魂志》，梁吴均《续齐谐记》等。唐宋传奇在创作思想上受因果报应论影响亦深。

唐代佛教盛行，从平民百姓到达官贵人，信佛者比比皆是，文人学士信佛者亦不少。如唐代文学家柳宗元、张说、刘禹锡，著名诗人王勃、王维、白居易、贾岛均信佛；宋代文学家苏轼、苏辙、王安石、陆游、黄庭坚、秦观也好佛。因此，唐宋时期的小说反映佛教思想特别是因果报应思想极普遍。北宋中期后，出现了平话、话本这种文学形式，明清时期又产生了章回小说。这个时期，小说反映轮回报应思想更为普遍，尤其是写重大历史题材的小说，往往贯穿着果报主线，影响大为增强。如，描写农民起义为主题的优秀现实主义小说《水浒传》，开篇便是“洪太尉误走妖魔”。之后又有“卢俊义惊梦”。篇章结构上，由“预言”造成悬念，以“梦验”作为反衬，以证果报，因果关系密切而完整，艺术处理极巧妙。又如古典名著《红楼梦》写儿女爱情，缠绵颠倒，荣华富贵，盛极一时。而最终繁华变凋敝，热情变冷落。始于欢，终于悲；始于合，终于离。尤其那首著名的《好了歌》，把人世间喜怒哀乐、悲欢离合、善恶果报全都说透了。俞平伯先生说：《好了歌》是读懂《红楼梦》的关键。“好便是了”“了便是好”“若要好，须是了”，深刻之至。

小说是语言艺术，它是靠形象的塑造和场景的描写去感染人。小说中形象新、景物奇、语言妙，必定能吸引更多的读者。清人刘熙载说：“文章蹊径好尚，自《庄》《列》出而一变，佛书传入中国又一变。”近代著名学者梁启超也认为：“此等富于文学性的经典，复经译家宗匠以极优美之国语移写，社会上人人嗜读，即不信解教理者，亦靡不心醉于其词缋，故想象力不期而增进，诠写法不期而革新，其影响乃至表现于一般文艺。我国自《搜神记》以下一派小说，不能谓与《大庄严经论》一类书无因缘。而近代一二巨制《水浒》《红楼》之流，其结体运笔，受《华严》《涅槃》等之影响者实甚多。”这个评价是符合史实的、公允的。也表明佛教文学在佛教中国化中的地位和影响。

七、中国古代诗歌与佛教中国化

当人们步入中国古代诗苑，便会惊奇地发现：佛教对中国古典诗歌的影响，几乎无处不在。远起魏晋，近至晚清，历代士人皆有咏寺院、佛理、禅机之诗，而历代诗僧也多有写社会、生活、自然之作。上达帝王，下至庶民，工诗者多涉佛教经义，佛门中亦不乏传世之作。仅新近编纂的《中国历代僧诗集》就收录数千名诗僧的2万多首僧诗。而历代诗人所写的语言涉佛理之作、以佛典入诗之作和以禅喻诗、借诗明禅之作，其总数则大大超过诗僧们的诗。

佛教在宣传教义中常使用一种与中国古体诗相近的形式，称为“偈”，它由固定字数的4句组成，种类较多，以三言、四言、五言、六言及七言一句组成的“别偈”为主要的两种偈之一，它与汉以前的四言诗和汉以后的五言、六言、七言诗极相近。其创作出自“灵感”，与诗人的创作冲动完全相同。有的偈还成为传世之作。如，魏晋南北朝时期的高僧支遁、慧远、鸠摩罗什所作示法偈、喻道偈就属此类。而最有代表性的要数禅宗六祖惠能的示法偈。惠能本不识字，在听完神秀所作偈“身是菩提树，心如明镜台，时时勤拂拭，莫使惹尘埃”后，他口述叫人代书一偈云：“菩提本无树，明镜亦非台，本来无一物，何处惹尘埃。”这种比喻，贴切、新颖、生动，耐人寻味，并且诗体与五言绝句已相去无几。正因为偈与诗极相近，故会说偈的僧人，作诗也就不难。而偈与诗的结合，又促进了诗的通俗化。它自成一体，蔚然成风。这在我国古典诗歌的黄金时期——唐代及稍后一段时间里，表现尤为明显。唐至五代，有据可查的僧人诗集就达40余家。并出现了以王梵志、皎然、齐己、贯休、寒山、拾得为代表的一批诗僧，诗作丰富，成就斐然，有的诗句十分精彩。如，皎然：“真我性无主，谁为尘识昏。”（《禅思》）“夜闲禅用精，空界亦清回。”（《答俞校书冬夜》）说理深刻，对仗精当；齐己：“前村深雪里，昨夜数枝开。”（《早梅》）“月华澄有像，诗思在无形。”（《夜坐》）细腻生动，寓意深刻；贯休：“闲担茶器缘青障，静衲禅袍坐绿崖。”（《山居诗》）动静相应，情理交融；寒山：“浪捧鸳鸯儿，波摇鸂鶒子。”（《相唤采芙蓉》）寓情于景，鲜活动人。到了宋代，诗僧承前启后，成就卓著。如，智圆《赠林逋处士》诗：“风摇野水青蒲短，雨过闲园紫蕨肥”；契嵩《寄月禅师》诗：“闻道安禅处，深萝任隔溪；清猿定中发，幽鸟座边栖”；道潜《临平道中》：“风蒲猎猎弄轻柔，欲立蜻蜓不自由；五月临平山下路，藕花无数满河州”等，摹写自如，清丽真切，以动喻静，动静相应，没有一定的文学功底，是绝对写不出来的。此后，元代诗僧明本、行端、宗衍，明代诗僧梵琦、来复、明秀、真可、袾宏、德清，清代诗僧弘智、戒显、澹归、药地、正志、大错、读彻、清恒、慧琳等，也有不少佛理诗、禅趣诗、山水诗，以及述怀、酬唱之作，其中有不少诗作，诗思高妙，诗境幽远，诗调清新，颇为可诵。

中国古代不少诗人对佛教有研究，能较好地以佛教语言、典故、禅理入诗。佛语有特定的含义，在充分理解的基础上加以巧妙运用，不仅给诗注入了新的语言成分，也扩展了诗的意境。佛典产生于特定的环境，一个佛教典故，就是个深藏哲理的故事或一段千古流传的佳话。佛典入诗，一方面反映了诗人的文学和佛学造诣，另一方面也增添了诗的高雅的格调和深湛的意象。禅理在认识论上属于主观唯心论，但其论说方式却有诸多可取之处，如，说理直接了当，明晰透彻、问答迅捷，不落迹相。往往一语道破真谛，且含蓄而深刻，言尽而意未穷。这样一种思维方式引入诗歌创作，必然使作品在抒情、说理、寓意的结合上更趋于完美，到达一种新的境界。这类诗最为普遍。譬如，唐代王维《过香积寺》："不知香积寺，数里入云峰。古木无人径，深山何处钟。泉声咽危石，日色冷青松。薄暮空潭曲，安禅制毒龙。"白居易《感悟妄缘题如上人壁》："弄沙成佛塔，锵玉谒王宫。彼此皆儿戏，须臾即色空。"张说《江中诵经》："实相归悬解，虚心暗在通；澄江明月内，应是色成空。"此外，唐代贾岛："禅庭高鸟道，回望极川原。"（《题竹谷上人院》）王勃："萝幌栖禅囊，松门听梵音。"（《游梵宇三觉寺》）宋之问："宝叶交香雨，金沙吐细泉。"（《游称心寺》）"水入禅心定，云从宝思飞。"（《荐福寺》）唐彦谦："一尘不到心源净，万有俱空眼界清。"（《游清凉寺》）钱起："水月通禅观，鱼龙听梵声。"（《送僧归日本》）司空图："名应不朽轻仙骨，理到忘机近佛心。"（《山中》）姚合："既能施六度，了悟达双林。"（《赠王山人》）李商隐："维摩一室虽多病，亦要天花作道场。"（《酬崔八早梅有赠兼示之作》）李白："金绳开觉路，宝筏渡迷川。"（《春日归山寄孟浩然》）杜甫："地灵步步雪山草，僧宝人人沧海珠。"《岳麓山道林二寺行》）刘禹锡："法为因缘立，心从次第修。中宵问真偈，有住是吾忧。"（《宿诚师山房题赠》）宋代苏轼："五蕴皆非四大空，身心河岳尽圆融。"（《答子由颂》）黄庭坚："禅心默默三渊静，幽谷清风淡相应。"（《听崇德君鼓琴》）秦观："佛宫琢琳琅，悬鱼警群聪。"（《石鱼》）"无边刹境一毫端，同住澄清觉海间。"（《圆通院白衣阁》）司马光："忘机林鸟下，极目塞鸿过。"

（《花庵独坐》元代，萨都剌："慧灯莫与群迷染，正性何愁尘境遮。"（《灯草》）明代，唐顺之："慧月秋逾彻，泥珠夕便鲜。"（《游嵩山少林寺》）清代黄景仁："经鱼敲落月，佛火引深宵。"《僧斋夜咏》）钱谦益："满室天花都不着，长留法喜伴维摩。"（《莆阳陈氏寿宴》）摹写鲜明生动、细腻精当，别开生面，独树一帜。灵活运用了佛语、佛典，增添了诗歌的意趣。语汇的增加，也为诗人更准确、更深入地表情达意，创造了前提。

佛教广泛而深刻地影响了中国古典诗歌，中国古典诗歌又为佛教中国化提供了一种新渠道。二者相辅相成，共同推进了佛教中国化。

第五章 1949年10月后：创新发展阶段

1949年10月，中华人民共和国成立，佛教中国化进入创新发展阶段。佛教界积极参加社会主义建设，努力实践人间佛教理念，促进佛教中国化；制定规划，推进佛教中国化进入新的发展阶段。

第一节 佛教中国化的新起点

建国初期，中国共产党和人民政府制定、贯彻了宗教信仰自由的政策与民族平等、民族团结的政策。佛教界爱国人士的社会政治地位得到提高。各民族佛教徒爱国热情空前高涨，同广大人民群众一道积极参加各项爱国、民主、和平运动，成立学习组织，创办《现代佛学》等佛教刊物。在人民政府的支持、帮助下，一些著名寺院得到修整，宗教活动正常开展。

为适应中国社会主义建设的新形势，佛教界提出“生产化”“学术化”两个口号，作为改革佛教一切制度的目标。生产化可以打破旧时各寺院封建的经济组织，学术化则加强佛教徒对于佛教的认识与正信，以破除迷信。并提出中国佛教教务改革的基本原则：一、由于佛教受封建迷信的熏染甚深，改革之初，以反封建、反迷信为主要工作，同时为保卫世界持久和平及国家建设的胜利完成，故反帝国主义，反官僚资本主义。二、从劳动生产彻底改革佛教的现行制度，使出家僧尼，老者有所养，少者有工作，消灭寺院的封建地主私有制度。三、依据人民政府《共同纲领》第四十条之指示，用科学的历史观点，在理论方面，研究大乘教理，弃伪扬真以澄清思想；在行为方面，发扬菩萨行的积极精神，无我除执以实践理论；在文物方面，保全资料，芟芜去秽以整理典籍。① 这是社会主义中国佛教中国化的新思维和新起点。

1953 年 5 月 30 日，赵朴初《关于中国佛教协会发起经过和筹备工作的报告》指出："在毛主席的民族平等政策和宗教信仰自由政策的光辉照耀之下，全国信仰佛教的四众弟子，不管寺院制度生活习惯的不同，都能够在这一个友爱合作的大家庭中亲密团结，改变了过去不相往来的情况；佛教徒的宗教生活得到了尊重与照顾；佛教徒的政治地位和社会地位得到了提高；过去无论如何不可能达到的关于宗教信仰自由与权利的要求，已经得到了实现。一切说明，跟着祖国的辉煌成就，我们佛教也进入了一个伟大的新的环境，使佛教徒能够得到'报国土恩''报众生恩'的殊胜因缘，使佛教徒在人民事业中获得了充分机会可以贡献自己的力量。三年多以来，全国各地佛教徒积极参加了抗美援朝运动和保卫世界和平运动，大大的提高了爱国主义的精神，在爱国运动中，订立了爱国公约，不少佛教徒参加了各种工作，而且不少人在工作中得到了表扬，有的寺院当选为优抚工作模范，有的僧尼当选为冬季教师模范；在建设事业中，有的僧尼当选为水利模范、卫生模范等；在民主建政事业中，全国各省市乃至一部分县的人民代表会议都有佛教徒参加。在少数民族地区，佛教徒参加政府领导工作，则是到处皆见之事，而某些城市的基层工作，也产生了不少的僧尼骨干分子，如北京各寺院僧尼参加各项基层工作的就有一百多人。在保卫世界和平运动中，佛教徒参加了保卫世界和平的签名运动，派代表出席亚洲及太平洋区域和平会议及维也纳的世界人民和平大会。这一些事实，说明了中国佛教界在今天的伟大时代中，发生了而且已经发生着根本的变化。这种变化对佛教本身是有利的，对国家对人民是有利的。"②

1953 年 6 月 3 日，中国佛教协会成立，实现了中国佛教三大语系、四众弟子空前的大团结，为新中国中佛教活动的发展奠定了坚实的组织基础，

① 巨赞：《一年来工作的自白》，《现代佛学》，1950 年第 1 卷，第 1–2 期。转引自中国佛教协会编：《党的光辉照伽蓝——百年历程中的中国共产党与佛教》，2021，第 160 页、第 166 页。

② 赵朴初：《关于中国佛教协会发起经过和筹备工作的报告》（1953 年 6 月 3 日），载国务院宗教事务局政策法规司编：《中国宗教团体资料（第一辑）》，中国社会科学出版社，1993，第 8 页。

在中国佛教史上谱写了划时代的光辉篇章。其后，中国佛协在政府领导下，发扬佛教优良传统，团结全国佛教徒，参加爱护祖国及保卫世界和平运动；协助政府贯彻宗教信仰自由政策，并在联系各地佛教徒等方面，做了大量工作。广泛、深入地对佛教徒进行了爱国主义教育和社会主义教育，要求佛教徒爱国守法，管好寺庙，保护文物，培植山林，搜集整理佛教史料，动员和支持他们在不同岗位上做好本职工作，积极参加工农业生产、文教卫生、社会福利等项社会主义建设事业和反对侵略战争、保卫世界和平的事业。① 通过学习，各地佛教徒对于时代的认识，对于自己的责任的认识，获得了很大程度的提高，改变了过去不问世事的态度，而积极响应了我会提出的“庄严国土，利乐有情”的号召。各地佛教徒差不多都参加了拥护和平宣言的签名和反对原子武器的签名。许多人参加了增产节约、统购统销、防汛救灾以及其他爱国运动，并在这些工作中涌现了不少的模范和功臣，如 1954 年在武汉的防水工作中就有好几位佛教僧人和居士荣获了功臣的称号。在政府保持水土、防灾兴利的号召下，我国佛教造林护林的特殊的优良传统也得到了发扬，热河地区就有一位僧人绿化五座荒山的模范事例。② 济南市佛教界提倡农禅并重，80% 以上的人种地、拉车、打零工、作小生意和从事手工劳动。千佛山上有寺产耕地 12 亩，僧人们勤苦劳作，并设立小卖部、茶社，植树造林，从中获得一定的报酬。白衣庵的比丘尼参加街道生产组，搞废品加工，生活能基本自给。在社会政治生活方面，佛教人士的地位也有明显的提高。佛教徒参加了抗美援朝和平签名活动。佛教徒组织的国药研究组、音乐组还参加过赴朝鲜和福建前沿的慰问活动。③

1957 年 3 月，中国佛教第二届全国代表会议后，中国佛教取得了很大成就。通过一系列的学习，佛教徒的精神面貌也呈现了一片新的气象。佛教徒更深刻地认识了宗教政策的精神实质，以及自己对祖国、对人民应负的责任。他们大都能在更大程度上解脱了旧社会遗留下来的制度上、习惯

① 赵朴初：《中国佛教协会三十年——在中国佛教协会第四届理事会第二次会议上》，《法音》，1983 年第 6 期。

② 赵朴初：《中国佛教协会第一届理事会工作报告》，载国务院宗教事务局政策法规司编：《中国宗教团体资料（第一辑）》，中国社会科学出版社，1993，第 23 页。

③ 山东省民族志宗教志编纂工作办公室编：《山东省宗教志资料选编》（第 2 辑），1989，第 95 页。

和意识上的污染，更加踊跃地和全国人民团结在一起，成为社会主义建设事业中的一个积极因素。最为显著的，是在川、甘、青等藏族地区及西藏上层反动集团发动叛乱时，绝大多数的喇嘛都坚持爱国立场，不受煽动，并协助政府平息叛乱，保护了佛教的庄严纯洁。全国各地佛教徒的思想意识和行动实践，都有了显著的进步。逐渐认识到社会的建设工作和个人的宗教修持并不是互相排斥的，而是可以很好地协调起来的。不仅如此，通过社会实践，佛教徒们才更能深刻而亲切地体验“报恩度苦”“忘我利他”的大乘积极精神；而“庄严国土、利乐有情”的佛教理想，也才不再是徒托空言，而是普遍地见诸实际。很多寺院和个人，在农业生产或其他工作岗位上都做出了优异的成绩，被评为先进集体和劳动模范或先进工作者。例如：九华山的僧众在1959年上半年一次农业生产成绩的评比中，就涌现了7个模范和先进生产者，云居山的僧众，在1958年到1959年一年的时间内，经评选出来的劳动模范或先进人物，一共就有30人，五台山僧众绿化荒山，从1957年到59年之间，扩大了几十倍，作出了优异的成绩。1960年春季技术革新、革命运动中，各地佛教僧尼也有不少创造发明的事例。许多佛教名山，如南岳、峨眉、天台、天童、灵岩、鸡足等以及全国各地佛教徒，在党和政府的领导下，从事工农业的生产劳动或文教卫生事业，都普遍取得了优良的成绩，呈现出一片生机蓬勃的可喜的现象。① 此间，中国佛教协会西藏分会和一些地方佛教协会相继成立；许多著名寺院得到维修和保护；创办了中国佛学院，造就了一大批爱国的具有相当佛学水平的汉藏僧才；整理印刷、流通了大量的佛教经籍。为了纪念佛陀涅槃二千五百年，对《房山石经》发掘拓印；出版了一批佛教文化著作。中外佛教传统友好关系得到了恢复和发展。

各地佛教徒在党的领导下，认识到了国家对宗教无微不至的爱护，爱国主义思想和社会主义立场有了空前的提高和巩固。这是新中国佛教徒极为可喜的一个大转变。这个转变表现得最突出的有两点：首先是普遍重视了政治学习，不断的提高了政治觉悟。各地佛教徒在当地党和政府的宗教

① 赵朴初：《中国佛教协会第二届理事会工作报告》（1962年2月13日），载国务院宗教事务局政策法规司编：《中国宗教团体资料（第一辑）》，中国社会科学出版社，1993，第43页、第46页。

部门和佛协的领导下，组织起了学习委员会或学习小组，制定和健全了学习制度，有计划有步骤地举行定期学习，参加学习是自觉自愿的，学习内容为人民政府各项政策法令、国内外大事，目的为提高爱国主义思想和社会主义觉悟，学习的方针明确，热情很高，态度很认真，因此获得了一定的成绩。特别是对“宗教信仰自由政策”有了更明确的认识。第二是从思想上放弃了依赖剥削的寄生生活，开始树立了劳动的人生观，逐渐地在经济上走上了自食其力的道路。过去出家人的生活来源，主要靠土地剥削，过着寄生生活。这些都是旧社会的产物，在新时代是不能也不应当长久继续下去的。经过土地改革运动和一个时期的理论学习结合参加劳动实践的过程，逐渐认清了剥削是既违国法又违佛法的行为，认识了劳动创造世界的道理因而愉快地参加劳动生产，恢复并发扬了“一日不作，一日不食”的百丈禅师的光荣传统。如武汉市参加劳动生产的僧尼在百分之八十以上；各地根据地理、体力的不同情况，分别进行不同形式的生产，在生产中对佛教徒的物质生活和宗教生活都有适当的安排和照顾。居住在城市的，则从事纺织、缝纫、织毛巾、做玩具和加工电讯器材等生产，也有参加现代化机器工业生产的。居住在农村的，则在公社的统一领导下进行农林和副业等生产。居住在山区的，有的从事茶业生产，有的从事植树造林、培植药物等生产，有的从事寺院环境布置和风景区的培养与管理。还有一些具有专门技能的僧尼从事专业工作，如太原市有 13 个具有医药技能的僧尼，在政府的领导与扶植下，办起了一所医院。所有参加劳动生产的僧尼，一般都具有很高的劳动热情，在生产战线上做出了一定的成绩。如一般装订额为每日 1500 页，而武汉市的僧尼达到了 8000 页；有的产量超过了一般工人，如上海参加织毛巾的尼众，每天织 120 条，超过了一般工人一倍；有的对生产工具还有发明创造。僧尼所生产的产品，一般质量都很好，有的已经纳入了国家生产计划，有的列入出口商品的行列。参加劳动生产的僧尼，由于生产积极，有的被评为先进工作者，有的被选为劳动模范。僧尼在生产战线上能够取得这些满意的成绩，完全是在党的领导下，通过学习和劳动实践的过程，不断提高了政治觉悟而取得的。①

1966年至1976年"文化大革命"期间，中国佛教协会的工作被迫停顿，组织陷于瘫痪；全国绝大多数寺院被毁坏或占用，大批僧尼被赶出寺院；佛教界人士大多遭到批斗，有些人含冤死去；佛教文化教育单位和地方佛教协会被迫关闭，整个佛教遭受了一场浩劫。②

中共十一届三中全会后，佛教中国化进入创新发展阶段。1980年12月16–23日，中国佛教协会第四届全国代表会议召开。1983年，中国佛教协会成立30周年之际，召开了第四届理事会第二次会议，总结了中国佛教协会三十年的工作，提出了提倡人间佛教思想，发扬中国佛教农禅并重、学术研究、国际交流三个优良传统的指导方针。③1987年2月23日–3月1日，中国佛教协会第五届全国代表会议进一步提出："拨乱反正，继往开来；积极为'两个文明'建设服务；贯彻宗教政策，加强寺院管理；健全佛教教育体系，加强佛教学术文化研究；促进祖国统一，维护世界和平"的工作方向。1987年底，中国佛教协会召开了汉传佛教重点寺院管理工作座谈会，制定了《汉传佛教寺院管理试行办法》《汉传佛教寺院共住规约通则》，并同《关于汉传佛教寺院剃度传戒问题的决议》一起颁布实施，为汉传佛教寺院的僧团建设提供了制度保障。1997年3月，中国佛教协会六届三次常务理事扩大会议决议，又原则通过了《全国汉传佛教寺院传授三坛大戒管理办法》《关于在全国汉传佛教寺院实行僧尼度牒僧籍制度办法》和《关于全国汉传佛教寺院住持任职退职的若干规定》三项制度，进一步完善了寺院和僧尼的管理制度。与此同时，中国佛教协会与国外佛教界的联系也日趋密切，先后多次参加世界宗教者和平会议和亚洲宗教和平会议。并与日本联合举行数次佛教文化交流活动。④

---

① 喜饶嘉措：《社会主义新中国的佛教徒》，《现代佛学》，1959年第10期。转引自中国佛教协会编：《党的光辉照伽蓝——百年历程中的中国共产党与佛教》，2021，第187–189页。

② 赵朴初：《中国佛教协会四十年——在中国佛教协会第六届全国代表会议上的报告》（1993年10月15日），《法音》，1993年第12期。

③ 赵朴初：《中国佛教协会四十年——在中国佛教协会第六届全国代表会议上的报告》（1993年10月15日），《法音》，1993年第12期。

④ 方立天主编：《中国佛教简史》，宗教文化出版社，2001，第383页。

第二节　推进人间佛教建设

改革开放以来，中国佛教协会明确提出了把人间佛教作为今后佛教发展的目标。1983 年，赵朴初会长在中国佛教协会第四届理事会第二次会议上作《中国佛教协会三十年》的报告。重申人间佛教的思想，指出："佛陀出生在人间，说法度生在人间，佛法是源出人间并要利益人间的。我们提倡人间佛教的思想，就要奉行五戒、十善以净化自己，广修四摄、六度以利益人群，就会自觉地以实现人间净土为己任，为社会主义现代化建设这一庄严国上、利乐有情的崇高事业贡献自己的光和热。"① 此后，一些佛学院相继成立，一批佛教刊物相继创刊，一批年轻的佛学研究者在老一代学者的关怀和指导下已经或正在崛起，人间佛教思想得到发扬和实践。"人间佛教"主张的"学佛做人""服务社会""为社会谋利益"的思想，具有明显的社会意义。② 佛教教义中建设人间净土、庄严国土、利乐有情的理想；众生平等的主张；报国家恩、报众生恩、普度众生的愿力；诸恶莫作、众善奉行、自净自意的原则；慈悲喜舍、四摄六和的精神；广学多闻、难学能学、尽一切学的教诫；自利利他、广种福田的思想；禁止杀、盗、淫、妄等戒规以及中国佛教的许多优良传统，都与"四有""五爱"的要求有相通之处，对于信仰佛教的人们来说是实现精神文明建设要求的增上缘。③ 近 10 年来，杭州灵隐寺充分挖掘和弘扬中华优秀传统文化，首创"社区书院"的文化共建和传播新模式，以儒、释、道为主，兼顾诸家，广泛开展禅茶文化、书法艺术、传统花艺、素食养生、国学课堂、棋禅文化等，不仅丰富了民众的精神生活，而且传递了社会正能量。④

面对改革开放过程中国内外日益密切的联系以及势不可当的全球化浪

---

① 赵朴初：《中国佛教协会三十年——在中国佛教协会第四届理事会第二次会议上》，《法音》，1983 年第 6 期。

② 方立天主编：《中国佛教简史》，宗教文化出版社，2001，第 388 页。

③ 赵朴初：《团结起来，发扬佛教优良传统，为庄严国土利乐有情作贡献——在中国佛教协会第五届全国代表会议上的报告》，《法音》，1987 年第 3 期。

④ 释光泉：《杭州灵隐寺对于佛教中国化的实践》，《中国民族报》2019 年 01 月 08 日。

潮，赵朴初会长又及时地提出了佛教“黄金纽带”的作用。基于佛教在东亚地区和东南亚地区的发展状况和历史作用，赵朴初认为在中国与日本和韩国、东南亚等国家和地区的国际交往中，佛教可以起到无可替代的纽带作用，不仅可以联络彼此佛教信仰者之间的宗教感情，增进彼此之间的了解与友谊，而且也可以为彼此之间的经济往来乃至人类的和平事业作出更大的贡献。他把这种作用称之为“黄金纽带”，足见他对佛教这一作用的高度重视。①

第三节 顺应新时代，谱写佛教中国化新篇章

2015年中央统战工作会议上，习近平总书记提出“积极引导宗教与社会主义社会相适应，必须坚持中国化方向，必须提高宗教工作法治化水平，必须辩证看待宗教的社会作用，必须重视发挥宗教界人士作用，引导宗教努力为促进经济发展、社会和谐、文化繁荣、民族团结、祖国统一服务。”②2016年全国宗教工作会议上，习近平总书记对坚持我国宗教中国化方向进一步作了深入系统的论述，“积极引导宗教与社会主义社会相适应，一个重要的任务就是支持我国宗教坚持中国化方向。要用社会主义核心价值观来引领和教育宗教界人士和信教群众，弘扬中华民族优良传统，用团结进步、和平宽容等观念引导广大信教群众，支持各宗教在保持基本信仰、核心教义、礼仪制度的同时，深入挖掘教义教规中有利于社会和谐、时代进步、健康文明的内容，对教规教义作出符合当代中国发展进步要求、符合中华优秀传统文化的阐释。”③2017年在党的十九大报告中，习近平总书记再次强调：“要全面贯彻党的宗教工作基本方针，坚持我国宗教的中国化方向，积极引导宗教与社会主义社会相适应。”④

---

① 方立天主编：《中国佛教简史》，宗教文化出版社，2001，第390页。

② 习近平在中央统战工作会议上强调：巩固发展最广泛的爱国统一战线 为实现中国梦提供广泛力量支持 俞正声出席会议并讲话，[EB/OL]people.cn.2015-05-21.

③ 习近平出席全国宗教工作会议并发表重要讲话，[EB/OL]people.cn.2016-04-23.

④ 决胜全面建成小康社会，夺取新时代中国特色社会主义伟大胜利，[EB/OL].cpc.people.com.cn/b.2017-10-28.

2019年7月24日，为了在新时代更好地坚持佛教中国化方向，不断提高佛教与社会主义社会相适应的广度与深度，充分发挥佛教积极作用，为实现中华民族伟大复兴的中国梦贡献力量，中国佛教协会第九届常务理事会第三次会议通过《坚持佛教中国化方向五年工作规划纲要(2019–2023)》（以下简称《规划纲要》）。明确指出，“新时代坚持佛教中国化方向，就是以社会主义核心价值观为引领，弘扬中华民族优良传统，培育践行团结进步、和平宽容等理念，发扬中国佛教优良传统，传承发展具有中国特色的佛教文化，在保持佛教基本信仰、核心教义、礼仪制度的同时，深入挖掘教义教规中有利于社会和谐、时代进步、健康文明的内容，对教规教义做出符合当代中国发展进步要求、符合中华优秀传统文化的阐释，建设具有新时代中国特色的佛教思想体系、制度体系、教育体系和佛教文化，使佛教更好地与社会主义社会相适应，更好地发挥积极作用，团结我国各民族佛教徒积极投身改革开放和社会主义现代化建设，为实现‘两个一百年’奋斗目标和中华民族伟大复兴的中国梦贡献力量。”《规划纲要》强调：坚持佛教中国化方向，关系着我国佛教今后的发展方向与前途命运，关系着中国佛教的政治面貌与精神风貌，具有重大的现实意义和历史意义。对于中国佛教具有六方面重要意义：一是佛教界结合实际学习贯彻习近平新时代中国特色社会主义思想的重要举措；二是我国佛教与社会主义社会相适应的重要任务；三是我国佛教健康传承发展的必由之路；四是佛教契理契机原则的内在要求；五是发扬中国佛教优良传统、传承发展具有中国特色的佛教文化的重要途径；六是解决我国佛教领域突出问题的指导原则。《规划纲要》提出坚持佛教中国化方向的指导思想是：政治上，高举爱国爱教旗帜，以习近平新时代中国特色社会主义思想为指导，全面贯彻党的十九大精神，全面贯彻习近平总书记关于宗教工作的重要论述，全面贯彻党的宗教工作基本方针，全面贯彻党中央关于宗教工作的重大决策部署，确保推进佛教中国化工作始终沿着正确的政治方向前进；宗教上，坚持以戒为师、以法为依、正信正行，坚持以佛法僧三宝为信仰核心、以经律论三藏为经典依据、以戒定慧三学为学修纲领，坚持清净庄严的佛教本色，在保持佛教基本信仰、核心教义、礼仪制度的同时，深入挖掘和阐释教义教规中有利于社会和谐、时代进步、健康文明等符合当代中国发展进步要求、符合中华优秀传统文化的内容，在适应时代进步的过程中全面加强和创新佛教自身建设，持续推动中国佛教现代转型，自觉抵制将佛教世俗化、庸俗化、商业化的错误倾向，契理契机发挥佛教积极作用，不断增强佛教界坚持中国化方向的理论自觉、思想自觉和行动自觉。并提出坚持佛教中国化方向应遵循七项基本原则，即：自觉接受党和政府的领导；坚持以社会主义核心价值观为引领；坚持契理契机原则；坚持践行弘扬、丰富发展人间佛教思想；坚持加强佛教自身建设；注重发挥佛教界的主体作用；深刻把握佛教中国化的历史经验和客观规律。以达到增强政治认同更加自觉、融入中华文化更加自觉、适应社会发展更加自觉的总体目标与努力方向。实现八项主要任务与重点工作，即（1）深入学习贯彻习近平新时代中国特色社会主义思想，不断提高佛教界爱国主义和社会主义思想觉悟，确保推进佛教中国化始终沿着正确的政治方向前进。（2）坚持佛教思想建设的中国化方向，丰富发展人间佛教思想，构建具有新时代中国特色的佛教思想体系。（3）坚持佛教信仰建设和道风建设的中国化方向，塑造、维护新时代中国佛教的清净教风与庄严形象。（4）坚持佛教制度建设的中国化方向，推动寺院管理现代转型，建设具有新时代中国特色的佛教制度体系。（5）坚持佛教人才建设的中国化方向，建设具有新时代中国特色的佛教教育体系。（6）坚持佛教文化建设的中国化方向，传承弘扬中华优秀传统文化，创造具有新时代中国特色的佛教文化。（7）践行佛教慈悲济世精神，开展公益慈善事业，积极履行社会责任，努力发挥积极作用，更好适应新时代社会发展要求。（8）在海外联谊和对外友好交往中坚持佛教中国化方向，为祖国和平统一、构建人类命运共同体贡献力量。①

第四节　佛教中国化进入新的发展阶段

2020 年 12 月 1 日，释演觉在中国佛教协会第九届理事会工作报告中，以《明方向，推进新时代佛教中国化进程》为题，从五个方面总结了佛教中国化成就：一是引领增强政治认同。以多种形式学习贯彻十八大、十九

① 中国佛教协会：《坚持佛教中国化方向五年工作规划纲要》，《法音》，2019 年第 10 期。

大和十八届、十九届中央历次全会精神，习近平新时代中国特色社会主义思想，中央统战工作会议、全国宗教工作会议精神和党中央关于宗教工作的决策部署，引领全国佛教界增强“四个意识”，坚定“四个自信”，做到“两个维护”，确保佛教事业始终沿着正确方向前进。二是引领增强法治观念。组织学习新修改的宪法，贯彻落实新修订的《宗教事务条例》，引领全国佛教界正确处理国法与教规的关系，增强国家意识、法治意识、公民意识。开展调查研究，代表佛教界就涉及宗教的法规、规章和规范性文件制定提出建议，维护佛教界合法权益。三是弘扬爱国主义。指导开展“四进”活动。组织爱国主义主题学习教育活动，举办专题讲座、读书学习、参观体验、歌咏会、佛教文化书画展、爱国佛教人士纪念活动等，深入学习党史、新中国史，唱响《我和我的祖国》，共庆新中国成立 70 周年，大力弘扬爱国精神。四是坚持佛教中国化方向。参加主管部门组织的学习研讨，召开组织机构会议，学习贯彻习近平总书记关于坚持我国宗教中国化方向的重要论述。举办佛教思想建设研讨会、全国佛教院校联席会，探讨新时代坚持佛教中国化方向的实践方式。指导地方佛教界在团体建设、制度建设、人才建设、文化建设、寺院管理、讲经说法、服务社会中，探索坚持佛教中国化方向的新路径。运用本会期刊、网站加强宣传引导。制定《坚持佛教中国化方向五年工作规划纲要（2019–2023）》，并推动落实，为系统推进新时代坚持佛教中国化方向工作奠定基础。五是加强藏传、南传佛教工作。通过这些扎实有效的工作，佛教界的政治觉悟、法治观念、制度意识进一步提高，坚持佛教中国化方向的自觉性进一步增强，各民族佛教徒的团结进一步巩固。佛教界充分认识到，新时代坚持佛教中国化方向，更要继承发扬佛教传入中国两千多年的宝贵历史经验，更需要社会主义核心价值观引领和中华优秀传统文化浸润。中国佛教健康发展必须跟上时代步伐，满足信众信仰需求。新时代佛教中国化是佛教与中国特色社会主义社会的积极适应，是佛教符合社会发展要求的当代化。①

---

① 释演觉：《坚持佛教中国化方向，推动佛教事业健康发展，为实现中华民族伟大复兴的中国梦贡献力量——中国佛教协会第九届理事会工作报告》，《法音》，2020 年第 12 期。

下　篇

贵州佛教中国化

概　述

东汉末期，佛教对贵州已有一定影响。20 世纪 50 年代中期，贵州省博物馆进行考古发掘时，在清镇 11 号汉墓中发现两尊铸在摇钱树上的佛像，与四川同期佛像有许多相似之处。有专家认为，西南地区很早就有“蜀身毒道”联通印度，印度初期佛教艺术也很有可能经此道传入西南地区。① 贵州地方巫术的存在，为佛教传播提供了一定的基础。譬如，魏晋南北朝时期，佛教轮回思想对布依族有一定影响。布依族古歌《采天花》就有佛教轮回论的烙印。②

唐垂拱元年(685)牛腾贬谪贵州，“……常摄郡长吏，置道场数处……”③ 这是贵州佛教中国化的开端。表明佛教不仅传入贵州，而且“夷僚渐渍其化”，已经传入并影响少数民族。唐代，南诏兴起，其疆域曾包括今黔北、黔西、黔西南的部分地区。南诏势力在贵州境内还建了寺院。南诏汉传佛教融会儒学与道教义理，具有“三教合一”特征。因此，贵州处于南诏势力地区的所建寺院，也或多或少会受到这种思想影响。唐王朝为抗击南诏，招募一批北方大姓领军入黔。其中，唐乾符三年（876），杨端应诏领兵，再度收复播州。这些外籍移民多来自佛教繁盛的长安等地，不仅有佛教信仰者(仅杨氏后人中杨选、杨粲均笃信佛教），而且所带入的佛教也具有较多融会儒释道的因素(杨选、杨粲均奉行儒释道融会，与其先祖信仰应有一定渊源)。

宋代（960–1279），黔北思州和播州等地由于地接经济发达的四川、湖广地区，经济发展加快。地方土官土酋热衷奉佛兴寺，在少数民族地区

① 何志国著：《汉魏摇钱树初步研究》，科学出版社，2007，第 223–227 页。

② 黄义仁：《布依族史》，贵州民族出版社，1999，第 92–93 页。

③ （唐）牛肃：《记闻》，载（五代至北宋初）李昉等编：《太平广记（卷 112）· 报应（11）· 牛腾》。

传播佛教，推进贵州佛教的民族化、中国化。例如，黔北播州杨氏自其祖杨端（？ –902）于唐乾符三年（876）入据之后，遂世居其地，直至明万历年间。南宋宝庆三年（1227），14 世杨价亲自选址在播州城（今遵义）西碧云峰下兴建规模宏大的佛道儒巫合流的“大报天正一宫”，“榜曰‘玉京金阙’，中严帝像，壁涌释迦、玄元主徒……”① 这一场所分别塑轩辕黄帝、释迦牟尼、老子，可见播州土司杨氏的佛教信仰明显融会儒释道。土司作为朝廷任命的地方官，其信仰倾向直接影响着一方民众，也就在较深层次上影响着黔北地区佛教中国化。

元代中后期印度指空在黔西弘法，江西人彭如玉于黔中传教，使佛教在黔中腹地扩展，并深入黔西少数民族聚居区，拓展了佛教在贵州传播的地域，深化了贵州佛教中国化。指空分别在贵州元帅、府官宣教，并为其中一些人受戒；在苗蛮、瑶、僮、青江、花竹、打牙仡佬诸洞蛮等少数民族中宣教，为“请受戒”者受戒。说明佛教与黔西北少数民族文化有了深层交融。元至正年间（1341–1368），江西庐陵县（今吉安）彭如玉入黔，在贵阳创立精舍，名普安堂（大兴寺前身），传“普庵祖师释氏法教”，贵州土僧真贤嗣其法，建立佛寺。从《普庵教的符咒法本》看，普庵祖师释氏法教更多地带有道教因素，其“符咒”基本仿照道教符箓绘制，但内容为佛教。是较为典型的佛道融会，具有明显的中国化特点。

明代贵州佛教中国化有三个明显特点：一是增进国家认同，获取朝廷支持。如寺院铸钟均要铸上“皇图巩固，帝道遐昌，国泰民安、天下太平”等语，以表明佛教界忠君爱国之心。国家认同意识的树立和佛教护国利民的实践，使佛教获得朝廷较多支持。明朝历代帝王、太后为黔中寺院赐名以及兴建皇家寺院，对贵州佛教起了较大的推进作用。二是儒释道“三教合一”思潮与贵州佛教中国化。譬如，思南中和山，既是明代黔东北地域的佛教名山，又是李渭讲学、传播阳明心学的主要场所。贵州许多地方的佛教活动，都明显带有佛、道、儒及地方文化融合的痕迹。“三教合一”之所以盛行，与官、僧的推崇和垂范有密切关系。尤其是对儒家“孝道”

---

① 帝像：指轩辕黄帝之像。玄元：指老子。唐初追号老子为“太上玄元皇帝”，简称玄元。（清）道光《遵义府志（卷之 11）·金石》。

的阐释，对推进贵州佛教中国化，有重要意义。三是佛教与民间信仰进一步融会，增进了佛教地方化、民族化。例如，在锦屏县偶里乡皆阳村狮子山，有一处“佛祖证明”摩崖。下刻官府所定赋税。目的是借助佛祖证明此事，防止官府层层盘剥。说明在当地少数民族民众心目中，佛是一种可以信赖和借重的力量。①

清代，贵州佛教中国化有五方面的推进：一是倡导融入社会，利济民生。梅溪福度认为修习和参悟佛法不能脱离社会生活，希望弟子们不要将修习和参悟佛法与社会生活隔离开来。万安《永祥寺记》言：“《书》曰：‘作善，降之百祥’，祥即福之谓也。《易》曰：‘积善之家，必有余庆。’庆亦福之谓也。言人能久于为善，则诸福之积未始有不永久矣。”② 贵州佛教界在扶贫济困、修桥补路、引水济民、植树造林等方面，做了许多利国利民的实事。展示了贵州佛教适应社会、融入社会的新形象。二是促进佛教与中国传统文化融会。贵州佛教重视与中国传统文化和贵州地方文化的交融。山晖行浣《示石琴闻监寺》：“道本无名，无名斯可谓之道也。老氏曰：‘吾不知其名，强名曰道。’是道也，运四时而不遗，宰万物而不惑，居烦恼而不戕害，住禅定而不空寂……”③ 融会了释道二教之理。三是倡导“孝道”。黔灵山弘福寺开山祖师赤松法师在《复祗林罗居士》中指出：“孝义乃助道之缘，脱轮回之本，大丈夫之所为也。”④ 贵阳性莲《雪斋诗集》有诗直抒僧人尽孝之心境，其辞悲切感人⑤：“不能事双亲，徒长犬马齿。不能扫亲茔，徒增其惭耻……年年吊祭时，代吾下一跪。我遥焚香祝，愿天眷顾尔。”语句凄绝哀婉，孝义之诚，跃然纸上。充分体现了儒家孝道观与佛教义理的融会。四是“三教合一”使佛教文化更适应民众需求。清代，“三教合一”进一步发展，一方面是佛教生存发展的需要，同时也是佛教

---

① 锦屏县偶里乡人民政府编：《锦屏县偶里乡志》，2002，第 297 页。

② 录自（明）弘治《贵州图经新志（卷之 2）· 贵州宣慰使司（中）· 寺观》。

③ 张新民等整理：《续黔僧语录 · 山晖禅师语录（卷第 8）· 示石琴闻监寺》，巴蜀书社，2000，第 834 页。

④ 张新民等整理：《黔僧语录 · 黔灵赤松领禅师语录（卷 5）》，巴蜀书社，2000，第 230 页。

⑤ 张新民等整理：《黔僧语录 · 雪斋诗存》，巴蜀书社，2000，第 758 页。性莲（生卒不详。活动于嘉庆年间），章江人，开创并住持贵阳扶风山寺。工诗。有《雪斋诗存》二卷。

更适应民众世俗性、功利性需求。在促进佛教中国化方面发挥了一定效应。五是贵州佛教进一步民族化。康熙《贵州通志》载："罗汉和尚，峒苗也，初……目不识丁，忽遍游名山，自普陀返棹归，则字义了然，虽等韵诸书，莫不精通而朴率自如，同辈怪焉。"①"苗僧，思南受水人……及长愿出家，久之得悟"②。清代不仅有少数民族信仰佛教，还有僧人。佛教对苗族、布依族、侗族、土家族、彝族、仡佬族、白族和瑶族信仰和习俗均有明显影响。六是贵州佛教进一步民间化。

民国时期佛教文化在贵州的传播有复兴的趋势。各地兴建了一些寺院，成立了佛教团体，开展了一些有组织的佛教活动及社会活动；国内一些名僧先后到贵州宣讲佛法，省内也出现了一批精通佛理的僧人，他们办佛学院、印佛经、讲经说法及主持各种法事，扩大佛教的社会影响，促成了贵州佛教文化的发展。第一，坚持农禅并重，发展寺院经济。第二，兴办佛学院（讲习所、培训班）培养佛学人才。第三，出版佛教刊物、经籍，推进佛教宣传。第四，支持革命和参加抗日救亡活动。第五，民间庙会助推佛教中国化。第六，佛教社会团体及活动。第七，佛教事务管理。第八，贵州佛教文学艺术中国化。

中华人民共和国成立后，贵州佛教中国化进入创新发展阶段。有两个明显特点：第一，树立政治认同意识，积极参加社会活动。譬如，1951 年 2 月 24 日，贵阳市佛教徒 1115 人签名，发表《抗美援朝保家卫国，维护世界和平宣言》。③同年 3 月 5 日，贵阳佛教界参加贵阳市宗教界 1 万多人举行的反对美帝国主义重新武装日本的示威游行，并发表了宣言。④第二，适应社会，发展生产。1951 年 9 月，组织了"贵阳市佛教革新委员会"，建立生产组织（分为农业、手工业和服务业三个方面）。贵州农村的广大僧尼，以宗教职业者身份参加了土地改革运动，与普通农民一样分得了土地，并将多余的寺院财产交给农会，分给无地或少地的农民。1949 年，遵义全

---

① （清）乾隆《镇远府志（卷 28）·方外》。

② （清）乾隆《贵州通志（卷 32）·人物志·仙释》。

③ 中共贵阳市委统战部研究室编：《贵阳市统一战线工作大事记（1949.11–1956.12）》（修订稿），1990，第 12 页。

④ 中共贵阳市委党史研究委员会、贵阳市政协文史资料研究委员会：《回顾贵阳解放》，1984，第 160 页。

县有僧尼756人，在土地改革中，将寺院田产分给农民，结束了依靠土地放佃的寺院经济，僧尼纷纷还俗，参加劳动，成为自食其力的劳动者。①1960年，调查了25个县、市僧尼状况，在1385名僧尼中，有1147人从事农业生产，167人从事商业，63人从事手工业生产，占总数的99.4%。但是由于“文化大革命”爆发，阻滞了贵州佛教中国化的进程。

改革开放以来，贵州佛教中国化发展迅速。主要表现在：第一，增强政治认同，坚持正确方向。各级佛教团体和寺院，积极开展爱国主义学习教育活动，发扬佛教爱国优良传统。认真组织学习《宪法》《国旗法》等相关法律法规，积极响应中国佛教协会《关于在宗教活动场所升挂国旗的倡议》，省佛协发出《关于在宗教活动场所升挂国旗的倡议》和《关于在佛教界开展以“不忘初心、爱国守法、助力新时代、共筑中国梦”为主题的爱国主义学习教育活动倡议》，开展爱国主义学习教育活动。贯彻落实全国宗教工作会议精神，引领全省佛教界自觉抵制商业化等不良影响。2021年，又开展了“学党史、感党恩、听党话、跟党走”现场教学实践体验活动。第二，积极适应社会，服务社会。贵州省佛教界发扬佛教热心公益、扶贫济困、自利利他的精神，积极支援国家经济建设，植树造林，保护环境，参与“希望工程”、扶贫、救灾等社会公益事业。其中，黔明寺坚持人间佛教的思想，发扬佛教无言大慈、同体大悲、庄严国土、利乐有情的佛教优良传统，强调以出世的精神做入世的事业，以苍生福祉为己任，倡导和践行奉献精神。历年来，先后为希望工程、扶贫救灾、敬老扶幼、赞助社会活动累计捐款达331.21万元。第三，积极推进佛教教职人员培养。1999年，经省宗教事务局和中国佛教协会批准，省佛教协会在贵阳黔灵山弘福寺、乌当下埔回龙寺举办二部僧传戒法会。近年来，省佛教协会配合各级统战、民族宗教工作部门，把佛教人才培养作为加强佛教团体建设重点来抓。通过不断的学习和培训，提升了教职人员的综合素质和弘法意识及担当精神。第四，加强教风建设，纠正僧尼违法、违规行为。贵州各级佛教团体认真做好教务工作，加强教风建设。把全省佛教团体、佛教活动场所抓教风建设作为各项工作的重中之重。各地佛协加强对寺院组织的教务指导，协调

① 贵州省遵义县县志编纂委员会编著：《遵义县志》，贵州人民出版社，1992，第1018–1019页。

关系，促进团结，支持各地佛教寺院组织办好教务，搞好自身建设，健全管理制度，严肃清规戒律，纯正道风，提高佛教徒整体素质。落实佛教教职人员资格认定、备案。开展创建“和谐寺院”活动，一批寺院和僧尼评为全国和省创建和谐寺观教堂先进集体和先进个人。第五，发挥佛教文化的积极作用。积极开展佛教文化活动，促进佛教文化研究。第六，融会传统文化，传承佛教文化。通过讲经说法交流会等，提高了佛教教职人员的素质修养和佛学水平，发扬了爱国爱教、团结进步、服务社会的优良传统，维护了佛教清净庄严的社会形象，促进了佛教健康发展、社会和谐稳定。第七，涌现了一批贵州佛教中国化的先进典型。

进入新阶段，贵州佛教中国化要着力抓好以下工作：

第一，强化政治认同。

要认真学习贯彻习近平新时代中国特色社会主义思想；积极开展爱党爱国爱社会主义的教育；加强社会主义核心价值观教育。

第二，勇于自我求变。要自觉传承发展具有中国特色的佛教文化，传承弘扬中华优秀传统文化，主动适应社会主义先进文化，创造具有新时代中国特色的佛教文化。在佛教思想、制度、文化、活动等方面体现中国风格，更加全面深入地融入中华文化。

第三，加强自身建设。坚持问题导向持续端正教风，强化对全国佛教界贯彻执行本会新修订规章制度的指导、监督，研究制定教职人员行为守则，完善准入退出机制，提升寺院管理的法治化、民主化、规范化水平。认真贯彻《宗教团体管理办法》，以领导班子建设为引领，发挥桥梁纽带作用，组织教职人员教育培训，拓宽人才培养渠道，增强人才培养综合能力。

第四，主动服务大局。在新的历史时期，贵州佛教团体和寺院，要在认真总结经验的基础上，团结引领佛教界和信教群众深入学习贯彻党的方针政策，深刻认识新发展阶段，全面贯彻新发展理念，为构建新发展格局、推动高质量发展发挥聪明才智。积极履行佛教界的社会责任，传承弘扬中华优秀传统文化，大力开展公益慈善活动，协助党和政府防范化解佛教领域风险矛盾，坚决维护国家主权、安全和发展利益。

第五，重视人才培养，为坚持佛教中国化方向提供人才保障。要把坚持佛教中国化方向作为培养佛教教职人员的重要导向，按照政治上靠得住、宗教上有造诣、品德上能服众、关键时起作用的标准，培养更多的高素质佛教人才。

第六，积极推进中国特色的佛教文化建设。要学习中国先进文化，将中国优秀传统文化与佛教义理相融会，对佛教义理做出新阐释，传承发展具有中国特色的佛教文化，传承弘扬中华优秀传统文化，主动适应社会主义社会。在佛教思想、制度、文化、活动等方面体现中国风格，更加全面深入地融入中华文化。① 推进中国特色的佛教文化建设，还要注重传承和发扬贵州特色佛教文化。

① 中国佛教协会：《坚持佛教中国化方向五年工作规划纲要》，《法音》，2019 年第 10 期。

第一章 唐、宋、元时期贵州佛教中国化发端

贵州佛教中国化，是佛教传入贵州后，通过与贵州传统文化交融，逐渐演化为贵州本土的佛教的过程。贵州传统文化既包括中华传统文化，又包括本土文化，以及民族文化。贵州汉文化的传播，历史久远。楚国将军庄蹻经贵州往征云南，带来了楚文化的影响。汉武帝遣唐蒙使夜郎，增进了夜郎与中原的文化交流。汉武帝时，贵州学者舍人作《尔雅注》（3卷）；西汉，盛览师从司马相如学辞赋，归里后兴办教育，传播文化；东汉桓帝（147–166）时，毋敛县（今都匀、独山、荔波一带）人尹珍（官至荆州刺史），“从汝南许慎、应奉受经书图纬，学成，还乡里教授”①，汉魏南北朝江南和四川文化对贵州有明显影响。唐代中期，中央王朝因抗击南诏，朝廷招募一批北方大姓入黔定居，有利于经济文化的交流和发展。宋代，江西、四川等地还不断移民到贵州，带来新的文化元素。元代，为了加强中央集权统治，大兴站赤（驿传），加强了贵州与外省尤其是内地的联系，推动了贵州经济文化发展。明清两代大批军队和移民进入贵州，带来了中原和江南等地文化。贵州是一个多民族聚居的省份，有民族成分54个，其中世居少数民族有苗族、布依族、侗族、土家族、彝族、仡佬族、水族、回族、白族、瑶族、壮族、畲族、毛南族、仫佬族、满族、蒙古族、羌族等17个。民族历史悠久，文化源远流长、底蕴深厚、特色鲜明。因此，贵州佛教中国化也包含本土化和民族化的内容。贵州佛教中国化是一个历史过程，经历了由浅表向深层，由形式向理论的演化过程。主要表现在：对儒家“孝道”思想的吸纳；倡导儒释道融会，融入民间信仰等方面。

① 《后汉书·西南夷列传》。

第一节　唐代以前

佛教传入贵州的途径一共有三条：一是“蜀身（音 yuán）毒道”，由四川经贵州、云南、缅甸至古印度（今尼泊尔南部）。这条通道开通较早，佛教沿此道传入云南并经贵州传入四川，对贵州佛教有一定影响。二是“蜀黔道”。四川佛教最早是从印度经云南传入的。其后，佛教又由北方传入四川，再由蜀黔道（由今四川叙永进入贵州毕节或由重庆入贵州遵义、贵阳）将佛教传入贵州，并在黔北、黔东北城镇和乡村扎根。三是“荆楚黔道”，此道通过水陆两路将中原佛教传入贵州。

东汉末期，佛教对贵州已有一定影响。20 世纪 50 年代中期，贵州省博物馆进行考古发掘时，在清镇 11 号汉墓中发现两尊铸在摇钱树上的佛像。佛像一“高约 4.7 厘米、宽约 2.8 厘米，结跏趺坐，头顶上有高肉髻，头发呈纵向，着通肩衣，双手置于身体前面。双手之间的衣服下摆呈‘U’字形。佛像二高约 4.6 厘米、宽约 2.6 厘米。”① 摇钱树座铸佛像，在四川发现较多。贵州发现的早期佛像的存在方式和造像都与四川同期佛像有许多相似之处，说明至迟在东汉末期佛教已经影响到今贵州地区。佛像最初传入贵州则可能是通过当时西南盛行的摇钱树这一媒介物，其背景当与升仙思想的流行关系密切。② 可见佛教最初影响贵州时已经有融会道家思想的倾向，可以视为贵州佛教中国化的一种因素。有专家认为，西南地区很早就有“蜀身毒道”联通印度，印度初期佛教艺术也很有可能经此道传入西南地区。③

贵州地方巫术的存在，为佛教传播提供了一定的基础。东晋常璩《华阳国志》云，牂牁“俗好鬼巫，多禁忌”④。佛教传入中国之初被视为道家方术一类，其因果报应思想又与巫术禁忌有诸多相似处，有些外来僧人自身就通方伎，他们多借重奇功异能之神迹传播佛教。这种视佛像为神而

---

① 何志国：《汉魏摇钱树初步研究》，科学出版社，2007，第 192 页。

② 罗二虎：《略论贵州清镇汉墓出土的早期佛像》，《四川文物》，2001 年第 2 期。

③ 何志国著：《汉魏摇钱树初步研究》，科学出版社，2007，第 223-227 页。

④ （东晋）常璩：《华阳国志》，卷四《南中志》“牂牁郡”。

进行崇拜，成为早期佛教在中土（乃至贵州）传播并立足的信仰基础。也是贵州佛教本土化、民族化、中国化的发端。譬如，魏晋南北朝时期，佛教轮回思想对布依族有一定影响。布依族古歌《采天花》就有佛教轮回论的烙印。其故事内容是天上住有观音老母，掌管人间的灵魂，人的灵魂上天可以转世，只要前世修好，转世时会得到好的去处和变成很好的人，前世修不好，来世就遭殃。①

第二节　唐　代（含五代十国）

隋唐时期（581–907）中央政府加强了对贵州的控制。隋开皇元年（581），朝廷在今贵州置牂牁州，领牂牁县和宾化县，炀帝大业二年（606）改牂牁郡，辖地为黔中地区。但实际管辖的地域为乌江以北和黔东北地区。唐代改郡为州，设州、县两级。州又分经制州（正州）和羁縻州。②贞观年间（627–649），今贵州大部属江南道，另外一些属剑南道和岭南道。玄宗时属黔中道。唐代，南诏国（748–937）兴起。南诏国前期与唐王朝保持着密切关系。但随着其势力壮大，便不断攻掠唐王朝领地。南诏国极盛时，其统治范围包括今云南全部、四川西南部、贵州大部和广西西部。由于历史地理的因素，南诏与蜀中的文化往来频繁。贵州作为南诏辖地，文化上也得益于这种影响。五代十国时期（907–979），政权更迭，战乱不休，贵州与邻近贵州的前蜀、后蜀、楚、南汉及大理等国联系较多，与中原各政权的关系时断时续。隋唐时期，随着贵州人口增加，垦地扩大，城镇建设推进，农业、畜牧业、手工业有一定发展。交通条件进一步改善。中原文化（包括佛教文化）向贵州腹地渗透增强。

唐代，贵州有僧人活动并建有寺院。据史书记载，唐贞观十六年（642）前，桐梓已经创修了金锭山寺。说明佛教已经传入贵州。

佛教初传贵州，为了生存发展，除了与儒、道合一外，还与当地原始

---

① 黄义仁：《布依族史》，贵州民族出版社，1999，第92–93页。

② 羁縻州，是唐朝专为边疆地区内附的少数民族部落设置的特殊行政区划。《大唐六典·户部尚书》曰："凡天下之州府三百一十有五，而羁縻之州盖八百焉。"

巫教相互适应，互为消长，并吸收了这些本土巫教的某些神祇、咒术、礼仪和民族民间信仰，充实和改变自己，以适应地方习俗和民众信仰需求，由此出现了佛道儒巫混杂合流的趋向。这种交融，丰富了贵州地域文化和民族文化，同时也扩充了贵州佛教文化内涵，促进了佛教中国化。

唐垂拱元年（685）贬谪贵州的牛腾，推进了佛教传播。《太平广记》卷112引唐牛肃《记闻》云："牛腾，字思远，唐朝散大夫，郏城令，弃官从好，精心释教，从其志者终身。常慕陶潜五柳先生之号，故自称布衣公子……公子至牂牁，素秉诚信，笃敬佛道，虽以婚宦，如戒僧焉，口不妄谈，目不妄视，言无伪，行无颇，以是夷僚渐渍其化，遂大布释教于牂牁中。常摄郡长吏，置道场数处……后弃官，精内教，甚有感焉。"①这是贵州佛教中国化的开端。表明佛教不仅传入贵州，而且"夷僚渐渍其化"，已经传入并影响少数民族。一般说来，佛教要在少数民族中传播，必须解决语言障碍，就有一个将佛教义理转化为少数民族语言过程，也就在事实上推进了佛教的民族化。而在少数民族地区，佛教的民族化是佛教中国化的重要组成部分。

黄义仁《布依族史》说，布依族摩教中也吸收了道、儒、佛等家的思想观念，这些外来宗教可能也是从唐代陆续传入布依族地区的。②

唐代，南诏兴起，其疆域曾包括今黔北、黔西、黔西南的部分地区。南诏势力在贵州境内还建了寺院。据《遵义府志》载：正安"大成寺在城北五十里。唐乾符间（874–879），南诏陷播州，筑城于此，城垣基址尚存。南川有玛瑙城、罗尾城，一时同建"。③"郡城外大悲阁，肇建于唐之乾符二年。"④这一时期，在南诏占领地正安建有大乘寺、遵义建有大悲阁。这些都与南诏佛教影响有关。南诏汉传佛教融会儒学与道教义理，具有"三教合一"特征。因此，贵州处于南诏势力地区所建的寺院，也或多或少会受到这种思想影响。这是唐代贵州佛教中国化的另一特征。

---

① （唐）牛肃：《记闻》，载（五代至北宋初）李昉等编：《太平广记（卷112）·报应（11）·牛腾》。

② 黄义仁：《布依族史》，贵州民族出版社，1999，第110–111页。

③ （清）道光《遵义府志（卷之8）·寺观》。"大成寺"，通常写作"大乘寺"。

④ （清）道光《遵义府志（卷之47）·杂记》。

唐王朝为抗击南诏，招募一批北方大姓领军入黔。其中，唐乾符三年（876），杨端应诏领兵，再度收复播州。据元人程拒夫撰《忠烈庙碑》载：“杨氏系本太原，唐乾符初赠太师讳端者，宦游会稽，后客长安。适南诏陷播州，大为边患，有旨募能安疆场者，太师慨然自效，遂命为将，以复播州；戒畅恩融，夷夏畏服，因领其郡……①这些外籍移民多来自佛教繁盛的长安等地，不仅会有佛教信仰者（仅杨氏后人中就有杨选、杨粲笃信佛教），而且，所带入的佛教也具有较多融会儒释道的因素（杨选、杨粲均奉行儒释道融会，与其先祖信仰应有一定渊源）。

第三节 宋 代

宋代（960–1279），今贵州分属夔州路（治所在夔州，今重庆奉节）、荆湖北路、潼川府路、广南西路、剑南西路和剑南东路之一部，其中以夔州路所辖为主，所辖绍庆府领 50 个羁縻州，分布于今贵州南部。这种羁縻控制，土官大多是任命当地原有土酋担任，皆得世袭，版籍不上户部，领地为土酋原辖区。因北方战事频繁，朝廷对西南地区少数民族尤其是大理国保持防范态势。黔北思州和播州等地由于地接经济发达的四川、湖广地区，经济发展加快。沅江上游湘黔毗邻的“五溪”（辰溪、酉溪、巫溪、武溪、沅溪）地区，朱砂、金矿开采初具规模，冶铁、铸造均有发展。因宋朝军队需大量军马，宋室南渡后，南方马市地位凸显，马市交易带动了贵州地方经济、文化交流，促进了贵州经济的发展。

宋代，地方土官土酋热衷奉佛兴寺，在少数民族地区传播佛教，推进贵州佛教的民族化、中国化。

光绪《古州厅志》载：“古州，禹贡荆、梁之域，盖三苗所宅。宋真宗咸平二年，古州向通戾入贡，授古州刺史，诏赐印，羁縻之。仁宗庆历元年，分天下为十三路，古州隶广南西路。徽宗崇宁四年，古州蛮纳土，置怀远军，

① 贵州省遵义县县志编纂委员会编：《遵义县志》，贵州人民出版社，1992，第 1164 页。

寻改为平州。未几，废。又于中古州置格州。五年改从州。政和元年废。”① 宋代古州，其州治在今黔东南榕江县，为土酋向氏辖地。《宋史》载：“天禧四年，知古州刺史向光普遣使鼎州营僧斋，以祝圣寿。”“天圣二年(1024)，知古州向光普自言，尝创佛寺，请名报国，岁度僧一人，许之。”② 说明宋天禧年间（1017–1021）佛教已传入黔东南一带，由于地方土官的推动，佛教对当地民众会产生一定影响。

康熙《思州府志》载：思州“禹贡荆梁二州之裔，春秋属楚，秦属黔中郡，汉属武陵郡酉阳县，三国分置黔阳县地隶焉，隋为清江郡，唐为思州宁彝郡丹川、丹阳二县地……”③ 宋徽宗大观元年（1107），思州土酋田祐恭请求内附。重和元年（1118）置思州，领务川、邛水、安夷三县。宣和四年（1122）废思州，以务川城为名，邛水、安夷二县改为堡，皆隶于黔州。南宋绍兴元年（1131）复置思州，仍领务川、安夷、邛水三县，辖地包括今思南、德江、沿河、务川等地。④ 南宋江少虞撰《宋朝事实类苑》载：“越州僧愿成客京师，能为符箓禁咒，时王雱幼子夜啼，用神咒而止，雱虽德之，然性靳啬；会章惇察访荆湖南、北二路，朝廷有意经略溪洞，或云蛮人多行南法，畏符箓，雱即荐成于章。章至辰州，先遣张裕、李资、明夷中及成等，入南江受降。裕等至洞而秽乱蛮妇，酋田元猛不胜其愤，尽缚来使，刳斩于桩。次至成，成搏颊求哀，元猛素事佛，乃不杀，护而遣之……成犹以入洞之劳，得紫衣师号。”⑤ 因其称号来的并不光彩，故《宋朝事实类苑》将其列入《诈妄谬误》。愿成“能为符箓禁咒”，表明其融会了道教成分。愿成被举荐入黔，也是因为“云蛮人多行南法，畏符箓，雱即荐成于章”，因此，愿成所传佛法也就带有释道融会的特点。

黔北播州杨氏自其祖杨端（？ –902）于唐乾符三年（875）入据之后，遂世居其地，直至明万历年间。南宋初期，杨氏第 11 世杨选大张佛教，兴

---

① （清）光绪《古州厅志（卷之 1）· 地理志》“沿革”。

② （元）脱脱等撰：《宋史（卷 493）· 蛮夷（1）· 西南溪峒诸蛮（上）》。

③ （清）康熙《思州府志（卷 1）· 区域志 · 沿革》。

④ 贵州省地方志编纂委员会编：《贵州省志 · 地理志》（上），贵州人民出版社，1985，第 15 页。

⑤ （南宋）江少虞撰：《宋朝事实类苑（卷 71）· 诈妄谬误》“僧愿成”条。此事亦载宋人魏泰《东轩笔录》卷 7。

修寺宇，移铜佛于观音院。道光《遵义府志》引《大明一统志》云："铜佛像，在宣慰司佛光寺内，据《杨氏先德庙碑》：其先有名选者，猎于荒莽中，见一岩人物，从猎者疑为怪，白其事，选遣人往视则风雷暴至，不可迩。选自往，风雷如初。有僧进曰，古像灵异，必斋戒诚敬，乃可。如其言而往，获睹其像，乃徙于观音院，今徙于本寺。"① 明人曹学佺的《蜀中名胜记》亦记此事。② 南宋嘉泰至宝庆年间（1201–1227），第13世土官杨粲同时崇奉佛道儒，修建佛寺多处，其中于湘江之畔创立普济庵。道光《遵义府志》载明人李敬德《增修普济桥记》云："去城（遵义府城）北三里许，有桥曰普济，先侯六世祖忠烈公肇修郡之儒学及琳宫梵刹桥道，普济桥其一也。既建普济桥，于崖涘建庵宇为壮观。"③ 南宋宝庆三年（1227），14世杨价亲自选址在播州城（今遵义）西碧云峰下兴建规模宏大的佛道儒巫合流的"大报天正一宫"，其中塑有释迦佛像。道光《遵义府志》引元人张亚《大报天正一宫记》云："播自唐乾符间，太师杨端肇基此土，十有三传，至宋忠显庙威灵英烈侯价，天挺英豪，聪明勇智。公余之暇，常登高眺望，谓城西碧云峰下公府西北隅，夷衍清胜，隐然有神仙窟宅气象。由是慨念先公保此民社，贻遗子孙，实荷上穹显锡鞴佑所致。夙莫荐熏，葵倾芹献，宜严厥所，舍是无称建置者。乃独断于衷，鸠工庀材，即地创宇，署曰大报天正一宫，西据东向。北安大殿，榜曰玉京金阙，中严帝像④，壁涌释迦、玄元主徒⑤。埏饬瑰奇。左右廊庑，复阁斋堂，凡若干区，朱碧翚飞，实一时之伟观，盖宝庆丁亥岁也。"⑥ 后又铸三尊铜佛像，其后人将其供于桐梓虎峰寺中。道光《遵义府志》谓杨价临终前，"大饭群僧，价趺坐诵佛书数语而终"。⑦ 可见播州土司杨氏的佛教信仰明显融会儒释道。土司作为朝廷任命的地方官，其信仰倾向直接影响着一方民众，也就在较深

① （清）道光《遵义府志（卷之11）·金石》。

② （明）曹学佺：《蜀中名胜记（卷之20）·遵义道》。

③ （清）道光《遵义府志（卷之11）·金石》。

④ 帝像：指轩辕黄帝之像。

⑤ 玄元：指老子。唐初追号老子为"太上玄元皇帝"，简称玄元。

⑥ （清）道光《遵义府志（卷11）·金石》。

⑦ （清）道光《遵义府志（卷31）·土官》。

层次上影响着黔北地区佛教中国化。

建于南宋咸淳年间（1265–1274）的桐梓虎峰寺，后因世袭播州宣抚使的杨价镇边有功，敕封英烈侯，谥号崇德公，塑像寺中，故寺又名崇德庙或杨价庙，寺中供有杨价所铸之三尊铜佛，明清时香火盛极一时。[①]佛像与人像同处一寺，这显然是受到传统儒家“祖宗崇拜”文化的影响。思南城子寺，在思南县城子盖（即今岑头盖）之巅，相传宋时僧建。僧精习方术，炼成铁身，刀斧不能伤，且善飞，一朝可往返百里，人呼为“坚颈和尚”。[②]

第四节　元　代

宋宝祐二年（1254），今贵州境内于矢部（辖普安、盘县、兴仁一带），脱离南宋归附元朝。到至元十六年（1279）七月，罗氏鬼国归附，今贵州全境基本纳入元朝统治范围，分属湖广、四川、云南三行省。其中，乌撒路、普安路、普定路隶云南行省；八番顺元等处宣慰司都元帅府、思州、新添葛蛮安抚司（治新添，今贵定）隶湖广行省；播州先隶湖广行省，后隶四川行省，最后归湖广行省；亦溪不薛有时划归云南行省，有时又隶属湖广行省。

元代，印度僧人指空和省外僧人入黔传教，影响较大。唐宋以来，即有外籍僧人云游至黔者，如前述南宋时杭州雷峰寺之慧光、慧明等。元代中后期印度指空在黔西弘法，江西人彭如玉于黔中传教，使佛教在黔中腹地扩展，并深入黔西少数民族聚居区，拓展了佛教在贵州传播的地域，深化了贵州佛教中国化。

一、印度僧人指空法师促进佛教民族化

指空是元代来华的印度僧人。梵名音译提纳薄陀（Dhyanabhadra），意译禅贤，是那烂陀之学僧。八岁从那烂陀寺律贤出家，十九岁得到南印

① 吴金生：《话说虎峰》，载《桐梓风光》，贵州人民出版社，1992，第110–112页。

② （民国）《思南县志稿·庙坛寺观》。

度楞迦国吉祥山普明衣钵。之后来华到燕京，游历中国西南地区、长江中下游地区。于元泰定年间（1324–1327）到上都（滦京，在今内蒙古正蓝旗东北闪电河北岸）见元帝。旋入高丽弘教建寺。天历初间（1328）回燕京，历元文宗、宁宗、惠宗（顺帝）三朝，至正二十三年（1363）去世。元至治年间（1321–1323），指空禅师曾在滇东北和黔西北之乌撒乌蒙地区传播佛教。李穑《西天提纳薄陀尊者浮图铭并序》载：

> 迦叶百八传。提纳薄陀尊者禅贤，号指空。师自言……吾之行化于中国也。遇北印度摩诃班特达于西蕃，偕至燕京。居未久西游安西王府……金齿、乌撒、乌蒙一部落也，礼吾为师。塑像庙之。吾闻无赖子以吾像、禅棒掷之地，而不能举。悔谢。取安如故。安宁州僧问："昔三藏入唐，伏地知音"。时吾会云南语。应曰："古今不同，圣凡异路。"请说戒经。燃顶焚臂。官民皆然。中庆路诸山请演法，凡五会，太子礼吾为师。罗罗人素不知佛僧。吾至，皆发心。飞鸟亦念佛名。贵州亢（元）帅府官皆受戒，苗蛮、瑶、僮、青红（江）花竹、打牙仡佬诸洞蛮，俱以异菜来请受戒。镇远府有马王神庙，舟过者必肉祭，不然舟损。吾一喝放舟行。常德路礼镜刚白鹿二祖师。观音自塑之像。洞庭湖灵异颇多，能作风雨，吾行适风作浪涌。为说三归五戒……①

指空在云贵数年，初"语言不通"，后来"会云南语"，还为"贵州元帅、府官"及一些少数民族群众授戒，说明已熟悉云贵地方的民情和语言。在贵州黔西北期间，指空从两方面传播了佛教，一是向贵州元帅、府官宣教，并为其中一些人授戒；二是在苗蛮、瑶、僮、青江、花竹、打牙仡佬诸洞蛮等少数民族中宣教，为"请受戒"者授戒。指空为黔西北官民授戒，说明佛教与黔西北少数民族文化有了深层交融。

二、彭如玉传普庵祖师释氏法教

元至正年间（1341–1368），江西庐陵县（今吉安）贾人（或云道人）

---

① 日本《大正新修大藏经（卷51）·史传部（3）·游方记抄》。

彭如玉入黔，在贵阳创立精舍，名普安堂（大兴寺前身），传“普庵祖师释氏法教”，贵州土僧真贤嗣其法，建立佛寺。明弘治《贵州图经新志·寺观》云：“（大兴）寺在贵州城中，元至正间有江西庐陵道人彭如玉来创精舍，奉普庵祖师导释氏法，后土僧真贤嗣其业，拓故址建大雄殿、毗卢阁，庄严设像，遂名大庆寺。”① 彭如玉所传的“普庵祖师释氏法教”当为普庵临济宗之教。普庵（1115–1169），江西宜春人，宋代禅师，俗姓余，法名印肃，号普庵。他藜杖芒履，游访刹土，布衣菲食，励精行道。凡四方慕道者，随机诱引。其以灾患疾苦而有所求者，或书颂、或折草、或勺水与之，无不立验。由是，声名大振。南宋时期屡受封赐。嘉熙元年（1237），因祈雨，封“寂感禅师”；淳祐十年（1250），因救旱，加封“妙济禅师”；宝祐三年（1255），因禳疫，加封“真觉禅师”；咸淳五年（1269），因止旱，加封“昭贶禅师”。入元后，大德四年（1300）加封“大德禅师”，皇庆元年（1312）加封“慧庆禅师”。②

从《普庵教的符咒法本》看，普庵祖师释氏法教更多地带有道教因素，其“符咒”基本仿照道教符箓绘制，但内容为佛教，是较为典型的佛道融会。普庵法吸收道教成分并予以发挥。民间有的道教法师神案还将普庵祖师奉为主神。可见，“普庵祖师释氏法教”具有明显的中国化特点。

---

① （明）弘治《贵州图经新志（卷之2）·贵州宣慰司》（中）“寺观”。

② 《宜春禅宗志》编纂委员会编：《宜春禅宗志》，中国文史出版社，2007，第217–218页。

第二章　明、清、民国时期贵州佛教中国化发展

第一节　明代贵州佛教

明代贵州行政区划变化较大，对贵州经济社会发展意义重大。永乐十一年（1413），设贵州布政司，贵州正式成为行省，实行土流官并治，密切了与中原佛教的关系，使佛教迅速在全省传播。

一、获取朝廷支持

国家认同，不仅具有重要政治意义，也为佛教自身发展带来众多益处。明代，贵州佛教寺院铸钟均要铸上“皇图巩固、风调雨顺”“帝道遐昌，国泰民安”“佛日增辉、天下太平”“法轮常转，丰盈吉庆”等语，以表明佛教界忠君爱国之心。始建于明永乐十二年（1414），思州（治今岑巩）峨山寺观音像前制一块“皇帝万万岁”的黑底金字牌位。① 佛教护国利民的实践，使佛教获得朝廷较多支持。

明朝历代帝王、太后为黔中寺院赐名以及兴建皇家寺院，对贵州佛教起了较大的推进作用。贵阳大兴国寺（又称大兴寺），原名大庆寺，洪武二十七年（1394）贵州都指挥顾成把寺之来历告知蜀王（明太祖十一子）殿下，请蜀王“改赐今额”，遂名“大兴国寺”。② 万历三十年（1602）寺僧法印赴京，慈圣太后又赐寺名“大兴慈圣禅林”。贵阳永祥寺，原名潮音寺，古名观音堂，始建于洪武初年，成化间镇守贵州太监郑忠重修扩建，并上书恳请宪宗赐额，宪宗赐额名“永祥寺”，并赐玺书护持。此外明帝赐额

① 岑巩县志编纂委员会编：《岑巩县志》，贵州人民出版社，1993，第846页。

② （明）弘治《贵州图经新志（卷之2）·贵州宣慰司》（中）“寺观”。

的贵州佛寺还有：新城（今兴仁）护国寺（永乐间赐名），毕节普慧寺（又称普惠禅林。正统十四年赐额），赤水卫普丰寺（正统间赐额）等。

明代，由于统治者的提倡，加之土官流官的推动，佛教进一步在贵州境内扩展。朝廷倡导，地方官员必积极响应。有明一代，贵州地方土司流官在贵州大兴佛寺数十座，遍及境内各府卫。著名者有：贵阳的永祥寺（成化间镇守太监郑忠建），通化寺（成化间宣慰使宋然建），水口寺（在城东栖霞山麓，嘉靖间大学士张大学倡修，并捐建客厅、廊庑），照壁山寺（本名相宝山，崇祯九年巡按冯晋卿建），修文潮水寺（明总兵王国正建），息烽慈心寺（洪武间底寨长官司蔡士元建），毗卢寺（万历六年宣慰使安国亨建，大学士张问达有碑记），遵义普陀寺（万历年间，杨应龙为妾田雌凤建，塑佛像四尊“金身丈六”），遵义海潮寺（万历间兵备道傅光宅建），湄潭观音寺（洪武间李将军舍业创建），正安报真寺（嘉靖间真州郑长官建），绥阳辰山寺（成化甲辰，宣慰使杨爱重建），安顺石佛寺（洪武间征南将军颍川侯傅友德、右副将军西平侯沐英建），安平（今平坝）紫竹庵（指挥韩宪忠建），镇宁的列峰寺（洪武间指挥陆秉建），金鸣寺（万历间土司陇时康建），铜仁铜佛寺（洪武间土官李渊建），观音寺（长官司李椿建），石阡迎恩寺（万历间郡守江大鲲建），思南圆通寺（在府南、蛮夷司东，长官安洛建，弘治间，长官安宇，李谷重建。思州府推官王泽有《题圆通寺诗》），黎平南泉山寺（明初经始，旋毁于兵。万历三十四年，黎靖参将李思忠倡捐重修），观音寺（洪武十九年，总兵周骥建），都匀观音寺（洪武二十四年，指挥黄镛建。永乐十二年，都指挥陈原重建），瓮安回龙寺（嘉靖中安抚使宋廷章建），玉华山玉华寺（嘉靖年间平越卫指挥王之臣建），平越（今福泉）月山寺（洪武二十一年指挥戴旺建），观音寺（成化十年贵州按察司副使吴立建），凯里清平圣寿寺（天顺间指挥王聚建），镇远青龙洞中河山寺（又名中山寺，嘉靖间郡守黄希英建），施秉华严寺（万历间贵州巡抚郭子章建），黄平月潭寺（正统八年指挥常智建），福泉月山寺（洪武年间平越指挥张信建），三教寺（洪武年间副使赵之屏建），观音寺（成化间贵州按察司副使吴立建），毕节惠泉寺（正统间武略将军王仲骧建）。

二、儒释道“三教合一”思潮与贵州佛教中国化

明代，佛教在贵州的基础还较为薄弱，传播过程中与道教、儒家文化及地方民族民间文化相互影响、相互渗透比较明显。佛、道、儒文化与地方文化的融会，成为明代贵州多元文化共生共荣的重要基础。佛教作为一种外来文化，它从传入中国起就不可避免地与中国的传统文化包括儒家文化和道家文化发生着各种各样的联系。众所周知，佛教自汉代传入中国后，到魏晋时期，儒、佛、道三教开始汇流。至隋唐时代，佛教日盛，佛、儒、道三教在思想领域的争夺日趋激烈，但最终走向融合。由此可见，传入贵州的佛教，已经是印度佛教与中国传统文化融合后的佛教；在其传入贵州后，又与贵州民族民间文化发生了交融碰撞。例如，思南中和山，既是明代黔东北地域的佛教名山，又是李渭讲学、传播阳明心学的主要场所。贵州许多地方的佛教活动，都明显带有佛、道、儒及地方文化融合的痕迹。

明宣德举人王训撰《大道观记》说：“皇明天启，肇开有国，既用孔子之道，经世理民；而又崇奖二家①，阴翊皇度。”②用孔子之道，经世理民；以释道二家，阴翊皇度，表明推进儒释道融会，也是朝廷维护统治的需要。

“三教合一”之所以盛行，与官、僧的推崇和垂范有密切关系。尤其是对儒家“孝道”的阐释，对推进贵州佛教中国化，有重要意义。

“孝道”是儒家思想的重要理念，其核心是“拜（亲亲之心）、敬（养生）、祭（送终）”，即“生养死丧，慎终怀远”。如何理解和处理儒家“孝道”观与佛教孝道观，是个很现实的问题。通常人们都会认为僧人薙发出家弃亲无嗣，无孝道可言；宋代以前僧人不拜君父，更是被指为不忠不孝。但实际上佛教有自己的理解和符合中国国情民情的处理方式。尤其是贵州地方，佛教普传是宋代以后，佛教界对儒家“孝义”理念的理解和吸纳，也有了许多自身特点。这在贵州佛教碑刻也有记载。

---

① 二家：指佛教和道家。

② （明）弘治《贵州图经新志·寺观》。

明万历十年（1582），李渭[①]撰《修观音阁碑记》[②]记载有《妙善舍身救庄王》故事：观音大士得道之前，为妙庄王三女，她幼小即悟佛法，长大后不愿出嫁，执意到白雀寺出家修行。庄王大为震怒，以斩首、火烧寺院等方法威逼，都未使妙善回心转意。后来庄王得了重病，“破痈溃痤不治”，需用亲生骨肉的手和眼做药，才能治好。其大女、二女均不愿割手和眼为父治病。妙善得知后，为报父母恩，“慨然可取手眼予王”。“王疾愈，率宫姬百吏渡海谢，知其为季女也。”妙善之孝心感天动地，功德圆满化作观世音菩萨之相。李渭作为著名理学家，引述这个故事的本意是为了让读者正确辨析“曾子嘉菊孝母”与“妙庄刳目锲指愈亲”的异同。他认为因人们“盖乐异闻，夸诩新奇”，所以同样是尽孝，讲“嘉菊孝母”，人们没多大兴趣；而讲妙庄“刳目锲指愈亲”，则引人入胜。表明佛教以报恩和平等观为基础的孝道思想，与儒家孝是“仁之本”“德之本”。“孝慈则忠”“人之行，莫大于孝”的“孝道观”，具有相通性。清顺治间开州知州徐昌《新建莲花寺碑记》，阐述了地方官员倡修“寺刹祠庙”的原因。碑文说，自己到任六年以来，治理地方“粗有可观”，但这个地方“王化之所难喻”，因此“不得已而托之神道设教……”，“余因慨然构木伐石，建此楼于旧寺之前，以祀大士。使此方之人，一入塔庙，生恭敬心。愚夫愚妇，即不明于理，而孝弟忠信之心可以油然而生矣，勿谓释天子吾道有二也。南海北海，有圣人焉，此心此理同也。神道之设，以补王化，亦其一端矣。”

明万历四十二年（1614）夏五月，云南按察司副使李廷谦撰《重修观音阁记》，讲的就是儒释两教在信仰上相切合之理：

> 阁在中和山最高处，山在郡城中，俯瞰百雉，周遭万家。先大夫来辟云封，倡明孔子之学于兹山，坐履常满……阁中九十寿僧满圆，率其徒照庆、绍宗等众，自于郡守鸣扬舒公，捐俸募众，垣阁以砌，废圮俱饰，称完美矣。属予载笔。因睹记，先大夫述观音大士奇孝，与友朋杨确此庸德也。惟孝弟两言，郡人士咸寓

---

① 李渭，号同野，明贵州思南府水德司（今属思南县）人，著名理学家，曾在四川、安徽、广东任知县、知府、同知、副使等职。为官清廉。潜心研究儒学，著作颇丰。

② 碑文载道光《思南府续志·艺文门·记》。

目焉，岂非往圣之庸谈而万世所同得者？自孟子承传思曾之举，著为七篇，言仁言义，必推本于事亲、从兄，是何切近精实，而至易至简。又推原于不学不虑之知，能达之人人，亲亲，长长，平天下，又何玄微至大。彼氏反以此堕情缘，非上乘，而蔑弃之，不几于充塞仁义，惑世诬民，甚至洪水猛兽之害哉！天台耿师常寄江南诸门弟云："只此爱敬心，蒸民所秉彝。自心能自信，大道何藩篱？有无言俱陋，诸子蔽且离。尼迦总过影，同异辨等痴。卓哉孟夫子，守此到今兹。"盖概世溺异而忽此常道，惟孟子终生守此孝弟二字，当时炙毂之辩不能夺，富强之术不能诱，称之曰命世亚圣，不虚也……①

道光《遵义府志·金石》"辰山铜钟"（弘治七年铸）亦讲"合三教于一源"：

天峰禅寺，古之未有，成化间，寿上人开创建立，巍然，焕然，足为一方之表镇，群生之倚赖焉。夫寿乃缁流中巨擘，旁通经传，而合三教于一源。初而脱迹龙山，终而养真天峰。竖梵宫，塑佛像，以为岁时向善之景仰对越。虽寸材片石，皆其精神念虑经纶所致。此寺之兴也，诚为不偶，寿之功之力欤！既落成，鬼神呵护，香火隆盛。于以祝皇图之巩固，于以赞我邦之绵远。然而寿一时天人相与之妙，将亦脍炙人口于不泯焉！②

在寺院建设，佛（神）像塑造，寺院楹联、匾额和碑刻中，体现"三教合一"之处更是随处可见。

"三教合一"思想在佛教寺院楹联中亦有体现。例如，明宣德五年（1430），普定玉真山寺落成，光绪十三年（1887）重建。寺分为上中下

---

① 李廷谦：《重修观音阁碑记》，载政协思南县委员会文史资料研究委员会编：《思南文史资料选辑》（第7辑），1984，第117–118页。李廷谦，号同野，明贵州思南府水德司（今属思南县）人，李渭之子，万历乙酉（1585）科举人，初授直隶真定县（今河北省正定县）教谕，迁国子监助教、云南按察司副使。

② （清）道光《遵义府志（卷之11）·金石》。钟铸于弘治七年甲寅岁孟秋。为昭勇将军、宣慰使杨爱普福寺开山比邱兴寿铸。

三殿。下为斗姥殿，中为观音殿，上为玉皇殿。玉皇殿内所塑神像有观音、如来、韦驮等，并刻有八仙中的“铁拐李”。寺中楹联曰：“杖悬日月长生佛；葫贮乾坤自在仙。”上联说，佛教法器锡杖可悬日月，寺中佛像庄严，佛法永驻。下联说：葫芦中贮存着天地万物（道教有“壶中天地”传说），是仙人自由出入享乐的场所。

晴隆玉皇阁，位于今县城金钟山巅，为南峰寺寺后阁。始建于明代正德年间（1506–1521），不久毁于兵燹。继有湖北籍僧铁头和尚募金重修，加建阁楼于南峰寺后院，取名“毗卢阁”。万历元年（1573）正月，安南卫人陆道清与寺僧戒通等，集金重建阁楼三层，改名“凌云阁”。后铸玉皇大帝金身塑像奉安顶层，始称“玉皇阁”。阁为三层，底层为灵官殿，中层为三官殿，上层为玉皇阁。阁前第一殿为大佛殿，塑有燃灯、弥勒、释迦牟尼等佛像。观音堂位于阁基西侧。禅房壁上绘有八仙图，八仙神态各异，形象逼真，图旁有诗一首，“拐李先师道法高，钟离老祖把扇摇。洞宾背背青锋剑，湘子云中吹玉霄。国舅银板敲得响，果老骑驴遍天涯。仙姑手拿长生草，采和篮内献蟠桃。”①

盘县普福寺，位于水塘乡上午屯营盘山麓，距城 15 公里，始建于明崇祯年间（1628–1644），清康熙年间（1662–1722）僧惟习重修。寺建筑布局为三进四合院式，前为关圣宫，中为大士庵，后为佛殿。②赫章白果普照寺，位于今县城西 5 公里的白果镇将军山，始建于明万历年间（1573–1619）。由当地大族黄、王、陈三姓代表到威宁、水城等地募捐筹建。庙院由前后殿和两侧厢房围成一个四合院。前殿正中神台供奉伏羲、燧人、神龙三皇，两侧为魁星、地皇等。后殿正中神台供奉儒、释、道三尊神像，观音、地藏二神并立左右两端，两侧十八罗汉。寺内匾额“大德敦化”“三教同源”“孝达幽明”“普渡瀛寰”“梅质杉姿”“贞固超凡”“聪明正直”“皆大欢喜”“与天无极”，内容多体现“三教合一”之旨。③

建于明末的梵净山天庆寺，九座殿宇分别供奉佛象、道教神像、儒教

① 贵州省晴隆县志编纂委员会编：《晴隆县志》，贵州人民出版社，1993，第 648–649 页。

② 贵州省盘县特区地方志编纂委员会编：《盘县特区志》，方志出版社，1998，第 861 页。

③ 贵州省赫章县地方志编纂委员会编：《赫章县志》，贵州人民出版社，2001，第 572 页。

祖师像。依次为：一进灵官殿；二进桓侯大帝殿；三进文昌帝君殿；四进关圣帝君殿；五进殿供夏禹王及江西佛祖（许真）、川主大帝（李冰）；六进为三官殿；七进殿供孔子，旁为十哲；八进殿供观音及九皇娘；九进殿中堂依次供释迦佛、燃灯佛、弥勒佛，左右两侧为二十四诸天神及十八罗汉。大佛殿的对厅廊下供韦驮。二楼为玉皇阁。山门外左侧神龛供土地菩萨①；右侧神龛供传奏功曹像。

安顺崇真寺，在今西秀区西南，原为崇真观，明洪武二十九年（1396），镇远侯顾成建，潘道人住持。后由僧人明玉住持。崇祯五年（1632）由僧人重修，改名崇真寺。寺有五重：一重接引殿，二重灵官殿，三重祖师殿，四重三霄殿，五重玉皇殿，分别供奉弥勒、灵官、潘道人（开山祖师）、三清、三官、三仙、玉皇、释迦、观音等。

有的地方儒、释、道的寺院（观、祠）集中于一山、一镇，三教合一尤为突出。镇远清龙洞建筑群，最早的建筑为明洪武二十一年（1388）所建真武观。永乐十五年（1417）建山川坛。后又建玄妙观、玉皇殿。明弘治二年（1489），道士李道坚（镇远人）到此建道观。此后陆续增建有圣人殿、老君殿、吕祖殿、考祠、朱文公祠（紫阳书院）、水府祠、水晶宫、中山寺（中元禅院）、文公祠、灵宫庙、杜康庙、观音殿、藏经楼、澄江阁、临清阁、斐亭、厉坛、文昌阁、杨泗殿、万寿宫等。道士和僧人均任过住持。明季青龙洞毁于兵燹（清康熙五年修复）。青龙洞寺、观供奉的神像有玉皇、佛陀、观音、燃灯佛、文殊、普贤、地藏、韦驮、太上老君、元始天尊、斗姥、张三丰、吕洞宾、邱处机、通天教主、赤脚大仙、十八罗汉、十二圆觉、尧、舜、禹、孔子、朱熹、药王、文天祥、财神、雷神、雷公、电母、杜康、许真君等数十尊像。②创建于明嘉靖五年（1526）的安顺清泰庵，曾专设关圣殿供关羽像。③

---

① 土地菩萨，又称“土地爷”“土地公”“土地”。汉族地区遍设土地庙，广为祀奉。土地神信仰被吸收到道教中后，成为道教神谱中的位卑但知名度很高的小神，道书称其为“土翁神”。

② 贵州省地方志编纂委员会编：《贵州省志·名胜志》，贵州人民出版社，1987，第117–119页。贵州省地方志编纂委员会编：《贵州省志·文物志》，贵州人民出版社，2003，第127–131页。

③ 邓克贤：《安顺清泰庵》，载政协贵州省安顺市委员会文史资料委员会：《安顺文史资料选辑》（第8辑），1987，第90页。

明代，有的寺院还成为讲学之地。如明进士邹南皋曾在麻江城关静晖寺（后易名回龙寺）讲学。旧志载诗云："明贤讲学修文地，俗士崇虚改佛台，只谓佛儒同一理，静晖易名今人猜。"①

三、佛教与民间信仰进一步融会

明代，佛教与贵州民间信仰融会，增进了佛教的本土化。嘉靖《普安州志》载，普安民众"事商贾，喜佛老，尚文重信（《一统志》）。军卫戍卒，多系中土，习俗相沿，崇礼让。士习诗书，农勤稼穑，服食居处与腹裹无异。敦尚义气，尤出他郡之上。丧葬以《文公家礼》行，而亦有以佛教诵经追荐者"。②"士人家疾病用医药，然多土药，不易效。其余多信巫，名曰'跳端工'。罗罗、仲家信佛。《明志》谓：手持念珠，此时犹然。"③"寺观自佛老之教行于天下，而寺观之建，伤财劳民，极土木之壮丽，殚金碧之华靡，日复一日，无有纪极。"④道光《遵义府志》也说："国家至治馨香，百神受职，崇德报功，礼从优厚。今汇郡中正祀，使成民致力者，思何以格于神明，福兹黎庶。至于里巷供奉，所在多多，诚有如《唐志》所云'蜀俗好事鬼神，尤多忌讳'者。然民诚所寄，难概芟削，略择著者，附其后焉，亦使斯民知敬神而远，其道固不在彼也。"⑤万历《铜仁府志》言："铜，楚地也。尚鬼，信巫，俗多淫祀。"⑥

明代佛教信仰进一步融入少数民族中，在锦屏县偶里乡皆阳村狮子山，有一处"佛祖证明"摩崖。下刻官府所定赋税。因当地少数民族不识汉字，害怕收税者层层加码，故刊刻石壁，借助佛祖证明。说明在当地少数民族民众心目中，佛是一种可以信赖和借重的力量。⑦

① 贵州省麻江县志编纂委员会编：《麻江县志》，贵州人民出版社，1992，第772页。

② （明）嘉靖《普安州志（卷之1）·舆地志·风俗》。

③ （明）嘉靖《普安州志（卷之22）·风俗志》。

④ （明）嘉靖《普安州志（卷之5）·祠祀志·寺观》。

⑤ （清）道光《遵义府志（卷之8）·坛庙·寺观附》。

⑥ （明）万历《铜仁府志（卷6）·祠祀志》。

⑦ 锦屏县偶里乡人民政府编：《锦屏县偶里乡志》，2002，第297页。

第二节　清代贵州佛教

明末清初是贵州佛教发展较快的阶段。陈垣在《明季滇黔佛教考》中分析“明季滇黔佛教之盛”的原因为：“一、佛教复兴之波动也。有明中叶，佛教式微已极，万历而后，宗风复振。东南为盛，西南亦被动……二、僧徒开辟之能力也。滇黔建省较后，其开辟有赖于僧徒，此节近始发觉，亦显宗教与文化之关系……三、中原丧乱之影响也。明季中原沦陷，滇黔犹保冠带之俗，避地者乐于去邠居岐，故佛教益形热闹。”① 明末清初，因中原沦陷，西蜀战乱，不少僧人避乱入黔。《黔南会灯录》载明季黔僧百余人，其中因战乱而入黔者就有 20 余人。这些外籍僧人大多学识渊博，禅学素养深，著有《语录》及诗文，这批僧人入黔，将贵州佛教推进到了鼎盛时期。也促进了贵州佛教中国化的发展。

一、融入社会，利济民生

中国佛教特别注重融入社会，以出世的精神作入世的事业，建设国家，利益民众。佛教主张融入社会，早在东晋时期佛学家道安（312–385），就提出了“不依国主，则法事难立”的主张，劝告弟子注意处理好政教关系，使佛法立稳根基，得到广传。道安的这一主张把中国儒家的“君臣”纲常关系融进了佛教，是佛教弘法理论上的一个重大进步。②

提倡“农禅并重”“一日不作，一日不食”③，提倡学习技能，以便更好地自养，《华严经》说：“为利益众生故，世间技艺，靡不谙习。”这些思想在贵州佛教文献中也有体现，并成为佛教信众实践的目标。

敏树如相《寄御史郑天虞居士》④：“昔在思唐时，每承护法对贫道所谈者，是佛法之理；所讲者，皆圣贤之章。而终日不虑于世缘者也。如

---

① （民国）陈垣：《明季滇黔佛教考》，中华书局，1962，第 2–3 页。

② 胡中才著：《道安研究》，宗教文化出版社，2011，第 125 页、第 131 页、第 133 页。

③ （南宋）普济著：《五灯会元（卷 3）·百丈怀海禅师》。

④ 郑天虞：郑逢元（1600–1676），字天虞，法名天问，思州（治今岑巩县城）人。明崇祯年间中举人，官至兵部尚书等。清初在云南宝台山出家，法号天问。

居士之道学，博物不凡，穷理不俗，虽居宰官而无有宰官之气，虽住城郭而无城郭之声，但心上所存者忠孝，而面上所敬者高人。诚然白居易居士之再来应身[①]，而撑持儒释之大道也。”[②]丈雪通醉《复潼川永伯刺史（讳锡胤）》认为，信仰佛教的官员，身在官场而心存佛理，“第致君泽民之心，乃忠恕无用之用，若此谨慎做官，即是做佛。”[③]象崖性珽在某年元旦上堂说法时云：“元正启祚，万物维新；宝镜高悬，森罗献彩。惟愿皇风永扇，佛日长明。麒麟现而干戈寝，凤凰出而文德修。四海衲僧，吹新法螺，击新法鼓，拈新拄杖，演新法义，共祝升平。”[④]希望国家太平，人民安乐。这便是佛教融入社会的最好表现。梅溪福度《赠最良李居士》，认为修习和参悟佛法不能脱离社会生活，他指出，“学是悟之师，悟乃学之祖。有学无悟谓之增上慢，有悟无学谓之担板汉。是知学必假悟以透……尼父乃云：‘以我为隐乎！吾无隐乎尔！’[⑤]此理也矣。《楞严》云：‘十方薄伽梵，一路涅槃门’，此理也矣。《华严》云：‘佛法世间法，若见其真实，一切无差别’，亦此理也矣。上古淑哲，未有不在头头上明，物物上显，又何尝取舍，执定一边，是知在真宗师手里出来的，自不被境鼓动，世念碍他，如空中烟云，周旋无碍，谁能拟测哉！”[⑥]孔子的教育之道是注重言传身教，他将自己的知识毫无保留地传授给学生，同时又要求学生将学习融入日常生活，在社会实践中去体验和感悟。梅溪福度引用孔子这句话，就是要弟子们理解佛法与世间法在本质上并无差别。不要将修习和参悟佛法与社会

---

① 应身：佛教语。指佛、菩萨为度化众生，随宜显现各种形象不同的化身。

② 张新民等整理：《黔僧语录·敏树禅师语录》，巴蜀书社，2000，第137–146页。敏树如相（1603–1672），四川潼川（今四川三台）人，俗姓王。二十五岁出家，参就破山和尚，得其正传。入黔后居石阡三昧寺开法，后住持贵阳大兴寺。弟子有天隐道崇、天湖正印、颖秀真悟、赤松道领等11位。

③ （清）释通醉撰，释彻纲等辑：《昭觉丈雪醉禅师语录（卷8）》。

④ 编委会整理：《锦江禅录·黔南会灯录·婺川西禅象崖珽禅师》，四川大学出版社，1998，第418页。

⑤ 语出（春秋战国）孔丘及弟子《论语·述而》。子曰：“二三子以我为隐乎？吾无隐乎尔。吾无行而不与二三子者，是丘也。”大意为：孔子说：“你们大家以为我对你们有什么隐瞒不教的吗？我没有什么隐瞒不教你们的。我没有一点不向你们公开的，这就是我孔丘的为人。”

⑥ 张新民等整理：《续黔僧语录·东山梅溪度禅师语录（卷第9）·杂偈》，巴蜀书社，2000，第665页。梅溪福度（1637–1699），四川永川人。俗姓张。住贵阳东山栖霞山寺。有《灵隐文禅师语录》（贵筑东山发昙寺嗣法门人福度复编）。

生活隔离开来。

“融入社会，适应社会”的思想在贵州佛教碑刻中亦多有体现。譬如，万安[①]《永祥寺记》言：“夫惟佛氏之书浩瀚不一，予未尝经日而究之，兹不敢援引妄为之说，姑取吾儒之书之言推演之可乎？《书》曰：‘作善，降之百祥’[②]，祥即福之谓也。《易》曰：‘积善之家，必有余庆。’[③]庆亦福之谓也。言人能久于为善，则诸福之积未始有不永久矣。”“佛书为善获报之说，抑亦殆相合欤！”[④]

撰于清乾隆五十五年（1716）《重修城隍庙记》（温安独撰）载，“关圣祠和尚，名元一者，先君子之剃度僧也……师徒不辞艰巨，相继沿门持钵，寡妇孤儿，亦乐为之助。募得白金若干两，午夜奔驰，鸠工修葺，越三年而庙成焉……窃慰自兹以往，钟鼓长存而香烟弥盛，历百世而常新，亘千古而不朽。行见忠臣孝子，义夫节妇，入庙而加荣，则君子光其光；刀山血海，马面牛头，登堂而生畏，则小人悔其恶。羽仪学校[⑤]而造福苍生，水火不惊而祲氛[⑥]不作。”作者温安独为修文地方文士，所撰碑文充分体现佛教与社会的联系——佛教建设需要社会支持；寺院建成，又有助于社会伦理教化。

清末，贵州不少地方普遍种植罂粟，有民众吸食鸦片，给家庭和社会造成了极大危害。一些寺院积极宣传戒毒。例如，凤冈县何坝乡何家寺于清光绪七年（1881），在寺里举行佛事活动时，谓八仙吕洞宾临凡，告谕人们戒除鸦片。并写了一篇《吕祖戒种洋烟歌》的劝世文，随即张贴城乡，宣传戒毒。《吕祖戒种洋烟歌》长达千多字，劝诫人们：“烟种来自西洋，流毒中国，人人借以渔利。孰知，利无多，而害殊深。所以皇天震怒，近年旱潦冰雹，以警世人，乃竟不自省，反怨天恨地，罪上加罪，岂能补救。

---

① 万安，字循吉，四川眉州人。正统十三年（1448）进士。成化五年（1469）兼翰林学士。历官礼部、户部尚书、文渊阁大学士等职。

② 语出《尚书·商书·伊训》。意为：常行善举者，上天会赐给其诸多吉祥。

③ 语出《周易·坤卦第二·文言》。意为：积德行善之家，恩泽将惠及于子孙。

④ 录自（明）弘治《贵州图经新志（卷之2）·贵州宣慰使司（中）·寺观》。

⑤ 羽仪：比喻居高位而有才德，被人尊重或堪为楷模。学校：学习效法。

⑥ 祲氛（jìn fēn）：邪恶之气。

从此，斩草除根，多种小春，庶丰年可乐矣。”劝世文深得人心，寺院宣传之举深受百姓欢迎。①

佛教僧尼讲经说法也常强调佛教与国家的关系。“时丰国熟，天子万年！”②“此一瓣香，干旋列国，化育群黎。拈则四海澄清，焚则八表宁泰。爇③向炉中，祝延今上皇帝圣躬万岁！万岁！万万岁！合匡公卿，爵尊禄重；本郡官僚，功高位永。”④

贵州佛教界不仅倡导融入社会，护国利民，在扶贫济困、修桥补路、引水济民、植树造林等方面，做了许多利国利民的实事，使佛教在民众中的影响增强。展示了贵州佛教适应社会、融入社会的新形象。

扶贫济困。顺治十四年（1657），碧云往来阡城（今石阡）乡中，以黄金济贫者。贞觋，字通晓，浙江人。少削发，精戒律。康熙初至威宁之涌珠寺，爱其山水，乃自结庵于寺侧，命曰“半偈”，因居焉。居庵数十年，净业精妙，时僧莫及也。又知岐黄之业，常出治人，无不立验。⑤隆普，俗姓浦，普安厅补泥人。喜弄刀棍，日与无赖伍。中年，阖家病殁，慨然有悟，携产出家于丹霞山寺，戒极严精。伤科应手辄愈。道光二十七年（1847）圆寂。⑥性定，俗姓袁，居普定汤官屯，雍正年间（1723–1735）人。“幼为道士，父母死，庐墓三年。后入山得石洞，遂居之。洞旁复有小洞为虎狼宅。性定祝之，虎狼散，遂入居之。今万山洞是也。洞初无径路，而山半复有巨石横出，樵者必匍伏，乃得过，性定积薪焚之三日，石遂裂。僧之入山也，数日，妻子寻至，劝之归不许，乃日以食相饷，居数月绝之，妻子乃不饷。已而间出村中，施符水，愈者受米斤余。久之则以所积造茅庵于洞内，从石佛寺僧披剃焉。”⑦实行，“康熙五十三年至桐梓，遇人手足伤及疮肿，

① 干国禄：《宣传戒毒何家寺》，载遵义市民政局、遵义市历史文化研究会编：《遵义地名故事》（1），西南交通大学出版社，2016，第112页。

② 新民等整理：《黔僧语录·瞿脉和禅师语录（卷1）》，巴蜀书社，2000，第264页。

③ 爇（ruò）：烧。

④ （民国）《续修安顺府志辑稿（第18卷）·艺文志·安顺县·厂石禅师》。

⑤ 贵州省毕节地区地方志编纂委员会点校：《大定府志》，中华书局，2000，第86页。

⑥ （清）道光《普安直隶厅志（卷之19）·人物·方伎》。

⑦ （清）道光《安顺府志（卷之38）·人物志（5）》。

以手按摩，立瘥。问何术，曰：无，仗佛力耳。童谣云：‘鼎山太子去，实行活佛来。’”[①] 清末务川滥口寺住持刘安祥（四川人），会中医，授徒开业，远近乡民皆往就医。[②]

修桥补路。康熙二十六年（1687），照彻由江浙云游至遵义，出资并募捐修复城东门外湘江桥，此桥因名吴公桥。罗兆甡代陈瑄撰《福寿桥记》记其事云：“越丁卯，吴僧照彻至止，毅然以为己任。适太守徐公临郡，察郡兴革，惟桥为巨，乃进僧而属之。僧衣钵尚有余资，尽出以为众劝。一时官绅士庶，嘉僧之志，成踊跃捐赀。饬工庀材，早暮罔辍，不三年而桥成，视旧宏阔稍加，坚致逾倍，夫然后可以不朽矣！僧经理之初，或疑之，或笑之，或忌且谤之。僧一切不顾，强力诚衷，以桥之成为止。盖以身徇桥，以桥为身，专精之至，又何难易巨细之有？使任事者皆如僧，天下岂有可已之事哉！”[③] 康熙年间有位俗姓赖的僧人，在独山捐修建了独山通往基场的宋家桥。不久又发起修建通往丰宁上司的尧梭桥。[④] 永宁广福明辉净月禅师，“立誓施茶接待，数十余年，不改初志。又募修通滇大道，数百余里。厥功未就，偶恙圆寂。”[⑤] 乾隆《镇远府志》载：“罗汉和尚，峒苗也。初为云台山厨下僧，汲水拾薪，备尝辛苦。目不识丁，于经典懵如也。忽遍游名山，自普陀返棹归，则字义了然，虽等韵诸书，莫不精通，而朴率自如，同辈怪焉。明末，偏桥北跨虹桥圮，和尚誓欲修之，士农工商，罔不发欢喜心，和尚随募随罄，囊无私藏，人俱呼之为铁罗汉。桥九空，墩以石为之，高丈余，覆以木板，中建观音楼，东西瓦屋若干，勾栏俱备，焕然为一邑大观……”[⑥] 道光《兴义府志》载：“庆如，府之天榜山僧也，

---

① （清）道光《遵义府志》（卷之38）·列传（6）》。

② 贵州省务川仡佬族苗族自治县志编纂委员会编：《务川仡佬族苗族自治县志》，贵州人民出版社，2001，第1074页。

③ （清）道光《遵义府志（卷之8）·坛庙·寺观附》。

④ 政协独山县委员会文史资料研究委员会：《独山文史资料选辑》（第7辑），1988，第94页。

⑤ （清）道光《安顺府志（卷37）·人物志（四））》。编委会整理：《锦江禅录》《黔南会灯录》，成都：四川大学出版社，1998，第502页。

⑥ （清）乾隆《镇远府志（卷8）·方外》。

以勉行方便为禅悦，尝平治天榜山石路百余丈。凡路之崎岖，辄募修之。”① 清嘉庆年间，湄潭弥昌和尚将金华寺部分资产用来修桥筑路，倡导修建遵湄两县交界的小河桥，弥昌主动承建桥费用的一半，捐银3000两。其桥为3个石拱，总长30米，桥宽8米，高约20米，桥身坚固（遵湄公路曾用此桥），后又捐金500，修筑从三渡关到虾子场的石铺官路30余里。② 比外，佛教人士朱表三修平坝广济桥③，葛镜建平越葛镜桥。④

引水济民。净月，俗姓赵，崇庆州（治今四川崇州）人。“少由行伍出家，顺治十八年，游方过黔，住持大坡顶，地最高而多石，行者病饮，净月寻得源头活水，缘岩凿壁，用粉石甃成沟洫，远数里许，从山巅喷出流泉，淙淙有声，可以灌田，闻者群诧异之。夫飞杯渡海，卓杖开山，能命虎而跑泉，能命龙而吐水，自昔神僧往往著其灵胜之迹，净月其亦有广大神通之量乎？工成，请立碑以记其事。知州林华皖为之铭曰：‘浚水开田，十万饘粥。甘露醴泉，因时迸出。法乳恩深，天地万育。山德弥高，川流不息。济物利生，百千万亿。’”贵阳黔灵山弘福寺住持赤松，带领僧徒引水凿池。其中月亮池井，4米见方，深3米余，长年清泉盈盈，可供数百人饮用，方便了寺院用水，也惠及过往行人。康熙末年，心宗云游至平州（治在今平塘县平湖镇），见城外4公里处的龙洞有泉水，乃开沟引水，经数载终将洞水引到坝上，使两坝千余亩田土尽得灌溉之利。⑤

植树造林。清初自然住高峰山时，在寺院周围植柏树千余株（到清末“古柏参天”为高峰山一景）。顺治初，铁梅创建清镇茅坡建云天寺，莳花种树，辟潭凿井，筑亭其间。到民国时，所植杉梓，隐蔽天日，大可合围。⑥ 乾隆五年（1740），弘福寺第三代住持参之和尚率寺僧广植竹木杉松数万株。

---

① （清）咸丰《兴义府志（卷69）·方外传·庆如》。

② 毛应明：《弥昌和尚考略》，政协遵义县学习文史委员会编：《遵义县文史资料》（第6辑），1993，第209页。

③ （清）道光《安顺府志（卷37）·人物志（四）》。

④ （清）光绪《平越直隶州志》。

⑤ 贵州省平塘县史志编纂委员会编：《平塘县志》，贵州人民出版社，1992，第702页。

⑥ （民国）《清镇县志稿（卷10）·方外》。

乾隆五十二年（1787），第四代住持悭慧在山上调鹤驯鹿，广植名花树木，并向官府呈请严禁人牛践踏山林，为此地方官府特在黔灵山立“护法碑”，以后历代寺僧均不断在山植构造林，广育名花。在数百年培育保养下，全山古木幽深，绿荫蔽天，郁郁苍苍，覆盖面积达十余里。[①] 遵义西来寺僧两生，按大乘经字数种树10万株于寺之周边。李专[②]《西来寺》描述其景云：“画里西来寺，堪栖象与龙。四围君子竹，千尺大夫松。波若汤难觅，伊蒲馔易供。当年曾托憩，忆听五更钟。”铜仁莲池寺僧心碧，“性好洁，喜栽花养鱼，住持莲池寺40年，遍山松柏。于道光季，以木商盗卖构讼，数日间，树皆生虫，不久立枯。及心碧卓锡后，补种数千株。今所遗者皆是。山门外有峰曰‘三昧塔’，耸立百仞。心碧于绝壁辟一径，级仅容趾，引以铁环。峰半有洞若天门，由右转左，始登绝顶。上建一刹，纵目而观，千里风烟，有若指掌，询胜概哉，然皆心碧所经营也。”[③]

二、与中国传统文化融会

佛教与中国文化融会，肇始于魏两晋南北朝时期。当时佛教初传中土，为了立足和发展，佛教人士多倡导儒释道“三教融会”。贵州佛教承袭这一良好传统，重视与中国传统文化和贵州地方文化的交融。

黄龙光（明万历末年任贵州布政司经历）撰《准提亭记跋》，认为：“夫佛以心性为宗，以无为体，如太虚不挂一丝，善恶从何而立，此最上一乘义，不落言诠。而六祖教人于十二时中，自见已过，则兼修中下事也。”他引用儒家义理来说明佛儒二家具有相容性，他指出，“夫子曰：‘中人以上，可以语上也，中人以下，不可以语上也’[④]。亦未尝名上为何物，而物实混成于中下之中。”他又引用《易经》（经过孔子整理的）说：“故

---

① 罗禄君主编，罗万雄、赵力能副主编：《五岳之外黔灵山》，贵州大学出版社，2011，第16–17页。

② 李专（1656–1740），字知山，号白云居士，祖籍四川江津县。岁贡，曾入云贵总督鄂尔泰幕，参与修撰乾隆《贵州通志》。工诗文，晚年居遵义，著有《白云居士集》。

③ 中共贵州省铜仁地委办公室档案室、贵州省铜仁地区志党群编辑室整理：（光绪）《铜仁府志》（据民国缩印本点校），贵州民族出版社，1992，第256页。

④ 语出《论语·雍也》。

其称颜氏子，‘不善未尝不知，知之未尝复行。’①而其自忧，但曰：‘闻义不能徙，不善不能改’②。盖自处以庸德之行，而不敢以最上示人也。令世无夫子，诸具利根种智者，尽从无处流行，种种习气，悉成暴流，谁为究竟，而还无声无臭之至乎。如是，则谓夫子之相于佛也亦宜。”③表明佛教理念与儒家思想是相符的。

山晖行浣《示石琴闻监寺》：“道本无名，无名斯可谓之道也。老氏曰：‘吾不知其名，强名曰道。’④是道也，运四时而不遗，宰万物而不惑，居烦恼而不戕害，住禅定而不空寂，天地以之，圣人明之，民俗昧之，鸟兽愚之，甚至止之而为山，流之而为水，震为雷，行为云，日为昼，月为夜，散为星，澄为空。”⑤

徐訚《修莲池洞日振海观音大士金像序补遗》指出：佛教“由是化流中夏，数千年人心皈向，坚不可移，亦已久矣。虽其道与吾儒二帝三王⑥之授受有异，然虞舜以大孝而极尊富享保之荣；牟尼以至孝而登大乘无上之果，地藏以孝而救母拔苦海，而恩推扬颂；大土以孝而救父度慈航，而德遍群生。其即吾儒由亲亲而仁民，仁民而爱物之由本及末欤？至于舍己利人，博施清众，破人悭，诱人为善，皆佛愿力所宏，欲使大千世界无一失所，不亦与二帝三王养欲给求，视同仁之道，异派而同源也哉。况夫若观音大士者，慈悲悯世，恒思超化万劫，普度众生，故心□见闻，身化万亿，凡诸有情，

---

① 语出《易经·系词下》：“子曰：‘颜氏之子，其殆庶几乎！有不善未尝不知，知之未尝复行也。’”大意是孔子说：“颜回这个人，或许知晓众多隐微吧。存在的不好事情他没有不知道的，知道是不好的事情没有再去做的。”《易经》成书于西周，孔子曾进行过整理。

② 语出《论语·述而篇》：子曰：“德之不修，学之不讲，闻义不能徙，不善不能改，是吾忧也。”大意为：孔子说：“不去培养品德，不去讲习学问，听到义在那里却不能去追随，有缺点而不能改正，这些都是我所忧虑的。”

③ （明）郭子章：《黔记（卷55）·方外列传二·寺观·贵阳府》。黄龙光，广西人，明万历戈午（1618）任通政司右通政，后以忤魏珰（魏忠贤）被贬戍偏桥（曾任贵州布政司经历。崇祯初召还）。

④ 语出道教《清静经》（全称《太上老君说常清静经》）。原文老君曰：“大道无形，生育天地；大道无情，运行日月；大道无名，长养万物；吾不知其名，强名曰道。”

⑤ 张新民等整理：《续黔僧语录·山晖禅师语录（卷第八）·示石琴闻监寺》，巴蜀书社，2000，第834页。

⑥ 二帝：唐尧、虞舜；三王：夏禹、商汤、周武王。

有求必应，险者能使之平，危者即予以安，不惜千手千眼以援救之，其奈万劫之险厄日滋，大士之慈悲难遍，遂百古千秋，以菩萨身说法，而未有纪极也。”①

陈法《明辨录》有多篇文章辨析儒释关系。他在《论象山②之学合乎禅宗》言：“自古圣贤之教人，不过使之循乎子、臣、弟、友之常，谨乎视、听、言、动之则，求之遗《经》，以致其知；反之身心，以践其实；去乎外诱之私，充其本然之善，如是而已。故曰夫“道若大路”；然无他元妙之可言也。自达摩入，而后直指人心，见性成佛。自宗杲教人‘静坐’‘体究’，而后有改头换面之伎俩。于是，好高欲速者慕其高妙而希冀其捷获，绝圣弃智，定虑澄心，以求之虚无旷渺之中，其恍惚之间，偶有所见，遂矜为独得，以为至道之妙不外乎此。乃举吾儒所谓‘一贯’，所谓‘仁’，所谓‘天理’者，皆以释氏之本来面目当之，盖弥近理而大乱真矣。”③认为儒家（包括宋代理学家程朱等）所提倡的“一以贯之”，“仁”，所谓“存天理，灭人欲”俱来自于佛教义理，不过是换了一种说法。陈法在《论象山辟佛之非》指出，“象山于秩序、命讨之源，天理、民彝之实，毫无所见，而只恃一‘心’以为主宰，所谓‘当恻隐自恻隐，当羞恶自羞恶’者，与释氏‘心生万法’何异？虽曰在典常、彝伦之中，而人伦之未察，庶物之未明，亦无由知明而处。当其本源之地，事实之乐，与出世者何异？如是而辟禅，是窃出世之伎俩为经世之作用，究之体用，衡决本末，皆失，正呵佛骂祖，

---

① 中共贵州省铜仁地委档案室、贵州省铜仁地区政治志编辑室整理：（光绪）《铜仁府志》，贵州民族出版社，1992，第 328 页。

② 象山：陆九渊（1139-1193），字子静，号存斋，抚州金溪（今江西省金溪县）人。南宋大臣、哲学家，“陆王心学”的代表人物。因讲学于象山书院，人称“象山先生”“陆象山”。陆九渊的学生刘淳叟拜禅师学参禅，“其友周姓者问之曰：‘何故舍吾儒之道而参禅？’淳叟曰，‘譬之于手，释氏是把锄头，儒者是把斧头。所把虽不同。然却皆是这手。我今只要就他明此手’。周答曰，‘若如淳叟所言。我只就把斧头处明此手。不愿就把锄头处明此手’。渊曰，‘淳叟亦善喻。周友亦可谓善对。’”锄头、斧头皆为工具，就看人如何去操作。陆九渊对此表示了赞同。认为儒释各有所长。但他还是偏重儒学。他认为佛教是“大偏”之学，他说“佛教汲汲私利”；出家是厌弃现世；执著生死。陆九渊对佛教的评判与两宋其他儒者有所不同。他的佛教批评比较理性，而且反对将佛教说成异端。

③ 政协平坝县委员会编，谢发忠主编：《陈法诗文集续 》（点校本），贵州人民出版社，2011，第 139-140 页。

改头换面之尤者，斥之为禅，又岂冤哉？”[①]认为陆象山虽然辟佛、辟禅，但实际上他的理论基础有的来自佛教，有的与佛教无异。实质上是采借佛教某些义理，充实儒家经世之学。金以盛《开元寺重修佛殿引》言[②]：“韩昌黎《谏迎佛骨》一疏，千古重之，盖惧圣域榛芜而为之树其防也。以余观之：瞿昙之教，厥理最微，故自毗蓝降生以迄双林示寂，其间宣扬妙谛，真无上菩萨不可思议旨哉！未曾有也。吾儒独以其沦于虚寂往往少之，不知尧舜勋华不过浮云半点。程子曰：‘内外两忘’[③]；周濂溪曰：‘千休千处得’[④]。此岂凝滞境相者，可能闯圣人之奥深阳哉！登岸舍筏，在在中庸，然在在皆鸢飞鱼跃，吾于禅也喻之矣。”认为韩昌黎写《谏迎佛骨》目的是企图阻止佛教在中国传播。但实际上佛教有不少微旨妙谛。北宋大儒程子（程颢）、周濂溪（周敦颐）也有相同的观点。

三、倡导“孝道”

“孝道”为儒学之本，其核心是“拜、敬、祭”，即“生养死丧，慎终怀远”。儒学“孝道”的主要观点为：1. 总的原则：孝是“仁之本”“德之本”“孝慈则忠”“人之行，莫大于孝”。2. 爱己立身（“身体发肤，受之父母，不敢毁伤，孝之始也。立身行道，扬名于后世，以显父母，孝之终也）。3. 养亲、敬亲和礼亲（“谨身节用，以养父母”）。4. 几谏（“事父母几谏，见志不从，又敬不违，劳而不怨”）。5. 继志，述事，干蛊。6. 显亲，扬名（“立身行道，扬名于后世，以显父母”）。7. 继嗣。8. 葬之以礼，祭之以礼，慎终追远。9. 博爱忠君。（“君子之事亲孝，故忠可移于君；事兄悌，故顺可移于长；居家理，故治可移于官。”）[⑤]

如何理解和处理儒家“孝道”观与佛教孝道观，是个很重要的问题。

---

① 政协平坝县委员会编，谢发忠主编：《陈法诗文集续》（点校本），贵州人民出版社，2011，第146页。

② （清）咸丰《安顺府志（卷之47）·艺文志（9）·引》。

③ 语出（北宋）程颢《定性书》：“与其非外而是内，不若内外之两忘也。”

④ 语出（唐）吕洞宾《太乙金华宗旨》第10章“何谓无念？千休千处得”，北宋周濂溪（周敦颐）引用此语。

⑤ 见《论语》《孝经》等。

早在佛教初传中土的魏晋时期，时人质疑佛教："夫福莫逾于继嗣，不孝莫过于无后。沙门弃妻子，损财货，或终身不娶，何其违福孝之行也。自苦而无奇，自拯而无异矣。"在儒家正统观念看来，佛教僧人出家，有的抛弃家庭，舍弃妻子，有的或终身不娶，这违背了中国的孝道观。三国初期佛学家牟子《理惑论》这样作答：世间总是存在着矛盾，"夫长左者必短右，大前者必狭后"，然而，"妻子财物，世之余也；清躬无为，道之妙也。"认为佛教僧人出家是为了追求道之奥妙所在，才舍弃了妻子财物。牟子还引用《道德经》"名与身孰亲，身与货孰多"，来说明追寻寰宇之奥义比身体和资财更重要。牟子的论述虽然逻辑上不够严谨，但却开启了融会佛儒"孝道观"之先河。此后，隋代高僧智顗、唐代高僧延寿、宋代高僧智圆均专门著文辨析佛儒忠孝观的一致性。到了明代，高僧袾宏深化佛教"出世不舍孝道"的思想，明确提出"人之于父母，服劳奉养以安之，孝也；立身行道以显之，大孝也；劝以念佛法门，得生净土，大孝之大孝也。"①

佛教有几部经典专门阐释佛教的孝道观，如《佛说盂兰盆经》《佛说报恩奉盆经》《地藏菩萨本愿经》《佛说孝子经》等。佛教注重孝道，佛教讲"孝"，提倡的是"大孝"。这种"孝"，不仅让父母、亲友幸福自由的生活，固然说需要稳定幸福自然的生活，但要在更高的层次上理解"孝"。子女尽孝道，必须成就父母止恶修善，引导父母皈依三宝，信奉因果，寻求最后出世间的解脱。离开此途，即使丰富的物质供养父母，仍然算不上圆满的孝道。

由此可见，将出家人舍弃父母家室误解为只顾自己修行，不尽孝道，这是错误的。其实，佛教也重视孝道，倡导孝义。佛教的孝道观是与报恩思想紧紧联系在一起的。报恩思想，是佛教教义学说的一个重要组成部分。佛教的孝道观与报恩思想相结合，与佛教教义中的因果报应说有关。而因果报应说是佛教最基本的教义之一，并且在中国社会有广泛的影响，因此佛教的孝道观也随着因果报应说的传播而在社会上广泛得到流传。这在贵州碑刻诗文中多有体现。

黔西县白泥乡《内庄文阁塔碑记》（清乾隆四十三年），碑文记述文

---

① （明）莲池大师著述，曹越主编，孔宏点校：《竹窗随笔》，北京图书馆出版社，2000，第100页。

阁募化、修建、维修经过，并辨析佛教和儒家理论说："须果报之说，吾儒不遵，然福善祸淫，与经云修修之言而悖之，凶者未始不同修而共贯，此古人所由以神道设教也。爰是同志君子，倾囊相资，使庙维新，则瞻佛相之辉煌，亦凛宝训之谆切，于此澡身浴德，而绵福祚于无涯也。"侯正明，为贵州黔西有名望的廪生，他显然抱着一种矛盾的心态撰此文——一方面，认为"须果报之说，吾儒不遵，然福善祸淫，与经云修修之言而悖之"，作为儒士他要表明其并不相信佛教之说；但同时他又看到佛教寺院修葺后，人们"瞻佛相之辉煌，亦凛宝训之谆切，于此澡身浴德，而绵福祚于无涯"，看到了佛教义理在伦理道德教化方面的作用。这种处理方式极富睿智。

黔灵山弘福寺开山祖师赤松法师在《复祇林罗居士》中指出："孝义乃助道之缘，脱轮回之本，大丈夫之所为也。"[①] 山晖行浣[②] 在《示不已纯书记》中记载其徒不已有关孝道的问答："一日，（不已）得乡井信，知高堂未倾，乃惟曰：'我出家学道，无乃先亲后己乎！不然，何以明吾大孝而报吾劬劳于二老人邪？'先觉曰："吾精吾道，其道精可答吾亲也。先佛常有十种报恩，勒而为经，而方隅盛传。'《梵网》亦曰：'孝名为戒，亦名制止。'[③]

一些僧人也十分注重孝道。清乾隆二十七年（1762）李云龙撰《黔灵参之广塔铭叙》，也说到了一个重要事实——僧人也重孝道。碑文记述参之，精佛学，通儒理，明孝道，"……或灭火救亲，或远涉葬师，此又以释子而通儒理，克子职而尽弟道者也，勿论什陌于缁流衲子，即在学士大夫中亦不数数觏[④]"。参之这种孝亲尊长的僧人在"学士大夫中亦不数数觏"。

贵阳性莲《雪斋诗集》《辛酉清明有感寄金归梓扫亲墓诗》，直抒僧

① 张新民等整理：《黔僧语录·黔灵赤松领禅师语录》（卷5），巴蜀书社，2000，第230页。

② 山晖行浣（1621–1687），四川夔州新宁（今开江）人。清顺治七年（1650）到贵州平越（治今福泉市）府城开圣寺。康熙三年（1664）离开平越，至苏州虎丘住持双塔寺。其弟子辑有《荆南开圣禅院山晖行沅语录》。

③ 语出《梵网经》（全称《梵网经卢舍那佛说菩萨心地戒品第十》）：'孝顺父母师僧三宝，孝顺至道之法，孝名为戒，亦名制止。"

④ 觏（gòu）：遇见，看见。

人尽孝之心境，其辞悲切感人[①]：

> 蓼躬负罪深，徒为人之子。不辰[②]入空门，虽生亦犹死。
> 不能事双亲，徒长犬马齿。不能扫亲茔，徒增其惭耻。
> 半生浪天涯，万里隔桑梓。客中听子规，相思愁难已。
> 报道节清明，处处焚香纸。风雨添凄其，山花乱红紫。
> 家家携酒浆，陈馔还读诔。父母生我身，我置空桑里。
> 如今泪雨珠，粉身亦枉矣。老大多伤悲，劬劳报无以。
> 微金寄手足，代我修怀水。以表吾深衷，吾力只如此。
> 年年吊祭时，代吾下一跪。我遥焚香祝，愿天眷顾尔。

语句凄绝哀婉，孝义之诚，跃然纸上。充分体现了儒家孝道观与佛教义理的融会。

四、“三教合一”使佛教文化更适应民众需求

清代，“三教合一”进一步发展，一方面是佛教生存发展的需要，同时也使佛教更适应民众世俗性、功利性需求。在促进佛教中国化方面发挥了一定效应。

儒释道合一指自隋唐以来儒释道三教出于政治、思想等原因，相互吸收、协调融合的思想潮流，是中国传统哲学的重要内容之一。东晋时贵州已初现儒释道三教合一端倪。宋以后得到发展。明清到达鼎盛。清代至民国时期，贵州各种祭祀活动中，三教合一更为普遍和复杂。

（一）佛教文献中的“三教合一”思想

魏镃《重修真武山碑记》[清雍正十年（1732）撰][③]，认为儒释道三教取向虽异，但目的都是“劝善戒恶”，佛教以“地狱之惧”“仙佛之慕”

---

① 张新民等整理：《黔僧语录·雪斋诗存》，巴蜀书社，2000，第758页。性莲（生卒不详。活动于嘉庆年间），章江人，开创并住持贵阳扶风山寺。工诗。有《雪斋诗存》二卷。

② 不辰，意为不得其时。

③ （清）嘉庆《黄平州志（卷9）·艺文志·记》。魏镃，雍正三年十月以史馆议叙授贵州威宁州通判，旋改大定府，雍正十年任黄平知州。

诱导人们向善，也是“圣王神道设教之本心”。“今夫佛教与圣教，各一教也。至其现身说法，欲使天下后世同归于善而不为恶者，则无不皆此民胞物与忧乐与共之怀。盖尝观圣人之道，惟子臣弟友礼乐农桑，不过寻常日用，坦易近人，然正其义，不谋其利；明其道，不尽其功。此惟有道之君子能之。而愚夫愚妇，则固难以语之。而夫子曰：‘民可使由之，不可使知之。’若佛之教，夫善男信女者曰：轮回六道。善则轮回而为仙、佛、神、人，不善则有冰刀地狱舂、磨、锯、解之苦，而为禽兽虫豸。夫使天下无论智愚贤不肖以至愚夫愚妇，胸中时凛凛有一地狱之惧，不善者转而为善矣；胸中时欣欣有一仙佛之慕，则善者益进而为善矣。此诚循循善诱，夫愚夫愚妇而胥向于善，非圣王神道设教之本心欤。盖天地之间有为昼而阳，为夜而阴；有或动而作，有或静而止。无一不相需以成化相嬗而递行，然后乃成其造化，向使专一而不错综，岂足以尽天地之大哉。今夫今人日逐逐于名利，争趋之途，而不知止，盖亦动之极矣。登祖师之山，参傍大乘心经，而得夫明心见性之旨，弃去一切宁不足以，息其贪妄之念，则夫佛之为教，虽与圣人去取各殊，动静不一，不犹夫昼夜阴阳，阖辟动静为天地造化，缺一不可者欤。”

解学诗《青松禅师事略》[乾隆四十六年（1781）撰]言[①]：“盖闻三教各有其门，儒曰弢（tāo）门，释曰空门，道曰玄门。门分户别而□功本于心。一以存心养性为功，一以明心见性为功，一以存修心炼性为功，三者各从其心之所向以为功，即各因其功之所就以有成，则参得透处莫不归于一也。”赫霖泰撰《重修东山开元寺记》[约乾隆四十二年（1777）][②]，则引用晚明文学家陈眉公（陈继儒）语，以明晰三教合一之理：“西方之教，可翊经而行宗门，《易》之旨也，译书之法也；戒律，《礼》之卫也；果报，《春秋》之赏罚也。甚矣。佛之教，经之教也。其可以翊经者，即可以翊世也。”认为三教的理论均有助于“宏佐命之道，造邦国之福，固以缮其疆圉，整以辑其纲维”。

① （民国）《都匀县志稿（卷11）·祠庙寺观》。

② （清）乾隆《黔西州志（卷8）·艺文志》。赫霖泰，满洲人，乾隆四十二年官黔西知州。

李台《重建白衣阁合祀五显神碑记》[清乾隆三十二年(1767)撰][1]，讲述的也是佛道交融之理。“释氏宗空，道流尚玄，二端之分门，角立如水火，各显其用，而不可合并也久矣。然吾闻老子跨青牛出函谷关，关尹喜占紫气而邀迎之，著道德五千言。遂西走流沙入大秦，别阐教于西域，则西教之兴，殆其滥觞欤[2]。朱紫阳亦谓释经之精义旨在猎取于老氏，而后世之为其徒者，翻袭释氏之粗，以自树用，是寖以不競，有斯以谭道之可以相藉者，必其势之可合而不必歧视之也。予道且不必歧视，则其像设之显示者即偶合焉，应亦无乖于礼尔。奉佛者曰菩萨，佛门之大弟子也，观世音则又证法，如来以大慈悲而救苦难于南瞻部洲。固海内善信所祀而祝焉者也。”

印江天堂九龙寺《永垂千古》碑[清道光十七年(1837)立][3]，碑文不足200字，但主题表达得很清楚，碑文云，九龙山“似九龙绕柱之势，异常壮观，不愧仙、佛之地”。“每年七月朔日开山，朝拜一月，释、儒、道三教在此各设坛场，附近各县乡村佛友无不来此约会”。清楚地说明了此寺乃释、儒、道共处之地。

修文《重修永寿寺碑记》(约立于民国初期)，也论述了儒释关系“孔子曰：‘吾闻西天有圣人焉，不食而治，不言而信，名之曰佛天。’[4]则佛在西方，则佛即天也。士君子事天曰克谨，天戒曰具严天威而已。故赵

---

① (清)嘉庆《黄平州志(卷9)·艺文志·记》。

② 这些观点显然是受《老子化胡经》的影响。其实，《老子化胡经》多处借用佛教内容，明显出于佛教创立之后。譬如，老子诞生：“太上老君……诞生于亳。九龙吐水灌洗其形，化为九井。尔时老君须发皓白，登即能行，步生莲花，乃至于九。左手指天，右手指地，而告人曰，‘天上天下。唯我独尊’。”

③ 政协铜仁地区工作委员会编著：《中国梵净山佛教文化文物研究》，贵阳：贵州人民出版社，2011，第204–205页。

④ 语出《列子·仲尼篇》，原文为：“孔子正色而道曰：‘丘闻西方有圣者，不治而不乱，不言而自信，不化而自行，荡荡乎，人不能名焉。’”原文并没有提到“佛”。有研究认为：此处所言“西方”，并不是佛教发源地印度，而是位于鲁国(山东)之西的楚国苦县(今河南鹿邑东)；所言“圣人”，不是释迦牟尼，而是老聃(即道家创始人老子)。

清献昼之所为，夜则焚香以告天；[①] 司马君平生所为，未尝不可对人言。[②] 此亦何待入庙而思敬哉！殿宇之设，始于汉季，或谓其为一时邀福者之所为，而疑其近于亵。既曰圣人，则必有庙之可感格，有象之可凭依，以致其尊崇敬事之意，此亦人情之所不能已也。况乎乡闾朴顽，日指天以示之，援神以告之，亦悍然不顾。迨入庙瞻像，恍若鬼神之阿其侧，雷霆之震其旁，则祸福之说有以惕之也。其在《易》曰：‘圣人以神道设教而天下服。’[③] 则庙所在何，莫非君子存心养性事天之一大捧喝哉！若吾寨永寿寺，左供如来，右奉观音，诚万代之香火，百代之福神，乃湫溢卑陋，甃乱石以为壁，鸠杂木以为材，且历年已久，受风雨之飘摇，殆不敢登，始疑立庙以事神者，为亵而知荒芜不治，其亵神也滋甚。于是谋所，以易于旧址之旁，得吉地焉。重修正中大殿，复设左右两厢，神龛佛像，焕然一新。”[④]

“三教合一”是双刃剑，其对正统佛教信仰有侵蚀，但对佛教传播又有一定助推作用。僧俗两界均有人持这种看法。如郑逢元（天问）在《鲇鱼堡募修祖师殿小引》表明了对三教合一的看法，认为“既已为僧，十方皆佛”“佛在吾心，不在境也”。

> 洪僧住茂龙塘之庵，七年矣。丙午季夏，云鲇鱼堡孔道，有佛祖殿旧址，居人以素有灵应，福庇一方，欲捐资重建。约洪僧董其事乱，僧欣然赴之。或曰：舍西寺而修东观，海翁易虑，可乎！余曰：此僧道念甚笃，修造庵观，其本心也。夫欲为住持，不为云游；欲为接众，不为面壁。咸执着矣。执为障碍之根，功亦圜通之本。既已为僧，十方皆佛。孤云野鹤，何天不可飞。况玉虚师相，开天气母，妙转金轮，得道丹王，功成铁杵。火符交坎离转之象，道在中黄。德镇壬癸之乡，位尊北极。是诚赫赫有灵，巍巍无上

---

① 语出莲池大师《竹窗随笔》。原文：“赵清献公尝自言，‘昼之所为，夜必焚香告天，不敢告者则不为也’。”赵清献，原名赵抃，是北宋与包拯齐名的大清官。

② 名出《宋史·司马光传》。原文：“吾无过人者，但平生所为，未尝有不可对人言者耳。”司马光，北宋政治家、史学家、文学家。

③ 语出《周易·观》：“观天之神道，而四时不忒，圣人以神道设教而天下服矣。”

④ （民国）《修文县志访稿》。

者矣。武当之顶，僧道香火之隆，甲于天下。此外，城邑聚落无境，不然，若分别佛寺、道观，则诸天帝释，无一非佛。佛在吾心，不在境也。但欲其信道之笃，不生退转耳。①

黔西州知州袁汝相撰《创修回龙塔小引》，说的也是三教融会之理：

祠作书院，范文正之阴德当思；心为良甜，朱夫子之地理可读。德之可崇，自才之蔚；人之能杰，由地之灵。尔乃：一峦耸萃，急建回龙之浮图；两峡高标，谁树插天之文笔。青草寻芳于行人，奇峰览胜于游客；田畔写黄云之赋，蓬门起白雪之歌。行见：水流太极，食货先饶乎八政；天呈石印，丁男余庆于三多。金山暗藏内库，预兆金马名才；玉屏悬拱生方，定应玉堂人物。天马策足，贵人上步于青云；石狮点头，北辰下照于圣地。驾万里之虹桥，早合相如之志；玩三秋之月井，尽伐吴刚之枝。倾囊助善者，科甲联登；赞被同心者，禄嗣绵远。百工优裕夫技力，行旅积捐乎货财。②

道光十二年（1832），仁怀同知的陈熙晋（1791–1851）曾撰《原教》一文，也赞同这种观点：

自魏收悉志释老，始有三教之说，而锡鬯朱氏以为彼之所奉者一，我之所奉者三，曾彼之不若矣……道光庚子余范怀阳，尝登山入浮图之宫，菩萨罗汉，森然罗列，正室塑释迦佛像于中，配以道家及儒家之像左右坐。噫！惑矣。且大佛者，以孔子为其师之弟子，韩子尝言之矣，时入主崇信佛法，士大夫尊奉恐后，图中如关东西之丹霞然，圭峰密河北之赵州，念临济元江表之百丈海，沩山、祐药山，俨领外之灵山巅，皆绝人之才识，广设门庭，

① 政协商贵州省玉屏侗族自治县委员会编：《贵州玉屏县志·清乾隆二十二年（1757）·修注释本》，贵州民族出版社，1995，第 247 页。祖师殿位于今玉屏大龙镇。

② 李访明：《回龙塔碑文译注》，载政协贵州省金沙县委员会文史资料研究委员会：《金沙文史资料选》（第 4 辑），1989，第 143 页。

师友几遍天下，以故韩子辟之不遗余力。俾为佛者，不得有所依托，而孔子之教，始大著于天下。今际风同道一之世，表彰正学，自章甫缝掖，下至农工商贾，无人不在君臣、父子、夫妇、昆弟、朋友之道中，则无一人不在孔子之教中，即僧徒衣租食税与齐民等，圣教之大，岂能外哉。奈之何，仍三教之同而不思所以正之。余惺夫惑者之不察也，作《原教》。[①]

黎庶昌光绪十五年十月撰《置佛藏记》，从另一角度言明对儒释关系的看法：

距吾居里许，有寺曰禹门。国初时蜀僧丈雪暨吾宗策眉九十翁相继居之，飞楼涌殿，踵事加辟，遂力坛场胜境。旧有北本佛经金藏，同治以还，兵兴寺扰，经卷散轶不完。光绪七年，余奉使日本，遇坊肆间有翻刻南藏本佛经全帙。遂以千金购制寄储，使与寺藏经楼之名相称。十一年，余奉讳旋里，见寺多阤挠，楹栋榱角，风缫雨蚀，日益朽剥，丹雘失华，乃命工修饬，改易而髹塗之。四阅月告竣，一木一石，焕然增新矣。余之为此，非欲求佞于佛，实以其他与吾居相近，治此为游观之所，而又念名胜之不可任废灭也。故保而存之，意如是而已……自唐宋大儒论辟后，佛说之不足为天下愚亦已大明，而后世儒者乃欲援儒入释，课其虚灵不昧，以主静良知立为宗极，使与吾儒心性微旨相乱，不尤过矣哉！君子之持身也，不敢造次涉于虚无之境，居常悫悫，以忠心诚慤为本，以戒欺求慊为功，以存不忍人之心为用，博约乎文礼之途，潜息乎仁义之府，无歧其趋，无堕其行，明德而新民，开物而成务，由家之国，推己及人，其始无过致，严异端之辨，而其终遂达乎天人之故，仁民爱物之原，充类以极于尽性至命，方日从事圣贤不暇，又何有清静寂灭窈冥诞幻之说，荧视而惑听哉……余故因置佛藏，并发斯论，使乡人知所敬惧焉。[②]

---

① （清）道光《仁怀直隶厅志（卷之19）·艺文志》二“杂著”。

② （民国）《续遵义府志（卷4）·庙坛寺观附》“禹门寺”附。

黎庶昌认为儒与释是有区别的，但儒释道的融合是历史的必然。他购置藏经更多是出于对于佛教文化的尊重，他看到禹门寺作为遵义地方佛教文化中心，在推动地方教育中所起到的作用。他主张以儒为主，以佛为辅。认为佛教在教化民众中有自身的特殊作用，能“使乡人知所敬惧”，使地方安宁，于国于民都是件好事。

据乾隆《玉屏县志》载：

> 僧醒念（清初由黔灵山云游至玉屏，驻锡紫气山），蜀人。闻曾为游击，鼎革后披剃曰为僧，住紫气山。戒行圆清苦，后乃通慧。有二子自蜀来省，和尚曰：“吾非尔父也。”遣之归，大窘。其徒云石，私赠二金，和尚觉之，曰：“非分之财。不可苟取。”随后裂黄纸百数十条，画符其上给之曰：“饮此可愈疾，路费足矣。”二子领归。行之途中，果多瘟疫，饮者辄愈，乃少获资斧，及抵家，符适尽无一剩者。将化。前一日，文学田种颖同一蔡姓把总往问疾，和尚熟视田曰：“好！好！君有后福。”徐视蔡，以手抚其颈曰：“可惜！可惜！然数也，莫可逃。”蔡愕然。后两月，蔡果遇害。其先知多类此。今丛林中于戒、定、慧三字无愧者，和尚一人而已。①

这里记述的“符箓”“相面、算命”均为道教内容，而一个佛教名僧精于此道，可见“三教合一”思想影响至深。

黔西知州陈德荣《募修观文塔小引》从另一角度阐明儒释道合一的缘由：

> 余甫下车月余，有僧名天安者，持钵至署，以修塔募化。问其名，则曰观音塔。问其地，则曰东郊外离城里许。越数日，而余往观焉。登其台，基址轩昂，宏敞可爱。观其势，众山拱向，风景宜人。又其间烟云缥缈，莫可名言，有令人心旷神怡、流连而不置者。盘桓久之，乃嘱僧天安曰：有志者事竟成，尔切毋堕

---

① 政协贵州省玉屏侗族自治县委员会编：《贵州玉屏县志 清乾隆二十二年［1757］修注释本》，贵州民族出版社，1995，第211页。

尔志，使功亏一篑也。但塔建州治巽方文明之地，供奉观音，不若兼奉文昌之为善，更名“观文塔”。于是捐薄俸以勃盛举，更愿阖州绅士兵民共助厥成。行见此塔一建，则文峰特立，秀极天表，且关锁一带山水，诚为州城巨观。将来黔西人士，必炳炳蔚蔚，捷南宫而直上矣，宁仅月殿生香已哉！是为引。①

将佛教的观音和道教的文昌供奉于一塔，以适应不同信仰民众的需要，这的确是个创举。由此可见，“三教合一”主要还是为了满足人们的信仰需求。

（二）佛教诗词楹联中的“三教合一”思想

倡导儒释道合一，是佛教本土化、中国化的重要表现。也是佛教立足中土、发展自己的一种策略。贵州僧人继承这一优良传统，倡导儒释融会。梅溪福度《云州复诸儒士》云：“释教儒宗天下传，何分西蜀与南滇。欲知月指当空处，须识吾无隐尔篇……”② 他在《勉妄分儒释者》讲得更为明晰③：

释教儒宗没两途，休将儒释妄分疏。
儒宗一贯旨非别，释教单传致不殊。
会合唯时儒即释，圆通笑处释皆儒。
从来释道同儒道，谁谓儒宗异释欤。

认为释、儒两家殊途同归，“释道同儒道”，切不可妄加分疏。真正理解了这一点，就能“会合唯时儒即释，圆通笑处释皆儒”。

云山燕居《示丽水金居士》云：

儒士释士与道士，浑元三教何曾二；
同行同住复同床，可笑同床扯破被。

① 贵州省毕节地区地方志编纂委员会点校：《大定府志》，中华书局，2000，第 459 页。

② 张新民等整理：《续黔僧语录·东山梅溪度禅师语录（卷第 9）·杂偈》，巴蜀书社，2000，第 677 页。

③ 同上，第 678 页。梅溪福度（1637–1699），四川永川人。俗姓张。住贵阳东山栖霞山寺。有《灵隐文禅师语录》（贵筑东山发昙寺嗣法门人福度复编）。

认为儒释道，源本同一，何曾有二；本来就是一家，但一些可笑之人偏要“同床扯破被”。

释教儒宗天下传，何分西蜀与南滇。
欲知月指当空处，须识吾无隐尔篇。
居易亲僧因重道，长公解玉为逃禅。
了知彼此非同异，文字凭拈入大圆。

华严圣可有颂云[①]：

道冠儒履释袈裟，见得分明眼亦花。
除怪先须去白泽，破家散宅是生涯。

也强调了三教一致，只是许多人并不理解。

《黔南会灯录》载，黔西东山开元嵩目宗禅师众为道士说法：“玄士请上堂：玄玄玄，木人口里谩传言；道道道，石女怀胎堪自笑。分明说与地行仙，休将毒火埋神灶。炼得泥丸唤作丹，灵明已失天然窍。饶经八万四千劫，依旧落空王所考。黄金丧尽髑髅干，须入荒田不拣草。然虽如是，不遇大医王，几个知天晓。汝等要识入荒田不拣草么？龙从火里出，虎向水中生。”[②]表明僧人和道士间关系密切，而且道士还请僧人说法。所说的内容均为道教义理。可见嵩目对道教思想研习很深入。

“三教合一”思想在佛教寺院楹联中亦有体现。例如，明宣德五年（1430），普定玉真山寺落成，光绪十三年（1887）重建。寺分为上中下三殿。下为斗姥殿，中为观音殿，上为玉皇殿。玉皇殿内所塑神像有观音、如来、韦驮等，并刻有八仙中的“铁拐李”。寺中楹联曰：

杖悬日月长生佛；
葫贮乾坤自在仙。

---

① 《华严圣可禅师语录》（门人光佛等编）。

② 编委会整理：《锦江禅录》，《黔南会灯录·婺川西禅象崖珽禅师》，四川大学出版社，1998，第465页。

上联说，佛教法器锡杖可悬日月，寺中佛像庄严，佛法永驻。锡杖，梵文意译，因其震摇时发出的“锡锡”之声故名，为大乘比丘随身携带的十八物之一。因为比丘乞食时默然进入人家或拳打门扇，都会引起施主误解甚至反感。佛陀在锡杖头安装大环，“圆如盏口”，在大环上再安小环，摇动锡杖，使环与环相互碰撞而发声，使施主知觉有僧人乞食。同时锡杖还可以预防牛犬、驱赶毒虫，后来渐渐演变成一种彰显佛法智慧与威仪的法器。持锡杖有二十五威仪。凡至室中，锡杖不得着地，必须挂在壁牙上，故名“挂锡”。后来称僧人游方为“巡锡”“飞锡”，僧人居止为“挂锡”“驻锡”。下联说：葫芦中贮存着天地万物（道教有“壶中天地”传说），是仙人自由出入歇息餐饮的场所。葫芦，为道教物象和代表物。八仙之中的李铁拐随身带着盛放仙丹的葫芦。云游道士佩带葫芦内存丹药，可为民疗疾。道教神话传说中葫芦可变成神人出入的洞天福地。

又如安顺华严寺楹联：

> 看仙翁手拍云端，浑疑桂苑高凌，约汝三清游上界；
> 待老子昂头天外，漫道竹疆远隶，让他五岳镇中邦。

联句几乎全是道教语言。上联嵌入“仙翁”“三清”（道教的三位至高神——玉清、上清、太清）“上界”（天上神仙居住地）；下联嵌入“老子”（道家学派创始人）“五岳”（道教名山——东岳泰山、西岳华山、南岳衡山、北岳恒山、中岳嵩山）。此联为清末贵州著名楹联作家刘蕴良所撰。华严洞位于安顺市西秀区南郊四里崇仁里村头，洞从山腰开面，天蓬巨石复顶。洞口宽敞，可容500余人，夏凉冬暖，游人甚多。洞中原供有释迦牟尼塑像和十八罗汉塑像。洞内有许多石乳、石笋等，古怪离奇，引人入胜。洞前有“韦驮殿”“关圣殿”“魁星楼”，洞侧有“诗寮”和“水池”（八方池），旁边多有前人题咏和碑刻。坡半还有亭阁石栏。凭栏远眺，群峰苍翠，绿水涟漪，阡陌纵横，令人陶然自乐。①

遵义市红花岗区金鼎山万佛寺对联：“山不高有仙则名；水不深有龙

① 贵州省安顺地区文化局编：《安顺文物》，1982，第71页。

则灵”。这是引用唐代文学家、哲学家寺刘禹锡《陋室铭》开头两句，意在表明金鼎佛山胜地犹如仙境。

关岭永兴寺楹联（有额“三教流光”）：“三教同源，乃圣乃神，无非明心见性；一衷是佛，分梦分觉，还须震坤惕乾”。说三教本是同源，无论圣人还是仙佛，追求的目标都是明心见性。但是佛才是居于正中的，无论睡梦和醒来。随时心怀戒惧，小心谨慎地奉佛。

安顺崇真寺［（清）郭临江撰］[①]：“环海路非遥，正勿庸高探贝阙，别夸瑶岛；大罗仙具在，好从此笑拍红岩，醉挹浮丘。”讲的全是道教中事：入海求仙，路程遥远，何必花费力气去探看壮丽的宫殿，赞美仙山琼阁；大罗仙[②]就在此，可以与仙人红岩（洪崖）牵手，与浮丘共饮。[③]

赫章白果普照寺：“生天、生地、生人，惟斯三不朽耳；曰儒、曰释、曰道，谁其一以贯之。”普照寺位于赫章县白果镇旁一座小山上。始建于明万历年间。后数度修葺。正中门上镶嵌“二龙抢宝”木雕，形象逼真。屋脊用泥塑成二龙相对，翘首望天，犹如巨龙腾空。后殿正中神台供奉儒，释、道三尊神像，观音、地藏二神像并立左右两端，两侧十八罗汉，神态各异。前殿，正中神台供奉伏羲、燧人、神农三皇，两侧有魁星、城隍诸神像。寺中匾额有“大德敦化”“三教同源”“孝达幽明”“普渡瀛寰”。均为三教教理。但更偏向于儒家。其中“三不朽”为春秋时鲁国大夫叔孙豹提出的一个命题，即“立德”“立功”“立言”。后为儒家所推崇，认为是人生的三种不朽事业。语出《左传·襄公二十四年》，鲁国的叔孙豹（穆叔）到晋国去，晋国执政范宣子问他：“古人有言曰：‘死且不朽’，何谓也？”穆叔回答说：“豹闻之：‘大（音义皆同太）上有立德，其次有立功，其次有立言。’虽久不废，此之谓不朽。”[④]“一以贯之”，语出《论语·里仁》：

---

① 郭临江（1844–1928），原名永成，字春帆，别号石农，贵州安顺人。清朝同治九年（1870）副榜进士。光绪三十年（1904）任思南训导兼印江教谕。民国时期后还乡办学。能诗文，工书画，著有《浓花野馆诗抄》《思南吟草》《黎峨吟草》等。

② 大罗仙，即大罗神仙。道教认为天有三十六层，最上一层为大罗天。大罗神仙即升至三十六天的神仙，他们在一切时空永恒逍遥，不朽不灭。

③ 语出（晋）郭璞《游仙诗》之三：“左挹浮丘袖，右拍洪崖肩。借问蜉蝣辈，宁知龟鹤年？”

④ 陈璧耀著：《国学概说》，上海教育出版社，2008，第219页。

“子曰：‘参乎！吾道一以贯之。’曾子曰：‘唯。’子出，门人问曰：‘何谓也？’曾子曰：‘夫子之道，忠恕而已矣。’”又见《论语·卫灵公》，“子曰：‘赐也！女以予为多学而识之者与？’对曰：‘然，非与？’曰：‘非也。予一以贯之。’”其实，这些楹联一般都是地方信仰佛教的文人所撰，他们按照自己对佛教的理解撰写，楹联含义不一定能完整反映僧人本意，但因僧人一般不具备撰联的能力，也就认可了。

松桃自治县道教场所三副楹联均言佛教义理：松桃回潮宫联：“自在观，观自在，无人在，无我在，问此时自家安在，知所在自然自在；如来佛，佛如来，有将来，有未来，究这生如何得来，已过来如见如来。”松桃玉皇殿：“统领诸天大千世界；普施众地不二法门。”松桃城隍殿联：“延寿消灾佛为功德；祛邪却病神通威力。”① 这在贵州道教宫观中较为常见。

（三）“三教合一”的实例

佛寺与道教宫观同在一地，佛像和道教尊神共处一堂，是贵州佛教的一个特点。譬如建于明代、清代重建的关岭关帝庙，其结构在“三教合一”寺院中具有代表性：“……殿为二重飞檐，甚宽大。殿中供关圣塑像，旁有周仓、关平二将像，甚雄伟……上殿为大佛殿，塑有三尊古佛，并文殊、普贤二像。天井东侧厢房，为僧道住所。西侧厢房为客房、厨房等。由前殿院坝东南，向城楼走去，便达御书楼……御书楼为单檐飞角之殿堂，外有走廊，临城门边围以石柱石栏，均系透雕云龙图案。走廊一边为花格殿门三大间，中间设有龛桌，桌上有透雕九龙皇帝牌位一座，上书：‘当今皇帝万岁、万岁、万万岁’。大门上方，挂有蓝底金字，四周九龙围绕之大匾一方，上书‘滇黔锁钥’。匾额中上盖有‘康熙御笔之宝’玉玺一方。右上角书‘康熙二年御笔’，右下角有‘臣孙清彦拜书’。因以前匾额是清初康熙皇帝所题，故名‘御书楼’……” ②

建于明代、后数度维修的遵义山盆镇李梓村回龙寺存有数十尊历代木

① 贵州省铜仁地区文化局、贵州省铜仁地区诗词楹联学会编：《梵净联韵——中国对联集成·铜仁地区卷》，2002，第59-60页。

② 贵州省安顺地区文化局编：《安顺文物》，1982，第12页。

刻神像，正殿内正、右、左三方设神台，从右至左依次为：灵官、药王、女娲、太阳神、太阴神、文昌帝君、文魁、武魁、送子娘娘、金霄圣母、云霄圣母、碧霄圣母、送子观音、救苦观音、东皇太乙、川主、黄毛童子、七姓将军、黑神、掌刀将、土地、财神赵公明、牛王、雷祖、山王、神农氏等26尊。二楼供奉桃园三结义的好汉，中为刘备、左张飞、右关羽。三楼中间供玉皇大帝，左为地母，右为王母。这些神像中，以道教诸神为主，其次是遵义民间尊崇的地方神，还有巫教神及著名历史人物，形成庞大的综合神系。①

普安有部分寺观，原为道家所在，后又变为佛教寺院，如兴中的“五龙观”本属道观，于清顺治年间，善权和尚访名山至此继而出家、居于观内，即改观为寺，称崧岿寺，然寺中供奉的并非佛像，而是武侯关圣（关羽）塑像，一度成为道佛合一的场所。也就是县民通常所说的“道裹佛，佛裹道”。②贵阳三官庙，两扇木质山门上刻有哼哈二将。正殿塑三官像（左边有吕布、貂蝉，右边有刘、关、张的塑像。正殿后面塑韦驮。后殿塑弥勒佛，两边为十八罗汉。但三官庙由僧人管理，为贵阳东山寺的脚庙，住持由东山寺指派。然而，因庙内塑有道教神像，有些活动（如开光）又请道士参加。③又据道光《贵阳府志》载，贵阳著名的佛教寺院东山寺，建有关圣殿三楹，岁久坍塌圮，嘉庆十六年改建。道光二年添建奎阁。另有祀关羽、赵云的专祠等。清镇市犁倭乡玉冠山寺，始建于明洪武八年。清代曾几度重建增修。依山势建有佛殿、观音阁、玉皇殿、韦驮殿、三官楼等。现尚存山门、残垣、屋基、摩崖、碑碣等。④郎岱观音阁，雍正二年（1724）由僧人住持，将“陇氏祠堂”改为“观音阁”。但因为庙产是陇氏留下的，住持不得不在观音和文殊普贤的侧面，仍供奉着陇氏神祖牌。雍正十年（1732），郎岱推行改土归流，才限制和削弱土目势力。⑤赫章县城西5公里白果将军山普照寺，

① 政协贵州省委员会文史资料委员会《贵州旅游文史系列丛书》编委会编：《巍巍娄山》，贵州人民出版社，1998，第190–191页。

② 贵州省普安县地方志编纂委员会编：《普安县志》，贵州人民出版社，1999，第1026页。

③ 王伦：《“上元井”与“三宫殿”的始末》，载政协贵阳市云区委员会文史资料委员会编：《云岩文史资料选辑》（第6辑），1988，第32–45页。

④ 贵州省清镇县地方志编纂委员会编：《清镇县志》，贵州人民出版社，1991，第820页。

⑤ 六枝特区地方志编纂委员会编：《六枝特区志》，贵州人民出版社，2002，第745页。

始建于明万历年间。前殿正中神台供奉伏羲、燧人、神龙三皇，两侧为魁星、地皇诸神。后殿正中神台供奉儒、释、道三尊神像，观音、地藏二神并立左右两端，两侧十八罗汉。后殿正中前后两块匾额分别为“大德敦化”“三教同源”。[①] 兴义水晶观，在城北隅北固山上。始建于明代，称白帝祠，后毁。乾隆四十一年（1776），普安州驻黄草坝理苗州判程烺，会同黄坪营士民捐资修复。同治元年毁于战乱。光绪十八年（1892），县人刘统之倡议培修。观分五重：首重殿宇为灵官殿，楼上有魁星阁。次为大士（观音）殿，又称三霄殿或观音堂。殿侧岩石壁立，镌刻“普陀胜迹”摩崖，再上为乩仙殿。四重为雷神殿，最上重为玉皇阁，分别奉祀灵官、魁星、观音、雷神、玉皇等。建于清光绪三年（1877）的遵义金鼎山羊角脑三皇寺，由住持元空筹集建设资金。庙内主祀天皇、地皇、人皇。烧香礼拜者众。[②]

五、贵州佛教进一步民族化

佛教对贵州少数民族宗教习俗有一定影响。这是因为，不同来源、不同时代的神灵可以在多民族民众心中并存，宗教教义、仪轨也可以在各民族的宗教活动中相互借用。焚香点烛祈祷诸菩萨，这些佛教的仪轨可以在侗族、苗族、布依族的节日中看到。[③] 早在元代，印度僧人指空在黔西北传播佛教，已有“苗蛮、瑶、僮、青红、花竹、打牙仡佬诸洞蛮，俱以异菜来请受戒”。[④] 说明佛教在少数民族地区已有明显影响。康熙《贵州通志》载：“罗汉和尚，峒苗也，初……目不识丁，忽遍游名山，自普陀返棹归，则字义了然，虽等韵诸书，莫不精通而朴率自如，同辈怪焉。”[⑤]“苗僧，思南受水人。初为张氏仆，小时常念一佛字，及长愿出家，久之得悟，偈曰：本是菩提种，打落有苗胎。曹溪一派水，清风引出来。”[⑥] 可见清代

---

① 贵州省赫章县地方志编纂委员会编：《赫章县志》，贵州人民出版社，2001，第572页。

② 遵义市红花岗区地方志办公室编：《遵义佛影——遵义金鼎山》，2008，第1[illegible]页。三皇寺1993年重建后更名普贤殿。仍保留三圣殿，主供天皇、地皇、人皇。

③ 李黔滨、杨庭顺、唐文元：《贵州民族民俗概览》，贵州人民出版社，2006，第[illegible]0页。

④ 日本《大正新修大藏经》卷五十一《史传部》三“游方记抄”。

⑤ （清）乾隆《镇远府志》卷二十八《方外》。

⑥ （清）乾隆《贵州通志》卷三十二《人物志·仙释》。

已经有少数民族信仰佛教。《清镇县志稿》载清镇县城西李家寨有活佛山，峰峦耸秀，林木葱茏。山以寺得名。相传明季有苗僧结跏洞中，不食烟火。既灭，示梦于土人。土人建寺祀之，甚有灵响。清康、嘉间，香火尤盛，远近来祷者不绝于途。① 施秉民间故事《铁罗汉修大桥》，说顺治元年（1644）夏季，洪水将施秉城北门跨虹桥冲毁，往来商旅和百姓叫苦不迭。有一位被称为“罗汉和尚”的苗僧云游两年返回家乡，见民众遇到危难，毅然发起化缘建桥，历时3年建成。② 当然，这些被称为“苗僧”者，并非都是苗族，但肯定是少数民族。这表明少数民族中不仅有佛教居士，还有僧人。

清光绪二十八年（1902），日本学者鸟居龙藏调查贵州一些苗族地区，“所访之苗族均已失去固有之宗教，而多信佛教，且多少道教化。室内皆设观音像或关帝等像。”③“短裙黑苗显然信仰生灵主义……第一类有玉皇大帝保家菩萨。本己祖宗、阎王、土地城隍、财神、观音菩萨、岳武穆，神农、关圣帝君、树神、岩神、桥神、太阳神、月亮神、簸箕神、娘娘菩萨等……就所供奉信仰的神明中，受着汉人的影响很大，例如玉皇大帝、观音菩萨、关圣帝君、岳武穆等等，都不是他们原有的神道。”④

佛教对苗族影响，主要表现在一些神僧奇功异能（如呼风唤雨、降龙伏虎等）的影响，因其最能与苗族巫文化沟通。这在不少的贵州方志和文献中均有记载。据《黎平府旧志》载：“岁旱，师（愿如和尚）持钵祷于龙泉，雨辄应，居人异之。”除有文字记载外，苗族民间也有这样的神异传说。苗民不仅深信不疑，而且还滋生敬仰之情感。直到近现代，无论在贵州或在其他地区的苗族中，观世音菩萨可以说是家喻户晓，神台供桌上都供奉着观音菩萨。许多苗族村寨都立有小庙，庙中供奉着观音，人生病尤其是小孩生病，都要祈求观音祛病消灾。苗族日常生活和生产中常见的巫术咒语有的也与佛教有关，“如出行或走夜路咒：‘出门经，出门碰到观世音，观音老母在前进，四大天王随后跟，金灯千盏来开路，妖魔神怪

---

① （民国）《清镇县志稿（卷1）·方舆述要一·诸山》。

② 施秉政协文史委员会编：《施秉文史》（第九辑），2001，第62–64页。

③ 鸟居龙藏著，国立编译馆译：《苗族调查报告》，民国二十五年（1936），第259页。

④ 吴泽霖撰：《贵州短裙黑苗的概况》，载杨万选、杨汉先、凌纯声等著：《贵州苗族考》，贵州大学出版社，2009，第204–205页。

尽躲开，摩诃般若波罗密。’这个出门咒融进了佛教的内容，最后的密咒还保留梵音。到目前观世音菩萨在苗族社会家喻户晓，神台供桌都供奉。这个情况很像汉族社会，除有其他宗教信仰的之外，农村和城市的居民绝大多数都信奉‘观音老母’。”① 晴隆操湘土语苗族的丧葬习俗多与汉族同。死者殓后，立刻请本族先生，以佛教仪式超度死者，谓之“开丧办夜”。以家庭经济而定，道场可做三、五、七或九天。三至五天称“首七”，五至七天称“五七”，九天称“斋”。丧事科仪的程序为：请水、请圣、拜忏、观灯、解结，做道场、祭脚夫、加持、缴杠、招灵、渡亡、做斋填还等，然后卜吉卜地，安葬。② 赤水市境内苗族大多数信仰佛教、道教，参加求神拜佛。③ 苗族聚居地台江县，光绪年间（1875-1908），或官员提倡，富户集资；或外地商人集资加上部分民间捐赠资金，先后于厅城、施洞、革东、革一等地修建庙宇，为佛教、道教传入之始。④

布依族摩教中有佛教文化因素，这是陆续从汉族佛教中吸收的。佛教唐代开始传入黔北、黔东一带汉族中。估计这时已开始逐步对布依族摩教产生影响。明代，佛教在贵州得到大规模发展，佛教观念无疑会渗入布依族地区，对摩教产生深刻影响。摩公使用的经书中有《观音经》《三官经》《本命经》等。⑤ 各地摩教受佛教影响的程度不尽相同。在对亡灵所归的极乐世界的构想上，各地摩教比较一致。即都认为人死后灵魂通过布摩超度，进入“旁仙”“旁拜”。“旁拜”直译即“佛界”。极乐世界以“仙界”“佛界”并称，明显受到道教与佛教的共同影响。之所以把极乐世界称为“仙界”“佛界”，就因为它与道教构想中的仙境和佛教构想中的极乐世界有相通之处。摩经中还有诸如“娑婆世界”“南赡部洲”之类的概念，也来自佛教。只是摩教中对“娑婆世界”“南赡部洲”没有具体描述，一般是在提到死者家所居之地的国、省、县、乡、村名前，用这两个地理概念，说明在摩教

---

① 游建西：《近代贵州苗族社会的文化变迁（1895-1945）》，贵州人民出版社，1997，第 158 页。

② 贵州省晴隆县志编纂委员会编：《晴隆县志》，贵州人民出版社，1993，第 107 页。

③ 贵州省赤水县志编纂委员会编：《赤水县志》，贵州人民出版社，1990，第 152 页。

④ 贵州省台江县志编纂委员会编：《台江县志》，贵州人民出版社，1994，第 143 页。

⑤ 翁乃群主编，彭雪芳等：《南昆八村——南昆铁路建设与沿线村落社会文化变迁》（贵州卷），民族出版社，2001，第 510 页。

观念中它们分别是两个范围不同的地理概念。无论摩教观念中这两个概念是否有如佛教所解释的那样复杂而系统的内涵，但在视其为范围不等的两个地理概念这一点上，摩教与佛教有些共通之处。摩教构想的幽冥世界中，亡灵跨过铜桥后，要经过若干“南宫”，若干条路，若干条街，再经十二狱门，才被风车转送到“旁仙”“旁拜”。十二狱门均有“王”把守。其中十位竟是汉族佛教中的十殿阎罗。不过摩教没有完全照搬，而是作了改造。摩教中出现的佛教神灵还有“三宝”“救苦”等。“三宝”在佛教中指佛、法、僧三宝，摩经中没有具体解释，只简单地说：“三宝是好佛，戴紫色团旋帽在等候着亡灵”。“救苦”可能即佛教中的观音，摩经说他是“好佛”，他“用斑鸠当鸡等候着亡灵”。这已经不是佛教大慈大悲救苦救难的观世音菩萨了，活脱脱一个布依族农民形象。可见摩教吸取的外来文化主要是汉文化、道教文化和佛教文化。它有两个突出的特点：一是无论哪种文化因素，都是从汉族中吸收的，具有鲜明的汉化色彩，而且在汉族民间影响深广。[①] 安龙布依族有“扫寨”的传统习俗，时在农历的三月初三。扫寨仪仪式开始时，老魔公身穿道袍，口中念道：“山王菩萨土地公，一齐请入我寨中，来陪寨神吃顿饭，回去各人显神功，驱逐五鬼赶豺狼，保佑人畜平安五谷丰。”[②] 盘县娄下河畔布依族，继承阿根改佛教文字传教摩师信仰。老年人去世，请摩师超度亡灵。超度时敲动铜鼓，旨在喊开南天门。同时，孝子放一升稻谷在碓窝里舂，意在冲破地狱之门。[③] 布依族聚居地罗甸县沫阳镇（布依族人口占总人口的95%）董家大井河边榕树下有一“金刚柱”，其上镌文云：“十方外道尽皈依，敬教大士面然鬼王之神，南无金刚般若波罗密佛，三界大魔皆拱手，位同结善缘，民国三十七年。”[④] 相传当时有妖魔鬼怪及河神兴风作浪，危害地方，民众特建此柱镇压，以保一方平安。由铭文内容可见，撰碑文者对佛教有很深的了解。

由于佛教中的一些思想观念与侗族原始宗教中的某些思想观念相接近，

---

① 周国茂：《一种特殊的文化典籍：布依族摩经研究》，贵州人民出版社，2006，第102–107页。

② 李朝龙、李廷兰编著：《贵州少数民族风情录》，贵州教育出版社，1995，第428页。

③ 《六盘水市志·民族志》编纂组织机构编：《六盘水市志·民族志》，贵州人民出版社，2003，第138页。

④ 黔南日报社、黔南州旅游局编：《绿色黔南：旅游篇》，贵州人民出版社，2004，第248页。

因此佛教传入侗族地区，较容易为侗族群众接受，故发展速度比任何外来宗教都快，成为外来宗教中唯一普遍接受的一种宗教。主要表现在其轮回观念、因果报应、修阴积德等广为人们信奉。信仰菩萨、土地公者众，虽然侗族出家为僧为尼者极少，但有在家中吃长斋者，或初一、十五吃花斋的人。受地理环境和交通限制，在南部侗族地区，由于各区域受汉文化影响在时间上有差别，佛教传入各地的先后也不尽一致，影响的程度也不一样。据调查，佛教传入黎平县三龙地区就比周边的中潮、潘老、永从侗族地区晚一些。受周边侗族影响，民国初期，九龙寨凡架桥求子之家庭，虽有部分人也学着人家在桥头用三四块青石板搭建一个土地公加以供奉，但入庙求签拜佛者仍没有发现。至民国中、晚期，始有个别妇女，尤其是不生育男孩的妇女，在邻近村寨某些亲友的推荐下，方抱着试一试的心理，背着家人偷偷到境外庙中拜佛求子。①

在剑河县，“客家多信仰佛教与道教……侗族原无固定之宗教，现渐与汉人生活同化，其信仰而随之而异”。②

早在唐代佛教就进入土家族地区。据文献记载：唐贞观二十年（624）梵净山西北麓印江县木黄建厂乡金厂村建寺院一座，此为佛教传入土家族地区之始。此间乌江边的沿河县境内的官舟建有永佛寺。明万万年间，李皇后入梵净山修行，肉身成圣，白日飞升，神宗皇帝敕赐镇山印号为崇荣殿，官员拥至，庙宇重新修缮，满塑佛像。在土家族聚居地及周边地区，扩建和新建寺院 50 余座。清代以来梵净山佛教又有新发展。③

土家族敬拜观音菩萨。观音菩萨在土家人民心目中是善良之神，受到特殊尊重。不但祖先神龛上供有神位，而且村村寨寨还建有观音庙，供奉观音菩萨，不少土家族人还将一些象征观音菩萨的石山、古树称为观音石、观音树，并顶礼膜拜，遇有危难之时，均到观音庙敬香、烧纸，以求观音菩萨大慈大悲，救苦救难。每到夏历二月十九日、六月十九日、九月十九日，无论路程远近，天气多么恶劣，土家人都要携老带幼到观音菩萨庙前

① 刘锋、龙耀宏主编：《侗族：贵州黎平县九龙村调查》，云南大学出版社，2004，第 579-580 页。

② （民国）《剑河县志》卷七《民政志・四・“宗教”》。

③ 严天华主编：《土家族文化大观》，贵州民族出版社，2011，第 144-145 页。

进香，以求吉祥幸福。有的老人实在走不动了，就在自家门前遥拜，高喊“大慈大悲观世音菩萨，信士心诚神知，无力赴金身朝拜，遥空祭祀，求神灵降福，普度黎民，呜呼，信士 ××。”然后将香、纸隔地烧化，作揖叩头，并把红布、花鞋放在树下石头上。每年腊月三十日敬完祖宗和各神，还要提着豆腐，端着香茶，沐手净衣到观音神前化钱。正月初一，天未放亮，土家人就挑着用薅菜消过毒的水桶到水井神处抢银水，然后用罐盛上烧茶，待茶烧好后，由小孩穿上干净衣裳，提着篮子，篮子里装上消过毒的杯子，倒上银水烧的茶，装上干净的粑粑、豆腐，到观音庙上向菩萨请早安，烧香纸，放炮火，奠净茶。事后在庙附近抬一根或一块柴，表示新年出门，抱财归家。①

汉族习俗也对彝族有较大的影响。彝族上层人士，早在明朝时已接受了佛教，对民众有一定影响，一些佛教的仪轨却被借用到彝族的习俗中去。②在明成化二十一年（1485），贵州宣慰使、彝族默部 74 世安贵荣，偕妻奢脉与子安佐铸造一大钟，置于永兴寺。上用汉文阳铸：“大明国贵州宣慰使司，水西日革信官宣慰使安贵荣、同缘夫人奢脉、男安佐。伏以，贵荣叩承世禄，职守边疆，扪心有志，报谢无由。是以夫妇谨发诚心，就于本境内之永兴寺一所，喜合资财，装塑佛像，铸造钟一口于本寺，朝暮声鸣，以镇一境。尚祈保佑，裨我子孙代代。”

关于彝族信仰佛教，彝族文献中有三则资料，其中两则载于《夜郎史籍译稿》，一则载于《西南彝志》。

载于《夜郎史籍译稿》的两则，其一为《建造高庙宇贡赋》：

> ……在乌蒙高原一带，山头建庙宇，皇宫在大山间，建君主庙宇，堂琅山顶上，建臣王庙宇。隶属侯王国庙宇，布侯王国庙威高，建于妥朴欧山，默侯王国庙荣大，建于则帕赫戛，恒侯王国庙宇高，建于谷谷洪戛，武侯王国庙宇大，建于省舍麻禄，乍侯王国庙威高，建于宝主沟格，糯恒王国建庙早，建于杜吐俄费。国威在于建庙教化，尚建高庙的工艺者，拟取乾阳规仪而造作，

---

① 严天华主编：《土家族文化大观》，贵州民族出版社，2011，第 141 页。

② 李黔滨、杨庭顺、唐文元：《贵州民族民俗概览》，贵州人民出版社，2006，第 34 页。

所塑的偶像，拟取信仰的星辰形象，有兵有佣。夭折女神不进堂。建庙福寿来，建庙禄位生，拜庙供佛，祈求福禄平安，成了习俗。①

其二为《老和尚有形象》：

禄主禄卧国的布笃布举，求教走师家。去到西部古堵禄姆邑的呗耄家，一清早起来，就见到汉家的庙子很华丽，民众如流去往，年轻和尚见人来到，以笑相迎，绫罗绸缎衣着，男不男，女不女，一身同般盛装，手持黑漆角，口含金银花。看着佛像，想一一画下来。布笃布举他，照葫芦画像，留给后人看，画得不太像。年轻和尚说，我来画你看，活灵活现的，你所见到的。……到汉朝时代，就以昨日情况，他们就是这地方的佛庙文化创造者。布笃布举他，是这样说的，历史无可断，是用言语传，后人思古而传授。小和尚们呀，我给你们讲，古克国王的后裔，阿糯鲁歹他，如神又如仙，曾一度盛世哟。②

两则资料虽然无法界定时代，但可以看出佛教对彝族的确有明显影响。《夜郎史籍译稿》临摹佛像，建造庙宇，都是为了满足信仰的需要。

另一则《点措雅卧修行的和尚》载于《西南彝志》，较为具体地讲述了佛教仪轨、寺院修建和管理等：

点措白之下，有座点措城，笃益直为君，冬洪甫为臣，吞满局为师。这批强能者，产生于天宫，降临于凡尘，在点措修行，投靠武古笃。武古笃住地，有一尊金佛，其后有一回，佛像生了病。师主吞满局，设斋又悬灯，焚香千万炷，香烟绕萦萦。先用汉法治，疗效不显明。又用彝法医，求福又还愿，神像病愈重，终于命归阴。佛像死亡后。超度非寻常，殓衣着九层，佛死佛超度。和尚穿白衣，

---

① 赫章县民族古籍办公室、赫章县珠市彝族乡政府、赫章县雉街彝族苗族乡政府编：《夜郎史籍译稿·恒也阿默尼》，贵州民族出版社，2007，第441页。

② 《能数恒索》。赫章县民族古籍办公室、赫章县珠市彝族乡政府、赫章县雉街彝族苗族乡政府编：《夜郎史籍译稿·能数恒索》，贵州民族出版社，2007，第600–601页。

像一群白鹤，金铙与银钹，震响如雷鸣，杀牲作祭品，诵经如雁鸣……修庙仿天上，天体是九重，庙宇立九重；塑佛仿地上，地体是八层，佛像立八尊；庙门十二道，和尚十二个，每人管一门。大殿与中殿，二位和尚管，一人管一殿。每逢开经日，身披白衣裳，八庙八和尚，恭立如龙样……①

清代，仡佬族在保存传统宗教信仰的同时，接受了佛教、道教的信仰，出现本民族的原始宗教与引进的佛教、道教杂糅并敬的现象。② 仡佬族社会日益受汉族政治、经济、文化影响的情况下，儒家的思想意识和佛教、道教的礼规也日渐向仡佬族渗透。仡佬族人在笃信传统宗教信仰的同时，也在一定程度上接受儒、释、道的一些思想和宗教礼仪。清代以后，大多数人家堂屋也供起了“天地君亲师位”的牌子及文昌帝君、南海观音、招财童子、进宝郎君等神位。③ 务川仡佬族由于受佛、道教的影响，山神的地位职司发生了变化，成为专门掌管飞禽走兽和人们部分财源的神灵，被人们纳入宗教的神谱，称之“山王神”。并在一些古树下、巨石旁、山垭口设起了“山王菩萨庙”，庙内有的是木雕或石雕神像，有的则用一块木板或石板，写上山王神的名氏作为象征。据今务川板场七十岁以上的老人回忆，明清时期板场有座“西夷庙”，遗址至今还在，庙内供奉十几尊木雕菩萨，分上下两层，掌管自然之神都坐列其中，整日香火不断。另还建有观音庙等。④

清代，仡佬族在保存传统宗教信仰的同时，接受了佛教、道教的信仰，出现本民族的原始宗教与引进的佛教、道教杂糅并敬的现象。⑤

① 贵州省民族研究所、毕节地区彝文翻译组:《西南彝志选》，贵州人民出版社，1982，第446-448页。

② 翁家烈：《关岭布依族、苗族自治县仡佬族宗教信仰》，载贵州省民族事务委员会、贵州省民研所编：《贵州“六山六水”民族调查资料选编》（仡佬族、屯堡人卷），贵州民族出版社，2008，第170-172页。贵州省地方志编纂委员会编：《贵州省志·民族志》，贵州民族出版社，2002，第557页。

③ 翁家烈：《仡佬族》，民族出版社，1992，第88页。

④ 务川仡佬族苗族自治县民族事务局编：《务川仡佬族》，贵州民族出版社，2006，第42-43页。

⑤ 翁家烈：《关岭布依族、苗族自治县仡佬族宗教信仰》，载贵州省民族事务委员会、贵州省民研所编：《贵州“六山六水”民族调查资料选编》（仡佬族、屯堡人卷），贵州民族出版社，2008，第170-172页。贵州省地方志编纂委员会编《贵州省志·民族志》，贵州民族出版社，2002，第557页。

白族初来威宁即信佛教，清代以前以佛教为主，在白族居住集中的地方更为明显。今蛇街乡政府驻地以西约半公里处，白族曾于清代建有佛寺，遗址还依稀可见。清末，基督教传入威宁后，佛教便在白族中渐渐失传。① 近代，盘县白族修行吃素僧尼有数十人。高屯乡旧营村李兰妹，九十多岁仍在庙中念经拜佛。羊场乡鱼塘村李跃南，挂功德，化缘募资，修建了8座庙宇。②

此外，盘瑶的“还愿法事”和“度戒”等宗教活动，也深受汉族道教和佛教思想和仪式的影响。③

六、贵州佛教世俗化及其影响

清中后贵州佛教日益世俗化，佛教趋近或融混于民间习俗，使佛教仪式出现诸多变化。对于生活在地瘠民贫的贵州民众来说，解除困扰其生活贫困、疾病和各种天灾人祸的威胁，是最迫切和紧要的事情。在他们的传统信仰中，对鬼神的敬拜、祭祀等，都明显带有功利性。因此，贵州民众信仰佛教，往往是世俗的目的远大于对宗教的信仰。从本质上讲，佛教这种世俗化倾向，是与佛教的宗旨是相背离的。贵州佛教的世俗化，一方面使佛教进一步民族化和本土化，增添了影响力；另一方面也使其更趋向于实用性和功利性，造成人们信仰的模糊和淡化。

（一）融会民间信仰

巫术文化是中国文化现象中一个类别。贵州地方巫术起源早、根基深，晋人常璩《华阳国志》云，牂牁“俗好鬼巫，多禁忌”④。这为佛教传播提供了可供利用的基础。因为，佛教传入中国之初，曾一度被视为与道家方术同类，而佛教的因果报应思想又与巫术禁忌理念有诸多相通处。汉魏

---

① 威宁彝族回族苗族自治县民族事务委员会编：《威宁彝族回族苗族自治县民族志》，贵州民族出版社，1997，第326页。

② 《六盘水市志·民族志》编纂组织机构编：《六盘水市志·民族志》，贵州人民出版社，2003，第144页。

③ 柏果成等著：《贵州瑶族》，贵州民族出版社，1990，第122页。

④ （东晋）常璩：《华阳国志（卷4）·南中志》“牂牁郡”。

时期，人们对外来的佛教不甚了解，就曾将“佛”视为外国引入的一种神。据《高僧传》记载，吴主孙皓因辱没佛像，受到报应，便向宫中已奉佛法的婇女问道：“佛、神大耶？”婇女回答：“佛为大神。”①孙皓因之崇佛。视佛像为神而进行崇拜，成为早期佛教在中土（乃至贵州）传播并立足的信仰基础。

吴中蕃撰《重修忠烈庙碑记》②[约清康熙十五年（1676）]，记载贵阳修建忠烈庙（又称黑神庙、忠烈庙）的缘由，以及蜀僧西竺任住持时修葺该庙之事。黑神庙（又称忠烈宫），祀南霁云，他作战勇猛，安史之乱时与河南节度副使张巡守重镇睢阳，被叛军所俘，不屈而死。后其子南承嗣任清江守，多善政，惠及黔中，民爱戴之，故贵州一些地方建祠祀其父南霁云。这本来属于民间信仰。但贵州一些忠烈宫（庙）延请僧人住持。体现了佛教与民间信仰融会。

陈矩撰《岭南吴、龙公书经祈雨碑》③[民国四年（1915）]，记述吴荷屋（吴荣光，号荷屋，道光三年至五年任贵州布政使）因贵阳地方干旱，“以所书金刚经施弘福寺（寺在黔灵山），祈雨获应故事”。又记巡按使龙某效仿此法，“为民祈泽……雷雨达旦，惠泽溥沾。”祈雨本为民间习俗，这通碑刻明显反映了官吏士民对佛教与民间信仰关系的理解。

（二）儒释道巫混杂

清中叶以后，贵州许多地方佛教多杂入儒、道，甚至民间巫教。许多人烧香拜佛，集资塑像，举行斋会，写诵佛经，只为求财、求子、求官、祈福禳灾，希望菩萨保佑他们祓除现世的痛苦；或除病消灾，延年益寿；或积累功德，修补寺院，求往生“极乐世界”等。

贵州佛教通过世俗化的信仰以及各种佛事法会的实践活动，使佛教深入民间，佛教同境内的儒、道、巫等进一步合流，与民风民俗密切联系起来。

---

① （南朝·梁）释慧皎撰，汤用彤校注：《高僧传（卷1）·译经（上）》，中华书局，1992，第17页。

② （清）道光《贵阳府志·余编（卷之7）》。

③ （清）康熙《黔灵山志（卷12）·艺文（下）》。

贵州一向地瘠民贫，多数僧人的精力都集中在办具体事务上，信众则忙于生计，不可能有时间研习佛学、吸收佛教的高深理论，他们只能停留在世俗化的消灾弭难、趋福避祸的经忏佛事上。僧、俗的共同推进，使赶经忏、演梵唱、科轨仪、行醮斋、赴应门，成为晚清贵州佛教的主流。例如，道光《遵义府志·风俗》载："丧礼：死而敛入棺，择吉葬；惟士家多久殡以待卜地者。属纩后，士民皆招僧道，置魂幡，设灵位，曰'安灵'。……始死七日一奠为'烧七'，至七七毕。中或亲友来奠皆焚楮钱，用僧道行事，过是则百期、周年，有力家或作道场；否，焚楮而已。三年中，择吉日请僧道诵经上章，盛造明器荐死者，焚，始设灵位，曰'除灵'。"花溪青岩丧葬礼仪中常用经书包括佛教、道教和巫教经书，计有：《开路指迷》《绕棺救苦》《装粮戒食》《辞灵发架》《忏罪除愆》《告鸣通天》《关自当方》《三府申文》《表投十王》《启白三宝》《心经》《金刚经纂》《血盆经》（含《血河真经》《血海真经》）《慈悲宝忏》《阿弥陀经》《地藏本愿经》《地藏度亡经》《大悲咒》《清醮意旨部》《密咒》《佛门定制集》（含觉皇宝坛、打平安清醮）、《巫教定制集》《巫门总坛榜书》《巫门科仪》（124道诀）、《清亡醮各条册提牌阳阴斋玉帝词文》《符讳》《佛门杂用文榜书》等。葬仪中常用的锣鼓调子有《大法绕》《满庭芳》《白鹤词》《香花绕》《水波云》等。据一个姓陈的丧葬从业者所说，这些调子都是由玄奘传下来的。① 光绪末年，威宁凤山寺僧方洪不识字，做法事要请道士帮助念经，方洪圆寂后，其徒无能，寺院被道士占据，佛道杂处。② 龙里县临济宗僧人多住各山大庙内，也到民间去做道场。县城曹洞宗派僧人住城隍庙，也着僧人打扮，常为民间办丧事、打元斋、做道场。两派僧人均在民间收有信徒，不削发、不改装、不忌荤、可婚配，称"俗家弟子"。这些"俗家弟子"专为民间办丧事，做道场，群众称他们为"道士先生"。③ 光绪初年，以信奉佛教为职业的四川凤凰山赵元福到贞丰，以为人念经、祈福、禳灾、

① 陈晓毅：《中国式宗教生态：青岩宗教多样性个案研究》，社会科学文献出版社，2008，第466页。陈玄奘，即玄奘，唐代高僧。俗姓陈，名祎。

② 贵州省威宁彝族回族苗族自治县志编纂委员会编：《威宁彝族回族苗族自治县志》，贵州人民出版社，1994，第670页。

③ 贵州省龙里县地方志编纂委员会编：《龙里县志》，贵州人民出版社，1995，第742页。

荐亡和承办各种经坛法事为职业。并收弟子。弟子跟随师父到学有所成的时候，经师傅“过职”，便可自立门户。[①]

“神判”本是地方巫术的一种，与佛教不相干。但贵州却有佛经被用于神判者。袁枚《子不语》载：“贵州平越府署内有石台，高七尺，藏佛经十六幅，全书梵字，读之不可解。相传太守讯狱，有事关重大而犯人不服者，则取经铺地，令犯人在经上滚过，理直者了然无害，理屈者登时目瞪身僵。数百年来官恃以断狱，而狱囚亦无敢轻滚经台者。[②]

（三）世俗化在佛教建筑和造像方面的表现

佛教世俗化在寺院建筑方面表现尤为明显。

贵阳文昌阁，在城东门月城内，始建于明万历二十四年（1596），阁有三层，上层祀奎星，中层祀文昌，下层祀武安王（关羽）。康熙二十七年（1688），僧人海洪与其徒寂有在贵州布政使蒋寅、贵州按察使李元粹、贵州粮驿道员傅作楫等人的资助下重建。[③]

龙里古刹云台山古寺占地面积20多亩，殿堂名称基本上是道教，如玉皇阁、协天宫、星主殿、祖师殿、娘娘殿、弥罗宫、天主殿、圣母殿等。[④]

贵定县城东门城隍庙，道光年间增修后，规模颇具，计有山门戏楼、大殿、左右厢房、左右耳房、二殿，佛塔等。同时，有泥塑“阴曹地府”的阎罗十二殿、判官无常、小鬼、牛头马面；十八层地狱内的望乡台、奈何桥、下油锅、上刀山等，以及佛经故事目莲救母、刘十四娘、割肝救母、观音得道等；木雕阎罗十二殿的阎罗、大殿内的城隍、十八罗汉。山门外有一对高3米的马王菩萨。[⑤]

郎岱县观音阁，位于郎岱西街。原系“陇家祠堂”，内仍供奉神祖牌。

---

① 贞丰县史志征集编纂委员会编：《贞丰县志》，贵州人民出版社，1994，第683页。

② （清）袁枚：《子不语（卷20）·滚经台》。

③ 贵阳市志编纂委员会编：《贵阳市志·宗教志》，贵州人民出版社，1996，第24页。

④ 政协贵州省委员会文史资料委员会《贵州旅游文史系列丛书》编委会编：《神奇龙里》，贵州人民出版社，2003，第121页。

⑤ 姚忠：《城隍庙》，载政协贵定县委员会文史资料研究委员会编：《贵定文史资料选辑》（第7辑），1998，第114页。

建于清初的安顺华严洞寺院，曾多次维修。建筑分为洞内和洞外两组，洞中有释迦牟尼塑像和十八罗汉塑像。洞外建有“韦驮殿”“关圣殿”“魁星楼”的道教殿堂。①

据光绪己未（1895），思南县中和山《重修中和山藏经楼记》载，其殿堂为：“山顶建观音堂，又建中和书院、梓潼宫、寿佛殿以翊其左右。堂后建楼名‘藏经’。”②

被称为黔东佛教圣地的铜仁东山有文昌阁、澄江阁、双峰阁、大观楼（镇远楼）、魁星楼、大雄宝殿、崇仙宫、真武观、兼隐庵、武侯祠、飞山祠、四公祠、川上亭、瞻宸亭、火钟亭”等道教殿堂。明清时代就颇具规模，一直成为影响深远的佛教圣地。③

剑河南哨观音阁，位于南哨乡南哨村老街东南角，始建于清嘉庆年间（1796–1820）。阁为共三层，高 15.52 米，内置木梯盘旋至顶。一层内置木雕观音塑像，二层阁内供杨五老爷塑像，三层阁内供文魁星，上书“文开甲第”四字。④

建于道光二十七年（1847）的印江县新寨乡天池寺，有正殿寺、上殿寺、仁义堂、观音殿、雷公殿、勤政殿、仁和殿、保和殿、太平殿、厢房、斋堂等各种堂殿 20 余栋。寺内所供佛、神像有释迦佛、弥勒佛、二十四个小观音、十八罗汉、王母娘娘、玉皇大帝、雷公电母、风伯雨师、慈母观音三姊妹、天母娘娘、地母娘娘、灶王菩萨、古佛玉帝、天官、地宫、四大天王等 150 余尊。⑤

三穗县甘霖寺，位于县城东北 1 公里永灵山，始建于清康熙元年（1662），乡人募捐功果，凿石砌径，劈顶开基，在山巅修建三层佛殿，名甘霖寺。

---

① 贵州省安顺地区文化局编：《安顺文物》，1982，第 71 页。

② 《重修中和山藏经楼记》，政协思南县委员会文史资料研究委员会编：《思南文史资料选辑》（第 7 辑），1984，第 120 页。

③ 吴光权：《东山楼阁》。政协贵州省委员会文史资料委员会《贵州旅游文史系列丛书》编委会编：《锦江飞虹》（铜仁卷），贵州人民出版社，2000，第 104 页。

④ 贵州省剑河县地方志编纂委员会编：《剑河县志》，贵州人民出版社，1994，第 1035 页。

⑤ 陈世汉：《毛修珍与天池寺》，政协印江土家族苗族自治县文史资料委员会编：《印江文史资料》（第 5 辑），1993，第 164–165 页。

第一重悬空建在削壁栈道上；第二重为正殿，供释迦牟尼、玉皇大帝、燃灯古佛等多尊佛、神像。①

世俗化也表现在佛教造像上。如建于清同治年间（1862–1874）的金沙岩孔观音洞佛寺，依洞而建，内有雕刻 8 幅，完好地保存着 3 幅。左边的一幅是张三丰，高 1.3 米，宽 0.4 米，头戴道冠，身披道袍，手持拂尘；中间一幅是观音，高 1.2 米，宽 0.35 米，左手持净瓶，右手置于怀中；右边的一幅是佛祖，双手作揖，盘膝端坐在一朵莲花上，它们都富有立体感，栩栩如生。观音洞佛寺以石窟为第一殿，第二殿在洞顶岩面上，称为瘟火二殿。瘟火二神泥塑金身，坐于大殿神龛中，姿态自然，神情逼真。以龙凤壁画作背景，左右立有持刀的两大将，由岩上凸起之石雕刻而成，身高 3 米，形象凶猛，令人生畏。从第二殿登过十四级台阶到第三殿。在这座殿内主要雕刻有八幅壁画，名为“八爱图”立于殿内四壁，依次为“李太白爱酒”“陶渊明爱菊”“王羲之爱鹅”“周茂叔爱莲”“苏东坡爱竹”“杜甫爱松”“陆游爱梅”“刘禹锡爱牡丹”，这八幅壁画，每幅长约 1.7 米，宽约 1 米，画中人物形态各异，反映了各自的爱好和特点。②赤水旺隆鸭岭寺曾是一座万人朝拜、香火不绝的大寺。其所塑像有释迦牟尼、弥勒佛、观音、韦驮、十二圆觉、四大天王、十八罗汉、关羽、张飞等。③

金沙凤鸣山寺（旧名火石包庙，亦称杨家祠堂），始建于清咸丰六年（1856），为大石包杨姓供奉观音和杨氏历代祖宗牌位的古刹。坐西朝东，面积 300 平方米，穿斗式木结构建筑，中轴线上自东而西依次为香花台，观音殿、玉皇殿。南北有两厢连接，呈四合院，四面均有门栏出入，殿内有玉皇大帝等木雕神、佛像 19 尊；背向供奉杨氏历代祖宗牌位。④织金县城佛教寺院紫竹庵，始建于康熙四十六年（1707），道光十九年（1839）重修。因供奉观音，传说观音居于南海岸上普陀山紫竹林中，故以紫竹为

---

① 三穗县编纂委员会编：《三穗县志》，民族出版社，1994，第 557 页。

② 胡集讯、蒋国春：《岩孔观音洞摩崖造像》，载政协贵州省金沙县委员会文史资料研究委员会：《金沙文史资料选》（第 4 辑），1989，第 170–171 页。

③ 王显才：《鸭岭寺》，载《赤水掌故》编辑委员会编，吕秋坪主编：《赤水文史（第 17 辑）·赤水掌故》，2002，第 231–232 页

④ 贵州省金沙县地方志编纂委员会编：《金沙县志》，方志出版社，1997，第 991 页。

庵名。庵内正堂中塑观音，左右塑善财童子和龙女；左次间中塑三官；明间二楼正中塑文昌帝君和三丰祖师，左右塑捧笔、捧簿侍神；后槽金柱间下部中央塑魁星；廊左供土地，右供龙神。名为佛寺，但主要是供奉道教神像。织金县城回龙庵始建于康熙八年（1669），光绪十三年（1887）续修。殿内明间塑释迦牟尼，右次间塑观音及12圆觉，左次间塑道教三官像。后殿正中塑斗姥，左右供诸仙，故称“织金南斗”。右厢房明间供送子观音，左右次间为住房。织金县城道观玉皇阁（又名迎祥寺），始建于清康熙二十九年（1690），嘉庆、道光年间两次重修。阁楼正中塑观音，左右塑十二圆觉，正殿塑玉皇大帝，后殿塑三清四帝，为儒、佛、道三教合一庙宇。织金四方井龙王庙（建于清初）大殿正中供奉龙王，左供三官，右供赤脚大仙，观音阁主供观世音，左右供十二圆觉。①

台江武显庙坐落龙头乡碗厂街的团坡上，始建于光绪十七年（1891）。庙宇为一楼一底木房，坐北朝南。有佛堂、宿舍、厨房及一口大铁钟。内供南海观音、燃灯古佛、送子娘娘等泥塑神像8尊。②

对地方有贡献的僧人也成为供奉对象。清光绪十年（1884），平塘地方士绅民众为纪念为当地修渠、架桥、造船、修路的僧人心宗，表彰其功业，合议建祠供养。乃由平越仕宦刘公出资，平州寒士孙善述捐地，共建“敦本楼”于城中。③

晚清贵州佛教世俗化结果，使贵州部分地方佛教与道儒巫混杂，也造成种种流弊。贵州近代名僧了尘也说：“斋戒不修，禅让不讲，立身寡道，感众寡德，利欲为急，吹赌为务，奢诞无节，强徒无规。剖产媚强，借作护身之策；怀金贿众，图为进身之阶。倚靠有山，妄行无惧，法之不立，委数而已。吾固曰：兵燹之败，败之小者也。败之大者，虽由于应名之佃户、冒名之施主、著名之绅缙，而罪实归于忝名之僧众。”④

---

① 贵州省织金县志地方志编纂委员会编：《织金县志》，方志出版社，1997，第800–801页。、

② 雷山县志编纂委员会编：《雷山县志》，贵州人民出版社，1992，第681页。

③ 孙宗逊：《心宗禅师》，平塘县政协文史资料研究委员会编：《平塘文史资料选辑》（第3辑），1988，第101页。

④ 张新民等整理：《贵阳高峰了尘和尚事迹》（卷9），巴蜀书社，2000，第734–735页。

七、清政府对佛教的管理与佛教中国化

（一）管理机构

清代沿袭明制，设僧录司管理佛教事务。在省设僧纲司。佛教徒多的州、县设立僧正司、僧会司。遵义府僧纲司设在府治左侧大士阁。安顺府“僧纲司”设在东林寺。松桃厅设僧纲司。① 正安州设有僧正司。黄平州僧正司（任僧正者有：佛能、洪深、慧裔、印祥、印常）。② 遵义、桐梓、仁怀、绥阳、印江、安顺、安南（晴隆）县设有僧会司。乾隆年间（1736–1795）天庵寺（位于今岑巩县）住持临济正宗三十七世善彻曾任思州府僧纲司都纲。后又有天庵寺临济正宗四十二世空铃曾任思州府僧纲司都纲（时间约在咸同年间）。嘉庆间，明鉴任普安直隶厅僧纲司。③ 咸丰三年（1853）铜仁莲池庵住持僧心碧、德治任铜仁僧纲司僧纲。④ 光绪壬辰年（1892），大兴寺都纲司都纲为云波⑤。光绪二十三年（1897），遵义湘山寺住持法云担任遵义府僧纲之职，有权裁决遵义府属之一州四县（遵义、绥阳、正安、桐梓、仁怀）各寺院及僧众之修持、讼争诸事。梵净山朝阳寺僧建月任铜仁府僧纲司僧纲。黔西州僧正为传一、铸云。⑥ 务川县衙设有僧会司 1 名，为正官，管理全县佛寺和僧尼事务。⑦ 印江县僧会司设在铜镜寺。⑧ 安南（晴隆）县僧会由碧云山住持本宣、金粟寺住持隆真担任。⑨ 光绪壬辰年（1892），

---

① 徐鋐：《重修炎帝龙神庙记》，载（道光）《松桃厅志（卷 7）·营建门》。

② （清）嘉庆《黄平州志（卷 3）·官师》。

③ （清）光绪《普安直隶厅志》卷之八《营建·寺观》。

④ 铜仁政协编著：《中国梵净山佛教文化文物研究》，贵州人民出版社，2011，第 46 页。

⑤ 黔南布依族苗族自治州文化局编辑：《黔南文物志稿》（2），1985，第 115 页。

⑥ 方伯鸾：《金沙音观洞碑文二篇》，载政协贵州省金沙县委员会文史资料研究委员会：《金沙文史资料选》（第 2 辑），1985，第 103 页。贵州省毕节地区地方志编纂委员会点校：《大定府志》，中华书局，2000，第 413 页。

⑦ 贵州省务川仡佬族苗族自治县志编纂委员会编：《务川仡佬族苗族自治县志》，贵州人民出版社，2001，第 1071 页。

⑧ 道光《思南府续志·营建门·寺观》。

⑨ 贵州省晴隆县志编纂委员会编：《晴隆县志》，贵州人民出版社，1993，第 657 页。

广顺州僧正司僧正为本华。①

僧纲司、僧正司作为管理佛教的行政机构，设有公堂、刑具等，僧官可以处置违犯戒律的僧人，僧官还携带刑具下乡，拷打、拘捕租种寺院土地而不交租税的佃农，其权力已经远远超出对僧人的管理。譬如，安顺府“僧纲司” 设在东林寺，县的“僧正司”设在圆通寺，均设有公堂，置刑具，俨然沐猴而冠。僧众偶有小错，或遭拷打，或受残酷压榨。②

梵净山的佛教管理，自明万历以后，各级官府主要以提倡修行为目的，划定庙界由庙主直管，招纳僧徒，褒奖信士，遇兵匪盗贼侵犯庙产，则由当地官府出面平息。康熙五十九年（1720），思南府大肆褒奖朝山积极者，信士李光春和妻陈氏朝山 15 年不间断，奖给李陈夫妇《金刚经》1 部。清嘉庆后，梵净山森林资源渐遭破坏，风水遭到部分践踏。道光四年（1824），天庆寺、护国寺两座大庙所属的部分庙树遭砍伐。印江知县李振堃呈报思南府知府敬文，敬文亲书禁砍皇树碑文，立于天庆寺、护国寺和承恩寺及茶殿附近。道光十二年（1832）十二月八日和十日贵州布政司按察使李文耕、贵州巡抚麟庆分别发布告示，禁止乱砍滥伐，并查拿普禅等不法寺僧。道光十七年（1837）七月九日，梵净山金顶铁瓦寺的铁瓦被镇远县朝山者黄福香、梁国臣、沿河的田万兴各盗窃 1 块，令其执于印江县衙，监禁数日，各罚 3500 文，并立“儆后碑”，以示告诫。③

（二）管理制度

《大清会典》对管理佛教订立有严格规定，这些规定是各地管理佛教事务的准则：“民有出家为僧道者，置首领以约束之，在直省者，府曰‘僧纲’‘道纪’，州曰‘僧正’‘道正’，县曰‘僧会’‘道会’。均未入流。府二人，州县各一人，由直省咨部给扎，均择其朴谨者为之。仍服方外衣冠，

---

① 黔南布依族苗族自治州史志编纂委员会编：《黔南布依族苗族自治州志・文物名胜志》，贵州民族出版社，1989，第 41 页。

② 释定庵：《安顺佛教徒的今昔》，载政协贵州省安顺市委员会文史资料委员会编：《安顺文史资料选辑》（第 2 辑），1984，第 84 页。

③ 印江土家族苗族自治县志编纂委员会：《印江土家族苗族自治县志》，贵州人民出版社，1992 版，附录“梵净山志・大事记”。

不得与职官并列。僧道不守规列者，听所司究治。若所犯事涉军民，听有司讯鞫。有作奸犯科者，论如法，编管为民。僧、尼受戒者给度牒，道士、女冠给执照。年逾四十，许授徒一人，以牒照相传。若僧未受戒及道有室者，不得授徒，牒照止其身，送部汇销。寺观以僧、道为庙祝，有远方僧、道投止，验无牒照，即报所司讯究；私留者论□。妇女入庙游观，庙祝不禁拒者，罪与本人同。僧、道不得于市肆诵经托钵，陈说因果，敛聚金钱，违者惩责。游手顽民托名方外，或指称仙佛，谬许前知以惑民听者，从重治之。若创立无为、白莲、焚香、闻香、混元、龙元、洪阳、园通、大乘等教，诱致愚民男女扰杂、击鼓鸣金迎神赛会者，论如律。直省守土官，严行禁止。”①

（三）管理实施

1. 保护庙产，维护寺院安全。

各地僧纲司依据律法和教规管理佛教，发挥了一定作用。在规范佛教寺院财产管理方面，僧纲司与地方官府联合发布告示，明确规定寺院财产管理事项。如梵净山朝阳寺光绪十五年（1889）立的《示不长也》碑，是铜仁知府陶、僧纲司建月联合发布的一份面向全府寺院的告示，其主要内容是不许任何人以任何借口侵占寺院田产，寺院的所有产业，只准僧尼道士管理，不准原捐助人私自售卖，自禁之后，如有犯案到官者，随时按例惩处。原文如下：

> 署理贵州铜仁府正堂军功加五级纪录十次陶。
>
> 僧纲司建月为遵示请赏牌文事。
>
> 尝者五帝三王，封爵立殿，四时丰享者，莫不因而致效之意也。其佛教一端，虽属西土流传中国，自唐宋始，各庵立庙与封之神祇并立，佑民于无二，以致阴则为灵，固彰彰在人耳目矣。民因佛法灵应，或舍田及土，或善僧捐创，其各庵观，其粮田多则数十亩，少一二亩。不数代后，有舍田土不肖之子孙，侵占以为口腹；不法之僧徒，赖此善缘为引异僧占倍，倍占僧难以枚举。

① 《钦定大清会典（卷55）·方技》。

兹本府莅任铜郡，有任僧纲之职建月禀，查乾隆三十一年巡道司行禁例一条，内开应请旨饬部，通省无论有凭无凭，年远年近，所有檀越山主，一概革除，勒石寺门，永远遵守。此条虽有关考试一端也等语，查寺门捐助资产于庵院，本属乐施，何得竟将檀越名色侵渔霸占，滋生讼端。地方官如遇此等讼案，即应随时断结，以息纷争，应如该学政所请，通行出示晓谕一檀越名色，不许借有私据，争夺讦砦。其士民之土田建修之寺院，但许僧尼道士经管，不准施助人等，擅自售卖。自禁之后，如有犯案到官者，准该地方官随时酌办，按例惩处，仍行勒石示禁可也。本府查案无异，除批僧钢司请赏牌文，颁行各寺，应如所请，前善之端，饬僧勒石永古耳，故序。①

仁怀直隶厅同知萧旃年因府东十里之天台山大佛垴寺位于贵州仁怀和四川合川间，田地分两属，为防止云游僧道及远近匪徒、乞丐，并藉公胥役人等混入庙内骚扰，秽污殿宇，亵渎神明，特于嘉庆四年十二月十四日撰《天台寺碑》："示布首事居民人等知悉，嗣后凡有此方周游僧道及附近居民游手好闲三五成群，概毋许入庙硬估住宿，不论骚扰并舍主子孙，不许任其磕索，倘胆敢仍蹈前辙，该首事住持一并索解究处，如有徇私容留等事，一经查获，并究不贷！"②

2. 调解纠纷。

在佛教事务管理中，僧正司、僧纲司主要管理佛教内部事务，而涉及寺院、僧人与民众的纠纷案件则由官府审理。这些纠纷主要又集中在土地、房产等方面。寺院经济是佛教生存发展的命脉，而寺院田土与地方居民田土犬牙交错，故常发生田地纠纷。立于清乾隆三十九年（1774）冬月的《万世永赖》碑，记载了几起僧与民之田土纠纷案。特录于下：

① 《示不长也》碑，载政协铜仁地区工作委员会编著《中国梵净山佛教文化文物研究》，贵州人民出版社，2011，第 194 页。

② 王光烈：《天台山古石碑》，载贵州省赤水市政协文史委员会编《赤水文史》（第 10 辑），1996，第 191–192 页。

> 粤稽大水田堰，肇自唐时，姓杨名端，乃应龙二十七代以前之祖，其职九门提督，因平播剿夷安汉有功，敕封侯伯，永镇播州……凡州内所属钱粮，永为杨姓供费，以故命修四十八庄……各沟皆安石涯，历唐宋元明以及国朝，内外确遵，无敢擅议利害。突于乾隆二十由年，冤遭娄僧智慧以统霸住田，具控县主，蒙恩差查提讯，曾具合约在案。又于三十六年，复遭回龙寺僧寂锡以吁恩委勘情词，具控沈县主，蒙恩委捕主临勘详情，讯明，断：众仍遵杨氏旧制，僧俗具结在案。越至三十九年五月，寂锡又以违断积水诳情捏控罗县主，蒙恩亲勘提讯，斥僧多事，不用住遵。①

碑文所记乃是杨姓一面之词，此事的原貌后人也无法知晓，但由碑文所记可知，僧民田土纠纷是比较多的。

遵义《桃溪寺田产判词碑》，碑立于桃溪寺山门外，勒于清乾隆四十九年（1784），质地青石，高250厘米，宽120厘米，碑额横刻“永垂不朽”四字。竖行，楷书，由右至左刻22行，行38–40字。遵义县儒学生员阎永和书。碑文记述了桃溪寺和玉皇观寺产纠纷事，以及官府的判决书：

> 遵奉特简贵州府正堂署遵义军民府事，加四级记录八次，记大功一次，钱讳受春府祖大人勘判桃溪寺碑记曰：……城西有桃溪寺者，创自二百余年，规模宏厂……额产共壹百零贰丘，环绕寺基，皆就地善姓施舍，历年已久，今春为暴者觊觎，几至被占。蒙府祖钱大老爷亲加履勘……判语列后：审得桃溪寺对河黄土坝水田，据梅俊等称，系玉皇观之产，因本□□二和尚兼管桃溪寺，将田契带去，成为寺田。而岑蛟以此田系伊祖舍入桃溪寺，并非玉皇观田，被梅俊等赴寺将碑记铲削，经遵义县审讯，以寺产盈余，观田歉薄，将此田断给玉皇观在卷。本府亲加履勘，集讯之下，玉皇观栾碑只有桃溪寺水田三十劳，并无田亩数目及黄土坝字样。此外别无所据。若谓本观二和尚兼管桃溪寺，将此文契带

① 《万世永赖》，载贵州省遵义县县志编纂委员会编：《遵义县志》，贵州人民出版社，1992，第1166页。

去，更属影响之词。查二和尚于本年二月病故，当其未死之前，梅俊等何不控争？迨其故后，欲以绝无对证之言，妄冀争产。今查桃溪寺所呈粮票文契，虽无伊祖岑姓名字，然自永历崇祯迄今，经二百余年，阅此即系凭证。其田又与伊祖坟墓相连，当经丈量，大小共四十三丘，约出谷六十石，则非三十劳可知。况梅俊等将桃溪寺碑记私行铲去中段，明系碑土镌有岑蛟之祖施舍黄土坝字样，欲使其无据以为图占地步，尤属显然。前署县杨令讯断，及今署县程令复讯，皆系迁就结案，无怪岑蛟之哓哓具诉也。今仍将此田断还桃溪寺，照旧管业。梅俊等杠帮争产，重责儆。此判。十月初四日判。①

3. 处理违法寺僧。

僧人违法，官府依法处理，绥阳县知县唐椿《渡田原委记》载："……陈天禄充役应渡，日久弊生，将渡田私当搬逃……嗣招耿士良应渡，旋以田被天禄私当，养赡不敷逃去。雍正十一年，查出田亩，另招段维灿。为天禄欺，获田禾复讬交谢应凤。时当耕插，天禄又纠同东林寺僧如贤、司差杨文武，冒为常住阄分，阻不容耕。拘僧审责，各取甘结。在卷。"②

唐椿《渡头河记》另记僧民争水事：

……桥田二十三亩，坐落河边，原付寺僧管理……乾隆二年，偶值天旱，该僧照应契沟不获，黄排洞水遂为鱼户蒋琳截取；诱伙该僧于架桥之下，别筑车堰以救田。不思木桥原就浅处，以便行人；乃场圃既登，留堰蓄水，以取鱼利……今据士民等公呈到县，当即拘唤该僧究责，将堰立毁。嗣后悉遵古制，桥用宽厚板片，田水仍黄排洞护沟引灌；并取蒋琳"无得截水"甘结，更不许于桥下筑堰，再为临渊之羡。审毕，书谳附卷。③

道光二年（1822），永宁州知州刘晓村决议拨付广福寺租田归书院作

① 遵义市志编纂委员会编：《遵义市志》（下），中华书局，1998，第2111页。

② （清）道光《遵义府志（卷8）·坛庙·寺观附》。唐椿，雍正十一年（1733）任绥阳县知县。

③ （清）道光《遵义府志（卷8）·坛庙·寺观附》。

经费，被僧人上控，遭上司严词责备。①

光绪年间云台山僧人海常内外勾结盗窃庙产，主犯被处以极刑。官府于光绪二十年二月二十四日发布告示，刻石立于寺院山门，以警示后人。碑文如下：

钦加盐运使衔遇缺即补道特授贵州镇远府正堂依憾德恩巴图鲁全为出示晓谕事案奉臬札开奉抚宪

批据本府禀复审行劫僧海常案。内盗犯冉泷云等，供词相符，拟请惩办一案。奉批据禀复审盗犯冉泷云等，供认纠劫憎海常，庙内得赃不讳，既与原供相符，实属法无可仰，按察司即行该府查明，不停刑日期，移会营员督提冉泷云到案，验明正身，绑缚市曹处斩，以昭炯戒。其唐海清、匡老愦二犯，准即另拟详办，并饬勒缉逸盗杨和尚等，务获究报，毋任漏网，切切仍候。

……余照院批办理毋违，等因奉此，除将该犯冉泷云处斩并申报外，合行示谕。为此示仰该处诸色人等知悉，嗣后各务正业，相互劝解，即以冉泷云为戒，慎毋以身试法，自罹其咎，各直懔遵毋违，切切特示。②

第三节　民国时期贵州佛教

民国年间，佛教文化在贵州的传播有复兴的趋势。各地兴建了一批寺院，成立了佛教团体，开展了有组织的佛教活动及社会活动；国内一些名僧先后到贵州宣讲佛法，省内也出现了一批精通佛理的僧人，他们办佛学院、印佛经、讲经说法及主持各种法事，扩大佛教的社会影响，促进了贵州佛教文化的发展。

---

① 关岭布依族苗族自治县地方志编纂委员会编：《关岭布依族苗族自治县志》，贵州人民出版社，2002，第620–621页。

② 成文魁：《云台山文物古迹》，政协施秉县文史资料委员会编：《施秉文史资料》（第6辑）（原书无印刷时间），第100页。

民国元年（1912）3月11日，《中华民国临时约法》公布，其第二章第五条规定："中华民国人民，一律平等，无种族、阶级、宗教之区别。"第六条第七款规定："人民有信教之自由。"信教自由被明确载入了宪法，对中国宗教管理具有开创性意义。北洋政府还下达过一些保护与管理佛教僧众和寺院财产的文件，如《关于保护佛教僧众及寺院财产的令文》（1912年11月–1914年1月），《内务部公布寺院管理暂行规则令》（1913年6月20日），《内务部请明令保护佛教庙产致大总统呈》（1915年8月7日），《内务部请饬属保护寺院各省巡按使、都统咨》（1915年8月20日），《大总统公布修正管理寺院条例令》（1921年5月20日），《内务部制定著名寺院特别保护通则致国务院法制局公函》（1921年11月）等。对保护佛教财产有一定作用。譬如，1913年6月20日，北洋政府公布《寺院管理暂行规则》（共7条），主要是规范庙产的处理。其中有关寺院财产之管理，由该寺住持司之；本院住持及关系者不得有将财产变卖、抵押或赠与等行为，任何人亦不得强占寺院之财产。

一、农禅并重，发展寺院经济

民国时期，贵州各地寺院经济均有所发展。大部寺院都置有田产，有的田产由僧人自耕自种，有的是佃给当地的农民耕种，收取佃租，用于香火及寺僧生活。[①] 习水回龙寺住持佛修，农忙季节率领僧众从事农业生产。平时积极治山治水，在山上大种油桐、乌桕、核桃等经济林。庙地田边土角种油桐，既能保持水土，又增加经济收入。到1949年全寺拥有田土200余亩，每年可收入粮食二三万斤，自给有余。佛修还率领寺僧挖沟砌石，修建水碾一座，供本寺和群众打米，佛修从外地引进兰草进行栽培，采籽制成兰靛，作为染僧衣的染料，又从土城引进菜种，在寺外开辟园地种蔬菜。

他还种植棉花、纺纱织布制作僧衣。[②] 绥阳温泉长礞寺，有佃户100多家，年可收庙租4500石；儒溪回龙寺年收庙租500多石；黄枧中峰寺，

① 贵阳市白云区地方志编纂委员会编：《贵阳市白云区志》，贵州人民出版社，2007，第654页。

② 贵州省习水县政协文史研究委员会编：《习水县文史资料选辑》（第8辑），1989，第49页。

年收庙租140多石。[1]金沙县天灵寺规模最大。该寺位于翁贡、后山两乡之间的六角大山上，始建于明代，于清代雍正年间扩建成宏大规模。该寺香火盛极一时，有田产千余亩。清末至民国时期，金沙县天灵寺僧能方，利用六角大山千亩茨竹、方竹（竹竿为方形），兴办造纸厂，从外地请来技师，生产勾边纸。抗日战争时期，天灵寺纸厂的勾边纸为《贵州日报》印刷用纸，并用于印刷教学课本，以及学生作业单面用纸或公文用纸。[2]该寺与后山圆通寺合办灵通小学，不收学费，还为贫困学生提供课本和学习用纸，以寺中有文化的僧人为老师，有时僧能方（住持）也亲自执教，教学经费以寺产补贴。[3]思南寺院最多时达到200多座，尤以大坝场、板桥一带居多，寺院多有庙产田，有僧尼近300人。大坝场观音寺有和尚13人，有庙产田七八百亩。出家僧尼，大多在住持（当家）和尚的安排下，按其分工从事化缘、记收公德、种植、打扫卫生、接待香客、加油点灯、炊事及念经等。[4]思南县安子寺院产300多挑水稻，150箩苞谷，还有大量森林树木，非常富裕。[5]思南许家坝莲台寺有亩产出租，常年可分得稻谷一百六七十挑。

利用地方资源发展寺院经济，也是一些寺院收入的重要来源。民国二十二年（1933），瓮安县城隍庙住持宝华以庙产开办民生工厂，自任厂长。下设织布、织袜、木器、油漆等组。引进织宽布和织袜子，以及印染、漂白等设备。所产宽布、袜子畅销瓮安、余庆、平越（福泉）、黄平等县。对革新传统木机织窄布也起了很大作用。工厂极盛时期有工人40余人，工资、伙食全由厂里开支，经济效益颇佳。[6]赤水回龙寺老和尚（俗姓王）引进蓝靛草、棉花、芹菜、苤蓝、藤藤菜、番茄等，通过改变耕种时节和

① 王裔彬：《绥阳县神权的盛衰过程》，政协绥阳县委员会文史资料研究委员会编：《绥阳县文史资料选辑》（第2辑），1982，第55-56页。

② 贵州省金沙县地方志编纂委员会编：《金沙县志》，方志出版社，1997，第1040页。

③ 金沙县情调查组编，丁伟志主编：《百县市经济社会调查·金沙卷》，中国大百科全书出版社，1996，第541页。

④ 思南县志编纂委员会编：《思南县志》，贵州人民出版社，1992，第958页。

⑤ 马朝杰：《大河坝安子寺详史》，载政协思南县委员会文史资料研究委员会：《思南文史资料选辑》（第14辑），1990，第145页。

⑥ 贵州省瓮安县地方志编纂委员会编：《瓮安县志》，贵州人民出版社，1995，第712页。

方式，使其得以在高寒地带种植成功。他还开辟茶园，引种药材、在荒坡地上大量栽植核桃、板栗、柿、桃、李、杏等果木；大片种植油茶（木子），既绿化环境，又增加寺院收入。并在地处边远的回龙寺设场地，建立集市，促进了地方经济交流。[①] 有经济做支撑，各地维修和新建了一批寺院。

寺院实力提升，对信众的吸引力也随之增强。石阡人李世慧在《七律·梵净山记事·朝佛》题记中说："此四十年代事也。当时朝佛，每逢进入农历六月，热闹万余。各县香头，带领数十或数百信士，打着黄旗，张着万民伞，背着菩萨或经书，沿途高唱'南无菩萨，救苦救难……'一行一行地登山而去。" 思南人陈克宜有诗歌记孩童时见闻："许愿祈灵梵净祥，善男信女遍城乡。持香击器连成队，拜佛朝山胜赶场。香客和声嘹亮远，信徒唱诵韵音长。人流朝拜绵延月，大佛山名遐迩扬。"[②] 可见民国时期民众朝山拜佛之诚，庙会香火之盛。

民国时期，兴仁县每年农历的二、六、九 3 个月，要办观音会，以尼姑、修贞及吃素的女性为主，聚集在县城真武山普陀寺内做观音会。从当月农历初一到十九日，佛堂内木鱼、锣声昼夜不断。十九日办会，善男信女出份子钱到寺内吃素饭，每次办会都有香客 50 余桌。[③]

二、兴办佛学院（讲习所、培训班）培养佛学人才

贵州省佛教会十分重视教育。民国二十二年（1933）3 月 19 日，平刚、张冕堂、罗守一在贵阳黔明寺设立佛学院，黔明寺僧广妙任院长。[④] 民国二十四年（1935），贵州省第五届省佛教会确定普及平民教育，成立佛学院，设立佛学研究机构，组织僧尼就学等事项。一批佛学院、讲习所、速成班、训练班相继建立，成就斐然。

---

① 莫予勋：《往事悠悠思忾然》，贵州省赤水市政协文史委员会编：《赤水文史》（第 12 辑），1997，第 122 页。

② 陈克宜：《七律·朝大佛山——忆孩童时见闻》，载铜仁地区诗词楹联学会编：《梵净山诗词选》1998，第 65 页。李世慧：《七律·梵净山记事·朝佛》，铜仁地区诗词楹联学会编：《梵净山诗词选》，1998，第 76 页。

③ 贵州省兴仁县编史修志委员会编：《兴仁县志》，贵州人民出版社，1991，第 604 页。

④ 贵阳市志编纂委员会办公室编：《贵阳百年》（1901–2000），贵州人民出版社，2000，第 59 页。

民国三十年（1941），高峰佛学院开始筹建。民国三十二年（1943）2月，召开第一次筹备会，通过了《高峰佛学院简章》（10条）。简章规定："本院以造就僧才，弘扬佛法，实现佛陀救世精神为宗旨""以董事会为最高机关，设院长一人，副院长一人，教务、事务主任各一人，教职员若干人。"后又制定了《高峰佛学院组织大纲》《高峰佛学院办理情况与发展计划》。高峰佛学院设研究、普通两部。普通部4年毕业升入研究部，研究部3年毕业后得自由住院深造或出外参学。学院课程的开设，学员在完成佛学科目及修持后，预科班学习高小课程；普通班学习初中课程；研究班则用高中及大学与佛学相通的课程。学院招收的学员都是十四岁到二十岁的比丘和沙弥。第一次筹备会，确定造就僧才、弘扬佛法，实现佛陀救世精神的宗旨。成立了董事会。佛学院由太虚任院长，持省任副院长，印法为教务，慧海为总务。佛学院于当年春开学，首批招收的学员为20名，食宿由学院供给。学院教学内容除佛学之外，还讲授各种历史文化知识。3年后，因当局加重赋税，办学经费困难，被迫终止。民国二十四年（1935）第五届省佛教会后，黔灵山弘福寺、贵阳东山、平坝高峰山联合开办了贵州佛学院，由果瑶法师任院长，省佛教会理事长平刚兼任名誉院长（并讲授唯识学）。学院开办1年，培训学员50名。

民国年间，贵州佛教教育形式还有讲习所、培训班等。

民国十三至二十九年（1924–1940），天曦应华之鸿（居士）之邀住持贵阳大觉精舍，创办了天台讲习所。讲习所为长期性质，传天台宗教义，培育天台宗僧人，其时学者甚多，著名者有昌明、超依等人。

民国十一年（1922），镇宁县城北街寿佛寺心和（尼）出游，到了黔灵山、峨眉山、普陀山等佛教名山，经历2年，求得西方三圣佛像以及部分法器和经典回到镇宁。并先后举办了3期僧迦训练班，共培训僧尼及信徒180余人。民国十四年（1925）冬，心和迎请贵阳东山栖霞寺住持广妙到镇宁建弥陀法会，宣讲弥陀经七日，皈依女居士60多人。民国三十二年（1943）冬，广妙又先后5次到镇宁讲《妙法莲花经》《普门品经》。从民国十一至三十二年（1922–1943）的21年间，全县计有皈依男女居士共520余人，受戒者10多人。心和在寿佛寺设立图书馆，有上海佛学书局出版的《海潮音文库》1部，藏经文典等图表书籍数百册，京沪平津等处发行的《中国佛教》

（季刊）、《宏法》（月刊）、《海潮音》（月刊）、《现代佛教》（月刊）、《佛化》（半月刊）等数十种。除各寺院僧、尼到馆阅读外，佛教会还分送各寺僧、尼及居士阅读。

民国二十二年（1933），僧月印主办楞严速成班，为期半年。

民国三十一年（1942），昌明法师住持安顺清凉洞，举办安顺五众学处，将佛陀生平以及中国佛教发展史编成教本，文字简要，易于学人接受。随其学者甚众。

此外，佛教界还兴办学校，发展地方教育事业。民国二十八年（1939），经瓮安县城隍庙住持宝华倡议，以佛教会名誉开办学校，定名“瓮安私立尚公初级小学”。用全县寺院常年提成费的40%购置桌、凳和教材等，聘请教师，得到理事会成员的一致赞同。是年，在武圣宫（今粮食局宿舍处）办起私立尚公初级小学。开设课程与公办学校相同，学生入学一律免费，共有学生200余人，先后毕业两届。①民国时期，僧能方抽出金沙县天灵寺和圆通寺部分庙产，创办“金沙县私立灵通小学”，用初中文化程度的和尚任教，免收学费，对贫困学生，还赠给教科书。学生用纸，由学校发给，不收费。②民国二十四至二十八年（1935–1939）贵州佛教会思南分会开办中山小学。③

民国初年，湘山寺住持僧法云捐庙租60石创办水口寺学校，即今龙坪小学前身。新舟沙滩黎朝邦兴建了禹门寺，黎氏家族在寺内设私塾教育子弟。黎安理、杨开秀等执教，培养了许多人才，开创了沙滩文化。④

民国三十年（1941）9月，习水县温水佛教会开办慈善学校，招收一些无钱读书的失学儿童就读，所有课本书籍、笔墨纸张等用费概由佛教会供给。学校教师，聘请任植三、穆清泉、吴德风、陈兴刚充任。任植三兼佛教教会之文书事宜，各教师之薪金，每月由佛教会负责开支。共办了两年。

民国二十五年（1936）和三十四年（1945），修文县党部和修文县佛

---

① 贵州省瓮安县地方志编纂委员会编：《瓮安县志》，贵州人民出版社，1995，第712页。

② 贵州省金沙县地方志编纂委员会编：《金沙县志》，方志出版社，1997，第1040页。

③ 思南县志编纂委员会编：《思南县志》，贵州人民出版社，1992，第858页。

④ 贵州省遵义县县志编纂委员会编：《遵义县志》，贵州人民出版社，1992，第1020页。

教协会，共同在县城办中山民众小学和中山初级中学。经费由佛教协会筹集。①

三、出版佛教刊物、经籍

民国三十三年（1944），全国著名佛教刊物《海潮音》月刊由重庆迁至贵阳，在半年时间里，黔明寺僧众给予积极支持，以合刊的形式在寺内编辑发行两期。成为贵州有佛教出版物之始。这一时期《海潮音》以关心社会、人生为宗旨，除宣讲佛学知识外，还以较多的篇幅刊登佛教与社会、佛教与人生的有关文章，并开辟“佛法改善社会座谈会”专栏，号召僧众关心国家和社会。

高峰山寺于民国三十五年（1946）创刊编辑出版了《高峰特刊》，明照任主编。内容除介绍佛学知识、高峰山的历史外，还刊登了关于创办高峰山佛学院的情况。

购置和整理佛教经籍是民国年间贵州佛教界的一项重要活动。贵州有藏经始于明代永乐年间，到民国时，各地寺院已藏《大藏经》10余部。民国初年，了尘从南京购置回日本《明治大藏经》一部供奉于平坝高峰山寺。民国三至三十四年（1914–1945），贵州文通书局出版了《金刚经注释》《博古心传》《贵阳高峰山了尘和尚事迹》《黔南会灯录》《语嵩语录》《明季滇黔佛教考》《佛学小辞典》和《佛学经律论》等佛学书籍。在佛教著述方面，民国年间最有代表性的当数昌明和尚撰写的《极乐方便谈》《心经客观谈》《正方便乘》及罗子达辑录的《了尘和尚事迹》等书籍。此外还有一些禅宗语录及佛教诗文书画流行于世。

四、支持革命和参加抗日救亡活动

（一）救助红军伤员

1935年1月28日，习水土城战役青杠坡战斗打响，战斗中，敌我双方伤亡很大，战局对我方极为不利。永安寺地处青杠坡战斗主阵地营棚顶脚下的平坝地区，为两层楼佛教寺院。激战中，红军把永安寺当作临时战

① 修文县地方志编纂委员会编：《修文县志》，方志出版社，1998，第1067页。

地医院。杨勇、张震等红军指挥员与红军战士负伤后在永安寺红军战地医院包扎疗伤（近年成都军区在永安寺战地医院旧址旁修建了红军医院纪念馆，2012 年 9 月建成开放）。青杠坡战斗中，当地百姓和永安寺里的和尚救护、医治红军伤员。当时二十一岁的张震是红三军团第四师十团营长，他身负重伤，被众僧救护。方丈勤修见张震身材魁伟，仪表不俗，便对众僧说："此人不是凡夫俗子，将来必成大器。你们要用心给他治伤，在老百姓家弄点油荤肉食补补，让他早日养好伤，回部队。"僧众们遂悉心照料，张震健康得以迅速恢复，告别众僧追赶红军队伍。1993 年，时任中央军委副主席的张震将军故地重游，然而永安寺早已不复存在，回忆当年情景，他感慨万分。当地陪同人员写了一首诗："当年弹雨枪林钻，壮心男儿铠甲坚。血溃战袍心火急，疗伤古刹禅机参。南征北讨半生事，倒蒋荡倭功接天。此日重游鏖战地，沧桑巨变忆当年。"①

1935 年，红军战士杨作良随部队长征进入贵州，后身染重病与另外 5 个病号由部队用担架护送到遵义板桥观坝乡，委托四合村熊家庙的杨和尚小心照料。杨和尚明知事关重大，但却毅然地接受了重托，将 6 个病号安顿在庙中。不料，地方上耳目众多，病号住庙的事已被一些反动分子察觉。当晚，有 4 名病号怕和尚受牵连，悄悄离开寺院追赶部队。有一名病号要求另找地方躲藏，杨和尚托人带他去附近大阳坪山上。杨作良病势沉重，行走艰难，杨和尚连夜挖了一个地窖将他藏起来。躲过了敌人的搜查。在杨和尚精心照料下，杨作良逐步恢复健康。为了安全起见，杨和尚还将他送到连阡乡柴山坝杨南宣家里。杨作良病痊愈后，留居当地（1973 年，县府派专人核实杨作良的红军身份，后按规定每月补助他 20 元生活费）。②

（二）积极投身抗日救亡活动

"九一八事变"后，贵州佛教界组织反日宣传团，以期"唤醒同胞而

① 贵州省写作学会主编：《神奇习水》，汕头大学出版社，2003，第 241 页。1993 年 9 月 20 日，张震沿着当年走过的长征路，来到习水土城，重访青杠坡和永安寺。

② 杨立光述，杨一帆记：《杨和尚智救红军战士》，载政协遵义县学习文史委员会：《遵义县文史资料》（第 5 辑），1990，第 116–118 页。

作武装同志之后盾”。该团成立后，致电南京中央党部、国民政府，并呼吁“全国同志一致团结，息内争而御外侮，振民气而壮国威，众志成城，无攻不破”。①

“七七事变”后，全面抗战爆发。民国二十八年（1939），中国佛教会上书国民政府，建议启建“护国佑民息灾法会”，贵州佛教界积极响应，5月20日分别在贵阳觉圆、弘福寺举行“护国佑民息灾超度阵亡将士及死难同胞法会”，由尘空、仁参分别主持，向参会的上层人士和众多信徒、民众宣讲《仁王般若经》，宣传国基巩固，正法方能有所依托。

民国二十七年（1938）5月18日，根据湄潭县政府命令，为适应抗战需要，湄潭县佛教分会理事长宽亮通知各寺院僧徒到县城接受军训，限于6月26日集中到社训总队部报到。②

民国二十八年（1939）1月，中华佛教会创始人、著名高僧太虚组成国际佛教访问团前往东南亚国家宣传中国的抗日战争。途经贵阳时，于27日在贵州省佛教会举行的欢迎会上讲《成佛救世与革命救国》。2月4日，在贵阳市省民众教育馆作了题为“佛教与抗战”的演讲。他的演讲，以佛陀降魔而后成道为号召，鼓励广大僧尼投身抗日救亡运动。

民国二十八年（1939）2月4日贵阳遭日机轰炸后，世界红卍字会中华总会办事处派员来筑办理救济并筹设贵阳分会③。2月25日，分会成立，崔正春任会长。先后成立救济队、赈济队等机构，设立施诊、施药、施棺、栖流所、小本借贷及其它慈善事业。其会员按年纳会费多少，分为普通会员、名誉会员、特别会员等，1943年7月该分会改行理监事制，理事会下分设总务、储计、防灾、救济、慈业、交际6股。该分会名誉理事长有牟贡三、黄丕谟（道彬），理事长为乔晓衢。世界红卍字会贵阳分会严格贯彻《世界红卍字会贵阳分会章程》，管理科学高效，筹集善款途径多，收入也比较稳定。贵阳分会的会员多为社会名流，如各地商会会长、县长、局长等，

---

① 《贵州佛教徒之反日宣传》，《威音》（第35期 1931年11月），“新闻”第4页。《威音月刊》创刊于1930年1月，为佛学研究刊物，1937年停刊，共出78期。

② 湄潭县志编纂委员会编：《湄潭县志》，贵州人民出版社，1993，第874页。

③ 世界红卍字会中华总会1922年10月在北京成立，属于民间宗教团体，该团体以“救济灾患，促进世界和平”为宗旨，举办各种形式的慈善活动。1938年总会在重庆设联合总办事处。

其缴纳会费能力、募集会员能力和捐输能力都较强。此外，还借助政府在社会动员方面的优势募集善款，积极争取支持，充分利用相关政策募集资金。采取召集慈善募捐大会、巡回宣传、义演等近代化手段募集资金。贵阳分会在贵州的慈善事业主要有：1. 医疗慈善和开展无息贷款。据统计，中医施诊所“每月施诊人数平均在 2000 人上下，西医施诊所每月施诊人数 1300 人左上下”①。2. 协助地方和军队医疗救护机构开展工作。1940 年，军政部第 167 后方医院为该院死亡伤病士兵埋葬费致函世界红卍字会贵阳分会请求协助，“仰贵会博济好施，当仁不让，对于抗战伤病士兵当更蒙矜恤，为此拟请概赐协助。”②3. 开展小本无息贷款，赈济被灾小工商业者，特别是在 1939 年 2 月 4 日日机轰炸贵阳之后，更是不遗余力。“二・四”轰炸之后，世界红卍字会贵阳分会为此制定了《救济贵阳（“二・四”）被灾小工商业贷款委员会组织纲要》和《救济贵阳（“二・四”）被灾小工商业贷款办法》。《救济贵阳（“二・四”）被灾小工商业贷款委员会组织纲要》规定救济贵阳（“二・四”）被灾小工商业贷款委员会由贵州省执行委员会、财政部贵州盐务办事处、世界红卍字会贵阳分会、贵阳县党部、贵阳县商会共同派员组织之。贷款委员会委员名额 9 人。其中包括贵州省执行委员会 2 人，财政部贵州盐务办事处 1 人，世界红卍字会贵阳分会 3 人，贵阳县党部 1 人，贵阳县商会 1 人。③《救济贵阳（“二・四”）被灾小工商业贷款办法》首先就贷款资金拨付作出规定，“为救济贵阳‘二・四’被灾小工商业复业起见，特由世界红卍字会暂拨款贰万元交贷款委员会办理小本贷款。”在贷款还款办法方面，规定“凡经组织合法团体之被灾小工商业经省县党部调查审核后得向贷款委员会请求贷款”，“贷款人应提出请求贷款书，载明借贷数量同时觅取相当铺保或有工商业五人以上连环切实保证，经贷款委员会认可后即可贷款。”为切实救济被灾小工商业者，办法明确规定：“贷款不取利息，但需分期还本，期限由贷款委员会及贷款人双方酌定之。”“借款人如在遭受意外损失应呈报贷款

---

① 贵阳市档案馆馆藏档案，目录号 24，目录顺序号 1，案卷号 1。

② 同上。

③ 同上。

委员会，经调查属实得免偿还贷款之一部或全部。”[①] 万国红十字会捐助“二·四”轰炸重伤住院者伙食费每人每天 3 角。世界红卍字会拨 2 万元对被灾小工商业者发放小本无息贷款，每人以 20 元为限，6 个月内分期还清。[②] 据《世界红卍字会中华分会联合办事处重庆分会及各地分会各项慈业每月支出附表》显示：世界红卍字会贵阳分会施诊所每月支出 50000 元，每月小本借贷 200 万元。[③] 对入黔难民和贵州难民给予了切实的赈济。

中国佛教会贵州盘普支会。民国二十九年（1940）12 月 15 日成立。抗日战争时期，该会响应政府号召，举办过两期各寺住持僧尼训练班，以支持抗战。[④]1942 年盘县支会“护国息灾会”于“七七”纪念日举行，法会由盘县支会理事长修圆主持。同年 12 月 11 日，盘县佛教会理事长修圆向县府呈报《战时释道训练实施大纲草案》，县长车祖瑜批示照办，县长兼任所长，修圆兼任教务主任，了明任训育主任，各科教员聘请有关机关首长充任。切实训练，以期养成“大雄大力”能“克尽抗战建国”为宗旨，达到“抗战胜利”之目的，训练班办了 3 期（每期为 21 天）。于当年农历十一月十七日（12 月 24 日）开学，至次年 3 月结束。[⑤]

民国三十年（1941）第六届佛教会成立后，提出根据抗战非常时期之需要，积极响应抗日号召，举办护国息灾法会，兴办僧伽抗日训练班，开展救济、募捐和慰劳活动等。

民国三十一年（1942）7 月，中国佛教协会大定支会筹建新一届佛教会，提出的宗旨是：“团结佛教徒，整理教规，宣传教义，发扬大乘救世精神，利济众生、造福社会，以抗战建国为共同目的，为整个民族而奋斗！”[⑥]

民国三十三年（1944）“黔南事变”时，湘、桂难民由黔南进入贵阳者甚多，其中佛教信众数十家，约百人扶老携幼，寻至黔明寺。时正岁暮天寒，

---

① 贵阳市档案馆馆藏档案，目录号 24，目录顺序号 1，案卷号 1。

② 贵阳市志编纂委员会编：《贵阳市志·民政志》，贵州人民出版社，1991，第 103 页。

③ 贵阳市档案馆馆藏档案，目录号 24，目录顺序号 1，案卷号 1。

④ 贵州省盘县特区地方志编纂委员会编：《盘县特区志》，方志出版社，1998，917 页。

⑤ 李觉今：《抗日时期盘县的佛教活动》，载政协盘县特区委员会文史资料研究委员会编：《盘县特区文史资料》（第 11 辑），1989，第 30 页。

⑥ 贵州省大方县地方志编纂委员会编：《大方县志》，方志出版社，1996，第 845–846 页。

道路泥泞，难胞长途跋涉，疲劳已极。到寺后，僧众殷勤接待，捐助寒衣，生火供暖，难胞们颇受感动。①

花溪青岩佛教界僧尼积极响应省佛教会和政府的号召，为抗日战争作出积极贡献。青岩的僧尼也积极参加佛教会的抗日组织。民国三十二年（1943）10月以青岩为主的佛教徒为“完成抗战大业”，申请成立中国佛教会贵州省分会贵筑县支会。申请书陈述说：“窃以抗战以来，迄今七载，一草一木，均入国家总动员范围。为民族生存，为国家独立，遑论后方前方，凡属国民，均应团结一致，加强组织，负荷艰巨，完成抗战大业。我佛教僧徒，在前线从事救护工作者固不乏人，而在后方僧众，实有组织训练之必要。同人等拟设‘中国佛教会贵州省分会贵筑县支会’，以便加强会员训练与办慈善事业。”抗战期间，青岩各宗教积极支持抗日，利用寺院宫观和教堂安置因避难迁来此地的学校师生和驻扎在青岩的美国军人。1945年，青岩镇长张沛霖向贵筑县呈报了一份青岩城内寺院驻军调查表，青岩寿佛寺、迎祥寺、慈云寺、龙泉寺、圆通寺共驻美军1550人。1941年11月26日，贵州省佛教会青岩镇佛教办事处主任、龙泉寺住持永空，为改组佛慈医院呈文贵筑县吴县长。呈文称：“窃住持于民国二十六年，在贵筑县属青岩地方，联合寺院住持共同捐资，创办‘佛慈医院’一所，当经呈报贵州省佛教会，转奉钧府核准备案……值兹国难严重之际，一般民众困苦者多；而出征军人家属及穷而无告之贫民为尤甚。良以百物昂贵，生计困难，一旦染病在床，医药无资，困难情形，匪可言喻……伏思抗战特期，有力出力，有钱出钱，竭尽绵力，勉行善举，实为我佛教徒应尽天职……”申请中还附有《佛慈医院组织简章》明确规定，“本院对于出征军人家属及贫苦同胞到医院诊治者，完全免费施药；至富裕之家，得酌量灭轻收费，但以不超过市价为原则”（第七条）。②

民国三十二年（1943），贵州佛教会根据国民政府的有关训令，落实

① 政协贵州省委员会文史资料委员会《贵州旅游文史系列丛书》编委会编：《锦绣南明》，贵州人民出版社，2006，第93页。

② 陈晓毅：《从花溪档案馆所藏之民国档案看抗战时期青岩佛教的六个特点》，《贵州文史丛刊》，2006年第1期。

“训练僧尼，增强抗战力量及适应抗战形势的发展和需要，达到建国目的”的精神，先后举办了三期“僧尼训练班”。第一期于民国三十二年（1943）2月23日—3月21日在黔明寺举办，学员128人，主训贵阳市僧尼。第二期于同年6月24日—7月24日在黔明寺举办，学员42人，为各县佛教会理事以上的主要人员；第三期于11月27日—12月26日在檀香寺举办，学员39人，为各大小寺院住持。训练课程主要有：精神训练、总理遗教、总裁言论、国家言论（后改为时事报告）、《监督寺院条例》、国民精神总动员、法律以及一些常识性的军事、防空、医护及佛学。由修圆、性空任主任和副主任，省政府社会处李亚新为指导，尘空任教务主任，持省任总务主任，下设班指导、会记、庶务、干事等。僧训班地址设在贵阳黔明寺，每期僧训班结业成绩向社会处报送，由社会处评分授奖。

抗日战争中，贵州佛教爱憎分明，立场坚定，与贵州各阶层力量结成抗日民族统一战线，通过各种不同的渠道，为争取抗战的最后胜利做出了积极贡献。

五、民间庙会助推佛教中国化

庙会是中国民间广为传承的一种群体性的民俗活动，是通过歌舞和祭祀等礼仪行为来实现信仰者所希冀的人神相通的目的。庙会最初为在宗庙附近的聚会，是祭祀神灵的宗教活动，其中涵盖了祭神、娱乐等活动。庙会主导成分在于祭祀，但也蕴藏着不同的文化内涵，有娱乐群众、传承文化的作用。庙会可分为世俗庙会（包括世俗神、人祖、英雄等）、宗教庙会（道教、佛教庙会）等。庙会文化中的戏曲歌舞表演使庙会文化具有强烈的凝聚力和吸引力，同时，也是一个地区的民俗文化的展示和传承方式。

历史上，贵州各地的庙会多，影响大，民众乐于参与，每逢佛教节日，赶庙会、办香会，场面盛大。不少地方寺院举办香会、庙会等大型佛事活动，通常不由僧人出面，而是会首组织人四处筹资，所收钱物供香会活动开销，余数充作扩建或修葺庙堂、增塑佛像之用。出资数额大者，寺院上还立碑留名。

始建于明代的西秀区蔡官镇百斗山香山寺，其庙会时间为每年农历三月初三（前后两天也可以），相传到百斗山赶庙会，“朝一斗收获百斗”，即朝山者捐钱越多丰收的希望就越大，此外还可交钱在斗的上方点灯，朝百斗山前先要到金银山灵验菩萨处朝拜，随后还到罗大寨拜青龙寺，意思为：金银山求金银，百斗山求五谷，罗大寨白果树下求仕途。有打油诗云："年年三月三，要朝金银山，朝罢金银朝百斗，吃也有来穿也有。"每年农历三月初三，赶庙会人少则几千，多则上万，朝拜者来自贵阳、普定、平坝、织金、镇宁、水城等地。①

盘县"赶丹山"，是贵州西部一个最为隆重的庙会。三月三这天，盘县地区的众多男女老少，都会赶往丹霞山。丹霞山护国寺，位于盘县城南15公里。始建于明万历年间（1573–1619）。"赶丹山"的最初目的只是为了祭奠神灵。盘县三月三是祭社神和山神的节日。社神是一村或邻近几个小村共建社祠供奉。以后逐渐演变为"赶丹山"习俗。丹霞山作为佛教著名场所和最具特色的风景区之一，吸引人了大量香客、游人前往，特别是青年男女。连云南、广西、四川及东南亚国家的香客都前来朝拜。在祭奠完神灵后，人们总要在山上逗留一些时间，游山赏景。发展到后来"三月三赶丹山"，慢慢演化为"三月三玩丹山"。

位于凯里市城西13公里的香炉山，自清末建观音阁后，每年农历二十九、六月十九、九月十九都有庙会。六月十九正值农闲，登山游览，观者甚众，年年如此，蔚然成风，后成为人们"爬香炉山"的传统节日。是时，周围几十里的各族群众云集山上，游览观光或祈神拜佛，人数多达三四万。②

六、佛教社会团体及活动

民国时期，贵州佛教全省性团体为中华佛教总会贵州分会。共有30余县有佛教会。佛教团体主要活动为维护佛教权益、宣传佛法、兴办佛教文化事业、保护文物和古迹、兴办慈善事业等。

民国元年（1912）4月，中华佛教总会在上海成立，贵州等22个省成

① 贵州省安顺市西秀区蔡官镇志编纂委会编：《安顺市西秀区蔡官镇志》，贵州人民出版社，2003，第590–591页。

② 凯里市人民政府编：《贵州省凯里市地名志》，1989，第284页。

立分会。民国十八年（1929）圆瑛、太虚等在上海发起组织中国佛教总会，同时在各省设立分会。贵阳了尘在去电表示拥护的同时，召集全省四众弟子聚会于九华宫，成立中华佛教总会贵州分会，了尘出任分会会长。

民国年间，中华佛教总会贵州分会、中国佛教会贵州分会产生过九届佛教会。第一届，民国三年（1914）；第二届，民国十九年（1930）；第三届，民国二十年（1931）；第四届（时间不详）；第五届，民国二十四年（1935）；第六届，民国三十年（1941）；第七届，民国三十年（1941）；第八届，民国三十二年（1943 年 6 月 17 日）；第九届，民国三十六年（1947 年。本届佛教会更名为“贵州省佛教整顿委员会”）。①

历届省佛教会都曾议定了一些有关事项，以适应社会发展和政府的要求。第五届佛教会根据国民政府《监督寺院条令》（1929 年颁布）第十条的内容，制定了《实施大纲》。其中就包括举办慈善事业，普及平民教育；设立佛学研究机构；整顿教规等事项。第六届佛教会提出根据抗战非常时期之需要，积极响应抗日号召，举办护国息灾法会，兴办僧伽抗日训练班，开展救济、募捐和慰劳活动等。第七届佛教会则制定了《贵州佛教会章程》7 章 32 条。抗日战争时期，贵州佛教会响应中国佛教会的号召，积极参加抗日救国工作。民国二十八年（1939）5 月 20 日在贵阳觉圆、弘福寺举行“护国佑民息灾超度阵亡将士及死难同胞法会”，由尘空、仁参分别主持，向参会信徒、民众宣讲《仁王般若经》，主旨是国基巩固，正法方能有所依托。民国三十二年（1943），贵州佛教会根据国民政府的有关训令，举办了 3 期僧尼训练班。第一期训练贵阳高龄僧（尼）；第二期调训各县佛教会理事以上人员；第三期训练各大小寺院住持。训练内容包括精神训练、时事报告、军事医护常识及佛学等，先后训练 200 余人。贵阳佛教界还组织了抗日僧侣救国会，由昌明负责。抗日僧侣救国会组织贵阳佛教界人士追悼前方阵亡将士，向信众及民众宣传抗日救国的道理，向前线将士赠送各种慰问品。省内已成立佛教会的县，按省佛教会的指令，成立抗日救国会，有的还举办僧尼救护班。太虚途经贵阳时，应邀在省民众教育馆作了题为“佛

① 贵阳市志编纂委员会编：《贵阳市志·宗教志》，贵州人民出版社，1996，第 124–126 页。贵州省档案馆编：《贵州社会组织概览》（1911–1949），贵州人民出版社，1996，第 70 页。

教与抗战”的演讲。

民国时期的贵州省佛教会，除第一届外，均以抵制“庙产兴学”为工作重点。民国十九年（1930），持省带领1000多名佛教代表在贵阳举行示威游行，向政府请愿，反对“庙产兴学”。民国二十年（1931），贵州省第三届佛教会在贵阳成立，全省52县僧尼代表出席，要求团结一致抵制“庙产兴学”，自办佛教文化事业，并呈文省政府民政厅要求撤销执行《监督寺院条令》的决定。各地佛教会在维护佛教权益方面，发挥了一定作用。如民国三十五年（1946）3月16日，经贵州省政府派员指导，重新成立中国佛教会贵州省江口支会，由僧尼选举常务理事。民国三十六年（1947）1月4日，江口县佛教支会会址香山寺，被省立江口农校占用为校舍，田土亦被占用，其寺内佛教牌位均被农校学生焚毁。寺内僧尼及支会呈报省政府、教育厅、社会处要求归还，省责成江口县政府调查处理。后由于县政府抽寺院田产归公，佛教支会就此解散，僧尼亦渐灭少，另谋生路，再次衰落。① 仁怀县佛教理事会负责职掌全县僧尼事务，调解相互间的纠纷，保护佛教合法权益和庙产，必要时还要为寺院出面打官司。同时也收纳各寺院少量捐助，作为该会的活动经费。② 民国二十八年（1939），贵州省临时参议会议员胡寿良根据当时七省教育会议，在贵阳成立“办党兴学委员会”。安顺县长朱大昌借此为名，也要“办党兴学”，打算搞佛教庙产。民国三十年（1941），白崇禧来到安顺，在北教场向群众作了一次演说，其中谈到广西的菩萨坐洋船，送往湖南洞庭湖丢入水中。并没收庙产，办党兴学。朱大昌借机筹组成立“清理庙产兴学委员会”。一面拟具办法呈报省政府，一面搞“封仓押僧”。若有僧人要问个明白，即以抗拒论罪，马上逮捕，关入监狱。僧众多方奔走呼吁，置若罔闻。县佛教理监事遂召开紧急会议，推举定庵、文奇为代表，分别向贵阳、重庆呈报，同时通电全国佛教会。县政府迫于众怒，方才罢手。民国二十二年（1933），安顺县政府实行田赋征收实物及军粮征购实物，区、乡长不按“随赋带征”的

---

① 贵州省江口县志编纂委员会编：《江口县志》，贵州人民出版社，1994，第646页。

② 莫予勋：《仁怀县佛教理事会和茅台功德念佛会》，载贵州省仁怀县政协文史资料征集委员会编：《仁怀县文史资料》（第4辑），1987，第59页。

办法，从中舞弊，任意把军粮加重到寺院负担。一般寺院，年收稻谷不到十石，但摊派军粮的数字，超过寺院年收总数的一两倍。僧众无力缴纳，只好拖欠不缴，县政府不问青红皂白，积欠不缴的，就开传票追缴。僧众饱受差人、乡保的勒索敲诈，痛苦不堪。民国二十三年（1934），平坝代县长翟文正因公粮不敷八百余石，饬令由全县寺院来分摊，并实行勒缴。被拘押僧众达 13 人之多。平坝僧众只好联合安顺佛教会负责人召开临时会议，设法援救。遂推选代表定庵、持进、慧海 3 人到贵阳，向省参议会议长平刚汇报。平刚代为说词，被关押僧众才得释放。①

七、佛教事务管理

（一）管理机构

民国初期，贵州宗教事务由贵州护军使团政务厅管理。后由贵州省政府民政厅管理；重要事项提交贵州省政府委员会讨论决定。管理内容包括宗教场所、宗教团体、教会学校等。1929–1949 年，提交省政府委员会会议议定的宗教事项就有近 20 项，其中涉及佛教的有：胡仁提议酌提庙租作办理党务及补助教育经费，并淘汰青年僧徒，一律强迫入校，酌给伙食；贵州省佛教会暨各县佛教会代表天曦等呈请保留庙产，并请准将胡仁提议“酌提庙租办理党务及补助教育经费”案撤销；财政厅签呈，贵州省地方方言讲习所请发给购置费及修筑青岩堡圆通寺、余庆堡云林阁工料费 3000.58 元，拟在 1939 年度预备费项下支给；镇宁县列峰寺住持僧元持盗卖、典当寺产甚多，除经饬县政府将该僧住持职务革除外，其典出财产准予备价赎回后，由县政府标卖；准贵阳市政府将黔灵山住持所捐龙滩坳土地指卖与贵筑制酸厂；桐梓县庙产纠纷案，经民政厅等同审查，拟议办法四项经秘书处附签意见乞核。② 就贵阳各名胜修理及保护办法案，省会公安局向民政厅呈复，各名胜为私人团体借住者已限令迁移，唯黔灵山、翠微阁、扶风山、三元宫等处由医院、保安团队等公共团体所占，不能令其迁移，

① 释定庵：《安顺佛教徒的今昔》，政协贵州省安顺市委员会文史资料委员会编：《安顺文史资料选辑》（第 2 辑），1984，第 85–86 页。

② 贵州省档案馆编：《民国贵州省政府委员会会议辑要》（下），贵州人民出版社，2000，第 886 页。

特拟具保护办法呈核。已指令照所拟办法办理，翠微阁、扶风山等处由省府函请绥靖公署转饬迁移。准由财政厅筹拨500元作贵阳城南观音洞完成新修佛殿之用。①

民国十五年（1926），周西成主黔政，于次年初发布训令，要各县警察机关一律改建为公安局。公布了《贵州各地公安局暂行章程》，职能比原警察局有所扩大，负责全县（重点城区）的警区巡逻、卫生、交通、慈善、教育、消防、建筑、户口、出版物、礼制、正俗、宗教、禁烟、名胜古迹的管理等共83项事务。按照民国时期的体制，民政、公安和国民党党部均有管理宗教的职责，只是分工上各有侧重。

（二）管理实施

民国十八年（1929）12月7日，国民政府公布《监督寺院条令》（13条），其中第10条规定："寺院应按其财产情形兴办公益或慈善事业。"贵州省民政厅发文各县，要求按《监督寺院条令》执行办理。在寺院登记中，省内多数县及乡镇都强占寺院办学，查抄庙产，拍卖寺院田土，驱逐甚至关押殴打僧尼，捣毁寺院佛像，官吏、土豪、劣绅乘机侵占庙产，纠纷不断。

民国二十六年（1937），兴仁县政府以办各种公益为名，先后强令捐出寺院绝大部分田产。自此，大部分僧尼散居民间从事织布或经营小吃维持生活，继续修行，少部分还俗。民国末期，全县仅存僧尼20余人。②民国二十九年（1940）春，安顺县教育局计划利用庙产兴学，时逢白崇禧到安顺，在数万军民参加的欢迎会上发表演说，竭力倡导庙产兴学事宜。安顺县政府利用这一时机，进一步推进这一工作。成立党政军商学各界参加的"安顺县庙产兴学委员会"，订立组织规程、办事细则、清查庙产方案。预计可获得庙谷6000石以上。③民国三十年（1941）12月13日，湄潭县政府召开清理庙、匪、绝产结束会议。其中议决：普安寺、观音寺、金山寺、姜家山、来龙山、七佛寺、抱本祠、中华山、魏家庙等9间寺院交县财委

---

① 贵州省档案馆编:《民国贵州省政府委员会会议辑要》(下)，贵州人民出版社，2000，第748页。

② 贵州省兴仁县编史修志委员会编：《兴仁县志》，贵州人民出版社，1991，第603页。

③ 安顺县政府教育科编：《安顺教育》，1942，第16页。

会接收，各庙产业取当手续由财委会办理，未完工作限于当月 28 日办竣。此外，各庙产业权除留给住持僧之生活及香灯费外，其余全部收作县教育基金。民国三十二年（1943）11 月 26–27 日，县政大会决议之五中规定，继续清理公产，佛教分会的庙产由金坚白负责清理。如有抗拒阻挠，由县政府查明严办。其后，由于推行省佛教分会于上年通告中“关于寺院财产不得径由本地方提为办学费用”等规定，湄潭县庙产仍归各该寺院所属。① 民国三十一年（1942），册亨县政府把所有的庙地庙田收归县有、纳入县预算，信佛者失去生活依靠，佛教在册亨县消失。②

民国二十七年（1938），贵州省政府公布《贵州省名胜处所保护管理办法》规定：“……第二条，本办法所称之名胜处所，系指附廓之翠微阁（即万佛寺）、甲秀楼、浮玉桥、扶风山、黔灵山、三元宫、照壁山、东山、仙人洞、水口寺等处。第三条，各名胜处所由省会警察局指派专员为管理人（是项管理人员即由局中人员兼任，不另支薪）负责督促各处所住持，切实管理下列事项，并由局随时饬警巡视。1. 各名胜处所之所有物，如：有关宗教历史美术之神像、佛像、礼乐器具、经典、浮雕、绘画、古物建筑、产业等项，就随时妥慎管理，不得损害。2. 各名胜处所之森林，应随时加意保护，不得任意砍伐。3. 各名胜处所内外，均应随时扫除尘秽。屋内陈列用具，不得零乱，务求清洁整齐。僧众衣服，尤应整洁。4. 各名胜处所住持及僧众，不得吸食鸦片或其他用品。第四条，各名胜处所除照前条规定，由省会警察局指派专员管理外，并由贵阳警备司令部、民政厅、财政厅、建设厅、教育厅、保安处、贵阳县政府，各派一人组织省会名胜处所保管委员会负责计划、改进保护事宜。上述保管委员会直属民政厅，会址附设在省会警察局。……第八条，各名胜处所，军警及其他机关团体或私人不得侵占或借用。”此后又发布《修理贵阳各名胜办法》《贵州省会名胜处所保护委员会组织大纲》及《办事细则》《贵州省会名胜处所保管规则》和《贵州省会名胜处所保管委员会组织规程》。③ 这些法规对保护列入名胜名录

---

① 湄潭县志编纂委员会编：《湄潭县志》，贵州人民出版社，1993，第 874 页。

② 贵州省册亨县地方志编纂委员会编：《册亨县志》，贵州人民出版社，2002，第 1053 页。

③ 贵州省档案馆编：《民国贵州省政府委员会会议辑要》（下），贵州人民出版社，2000，第 748 页。

的寺院有一定作用。

一些县寺院庙产被侵占，经佛教界力争，得到地方政府的保护。譬如，遵义金鼎山是黔北较有影响的寺院，但民国初年，由于社会动乱，不肖僧侣，与社会鸡鸣狗盗之徒，狼狈为奸。地方豪强插手妄图蚕食庙产。致使庙宇朽败，墙围倾塌，佛事废弛，僧众心散，境况衰落。民国十三年（1924），在金鼎山僧众的强烈要求之下，以牟贡三为首联合地方权贵人物区长容光照等，呈请县政府对金鼎山进行保护。由于有他为首的地方绅商和当权人物出面，县政府下令予以保护。金鼎山住持将县政府批准的（县长批呈章）刻石立碑（名《县长批呈章碑》）立于大庙庭中。借重官府和地方权贵人物的权威与声望，使寺院免受外界的干扰。①

遵义《金鼎山庙宇保护简章》碑（1924 刻），详述管理庙宇、僧人规章、住持僧选任办法等内容。据碑文载，清末民国初期，对该山主庙的住持方丈人选，实行地方推举、官吏批准任用的制度。② 说明政府的管理延及到了寺院。

（三）佛教界依法维护权益

运用法律手段维护佛教界权益，是民国时期贵州佛教的一个特点。是佛教融入社会、适应社会的重要举措之一。

民国时期，面对“庙产兴学”，侵占庙产，僧尼们为维护庙产，做了不少努力。如仁怀县王家坪的王氏弟兄想凭借自己的势力侵占当地回龙寺院产。回龙寺王老和尚针锋相对，将回龙寺属的各寺徒子徒孙召回寺里，备置棍棒刀剑，保护寺院。并让徒弟一亮（原为某城防司令的文笔师爷）赶写状纸讼词，上告到省里，王老和尚同遵义金鼎山寺的僧人及贵阳弘福寺的方丈，均有交往。到省告状，通过金鼎山庙僧人和弘福寺的方丈争取，得到省和地方佛教会以及官员的支持，终由省里下文告，公开保护庙产。

---

① 何伦：《牟贡三在金鼎山的佛事活动与所作的贡献》，载政协遵义县宣教文卫委员会编：《遵义县文史资料》（第 9 辑），1998，第 14 页。

② 政协贵州省委员会文史资料委员会《贵州旅游文史系列丛书》编委会编：《巍巍娄山》，贵州人民出版社，1998，第 160 页。

由于王老和尚这一次保护庙产的成功，使仁怀地方乡保甲长、土豪劣绅，不敢侵占庙产了。①

民国二十七年（1938）6月20日，湄潭县佛教分会理事长宽亮及该会庶务性能向县长周治昭呈文，言称近年以来负担太重，一则地方各款，二则教会常年之捐，三则神佛香灯，四则众僧衣单，兼之往来应酬，年中出入总不相敷。有民教馆不查诸山有无能否负担，动辄令饬敝会按月缴纳经常费20元。因各寺院贫苦，实难措办。②

民国三十五年（1946）前后，印江县木黄乡乡长黄修纪，见太平寺院产丰厚，歹心突起，一次就摊派该寺60担军谷，妄图从中渔利。慧松（尼）面对此事，认为宁可输钱，不可输志。她建议寺院典当一丘田，与黄打官司。官司打到印江县衙。结果寺方赢了。③

八、贵州佛教文学艺术中国化

（一）贵州佛教神话传说

贵州佛教神话、传说，发端于佛教，发展于黔境，是佛教教义、思想、佛教故事与贵州民间文化融会的产物。是一笔宝贵的文化财富。是贵州佛教中国化的一种表现形式。

佛教传入中国，对中国文学有很大影响。郑振铎曾明确指出："因了印度文学的输入，我们乃于单纯的诗歌和散文之外，产生了许多伟大的新文体，像变文、像戏文、像小说等等出来。在思想方面，在题材方面，我们也受到了不少从印度来的恩惠。"④佛教文学的产生，源头有二。一是传教的需要。佛教文学中的寓言故事意味深长，诗文易记易传，故事中的人物形象生动、感人，故事内容传奇神异，强烈地吸引着人们。二是文学

---

① 莫予勋：《我入佛门的经过》，贵州省仁怀县政协仁怀县文史资料编辑部编：《仁怀县文史资料》（第10辑），1993，第155–156页。

② 湄潭县志编纂委员会编：《湄潭县志》，贵州人民出版社，1993，第874页。

③ 章海荣：《梵净山神——黔东北民间信仰与梵净山区生态》，贵州人民出版社，1997，第200–201页。

④ 郑振铎：《中国文学史》（插图本）第1册，北平朴社出版部，1932，第227页。

与宗教的天然血缘性、一体性。宗教的内核从形式上表现出来，便是想象性、形象性；从实质上体现出来的就是人文性、关怀性，即对生命的那种悲天悯人的情怀。① 佛教传入中土后，在佛教僧俗两界的努力下，采取将佛经故事与中国远古神话相结合的模式，使佛经故事的内容嫁接于中国神话传说中，增强了故事的形象性、情感性、寓意性三大审美特质，“寓教于乐”，实现了更好地宣传佛教教义的目的，由此诞生了中国佛教神话。随后经长期发展成为中国文学的一个组成部分。

贵州佛教神话传说，多以佛教名山、名寺，佛、菩萨的神勇大智，僧人的神迹异事为创作素材，以天宫、地狱及佛教寺院为场景，以佛教人物故事为主线，宣扬佛、菩萨，高僧、神僧神秘幻化、奇功异能、扬善抑恶、救苦拔难的故事，表现出鲜明的宗教特色、乡土特色、民族特色。抒发了人民群众的爱憎和心愿，为人们所喜闻乐见，在民众中世代相传。这些神话传说、故事，以文学的形式宣扬了佛教拒恶向善、扶危济困的精神，反映了人们希望惩治妖魔鬼怪、贪官污吏、刁钻顽劣，追求幸福和谐生活的美好愿望，是贵州民间文学的重要组成部分。贵州佛教神话传说，不仅在历史、民俗、文学等方面有着重要的研究价值，而且也有积极的现实意义。主要表现在“赞美孝义，颂扬诚信；扬善抑恶，扶危济困；讽喻贪婪，倡导正行”三个方面。

1. 赞美孝义，颂扬诚信。

佛教神话传说总体上属于民间文学范畴，其具有民间文学以寓教于乐方式来传布思想观念、伦理道德的功能。不少佛教神话传说故事，塑造了不少具有典型意义的艺术形象，成为人们歌颂和效法的对象，对社会能够产生积极的影响。

土家族民间故事《王生问佛》，讲的是从前有个叫王生的人给别人家放了十八年牛，还是放牛郎，他心里不服气，就到西天去问佛祖。在路上他到一个员外家去投宿，员外知道了他要去西天问佛祖，就要他帮忙问一下，为什么女儿长到十八岁还不会说话。第二天王生到土地庙去歇，土地菩萨也要他帮忙问一下，为什么做了几千年土地还不能上天做神仙。第三

① 吴正荣著：《佛教文学概论》，云南大学出版社，2010，第 3 页。

天王生来到海边正找不到船，一条鲤鱼游过来帮他渡了海，鲤鱼也要他帮忙问一下，为什么修行了几百年成不了精。王生到了西天，向佛祖说明来意，佛祖说若问自己的事就不能问别人的事，问别人的事就不能问自己的事，要王生选择。王生就决定问别人的事。佛祖就说哑巴姑娘遇到好心人就自然会讲话；土地菩萨贪心太重，只要舍得一缸金子一缸银子就能上天成神仙；鲤鱼只要丢掉头上中间那颗夜明珠就能成精。王生回来给鲤鱼一说，鲤鱼就送给他一颗夜明珠；给土地菩萨一说，土地菩萨送给他一缸金子一缸银子；王生又走到员外门前正要说话，忽然哑巴姑娘说："是哪个站在外边？"员外高兴极了，就招了王生做女婿。这个故事热情赞扬了王生乐于助人、先人后己的高尚品质，而且善有善报，在给别人解决问题的过程中自己也得到了幸福。作品通过王生选择问别人的事的情节，充分体现了王生为他人着想的美好心灵，受到人们的歌颂。这也正是民族所推崇的美德。①

《太子石》的故事流传于黔东一带，故事梗概为：明朝万历年间，神宗皇帝的妃子九皇娘到梵净山修行，将太子留在皇宫中。太子历尽艰辛到梵净山找母亲。天上神仙们生怕太子上山见到妈妈，触动九皇娘母子之情，引起思凡的念头，便用定根法将太子定在河谷里。太子无法，只能在原地向上长，希望能够看到妈妈。果然，只一年工夫，便长了几十丈。天上的神仙眼见太子不断地长高，找来一棵菩提树，栽在太子头上。太子便不再往上长了，忽然间化成一根石柱，永远站在牛尾河边，思念他的妈妈……②

流传于侗族地区的《郎义成仙记》，长达3万余字，讲孝子郎义在天山寺佛祖帮助下修炼成仙，全家过着逍遥自在的日子。③故事情节曲折感人，贯通天地两界，通篇体现了儒家"忠义"精神，倡扬孝道，导人向善。

这些故事体现了佛教的道德规范，又杂糅了儒家的孝义观，对提高人们的道德修养，提升精神生活的层次，都能产生有益的作用。

2. 扬善抑恶，扶危济困。

扬善抑恶是一切诚实善良的人们所向往和追求的。在封建专制制度下，

---

① 曹毅著：《土家族民间文学》，中央民族大学出版社，1999，第134–135页。

② 刘仕文主编：《黔东民间故事选》，成都时代出版社，2004，第12–13页。

③ 从江县三套集成编委会编：《中国民间故事集成贵州省黔东南州从江县卷》，1988，第186页。

绝大多数地位低下的民众，希望摆脱压迫剥削，实现平等自由，但这种愿望又是不可能实现的。于是，人们便将美好的理想寄托于佛教传说故事中，通过所塑造的人物，抒发他们的情感，吐纳他们的爱憎，批判假丑恶，弘扬真善美，以此唤起人们的良知，同情弱者，扶危济困，团结互助，趋善避恶。这类作品为数最多，它多取材于现实生活，再按人们的愿望加以虚构，因此现实性较强，为民众所喜闻乐见。故事的主人公多为僧人，主要反映僧人以其机智巧斗贪官、豪强、妖魔等。通过这些故事赞美僧人的正直善良、勤劳智慧和乐观主义精神，鞭挞剥削者和压迫者。有时为了实现勤劳、善良主人公的愿望和对美好生活的憧憬，故事中还出现借助宝物帮助贫穷者、惩治恶势力的情节。

《广东和尚》（安顺），讲述同治八年（1869）有一名和尚由粤入黔，卓锡于大水桥之关帝庙。他身怀绝技，治盗利民："和尚因善经营，庙中饶有蓄积，大为群盗垂涎。同治九年（1870）十月，有贼三十余人破门而入，将和尚捆绑，问以藏金所在。和尚略一使力，则缚绳寸断，夺贼手中刃奋击，群贼披靡。死二人，伤十余人，余俱奔逃四散，不敢返顾……"①

《九皇洞的传说》②，明初朱棣谋朝夺位，皇宫里的九皇妃等死里逃生，躲到梵净山修行。九皇妃通晓医理，一面修行，一面为僧徒和周围百姓治病。朱棣篡位，名声不好，他打算将出逃的皇帝和皇妃都召回京去，予以安置，其中包括九皇妃。但她早已看破红尘，不肯回去。人们得知她原来是贵妃娘娘，对她更加尊敬。地方官员也对她另眼相看。但她一如既往，粗衣素食，参禅悟道，为民治病。还利用她的特殊身份，巧妙地惩治贪官和地方豪强，为百姓扶危解困。终于修成正果。《九皇洞的传说》塑造了一位坚持功修、为民谋利的佛教徒形象，教育人们对自己选定的志向，就要坚持不懈为之奋斗，有志者事竟成。

流传于贵阳地区的《一袈裟之地》③讲述：贵州都指挥使的女儿得了

---

① （民国）《续修安顺府志（第20卷）·杂志（十三）·广东和尚》。

② 政协印江土家族苗族自治县文史资料委员会、印江土家族苗族自治县民委合编：《印江文史资料 梵净山专辑》（第七辑），1995，第255页。

③ 《一袈裟之地》，载贵阳市十大文艺集成志书领导小组办公室民间文学三套集成编辑部编：《中国民间故事集成》（贵州省贵阳市卷），1998，第118页。

大病，全身水肿，粒米不进。赤松以高超的医术治好了都指挥使的女儿的病。并以神术惩治贪得无厌的指挥使，使弘福寺得到大片土地。类似《一袈裟之地》的传说在贵州有多个。内容基本相同，只是场景和人物不同。例如流传于惠水一带的《一袈裟之地》说：古源大师云游到定番州，见此地民风淳朴，山川秀丽，意欲在此修建寺宇。该地属方番辖地，古源便到方番长官司方大人家中，请方大人施舍一袈裟之地建庙。方大人听后淡然一笑，不以为然，对古源说："大师能在州内建寺，是州人的一大幸事，莫说一袈裟之地，就是两袈裟、三袈裟之地本司也能给你。"次日，方番司管家跟随古源大师赶至马门，时值中午，古源将袈裟抛向空中停住了，袈裟投下的阴影，把整个九峰全部罩住。古源转身对管家说："管家，老衲要的就是这一袈裟之地，快叫人来钉桩吧！"管家惊得顿时说不出话来，只好叫来人按袈裟投下的阴影的边缘依次钉桩。①

佛教倡导扬善抑恶，扶危济困，有助于信众和其他民众从身、口、意三方面提高道德修养，使人的认知、情感、意志等内心活动处于平衡自然、协调统一的状态，并对外界事物抱有平静适度、热情友善的态度。促进个人内心的和谐，以及人际的和谐。以慈悲、廉洁、宽容、诚实等道德规范要求自己，积德行善，助人为乐，扶危济困，赈灾救难。

3. 讽喻贪婪，倡导正行。

佛教神话传说贯穿着佛教教义，具有道德教化的作用，有助于社会道德的塑造。佛教的教义中四谛、十二因缘、八正道和慈悲观等，引导人们慈悲博爱，关怀众生；多行善事，广积功德；弘扬正气，抑制邪恶；断除苦恼，脱离痛苦，进而广扬博爱精神，实现和谐相处。例如，"四谛"②为佛教的基本教义，是对造成人生苦恼的原因及摆脱人生苦恼途径的总的说明。佛教四谛分析了人产生痛苦的原因，去除痛苦的方法。从世俗社会的角度讲，在一定程度上，可以教育引导人们注意克制贪爱之心，节制各种非分的欲望，做到廉洁奉公，生活节俭，避免奢华浪费，为社会民众多作奉献。佛教以"慈悲为怀"，充满了人间的爱。这种爱是广泛的，爱及"芸

---

① 李金顺：《贵州风景名胜故事》，贵州人民出版社，2007，第307–308页。

② 谛，意为真理。

芸众生”，包括所有的人，就连动物也要呵护。慈悲就是要利益众生，要平等地对待一切众生，给他们以安乐，为其解除苦难，乐善好施，克制贪欲、瞋恚、嫉妒、歧视等心理。把别人的苦当作自己的苦，把别人的乐当作自己的乐，自觉为他人和社会服务，不计个人名利、得失。这种品格正是社会所必须的。这些伦理观在贵州神话传说中均有体现。但所不同的是，将佛教伦理观融入故事，以讲故事这种轻松的方式宣传教义，比起殿堂中的讲经说法的受众要广，效果也会更好。

《报应洞》（流传于独山县）①，也是有关僧人扬善抑恶的故事：相传，很久以前，独山尧梭一个寨子有一个很大的山洞。一天，有个头发胡子全白了的老和尚云游至此，看到这个山洞宽敞舒适，寨子的人勤劳本分，他就在洞里住了下来。这年，一连两个月滴雨不下，秧苗都枯黄了，家家颗粒无收。当地财主黎百万照样收租，乡亲们交不起，家中仅有的粮食全部被搜光。正当大伙愁眉苦脸的时候，老和尚施术让一只石母鸡吐大米接济大家。从此以后，家家不再愁吃了。人们对老和尚都十分感谢。此事被黎百万知道了。他就带着狗腿子冲进了山洞到石鸡面前接米。老和尚让石鸡停止吐米。黎百万叫狗腿子打老和尚。这时，只听老和尚口中念念有词，接着一声巨大的轰响，洞塌了，那帮恶人统统被埋在洞中。后来，老人们便把这个洞叫“报应洞”。

《屏山寺铜镜》②，相传贵阳屏山寺内有一面铜镜，能照出人的今生与来世，能分辨善恶，并能判断你的吉凶祸福。寺僧们将铜镜视为镇山之宝。一次，有某省某官员，在任上大刮地皮，政声极为不佳，后因事路过贵阳，听说相宝山有如此灵验的宝镜，则前往屏山寺欲问其宦途的吉凶祸福及来世的前景。寺僧见有官员临寺，不敢怠慢，急迎入寺内待茶。官员急不可待，未等茶毕即向住持言明来意，住持随即把某官领人大殿，打开佛龛旁的红布现出宝镜，此官默默祝祷礼拜毕，只见宝镜光华四射，宝镜上呈现出其贪酷之状、被绑赴刑场之状、来生将要变牛变马供人役使之状，一一暴露在住持和此官的随员面前，他尴尬不堪，羞愧异常。

---

① 任菊生编：《中国民间故事集成·贵州省黔南州·独山县卷》，1990，第 308–311 页。

② 谢红生主编：《贵阳地名故事》，贵州人民出版社，2009，第 97–98 页。

这些佛教神话传说，以讲故事的方式，讽喻贪婪，倡导正行。没有空洞的说教，但却鲜显地体现了佛经“诸恶莫作，众善奉行”的善恶观，“慈悲济世”的仁爱观，“自利利他”的人我观。今天读来，仍有教益。这些观念对于克服自私自利、见利忘义、损人利己等极端利己主义，增进家庭和睦、社会稳定，均有增益作用。

（二）佛教中国化在贵州戏曲中的表现

佛教与中国戏曲有着密切联系。贵州戏曲吸收佛教义理、事迹、形象、仪式入戏曲中，丰富了戏剧的内容。

清末到民国初期，各类戏曲活动在贵州兴起。佛教传说故事中的扬善惩恶，奇能异事，亦被作为戏曲题材，在贵州弹词、阳戏、花灯、地戏、傩戏中均有这类剧目。

贵州弹词《疯僧扫秦》，移植于京剧折子戏。说的是奸相秦桧与妻王氏东窗密谋，在风波亭谋害了抗金名将岳飞父子，事后心悸，神思不宁，常见神鬼，往灵隐寺修斋忏悔。秦桧到灵隐寺后，被寺内“疯僧”以神术造狂风暴雨戏弄。秦桧与疯僧见面碰了一鼻子灰，回去后便准备对疯憎下毒手，而疯僧早已远走他乡。此剧多处体现了佛教融入社会的内容，中国化特色鲜明。

《观音戏》剧情为：西林国妙庄王的第三个公主元贞（后被赐法号妙善），不爱红尘享乐，偏爱崇佛苦修，最终修成能“救苦救难”的“观世音”菩萨。

《目连戏》故事梗概为：目连母被打入地狱，受到各种磨难，目连不避艰险，遍游地狱救母。宣扬了佛教因果报应和孝道思想。

贵阳、大方等地花灯有《五更小尼姑》（或《小尼姑》），讲述小尼姑因父母偏信算命先生言，被送入庙中经历的悲楚。①

黔北阳戏传统剧目《三仙山》。故事情节为：驸马陈子春途经三仙山，被三个妖魔所困。玉帝闻奏，差太白星君赴东海降旨，令蟠龙、伏凤、玉姬三位龙女前往三仙山降妖救陈。三位龙女降魔救出陈子春。三位龙女恋

① 贵州省群众艺术馆等编：《贵州花灯选集》（下），贵州民族出版社，2009，第434页。

慕陈子春，与其婚配。后三位龙女因做法出错被玉帝关押，三位龙女在牢中各为陈子春生了一子。在土地爷神帮助下，三个孩子交给陈子春。三子长大，应试个个高中。但三人却不知生身娘亲。幸得达摩祖师指点，才得知缘由。后三位母亲被救出，合家团圆。达摩祖师念其一家知书达理、忠孝节义，遂呈报佛祖。佛祖降旨，赐封陈子春为文昌神，主管文昌府事及人间禄籍；赐封三位龙女为天仙、地仙、水仙。①

德江傩戏《三元和会》。《三元和会》，全名《新集三元和会科式》，表现了释迦佛、李老君和孔夫子的出生和三者间的关系，以及傩堂戏的来历。戏中唱道："锣鼓打晌响沉沉，雾露有影话有。天上北斗七颗星，先有东南并西北，老君金木水火土……天皇翻山释迦佛，人皇翻山孔夫子，周初元年生下佛，春秋年间生孔子，灵鹫山前生下佛，尼丘山前生孔子，磨氏夫人生下佛……上三教释迦佛、李老君、孔夫圣人三尊神；中三教观音菩萨、兴武、梓潼帝君三尊神；下三教川主菩萨、土主、药王三尊神……老君化为什么佛，佛主化为什么神？元世化为燃灯佛，燃灯化为弥勒尊，尊尊化为阿难佛，尊尊化为舍利尊，尊尊化为释迦佛，尊尊化为寿利尊，尊尊化为普庵佛，尊尊化为观世音，观音化为至世佛，尊尊化为文殊尊，尊尊化为普贤佛，尊尊化为万亿尊。佛开八万四千门，自古留在我坛门。"②该剧融会了儒释道内容，表现出儒释道三教合一特色。

思南傩戏《目连寻母》。故事梗概为：目连（又叫罗卜）在仙山修炼，师父在虚空中告诉他：罗卜，你在仙山修炼，你母在家私开五荤，打烂三官堂，打破燃灯古佛，你转家去看个明白。目连归家。阎王差小鬼夜叉将目连娘捉去，受尽种种苦楚。目连寻遍冥府十二殿，将母保回。③

（三）峒寺——贵州特色佛教建筑

贵州地处云贵高原东部，岩溶地貌分布范围广，约占全省国土总面积

① 王恒富、谢振东主编：《贵州戏曲大观・剧目卷》，中国戏剧出版社，2000，第13–15页。

② 贵州省德江县民族事务委员会、贵州民族学院民族研究所编：《德江县土家族文艺资料》，1986，第50页。

③ 思南县民族事务委员会编，卢朝栋主编：《思南傩堂戏》，贵州民族出版社，1993，第210–221页。

的61.9%，在崇山峻岭中，有成千上万个溶洞，其中有不少为高大宽敞的旱峒，这类溶洞冬暖夏凉，早已为人们选作居住及仓储之用。自南宋起，随着佛教在贵州的普传，这些具有极高实用价值的场所，被选作建佛教寺院之用，佛教人士或依洞分殿塑像，或就洞建刹，开展佛教活动。天然溶洞经修饰点缀，形成了独具特色的天然峒寺，这种形式的寺院，虽不为贵州所独有，但却以贵州为最，值得研究。

以峒为寺，古已有之。早在佛教传入中国前，印度佛教就有在河畔山崖凿峒建石窟寺的做法。这种形式随佛教传入中国后，自东晋十六国起到清初止的1300多年间，中国各地大兴石窟寺，总数达数百处，其中著名的有敦煌莫高窟、云冈石窟、龙门石窟等40余处。当然这些石窟寺与贵州峒寺有着明显的区别，那就是一个为人工开凿，一个为自然形成。选择以峒为寺，既可安居，也可修行。梵净山老金顶刻于明末的九皇洞碑载："僧或在岩穴，或在古洞，餐疏饮水，或饥馁数日，如重耳在宋、子在陈、伯夷居首阳山无异也。"①

贵州峒寺兴于宋代，最早的峒寺当推安顺清凉洞。之后，辟建的峒寺还有修文贾家洞、镇宁双明洞、安顺华严洞、关岭妙明洞、紫云紫云洞、龙里留云洞、贵定牟珠洞、石阡太虚洞、施秉华严洞、普安观音洞、风冈太极洞等数十处。到了近现代，仍有选溶洞作寺院者，如修文四门洞、六枝飞来寺等。

1. 峒寺建筑

贵州峒寺多数为依溶洞大小、走势，分殿置佛像（石雕、木雕、泥塑等），供信徒敬拜，但部分洞高大宽敞、寺院有经济条件的，为美观整洁，也有于洞中建木构架梵刹的，如安顺清凉洞、修文佛洞山寺、织金保安寺等。

清凉洞，又名粮仓洞，位于今安顺市二铺区夏官乡村北，早在南宋时已开辟为佛寺。明人牟应绶于天启二年（1622）撰《黔书·山川志》所载《清凉洞碑记》云："此洞本系汉末荒服，孟获屯兵积粮处也。原名粮仓洞，山麓建有旧城垣，故址存焉……宋南渡后，柴氏大乱黔疆，孟氏殆尽，适有阿达卜寨苗酋朵克率部乘机追逼孟氏至牂牁江畔。无桥可渡，孟氏急欲

① 铜仁政协编著：《中国梵净山佛教文化文物研究》，贵州人民出版社，2011，第174页。

投江，遇钱塘江雷峰寺游方二僧（慧光、慧明）相救，遂归原洞。并请田地二百余亩，伐木建造洞中殿陛……时南宋宁宗开禧三年丁卯。”① 南宋宁宗开禧三年（1207），普宁州土酋（三国孟获之后），被苗酋朵克率部追杀于牂牁江（今北盘江），遇见杭州雷峰寺游方二僧慧光、慧明，相救得归，遂于洞中建佛殿。清凉洞，“洞口通明，中有梵刹”。② 该洞大而深邃，洞中有木构架建筑数幢，由前至后依次为厨房、大雄宝殿和禅房，大雄宝殿内有 5 米高毗卢佛坐像，殿壁和顶部绘有“天女散花”等图案。清凉洞被誉为贵州洞内古刹奇观。

修文佛洞山寺，在清代峒寺中较有代表性。佛洞山寺位于离修文县城 30 公里六广河岩壁贾家洞。该峒位于千仞绝壁之上，有主峒一个、岔峒数个。主峒开辟于康熙四年（1665），就石刊佛，架木作寺，嘉庆四年（1799），僧如相重修。佛洞山寺，洞内香火悠悠，梵音缭绕；洞口绿影掩映，莺啼鸟鸣；洞外清流缓动，天水一色。既是庄严清净的佛教场所，又是景色秀丽的旅游胜地。

织金保安寺，位于织金县城东北 12 公里。始建于清康熙年间，由正殿、观音阁、地母庙、慈云洞组成，前临慕思溪。正殿为重檐悬山式屋顶，八翼角鳌头吻兽木雕撑拱。观音阁建于峭壁间，坐北向南，为半六方形亭阁，紧靠慈云洞，二重檐半六角攒尖顶屋面，翼角为鳌吻。阁背面石峰矗立、两峰相抬，高十余米，形成天然拱洞。中间空阔，一孔穿天，顶上露出天光，犹如穿洞。易凤庭题额名“慈云洞”。洞口有孙竹雅的行书“云洞天开”木雕阴刻匾额。洞内塑有观音像。近山顶处平台上建地母庙，与寺阁相互映衬。保安寺建于道光二十四年（1844），曾几次重修。寺靠背“云洞天开”石壁，面临三甲河畔，依山傍水而立，与阁、廊、慈云洞相连。清嘉庆平远知州易凤庭游此，有诗云：“输与僧家结静缘，青峰围住白云穿。空中色相三生石，顶上圆光一洞天。”③ 保安寺建筑群利用方向不同、层次不

① （民国）《续修安顺府志》（第十三卷），名胜古迹志（壹）·“名胜古迹”。宋开禧三年丁卯即 1207 年。

② （清）咸丰《安顺府志》（卷 18），《营建志一·坛庙》。

③ 朱邦才主编：《织金文物》（第 1 集），贵州省织金县文化局，1984，第 29 页。

同的两个洞口，巧妙地布局三幢三层古建筑，环峰依洞，立体感强；错落有致，层次鲜显。以洞连接古建筑，以古建筑的实和明与洞的虚和暗相对比，明暗相衬，虚实相应，体现了峒寺建筑的和谐美。

2. 峒寺造像

贵州峒寺佛像多为石雕，其中利用洞中岩石、依势镌刻者为数不少。

镇宁双明洞，开辟于明代，也是贵州较早的峒寺。据《徐霞客游记·黔游日记》载："戊寅（明崇祯十一年，1638）四月二十二日……由岐东下半里，入双明洞……西门之下，东映重门，北环坠壑，南倚南山，石壁氤氲，结为龛牖，置观音大士像焉。"可见双明洞，在明代已作为佛教场所，并为人们所熟知。

开创于明末的赤水两会水石窟（该石窟并非人工开凿，而是岩石崩塌形成），有佛像三组 8 尊，其中观音像与四川安岳县五代石雕"紫竹观音"造形相同，而达摩祖师与河南嵩山少林寺造像基本一致，造形美观，神态庄重，雕工精细。

石阡汪河石窟造像。位于石阡县坪地场乡水塘坡上老屋基北侧，距县城约 30 公里。窟高 2.7 米，宽 9 米，窟顶有两块板状岩石，内有如来佛、弥勒佛、燃灯佛等 4 座石佛像，均系利用窟内天然岩石雕琢而成，另供有石雕小佛像 2 尊。相传石窟为明万历年间石阡人杨维钥（时任云南曲靖知府）安葬其母冯氏时，挖墓井发现的。杨遂另择墓地。而在石窟旁建华峰寺。今寺已毁。3 尊大佛像头部受损，燃灯佛和小佛像完好。

金沙岩孔观音洞佛寺，建于清同治年间（1862–1874），寺依洞而建，内有雕刻 8 幅，完好地保存着 3 幅。左边的一幅是张三丰，高 1.3 米，宽 0.4 米，头戴道冠，身披道袍，手持拂尘；中间一幅是观音，高 1.2 米，宽 0.35 米，左抱净瓶，右手置于怀中；右边的一幅是佛祖，双手作揖，盘膝端坐在一朵莲花上，它们都富有立体感，栩栩如生。观音洞佛寺以石窟为第一殿，第二殿在洞顶岩面上，称为瘟火二殿。瘟火二神泥塑金身，坐于大殿神龛中，姿态自然，神情逼真。以龙凤壁画作背景，左右立有持刀的两大将，由岩上凸起之石雕刻而成，身高 3 米，形象威严，令人生畏。从第二殿登过十四级台阶到第三殿。在这座殿内主要雕刻有八幅壁画，名为"八爱图"。立于殿内四壁，依次为"李太白爱酒""陶渊明爱菊""王羲之爱鹅""周茂叔爱莲”“苏东坡爱竹”“杜甫爱松”“陆游爱梅”“刘禹锡爱牡丹”，这八幅壁画，每幅长约 1.7 米，宽约 1 米，画中人物形态各异，反映了各自的爱好和特点。①

湄潭观音洞，位于湄潭县城南，观音洞（亦称清虚洞），洞内佛像高 1.2 米，宽 0.48 米，底部呈正方形；上部高 0.64 米。观音像，像高 0.4 米。头戴僧冠，身着袈裟，趺坐于莲台之上，双手合手，面容慈祥，造形精巧。②崖洞口石壁刻“洞景胜天”，字大一尺见方。两边镌有对联，上联是“水从洞底穿心过”，下联为“人向岩边吊嘴来”。此外，右壁还刻有篆书“洞溪佳处”，其下有“同结善缘”“信佛”“云洞”等多处摩崖，有四川壁山人翰林院庶吉士、知县刘宇昌于道光十七年（1837）之题刻、知县周炳著于同治癸酉题刻之诗。③

普安观音洞，位于普安县盘水镇大湾村青龙山麓观音岩，洞口南向，深约 30 米，洞口阔约 7 米。洞外绿荫掩映，洞中奇石众多。乾隆四十八年（1783），普安县正堂慕该洞景致，与众邑绅耆捐款修葺，在洞门两旁依崖造像，透雕二龙戏珠，于岩壁上阴刻“甘露泉”。洞壁上浮雕佛像，洞底浮雕观音打坐莲台像。又建真武庙于岩畔。洞内外四时香火不绝，时人誉为“佛洞钟灵”。民国年间，列为普安八景之一。④

乌当云锦庄《朝阳古佛洞碑记》(立于乌当云锦庄)，记述古佛洞塑像：“刹前掘得朝阳古洞，因遂拓之。像十大弟子，思本尊精禅业焉。刹故司宅旧墟，有三桂，绿水湾环，景异甚。先是珠顶鹤无数翔鸣其间，未久而荣开是刹，洞乃出，其冥感非偶矣……”

安顺华严洞寺院，建于明末清初，曾多次维修。建筑分为洞内和洞外两组，洞中有释迦牟尼塑像和十八罗汉塑像。洞外建有“韦驮殿”“关圣殿”“魁星楼”的道教殿堂。⑤

---

① 胡集讯、蒋国春：《岩孔观音洞摩崖造像》，载政协贵州省金沙县委员会文史资料研究委员会：《金沙文史资料选》（第 4 辑），1989，第 170–171 页。

② 谢文龙：《湄潭观音洞石刻》，载湄潭县文化馆编：《湄潭文物志》（第 1 辑），1984，第 62 页。

③ 湄潭县志编纂委员会编：《湄潭县志》，贵州人民出版社，1993，第 821 页。

④ 贵州省普安县地方志编纂委员会编：《普安县志》，贵州人民出版社，1999，第 1044 页。

⑤ 贵州省安顺地区文化局编：《安顺文物》，1982，第 71 页。

贵州峒寺峒景、建筑、雕塑、摩崖、石刻是一笔宝贵的文化遗产，值得珍视。贵州峒寺，历史久远，它融自然和人文景观于一体，具有较高的观赏价值和研究价值，在实施西部大开发战略的今天，认真保护和利用这些峒寺，对发展旅游事业和开展文化考察活动，均具有重要意义。

第三章　建国以来贵州佛教中国化

第一节　强化政治认同意识，积极参加社会活动

中华人民共和国成立初期，中国共产党制定和实施宗教信仰自由政策，并在法律上对宗教予以保护。《中华人民共和国宪法》中明文规定："中华人民共和国公民有宗教信仰的自由。"《中华人民共和国土地改革法》第三条规定，政府依法征收祠堂、庙宇、寺院、教堂、学校和团体在农村中的土地及其他公地。第十三条第五款规定："农村中的僧、尼、道士、教士及阿訇，有劳动力，愿意从事农业生产而无其他职业维持长期生活者，应分给与农民同样的一份土地和其他生产资料。"第二十一条规定："……祠堂、庙宇、寺院、教堂……均不得破坏。"寺院交出用于出租的土地，由政府分给无地少地的农民，僧尼自己亦分得一份土地，他们发扬"农禅并重"传统，生产自给，成为自食其力的劳动者。如遵义新浦平安寺（又名莲花寺、金盆寺）在中华人民共和国成立之初，寺内5名僧人除通慧外全部回乡参加生产。①

一、热爱祖国，拥护政府

1951年2月24日，贵阳市佛教徒1115人签名，发表《抗美援朝保家卫国，维护世界和平宣言》。②同年3月5日，贵阳佛教界参加贵阳市宗教界1万多人举行的反对美帝国主义重新武装日本的示威游行，并发表了

① 《新蒲镇志》编纂委员会编：《新蒲镇志》，2009，第255页。

② 中共贵阳市委统战部研究室编：《贵阳市统一战线工作大事记》（1949.11–1956.12）（修订稿），1990，第12页。

宣言。游行前秦天真市长发表讲话，号召宗教界人士不分信仰地站到保卫祖国的战线上来，坚决与帝国主义割断关系。①

人民政府组织佛教界人士学习时事政治，使他们适应新社会的要求。贵阳以黔明寺为中心，组织僧尼及部分居士学习党的宗教政策。并由怀一主讲“社会发展史”。佛教徒积极参加各种社会政治活动。1951 年 10 月 5 日《新黔日报》报道：贵阳市佛教界于今年 4 月组成学习委员会后，僧尼和部分信徒 300 余人参加了学习，分成 9 个小组，经过数月来的学习，思想有很大进步，各学习组都订立了爱国公约和增产捐献计划，并组织增产捐献委员会和爱国公约检查组来领导，推动这项工作。②

人民政府主管部门加强对信教人员的思想教育，向他们反复讲解人的贫穷富贵应该用阶级观点来认识和分析，穷富并非命中注定。穷是因为受官僚的压迫和地主资本家的剥削，富人是靠敲诈和盘剥穷人而富的。“劳动创造幸福”，这是古训。不能把自己的命运寄托在神灵保佑之上，只有彻底消灭剥削制度，批判迷信观念，摆脱神灵意识的束缚，参与社会实践，把自己的命运与国家的命运紧密联系在一起，才有自己美好的未来。③

二、融入社会，积极参政议政

1955 年 2 月 20 日，怀一被推荐为贵州省政协第一届委员。后各届委员会都有佛教界代表人士参加。一些市、县人民代表大会代表和政协委员中都有佛教人士。政协经常组织委员学习，宗教界人士积极参加。内容有时事报告、学习有关文件等。目的是了解形势政策，通过讨论，相互启发，取长补短，求得共同提高。那时的学习是有收获的。但在“左”的影响下，人们心存顾虑，有些人事先写好发言稿，届时照本宣科。④

---

① 中共贵阳市委党史研究委员会、贵阳市政协文史资料研究委员会：《回顾贵阳解放》，1984，第 160 页。

② 同上。

③ 杨必忠：《五十年代宗教统战工作回顾》，载中共黄平县委党史研究室编：《黄平解放四十周年》（1949–1989），1991，第 202 页。

④ 贵阳市政协文史资料委员会编：《贵阳文史资料选辑·贵阳市政协成立四十周年纪念专辑》，1995，第 255 页。

1957 年 7 月，省宗教处召开贵州省第一次佛教界人士代表会议，学习宗教政策，30 位代表出席。在反右派斗争的形势下，按照政府有关部门的部署，在汉族宗教界开展了社会主义教育。

中国佛教协会在 1958 年 1 月 –5 月，集中相关省市的汉族佛教界代表和工作人员，分别在北京、上海、武汉、西安、成都举行社会主义学习座谈会。3 月 1 日 –4 月 13 日，云贵川三省汉民族佛教界社会主义学习会，在成都举行。通过学习，到会的绝大部分代表明确了：佛教徒必须和全国人民一样，在共产党领导下，坚定不移地走社会主义道路，提高辨别大是大非的能力，从而增进了对于伟大祖国的热爱，提高了对于社会主义美好前景的认识。学习座谈会结束后，各地分层进行了传达和讨论，帮助佛教徒提高了爱国主义和社会主义觉悟。会后发表了《决议》。1958 年 5 月 29 日 –6 月 30 日，贵阳市佛教界举行社会主义学习会，内容为“中国共产党的领导和走社会主义道路问题”。9 月 24 日 –10 月 17 日，遵义专区佛教界 26 人在遵义市（红花岗区）忠庄庙举行首次社会主义学习会。

1959 年 7 月 27 日，贵阳市宗教事务处组织宗教界人士参观工农业生产建设，旨在通过形象化的参观，对他们进行一次社会主义、共产主义和爱国主义的教育。共有 48 人参加，多系宗教职业者。这次参观活动历时 6 天，先后到了贵阳市几家较大的厂矿、农场、人民公社，还安排乘坐火车沿途参观。①

1960 年 3 月 4–11 日，为了揭露国民党反动派和封建势力利用佛教进行罪恶活动，贵阳市宗教事务处通过佛教协会召开部分僧尼和佛教上层人士学习座谈会，41 人参加会议，其中僧众 11 人，尼众 23 人，居士 7 人。通过座谈，与会僧尼一致表示要划清敌我界限，站稳立场，做一个爱国守法的佛教徒。②

1964 年 4 月 17–30 日，贵阳市宗教事务处召开佛教、道教人士参加的

① 中共贵阳市委统战部研究室编：《贵阳市统一战线工作大事记》（1949.11–1956.12）（修订稿），1990，第 33–34 页。

② 中共贵阳市委统战部研究室编：《贵阳市统一战线工作大事记》（1949.11–1956.12）（修订稿），1990，第 41 页。

社会主义教育学习会，到会54人。①

第二节　自食其力，发展生产

1951年9月，贵阳僧尼在学习中，受到基督教“三自”革新运动的启发，组织了“贵阳市佛教革新委员会”，主任为怀一，副主任为朝悟、慧海（后由传学继任副主任）。贵阳市佛教革新委员会认为：佛教与基督教不同，佛教的“革新”主要是使僧尼通过劳动，逐步成为自食其力的劳动者。同时根据外省僧尼组织生产的经验，初定不搞大型生产组织，先办小型的，逐步摸索总结经验。贵阳佛教生产组织分为农业、手工业和服务业三个方面。

一、农业生产

1950年，贵阳市东山栖霞寺10余名僧人，在山脚茅蓬成立农业组，负责人为朝悟（后为莫运钢），进行开荒生产。1951年，大觉精舍住持怀一带领学生能安等6人在华家山开荒生产，种植花椰菜、豌豆、番茄、土豆、红薯等，成效明显。同年，螺丝山、扶风寺方丈慧海与师弟慧常等在花果园开垦荒地，种植粮食、蔬菜。1952年上半年，圣中等人创办佛慈农场，组织僧、尼15人在六冲关开荒，试种旱谷成功。后得到政府贷款支持，购置了耕牛等，使生产得以发展。1960年，市佛教协会与基督教“三自”爱国会联合，在油榨街观音洞（后迁茶店清风寺）开办“清风农牧场”。贵阳市佛教协会莫运钢任经理，市基督教“三自”爱国会赵立教任副经理，发展养殖业（养鸡、兔）、种植业（种小麦、玉米、红薯、土豆及其他蔬菜）。1964年，政府号召种植棉花，贵阳市佛协工作人员积极响应，在兴隆东巷普贤庵园地试种棉花获得成功，后与基督教界在花果园一带开垦土地，扩大棉花种植，皮棉交售给土产公司，得到了布票奖励。

新中国成立后，遵义市（今红花岗区）寺院多为学校、医院等单位使用，

---

① 中共贵阳市委统战部研究室编：《贵阳市统一战线工作大事记》（1949.11–1956.12）（修订稿），1990，第74页。

绝大部分僧尼从事生产劳动，成为自食其力的劳动者。至1960年时，市区原来的50名僧尼，到工厂9人，从事饮食行业11人，从事种植业30人。

贵州农村的广大僧尼，以宗教职业者身份参加了土地改革运动，与普通农民一样分得了土地，并将多余的寺院财产交给农会，分给无地或少地的农民。1949年，遵义全县有僧尼756人，在土地改革中，将寺院田产分给农民，结束了依靠土地放佃的封建寺院经济。僧尼参加劳动，成为自食其力的劳动者。①

独山县1949年初有僧尼50余名，他们响应人民政府的号召，积极参加社会主义建设。土地改革中，政府按政策征收寺院土地。僧尼参加土改，分得土地。②

1949年，黔西县尚存寺院64座，僧、尼65人。土地改革中，僧、尼分到了土地的从事农业生产，部分还俗从事其他职业，有的从事医务、商业等。都靠自己劳动为主，没有单纯从事佛教事业的僧尼。③

省宗教处于1960年调查了25个县、市僧尼状况，在1385名僧尼中，有1147人从事农业生产，167人从事商业，63人从事手工业生产，占总数的99.4%。

二、手工业生产

1950年，贵阳市东山栖霞寺僧众成立工业组，朝悟任负责人，由果元教参加工业组的10余名僧人织毛巾技术。同年，在次南门协天宫成立工农织布生产社，负责人朝悟、莫运钢，参加人员有演妙、修圆、觉如等20余人。同期黔明寺组织织布生产，有10多名尼众参加。1952年永祥、法智、传清等僧尼在都市路准提庵集资成立“佛新织袜社”（后迁小河巷观音庵。1955年迁黔明寺），怀一任经理，莫运钢、宗悟、镜明（尼）任副经理。

① 贵州省遵义县县志编纂委员会编著：《遵义县志》，贵州人民出版社，1992，第1018–1019页。

② 邓善渠、王维儒：《独山佛教概略》，载政协独山县委员会文史资料研究委员编：《独山文史资料选辑》（第7辑），1988，第95页。

③ 黔西县志编写委员会编：《黔西县志》，贵州人民出版社，1990，第604页。政办贵州省黔西县委员会编：《黔西县政协志》，贵州人民出版社，2007，第368页。

从业人员近 20 人（以 20 元为一股，无钱入股的，可以免去）。在政府宗教事务部门支持下，由国家给予贷款，使生产得到发展。产品有纱袜、背心等，经营方式起初为自产自销（由永祥等将产品运至郊区朱昌等地场坝推销），后为加工订货，产品由国家下达计划。1952 年，僧尼入股集资在都市路准提庵成立“佛新织布社”，镜明（尼）任经理，莫运钢、怀一、宗悟任副经理。参加人员有道方、道光、慧常、香云、演妙等。有织布机两部，请黄平安教僧尼织布技术。向政府贷款支持生产，使生产顺利进行（先为加工，后为自产自销），宗悟等负责人经常到各地推销产品。1956 年合并至十一织布社（后改为南明棉织厂）。1952 年上半年在电台街慈云寺，由僧尼集股组成“佛慈手工业社”，经理圣中，副经理海伦。从业人员有福松、如仙、满成、通海、理智等 25 人。1956 年合并到和平棉织厂。1953 年，黔明寺僧众在宗教事务部门贷棉纱支持下，组成“奋迅织袜社”，由觉正负责。1956 年合作化运动中，合并到南明针织厂（后改为贵阳针织厂）。1958 年由镜明（尼）在富水北路觉园组织“觉园生产自救小组”，开展缝纫业务，参加人员有海印、妙成、传胜、道心、心德、道融等。1964 年 12 月合并到中中服务站（后改中中服装厂）。1953 年东山栖霞寺僧众开始办茶室，宗满任组长（后为经理），从业人员有方广、方才、悟贵、普济、海伦等近 20 人，主要是卖凉粉、凉面。1954 年改为经营茶水和豆花饭，后逐步扩大素食品种，因价格便宜，饭菜丰盛，颇受顾客欢迎。香脆可口的油炸锅巴，尤为游人所称道。每逢节假日，众多游人上山览胜，来此饮茶，品尝素食。1956 年公私合营后，经营范围扩大，还承办素席等。1958 年黔明寺开办黔明食堂，负责人真敏。对外经营素食，周围单位众多职工在此搭伙，方便了群众的生活。1963 年，市佛教协会整修富水北路觉园街房，开办豆花饭店，由通明负责。参加人员有法融、妙光、永慧、众清、海松、莲法等。经营豆花饭、素菜等（1965 年移交饮食公司经营）。①

贵阳一些寺院僧人自谋生计，如黔灵山的僧人卖饭，东山僧人弹棉花。

---

① 魏觉民：《建国后贵阳佛教僧尼的劳动生产》，载政协贵阳市南明区委员会文史办公室编：《南明文史资料选辑》（第 5 辑），1987，第 52–58 页。

每当他们生活有困难，由人民政协补助一些钱。[①]1960年清明节时任省文化局副局长的田兵游览黔灵山时，还品尝了“僧人卖的素斋和有名的豆花饭”。[②]部分僧人从事商业、小手工业及其他职业，70%的僧尼走上自食其力的道路。

第三节　“文化大革命”对贵州佛教的阻滞

“文化大革命”中，仍有一些僧尼坚守在寺院中，如安顺地区东林寺定安、慧元，顶佛寺禅安，紫桐阁静空，云鹫山莲静；遵义回龙寺道毫、亮清、真云，白云寺印奎，观音寺的香仲，湘山寺的本法等。[③]有的僧尼仍暗中传教收徒。如1976年8月，印江太平寺慧松（尼）收新场公社张春婵为徒。在太平寺，按照佛门规矩，举行了仪式。[④]1976年，施秉县六合乡冰洞村溪寨苗族群众，集资修复飞山庙。[⑤]

“文化大革命”中后期，僧人万容到梵净山天庆寺，对颓废的寺院重新清理，续其香火。[⑥]

“文化大革命”中德江县所有庙宇、祠堂全部撤毁，但民间崇拜释迦牟尼佛和观音菩萨的人还相当普遍。每年逢释迦牟尼诞辰、成道日、涅槃日和观音菩萨诞辰日、渡海修行日、成道日，以及地藏王诞辰日，宗教职业者要到旧庙所在地为上香者填写申表文书，举行朝佛法事。特别是六七月间，朝山拜佛之风仍然盛行。如城关区的大龙阡、木垭寺，文新区的仙

---

① 邓见宽：《在贵阳市政协工作时二三事》，载政协贵州省贵阳市委员会文史资料研究委员会编：《贵阳文史资料选辑》（第27、28辑），1989，第189页。

② 田兵：《黔灵山》，载田兵、李独清等编：《贵州名胜古迹》（第1辑），贵州人民出版社，1980，第11页。

③ 释慧海：《贵州佛教概述》，载政协贵阳市云岩区委员会学习文史资料委员会编：《云岩文史资料选辑》（第15辑），1994，第309页。

④ 文志高：《梵天佛地》，贵州人民出版社，2000，第157页。

⑤ 成文魁、刘正国：《溪口苗族飞山庙》，载政协施秉县文史资料委员会编：《施秉文史资料》（第6辑）（原书无印刷时间），第100页。

⑥ 铜仁政协编著：《中国梵净山佛教文化文物研究》，贵州人民出版社，2011，第17页。

山寺、回龙寺，平原区的长春洞、天皈寺，潮砥区的铜鼓衙，稳坪区的枫香坝、火炮顶等旧有寺院的地点，朝山拜佛的人络绎不绝。[①]

① 德江县地方志编纂委员会编：《德江县志》，贵州人民出版社，1994，第901页。

第四章　贵州佛教中国化现状

第一节　增强政治认同，坚持正确方向

1988 年 5 月，省佛教协会成立后，在统战、宗教部门领导下，省佛协领导带队多次到各市（州、地）进行调查了解，与有关方面进行座谈，听取意见，并将情况向当地宗教事务部门汇报，提出处理意见、建议，促进房产政策落实。各地佛教协会加强对寺院组织的教务指导，协调关系，促进团结，支持各地佛教寺院组织办好教务，搞好自身建设，健全管理制度，严肃清规戒律，纯正道风，提高佛教徒整体素质。

1990 年以后，各地出现了一些未经政府主管部门批准而建立的寺院，这些寺院，真正是佛教徒参与的为数不多，大部分是一些单位和个人利欲熏心，不择手段借佛敛财，与佛教界争利。这不但使佛教蒙受不白之冤，而且还破坏了佛教的纯正，侵犯了佛教界的合法权益，佛教界对此十分不满，多次要求政府严加扼制，刹住此风，加强管理，以确保宗教领域内的稳定。1996 年省委办公厅、省政府办公厅联合下发了《关于制止滥建寺院的紧急通知》，贵州佛教界坚决贯彻执行通知精神，积极协助政府制止滥建寺院。省佛协在《贵州佛教》发表文章《贯彻省委、省政府通知精神，坚决刹住滥建寺院歪风》，文章指出：省委办公厅、省政府办公厅关于制止滥建寺院的决定，符合广大佛教信徒心愿，是通过行政手段来驱除非法、保护合法。作为佛教徒一定要认真学习和贯彻，把制止滥建寺院的工作做好，以实际行动推动我省佛教界的精神文明建设。通过制止滥建寺院，增强法制意识，使佛教活动逐步纳入法治轨道，使僧尼和信教群众知道宗教必须在法律范围之内正常活动。省佛协将“协助政府做好制止滥建寺院和露天大佛”工作列入 1997 年度工作计划，要求全省佛教界积极宣传中央和省的有关文件

精神，教育佛教界人士区分正误，对滥建寺院不仅不支持不参与，还要协助政府做好取缔工作，抵制利用佛教进行的各种违法活动，维护佛教界的合法权益。由于各级政府重视和佛教界的积极配合，到1997年底全省共清理滥建寺院1004座。1997年4月25日，贵阳市佛教协会第五次代表会议通过《关于寺院管理的若干规定（修订稿）》，对管理体制与寺院组织、僧众学修与佛事活动、收徒传戒与僧团管理、僧才培育与学术研究、生产服务与布施佛事管理、接待外宾与海外联谊、文物保护与物资管理、治安消防与清洁卫生等，做了详细规定。2008年上半年，铜仁地区佛教协会组织人员深入松桃县6个宗教活动场所讲解佛教知识，规范寺院设施设置，道风建设得到了进一步加强。

近年来，贵州省各地佛教团体和寺院，积极开展爱国主义学习教育活动，发扬佛教爱国优良传统。按照“创建和谐寺观教堂”活动的要求，认真组织学习《宪法》《国旗法》等相关法律法规，积极响应中国佛教协会《关于在宗教活动场所升挂国旗的倡议》，省佛协发出《关于在宗教活动场所升挂国旗的倡议》和《关于在佛教界开展以“不忘初心、爱国守法、助力新时代、共筑中国梦”为主题的爱国主义学习教育活动倡议》，开展爱国主义学习教育活动，要求全省佛教界广泛开展规范庄严的升挂国旗活动，学习国旗知识和礼仪，学习国旗所承载的英雄先烈事迹，学习国旗所蕴含的爱国和奋斗精神，深刻理解在佛教活动场所升挂国旗的重要意义。通过学习，培养和激发僧众与信教群众爱国热情、爱国情操，展现佛教界在新时代始终与伟大祖国同呼吸共命运的精神面貌。

贯彻落实全国宗教工作会议精神，引领全省佛教界自觉抵制商业化不良影响。全面贯彻落实国家宗教局等十二部门联合发布的《关于进一步治理佛教道教商业化问题的若干意见》以及中国佛教协会《关于自觉抵制佛教领域商业化不良影响的通知》，要求全省佛教界提高佛教教职人员爱国爱教、正信正行的思想觉悟，正确面对“商业化”，自觉抵制“商业化”的侵蚀，依法依规管理佛教、维护佛教界的合法权益。

2020年12月8日上午，“贵州省佛教中国化研讨会”在贵阳市召开，共收到学术论文20篇。贵州大学哲学与社会发展学院教授、博士生导师、贵州省宗教学会会长张连顺作贵州佛教中国化的主题发言。贵州省佛协会长妙果法师及副会长通植法师、藏青法师分别就佛教的历史传承、佛教文化如何与中国文化相融合、前代佛教高僧如何进行佛教中国化的实践、坚持佛教中国化的重要意义、传承中国优秀传统文化推进佛教文化建设、佛教开展慈善公益事业、构建具有新时代中国特色的佛教思想体系及对佛教中国化的认识和理解等方面在研讨会上进行全面阐述。贵州大学历史与民族文化学院张明副教授，贵州省社科院副研究员、博士赵玉娇，贵州财经大学副教授、博士冯相磊，铜仁市委统战部原副部长刘先和，贵州省宗教学会常务副会长纳光舜等专家学者分别就贵州梵净山佛教文化与多元文化融合发展、文化融合视域下佛教中国化的地方性实践、佛教中国化的路径——以佛教在贵州发展为例及坚持佛教中国化应当着力做好的三项工作等在研讨会上进行全面阐述，最后由贵州宗教学会常务副会长纳光舜对研讨会进行总结发言。

研讨会的主要学术观点有三方面：第一，坚持佛教中国化方向的重要意义和基本内涵。坚持我国宗教中国化方向，是党中央关于宗教工作的新理念、新思想和新要求，是积极引导宗教与社会主义社会相适应和全面提高新形势下宗教工作水平的重要任务，是推动解决宗教领域突出问题的战略举措，是充分发挥宗教积极作用的关键所在。坚持我国宗教中国化方向，对正确处理我国宗教问题具有重大的现实意义和深远的历史意义。我国宗教坚持中国化方向，要以社会主义核心价值观为引领，浸润中华文化，充实时代内容，走与社会主义社会相适应的道路。坚持我国宗教中国化方向是构建积极健康宗教关系的基础，不仅涉及党的方针政策的贯彻，还涉及许多具体工作，值得认真研究。与会代表对贵州佛教坚持中国化方向予以积极关注，并进行深入探索，加深了对贵州佛教坚持中国化的认识。第二，佛教团体如何积极推进贵州佛教中国化。近年来，贵州佛教在坚持中国化方向方面，做了许多工作，取得了明显成绩。参会论文在如何进一步推进贵州佛教中国化方面做了积极探讨。释妙果提出，应当做好七个方面的工作：即一是强化政治认同，确保贵州佛教中国化始终沿着正确的政治方向前进；二是坚持与时俱进，构建具有新时代中国特色的佛教思想体系；三是弘扬正信正见，抓好信仰建设和道风建设；四是加强制度建设，推动寺院管理现代转型；五是重视人才培养；六是吸收中华优秀传统文化，促进佛教文化建设；七是开展公益慈善事业，积极履行社会责任。第三，顺应新时代要求，探寻贵州佛教中国化的路径。要做好这项工作，必须大力开展理论探讨，从多方面推进。会议论文在这方面也进行了深入讨论。

2021 年 5 月 28 日，贵州省佛教协会联合贵阳市佛教协会、遵义市佛教协会开展“学党史、感党恩、听党话、跟党走”现场教学实践体验活动，全省佛教界代表人士 70 余人参加。在播州区枫香镇，大家参观了苟坝会议会址，驻足瞻仰革命文物，重走“毛泽东小道”，聆听现场教学讲解，实地感悟毛泽东用马克思主义照亮中国革命的伟大意义和中国共产党人坚持真理、修正错误的博大胸怀及非凡的自我革命精神。专题座谈会上，大家听取了花茂村脱贫攻坚成果及乡村振兴未来规划介绍，并组织开展讨论交流。此次现场教学实践体验活动使大家进一步增强了对伟大祖国、中华民族、中华文化、中国共产党和中国特色社会主义的认同，纷纷表示，要始终坚持我国宗教中国化方向，努力做好各项工作。

第二节　积极适应社会，服务社会

开展公益慈善事业，助力脱贫攻坚。无缘大慈，同体大悲，扶贫济困一直都是佛教的优良传统。贵州省佛教界发扬佛教热心公益、扶贫济困、自利利他的传统，积极支援国家经济建设，植树造林，保护环境，参与“希望工程”、扶贫、救灾等社会公益事业。

一、捐资助学

1988–1995 年，贵阳弘福寺为希望工程、残疾人福利基金和为抗洪救灾等捐款 30 余万元。其中，1990 年，弘福寺资助平坝县下坝希望小学两万元；1992 年 6 月弘福寺为乌当区水田镇贫困学生捐赠 3 万元。1995 年，贵阳弘福寺担负了 5 名少数民族特困大学生的在读期间学费共计 8 万元。

1993 年 8 月，贵州省和贵阳市佛教协会负责人考察党武乡、燕楼乡部分小学。贵阳弘福寺、黔明寺、觉圆尼庵捐资 4.5 万元，帮助摆门小学和嘎多小学完善教学设施。1993–1995 年，贵阳觉园为花溪区和乌当区贫困山村学校捐款 2 万元，向麻山等地捐款 0.7 万元。

1996–2008 年的 12 年间，铜仁市回龙寺为 20 余名家庭贫困的大学生捐款 5 万余元；为受灾群众捐款 4 万元；为铜仁市茶店一个村寻找水源和安装水管捐资 16 万元。

2000 年 7 月 16–18 日，浙江省宁波市政协、市委统战部、宗教事务局领导和七塔禅院僧众一行 9 人，到岑巩县参加由七塔禅院捐资 40 万元修建岑巩二中（现岑巩中学）报恩教学楼的奠基仪式。新教学楼于 2001 年 8 月交付使用。

2005 年 6 月，经遵义湘山寺住持联系，江苏无锡灵山祥符禅寺无相到湄潭县抄乐镇、凤冈县绥阳镇考察，当看到学校校舍破旧不堪，已成危房时，当即决定捐资 60 万元修建两所新的希望小学。2006 年 6 月 15 日举行落成典礼。无相一行在遵义市政协主席周大新陪同下，专程为两校师生送去电脑、复印机等教学用品及各种书籍。贵阳弘福寺、黔明寺和遵义湘山寺捐资修建了 4 所“希望小学”，担负了部分少数民族特困生的学费，并多次为灾区和救助下岗职工捐款、捐物，三项经费总额达 800 多万元。截至 2013 年 12 月，由贵州佛教界捐资或通过贵州佛教界联系捐建的“希望小学”已达 200 余所，“希望中学”3 所。

2010 年，省佛协组织全省佛教界弘扬慈悲济世精神，积极投身各项社会公益慈善事业，全年捐款共计 163.3 万元。其中，贵阳弘福寺、黔明寺、西普陀寺、觉圆禅寺向“同心工程”“和谐促进”活动捐款 82.2 万元；向望谟县特大洪灾受灾群众捐款 15.5 万元。遵义湘山寺向社会捐款 65.6 万元，分别用于湄潭县黄家坝镇沙坝村人畜饮水工程（10 万元），资助湄潭县高级中学贫困生（4 万元），务川仡佬族苗族自治县砚山镇街道改造、丰乐镇毛坝村修建村级公路（8 万元），务川仡佬族苗族自治县大坪镇龙潭小学购置电脑（0.6 万元），仁怀市合马镇联合村危房改造（3 万元），正安县斑竹乡旦坪村受地质灾害移民搬迁（20 万元）。

2013 年 9 月 17 日，为帮助六盘水市钟山区钟山第二小学更好地开展少儿读书活动，灵山寺住持祖定法师向钟山第二小学捐赠了《弟子规》《增广贤文》等书籍 2500 册。希望让更多的孩子们有了解中华传统文化的机会，开拓其阅读视野，增长知识的同时提高他们的心智。

2014年12月，安龙县佛教圆通寺在笃山乡拉坡村云立小学开展捐资助学及关爱老人活动，捐助该小学18名品学兼优的贫困学子和2名笃山中学学生，鼓励学生克服困难，好好学习，从小树立报效祖国的志向。

2015年，贵阳市白云区西普陀寺观音慈善功德会在会长藏青法师带领下，向金沙、黔西、贞丰、石阡、毕节市七星关区80位贫困学子发放爱心捐款15万元，向贵州省教育发展基金会、脑瘫儿家庭、安顺镇宁受灾寺院、环卫工人、贫困患病人士、云南丽江贫困山区捐款捐物达20万元，同时在毕节市七星关区建立留守儿童爱心家园，向留守儿童爱心家园捐赠电脑、书籍、文具、玩具、衣物，向金沙县新华小学、大方县黄泥小学等捐款捐物达20万元。① 同年11月，贵州省佛教协会、贵阳市佛教协会和西普陀观音慈善功德会赴毕节市金沙县新化乡双井学校开展捐赠助学活动。金沙县民宗局、新化乡、双井村支两委有关负责人，双井学校全体师生参加捐赠活动。捐赠仪式上，向该校捐赠乒乓球台3套，电脑3台，打印机1台，学生校服331套。佛教界捐助边远贫困落后学校学子的义举，产生了良好的社会影响，树立了宗教的良好形象。

2016年，白云区西普陀寺观音慈善功德会为纳雍县四中高二贫困学生捐款捐物价值8000元；为金沙县新华乡民族学校、大方县黄泥乡云峰小学560名学生捐赠冬衣价值13万元。②2017年6月14日，到白云区牛场乡民族中学，向牛场乡民族中学爱心书屋捐款5万元。9月23日，西普陀寺观音慈善功德会往黔南州罗甸县沫阳镇小学开展助学帮扶活动，向沫阳镇小学贫困学生捐款捐物共计4万元。③

2014–2019年，毕节市佛教界积极参与助学、救灾、看望慰问孤寡老弱病残等公益慈善活动，共捐助现金22万余元、大米7000余斤、菜油4000余斤。六盘水市佛教协会每年组织全市各宗教活动场所开展以“慈悲

---

① 贵阳市白云区地方志编纂委员会办公室、《贵阳白云年鉴》编辑部编：《贵阳白云年鉴·2016》，新华出版社，2016，第70页。

② 贵阳市白云区地方志编纂委员会办公室、《贵阳白云年鉴》编辑部编：《贵阳白云年鉴·2017》，新华出版社，2017，第83页。

③ 贵阳市白云区地方志编纂委员会办公室、《贵阳白云年鉴》编辑部编：《贵阳白云年鉴·2018》，新华出版社，2018，第78页。

济世，扶贫济困”为主题的佛教慈善活动。据统计，2014–2019 年，六盘水市佛协共为贫困学生、孤寡老人筹募善款现金人民币逾 40 万元。毕节市佛教界积极参与助学、救灾、看望慰问孤寡老弱病残等公益慈善活动，共捐助现金 22 万余元、大米 7000 余斤、菜油 4000 余斤。

二、扶贫济困

扶贫济困是佛教界开展的一项经常性的工作。省佛协及各地佛协积极号召有一定经济实力的佛教团体、寺院参与社会公益慈善事业。其中贵阳弘福寺、贵阳黔明寺、觉圆尼庵、西普陀寺、清镇巢凤寺、遵义湘山寺、白云寺、安顺东林寺等寺院，以解决当地下岗职工，低保户到寺院就业，为孤残人士送米、油等物品，帮助改善他们的生活，为创建和谐社会，助力脱贫攻坚，发挥了积极作用。

1987 年，桐梓县降龙寺住持寂超，了解到当地一名姓夏的农民生病无钱医治，寺院出钱请来医生给他看病。

1995 年，遵义县青龙寺为解决当地村民出行难问题，出资 1.2 万元，群众投工投劳，寺院尼众也参与，共同完成 3 公里进村公路修建，方便了村民出行。

1997 年 4 月 30 日，江西省九江市庐山铁佛寺方丈释妙乐（尼），率弟子 20 余人到仁怀市，向仁怀市捐款 100 万元和一辆桑塔纳轿车，用于扶贫攻坚、旅游开发和希望工程。此前妙乐已向仁怀市捐款 4 万余元，用于完善仁怀市批准开放的宗教场所。5 月 5 日，省委常委、副省长袁荣贵会见妙乐一行。袁荣贵代表省政府对妙乐的义举表示感谢，并向她介绍贵州省扶贫攻坚情况。

1998 年，铜仁梵净山镇国寺、铜仁市（碧江区）响龙寺、回龙寺和德江县天主教爱国会等寺观教堂资助敬老院 0.5 万元；捐资 6.2 万元，修路 2.5 公里；捐资 2.7 万元，修建 85 平方米公厕 1 个；支援灾区 2 万元，捐物 296 件；义务为民治疗看病 98 人 / 次；植树造林绿化环境 2.5 亩，种树 550 棵。

2001–2004 年，贵阳黔明寺积极响应中共贵阳市委、市政府改造农村茅草房的决定，捐资 17 万元，解决近 60 户的农民住房问题。2001–2009 年，铜仁梵净山镇国寺用于扶贫救灾、帮助群众修桥补路、资助敬老院等慈善事业的款项为40余万元。其中，为江口闵孝建钢混结构桥一座，解决了群众过河难问题。

2002–2007年，遵义县佛教协会发扬爱国爱教精神，组织寺院开展扶贫济困工作，筹集60万余元经费用于扶贫和救灾。2002–2010年，金沙县天宁寺为平坝等地建桥修路捐资11.28万元，为3名贫困大学生捐款3.2万元，为受灾地区捐款1.05万元。

2016年，贵阳市白云区西普陀寺观音慈善功德会向因病住院的贫困教师、残疾人等捐助1.6万余元；向紫云自治县火花镇九岭村和毕节市百里杜鹃管委会金坡乡贫困户捐款12.3万元。①

2017年，西普陀寺观音慈善功德会，向因病住院的贫困家庭捐款3.7万元。②

2018年9月，黔南州都匀市墨冲镇同心村与巢凤寺联系，希望寺院能帮助解决部分产品销售问题。巢凤寺住持通植法师同意通过巢凤寺素食产品的品牌优势，带动当地农产品的初加工和深加工，精准识别，发展农村特色商品，以此带领全村群众脱贫致富。

2019年4月，贵州省佛教协会联系广东省佛教协会常务副会长宏满法师帮扶赤水市贫困学校资金40万元。

据不完全统计，2015年以来，全省佛教界开展公益慈善活动捐款捐物折合人民币1061.3万元，自然灾害面前，基本做到有灾害的地方就有佛教界的身影。

三、积极参与赈灾活动

2008年初，贵州遭受特大凝冻灾害。省佛教协会及时与天津、上海、福建、浙江等省、直辖市及香港地区佛教界联系，共同救助灾区。2月14日，香港佛教三德弘法中心主席净雄亲赴贵阳，向开阳县灾区群众捐赠了20万人民币。20日，厦门市佛教协会常务副会长定恒等代表厦门市佛教协会将

① 贵阳市白云区地方志编纂委员会办公室、《贵阳白云年鉴》编辑部编：《贵阳白云年鉴·2017》，新华出版社，2017，第83页。

② 贵阳市白云区地方志编纂委员会办公室、《贵阳白云年鉴》编辑部编：《贵阳白云年鉴·2018》，新华出版社，2018，第78页。

40万元专项救灾款送修文县和息烽县。22日，上海市龙华寺、苏州寒山寺、贵阳弘福寺各向都匀灾区捐款10万元。28日，天津市佛教慈善基金会会长、天津市荐福观音寺住持妙贤向花溪灾区捐款10万元。同月，浙江普陀山佛协戒忍捐助的5万元、深圳弘法寺捐助的30万元、河北省佛协捐助的5万元，也相继送往贵州灾区。3月20日，世界僧伽会副秘书长、印尼大枞山西禅寺方丈、新加坡佛教界代表慧雄向雷山县灾区捐款30万元人民币。仅一个月，贵州佛教界共为灾区群众重建家园筹集善款248万元。“5·12”汶川大地震发生后，弘福寺于5月17日举行为地震灾区群众祈福献爱心大法会暨向地震灾区捐款仪式，共计募捐善款34万元。5月29日，中国佛教协会为汶川特大地震灾区祈福追荐赈灾大法会在四川成都宝光寺隆重举行。法会现场举行赈灾活动，贵阳弘福寺捐款50万元。

2014年8月12日，由安顺市佛教协会动员倡议全市佛教界发扬“一方有难、八方支援”的传统美德，在圆通寺举行了“为云南鲁甸地震捐赠及超度祈福法会”。全市30余所佛教寺院90多位佛教教职人员及居士、信教群众纷纷伸出援助之手，慷慨解囊，踊跃捐款，当天共向云南鲁甸地震灾区捐款5.27万元。

2020年新冠肺炎疫情发生以来，全省佛教团体和寺院积极捐款捐物，为新冠疫情防控贡献力量，累计捐款260余万元，各寺院向当地群众捐赠了大量口罩、消毒液等物品。

第三节　积极推进佛教教职人员培养

做好佛教教育工作，推动佛教人才建设，提升佛教教职人员综合素质。

一、举办传戒法会

1999年，经省宗教事务局和中国佛教协会批准，省佛教协会在贵阳黔灵山弘福寺、乌当下埔回龙寺举办二部僧传戒法会。全国20个省、市、自治区的553名僧尼前来参加（其中僧众303人、尼众250人）。贵州有200多名僧尼受戒。传戒法会从6月8日（农历四月十五日）开始，为期1

个月。此次传戒法会按照中国佛协《汉传佛教寺院传授三坛大戒管理办法》分别在贵阳黔灵山弘福寺、乌当下埔回龙寺举行。对受戒人员进行了严格把关，保证受戒人员的资质符合有关规定。经中国佛协派员进行审查后，为完全符合条件的519名僧尼（其中僧286人，尼233人）发了戒牒。法会自始至终得到中国佛协、省宗教事务局的关心和大力支持，并礼请了省内外名僧担任此次法会的三师七证。这次传戒，对提高全省僧尼素质，加强寺院管理有积极作用。

二、抓好僧尼培训

为了做好尼众培养工作，省佛协在乌当下埔回龙寺举办贵阳尼众培训班。1996年9月16日，举行了隆重的开学典礼。典礼由贵阳尼众培训班负责人藏青法师主持，省委统战部胡隆芬副部长，省佛协会长、尼众培训班创办人慧海，贵阳市委统战部、市宗教局、市佛协，以及乌当区委统战部、区宗教局负责人到会祝贺并讲话。贵阳尼众培训班学制3年，开设佛学基础、佛学理论、佛教经典、宗教政策法规、书法等课程。每期招生20名（贵阳尼众培训班后来因故停办）。同期，省佛协会长慧海在弘福寺开办僧伽培训班，培训青年僧人。学员20余人，由弘福寺安排佛学院毕业生授课。

2000年9月14–16日，贵州省佛教教职人员培训班在贵阳举行。来自全省各地60余名佛教教职人员参加培训。培训重点学习了《习近平新时代中国特色社会主义思想暨新时期党的宗教工作》《党的十九届四中全会精神解读》《宗教政策法规解读》《宗教活动场所规范化管理》《全国汉传佛教管理办法》《全国汉传佛教寺院传授三坛大戒管理办法》等课程，并就《贵州省佛教团体管理办法》《贵州省佛教教职人员资格认定办法》两个征求意见稿进行分组讨论，广泛征求修改建议。培训期间，还集中进行了宗教政策基础知识现场测试。本次培训对全体参训人员不断提高爱国主义思想认识，坚定爱国主义思想基础，弘扬当代爱国主义精神；坚持佛教中国化方向，积极探索佛教中国化的贵州实践；着力强化法治观念，自觉遵守法律法规，做爱国爱教、遵纪守法的典范；切实加强道风建设，始终坚持“以戒为师、正信正行”等有重要意义。

举办佛教讲经交流会也是提升僧尼素质的一种有效形式。通过开展全省佛教讲经交流活动，对进一步提高佛教教职人员讲经说法的水平和能力、积极培养佛教僧才具有重要意义。譬如，2016 年 12 月 2–4 日，贵州省 2016 年佛教讲经交流会在清镇市巢凤寺举行，讲经交流会由贵州省佛教协会、贵阳佛教协会主办，清镇东山巢凤寺承办。来自全省各市州及各寺院 9 位青年法师参加了讲经交流会。本次讲经交流会以“慈悲圆融宏博”为主题，依据《金刚般若波罗蜜经》《般若波罗蜜多心经》《佛说阿弥陀经》《六祖坛经》《佛说四十二章经》《佛说八大人觉经》《善生经》《地藏菩萨本愿经》等佛教经典，讲经法师从“如何安住身心”“如何依教修学”“如何利益众生”三个方向展开论述，呈现了九场殊胜法筵，每场讲经后，点评老师进行了精彩点评。

按照“创建和谐寺观教堂”活动和“八个一”活动要求，省佛教协会配合各级统战、民族宗教工作部门，把佛教人才培养作为加强佛教团体建设重点来抓。一是按照政治上靠得住、品德上能服众、学识上有造诣、关键时起作用的标准发现和培养人才；二是有重点、有计划地将一些年轻教职人员选拔到相关院校学习。五年来，本会选派省内各级佛教协会会长、副会长、寺院住持及佛教界代表人士参加中央统战部在中央社会主义学院、培训中心，及各地举行的研讨班、研习班等学习和培训约 230 人次；在省内培训佛教寺院住持及教职人员培训班共 10 次，参会人员约 850 人次；在省内举办汉传佛教讲经交流会 4 次，参会人员约 1000 人次。

其中在省外参加学习和培训的主要有：2017 年 9 月 14 日至 23 日，副会长通植法师参加中国佛教协会在杭州举办的“2017 年中国佛教讲习班”学习；2017 年 10 月 28 日至 11 月 1 日，省佛协负责人参加国家宗教局举办的“佛教道教界学习贯彻新修订《宗教事务条例》治理商业化问题”研讨班；2018 年 5 月，副会长藏青法师、副秘书长祖定法师、常务理事灵普法师参加国家宗教局在北京举办的佛教寺院管理研讨班；2018 年 7 月，副会长通植法师参加国家文物局、国家宗教事务局在西安市举行 2018 年全国宗教活动场所文物保护管理培训班；2019 年 5 月 27 日至 31 日，副会长通睿法师、普法法师参加中央统战部在中央社会主义学院举办的汉传南传佛教代表人士研讨班；2019 年 10 月 14 日至 18 日，副会长通睿法师、常务理事灵普法师、六盘水市佛教协会副会长了义法师等 3 人参加中央统战部在部培训中心昌平基地举办的加强佛教团体建设研修班；2019 年 11 月 11 日至 15 日，副会长普法法师等 10 人参加中国佛教协会在中央社会主义学院举办的佛教寺院管理研修班（西南地区）。

第四节　加强教风建设，创建和谐寺院

一、加强寺院管理

1993 年，中国佛教协会赵朴初会长在《中国佛教协会四十年》的报告中针对在对外开放、市场经济的大潮中，拜金主义、享乐主义、极端个人主义腐朽思想侵蚀佛教问题，明确指出："佛教界有相当一部分人信仰淡化，戒律松弛；有些人道风败坏，结党营私，追名逐利，奢侈享乐乃至腐化堕落；个别寺院的极少数僧人甚至有违法乱纪、刑事犯罪的行为。"① 在 2003 年 9 月 25 日召开的中国佛教协会第七届理事会第二次会议上，中国佛教协会会长一诚指出："十年后的今天，佛教界的上述不良风气与现象仍然不同程度地存在，甚至在某些地区还有发展和蔓延的势头。"市场经济的冲击，僧团信仰的淡然，是当前进行僧制建设的最大障碍，所以加强道风建设是佛教自身建设的核心问题。② 一些人出家只是为了获得一份职业，有的人是迫不得已才出家。为了自己或家人的生活，就得攒钱，僧尼的正常收入不高，为了多获取钱财，有的外出赶经忏获得经济收入；有人盗取功德箱内捐款；有人假借建庙等名义四处化缘，钱归己有；有人在庙中设签筒，为人算命……道风不正是当前贵州佛教最为突出的问题。有的僧人信仰淡化、戒律松弛；有的拉帮结派、聚讼纷争；有的刚愎自用、私欲膨胀。这些不良风气影响了佛教的形象和声誉。因此，推动全省佛教界加强道风建设，教育引导僧尼将精力放在弘扬佛法、净化人心的佛教活动中，不仅是佛教生存传播的需要，也是保持社会稳定的需要。

贵州各级佛教团体认真做好教务工作，加强教风建设。把全省佛教团体、

---

① 叶小文：《在中国佛教协会第七次代表会议上的讲话》，《法音》，2002 年第 10 期。

② 何光沪主编：《宗教与当代中国社会》，中国人民大学出版社，2006，第 103-104 页。

佛教活动场所抓教风建设作为各项工作的重中之重。一是坚定信仰，正信正行。教育佛教教职人员将佛教作为自己的人生理想，续佛慧命、正己度人、淡泊名利。二是以戒为师，勤于学修。佛法的修行戒、定、慧，而戒为基础，戒律是教职人员修行和维系佛教团体的重要保障。要求教职人员注重学习戒律、持守戒律，领衔清修，勤于研习佛教经典，学习各类知识。三是加强制度建设。佛教团体根据教义教规，结合教职人员履行教职和开展宗教活动的要求，制定和修改相关规章制度，规范教务活动，做到有章可循、依章办事、增强凝聚力和向心力。四是搞好团结，增强服务信众意识。号召全省佛教教职人员勤修戒、定、慧，去除贪、瞋、痴，以良好形象影响和引导信众。

各地佛协加强对寺院组织的教务指导，协调关系，促进团结，支持各地佛教寺院组织办好教务，搞好自身建设，健全管理制度，严肃清规戒律，纯正道风，提高佛教徒整体素质。1997 年 4 月 25 日，贵阳市佛教协会第五次代表会议通过了《关于寺院管理的若干规定（修订稿）》，对管理体制与寺院组织、僧众学修与佛事活动、收徒传戒与僧团管理、僧才培育与学术研究、生产服务事业与布施佛事管理、接待外宾与海外联谊、文物保护与物资管理、治安消防与清洁卫生等，做了详细规定。1998 年 5–8 月，针对湘山寺内部个别人争名夺利、拉帮结伙、造成管理混乱问题，省佛协用近 3 个月时间，对湘山寺进行整顿。在各级党委、政府有关部门的大力支持下，省佛协会长慧海亲自带领整顿小组到湘山寺，通过学习政策法规及佛教教规教义，统一认识，分清是非，教育挽救犯错误的僧人、居士，最后对经教育不改的个别僧人作了开除僧籍的处理。安排监院协助住持月照抓寺院管理，使寺院面貌发生了根本改变。

为了进一步传承佛教优良传统，光大农禅并重的家风，安顺市西秀区东林寺于 2019 年在将军山寺租地，组织全寺僧众投入农业生产。

为加强寺院管理，维护寺院的合法权益，保证佛教活动正常进行，各地寺院根据《宗教事务条例》等法律、法规的有关规定及《全国汉传佛教寺院管理办法》等佛教的教制教规，健全管理组织，完善寺院管理制度，通过制度约束，检查督促，表彰和处罚，有效地促进了寺院管理。全国重点寺院弘福寺，制定和完善了寺院管理办法、共住规约、客堂管理制度、殿堂管理办法、行堂纪律、客堂挂单规约、人事管理制度 、职工行为规范、财务会计管理制度、流通处管理制度、库房管理办法、常住物品采购制度、水电管理制度、素餐厅管理办法、食堂管理员工作职责、素餐厅库管员工作职责、素餐厅采购员工作职责、安全保卫管理制度、消防安全管理制度、藏经楼管理办法、公德箱管理制度、门票管理制度、突发事件处理制度等28项制度，对于加强寺院管理起到了重要作用。

各寺院根据《宗教事务条例》规定，建立民主管理委员会（或寺务管理委员会），实行民主管理。民主管理组织由僧、尼和居士代表民主选举产生，任期1年。主要职责：建立管理制度，加强内部管理；研究处理本寺重大事务，集体讨论，民主决策；组织僧、尼和居士学习宗教政策法规、佛教知识，不断提高爱国守法观念；安排、处理寺院佛教活动和日常事务；维护本场所信教公民的合法权益；实行民主理财，定期公布财务收支情况；加强治安保卫和消防工作，确保寺院安全；做好文物保护工作，确保寺院文物安全；保护寺院环境；做好接待工作；维护正常秩序，防范和处理突发事件；对扰乱社会治安者报请有关部门依法处置。

寺院住持选任，根据选贤任能原则，在当地或上级佛教协会主持下民主协商推举礼请之；凡全国重点寺院，同时报中国佛教协会备案。住持每届任期3年，可连选连任。除特殊情况外，住持一般不宜兼任。住持在任期限内出现道风不正或重大失职行为，经上一级佛教协会核实后予以免职。任免寺院住持，均须报相应政府宗教事务部门备案。僧团序职如首座、西堂、后堂、堂主等班首，列职如监院、知客、维那、僧值等执事由住持按照丛林请职制度和协商原则，定期任命、晋升序职人员，任免列职人员。住持、班首、执事人选的条件是：爱国守法，具足正信，勤修三学，戒行清净，作风正派，有一定的佛学水平和组织办事能力。住持对外代表本寺，对内综理寺务。班首、执事各司其职，各尽其责，发扬六和精神，民主管理寺院各项工作。重大寺务由住持召集班首和主要执事及有关负责人员举行寺务会议，集体讨论决定。寺院订立《共住规约》，作为内部管理的准则，以便共同遵守和自我约束。寺院加强了建章立制工作，对人员、财务、资产、会计、治安、消防、卫生防疫等均制作规范化的规章制度文本，主要有《消防安全“三自主两公开一承诺”公示牌》《寺院常住人员一览表》《消防人员工作制度》《治安保卫制度》《宗教活动场所管理制度》《突发事件应急、报告制度》《民主管理组织和制度》《治安和消防管理制度》《信教群众登记制度》《内部人员管理制度》《留宿报备制度》《卫生防疫制度》《财务和资产管理制度》《年度宗教活动安排制度》《时事政治学习和宗教政策法规学习制度》等，设置专门橱窗出示（或悬挂于墙），并抓好落实。同时在宗教事务部门组织下，进行财务管理、消防安全等方面培训，规范财务管理，提升安全防范意识。①

二、佛教教职人员资格认定、备案

2008 年起，省宗教局根据国家宗教局《宗教教职人员备案办法》和各宗教全国性团体制定的教职人员认定办法，安排部署了贵州省宗教教职人员备案工作。省佛教协会依据中国佛教协会《汉传佛教教职人员资格认定办法》制定了实施细则。2010 年 12 月 28 日，召开省佛协理事会专题研究了佛教教职人员资格认定、备案问题，要求各地佛协和寺院按照《贵州省佛教协会汉传佛教教职人员资格认定、备案实施细则（试行）》的有关规定和省宗教事务局《关于积极推进我省宗教教职人员认定、备案工作的补充通知》规定的程序，开展认定备案工作。各地佛协根据实际情况成立相关的工作机构，在当地宗教事务部门的领导下，明确责任，落实任务，对于符合备案条件的佛教教职人员按规定程序进行备案。各地备案工作开始后，省佛教协会又及时指导、督促各地佛教协会、寺院召集僧、尼填写《宗教教职人员备案表》，同时提交本人的户籍证明复印件、居民身份证复印件、戒牒原件，由所在寺院寺管会进行审核后上报当地佛教协会，合格者报当地宗教事务部门审定。最后由省佛教协会复核，确保填写材料真实、准确、完整和规范，再报省宗教事务局备案。到 2012 年 10 月，全省僧尼 490 人（其中，僧 248 人，尼 242 人）的备案工作全部完成。

---

① 周永健：《贵州中西部地区佛教现状调查》，载贵州省宗教学会：《“坚持我国宗教中国化方向”研讨会论文集》，2021，第 15 页。

三、创建和谐寺院

2009年6月2–3日，省宗教局在贵阳召开全省创建“和谐寺观教堂”活动工作会议，传达学习国家宗教局《关于开展创建“和谐寺观教堂”活动的意见》，研究部署全省开展创建“和谐寺观教堂”活动的工作。省佛协将创建工作列入年度工作计划，要求各地佛协和寺院，要充分认识创建活动的重要意义，并作为近期一项重点工作来抓，全面落实创建任务。

省佛协根据省宗教局下发的《贵州省宗教局〈关于开展创建“和谐寺观教堂”活动的实施意见〉的通知》精神，提出了贯彻实施意见，对开展创建“和谐寺院”活动进行部署，要求全省各市、州、地佛协和寺院，深刻认识创建工作的重大意义，加强组织领导、抓好宣传动员、把握创建标准和步骤、结合各地工作实际，狠抓落实。经过各地统战、宗教部门考核，推荐了一批佛教团体、佛教活动场所及个人上报省宗教事务局，参与全国创建“和谐寺观教堂”先进集体、先进个人的评选。

为了保障创建工作稳步推进，贵阳市佛教协会于2009年9月上旬召开了创建“和谐寺院”动员大会，市佛教协会常务理事和部分宗教场所负责人参加了会议，市宗教事务局负责人到会指导。会议传达学习了省宗教局创建“和谐寺观教堂”活动工作会议精神、贵阳市《关于开展创建“和谐寺观教堂”活动的实施意见》。释妙果会长结合本教实际，从深刻认识创建活动的重要意义、指导思想、基本目标、创建标准、原则要求、组织领导等方面进行了动员和安排部署。

遵义湘山寺的创建活动中，着力推进规范管理，做到体制顺畅、制度完善、组织健全、廉洁公平、措施得力，建立完善了20多项必要的规章制度。制定规章制度时，结合佛教传统采用佛制清规中的一些戒语戒条，让规章制度的表述更能贴近佛教实际；细化职责，规范各项工作，使整个寺院的管理更加有效。

印江土家族苗族自治县佛教协会成立了以协会会长为组长、副会长及理事为成员的“创建和谐寺院”领导小组，加强组织领导，建立健全各项制度，积极推进创建工作。地处梵净山的印江护国寺，以加强僧团思想建设、组织建设、作风建设、制度建设和人才建设为切入点，推进创建活动，在佛教界开展爱国主义和政策法规教育，加强道风建设，落实各项民主管理制度，加强人才培养，强化爱国爱教意识和共建和谐理念，不断提升佛教界人士在信教群众中的影响力和凝聚力，发挥党和政府联系信教群众的桥梁纽带作用。

创建活动推动了寺院建章立制和民主理财。2010年贵阳市清镇市巢凤寺对功德箱开启时间、清点、入账和到银行存款等各个环节的监督管理都做了详细的规定。遵义市凤冈县红叶寺细化了民主管理委员会成员、财务管理小组及会计出纳的岗位责任，确定大额经费支出、固定资产处置等重要事项须经集体研究并向县宗教事务局履行备案手续的制度。

2010年12月29日，首届全国创建和谐寺观教堂先进集体和先进个人表彰大会上，贵阳市黔灵山弘福寺、贵阳市黔明寺、长顺县白云寺，贵阳市佛教协会会长释妙果、贵阳市佛教协会副会长兼秘书长释藏青、安顺东林寺住持释通睿，分别获得先进集体和先进个人称号。2013年12月17日，第二届全国创建和谐寺观教堂先进集体和先进个人表彰大会上，遵义市湘山寺、黔东南州凯里市新峰寺、六枝特区南极山观音寺，分别获得先进集体和先进个人称号。

2012年，经各地宗教部门评选，省宗教局审定17座寺院评为贵州省创建和谐寺观教堂先进集体：贵阳市弘福寺、贵阳市黔明寺、贵阳市觉圆尼庵、南明区观音洞尼庵、白云区西普陀寺、红花岗区湘山寺、遵义县龙坪镇复兴禅院、遵义县三合镇青龙寺、仁怀市台圣寺、凤冈县真武山红叶寺、六枝特区南极山观音寺、西秀区东林寺、平坝县法源寺、七星关区灵峰寺、金沙县天宁寺、印江自治县护国禅寺、凯里市新峰寺。审定15人为贵州省创建和谐寺观教堂先进个人：贵阳市佛教协会会长释妙果，贵阳市佛教协会副会长兼秘书长释藏青（女），遵义市佛教协会秘书长徐耀伦，红花岗区佛教协会会长释普法，遵义县佛教协会秘书长黄守志，遵义县龙坪镇复兴禅院住持释悟踪，凤冈县真武山红叶寺住持释宗明，六枝特区南极山观音寺住持释悟禅，安顺市佛教协会会长释通睿，平坝县法源寺住持释华祥（女），金沙县天宁寺住持释心妙（女），铜仁市佛教协会副会长兼秘书长王吉飞，印江自治县佛教协会会长释法皈，黔东南自治州佛教协会副会长兼秘书长释莲净。

2016年12月9日，第三届全国创建和谐寺观教堂先进集体和先进个人表彰大会上，遵义市播州区复兴禅院，遵义市湘山寺监院、红花岗区金鼎山寺院住持释普法，分别获得先进集体和先进个人称号。

第五节　发挥佛教文化的积极作用

佛教传入中国后，经过与以儒、道为代表的传统文化融合，形成了具有中国特色的佛教文化，经长期发展，形成“以儒治国，以佛治心，以道治身”的文化共识。

佛教文化包括文学艺术、建筑、雕塑、音乐、绘画，以及哲学思想、伦理道德、生活习俗，这些文化因素几乎渗透到社会的各个领域和人们生活的各个方面。贵州佛教历史久远。千百年来，各民族信教群众创造了种类繁多的佛教文化遗产。贵州现有佛教信众30万人，参加佛教重大活动者达400万人。佛教建筑、雕刻、绘画等，是佛教在物质层面的展现，凝聚着各族人民的智慧和创造精神，保存着大量历史信息。在国家级文物保护单位里，佛教建筑占的比例较大。在许多城市中，佛教建筑已成为城市独特的标志性建筑。贵州佛教寺院一般都建在自然风光优美的风景名胜地，山清水秀，鸟语花香。殿堂楼阁，富丽堂皇。壁画彩饰，鲜艳夺目。造像雕塑，神秘繁复。良好的生态环境是旅游业可持续发展的基础。寺院是佛教活动的主要场所，但佛教活动并不限于寺院，一些重要佛教节日，如佛诞节（浴佛节）、佛涅槃日、佛成道日、盂兰盆会等，已成为地方民俗的一部分。寺院建筑艺术，丰富了贵州艺术的内容。贵州佛教寺院汇集了众多的建筑、雕刻、园林、书法、美术和音乐等艺术作品，异彩纷呈，观赏性很强，对游客有着极大的吸引力。贵州佛教中还有大量佛教民间文学（如神话传说、寓言、诗歌、楹联等）、佛教美术（如书法、绘画等）、佛教手工技艺（如建筑工艺、雕塑工艺）、佛教习俗（如居住、饮食、服饰、婚姻、节日）。

佛教文化是传统文化的重要组成部分。佛教文化的积极成分能够与社会主义文化相互促进，共同发展。佛教文化在漫长的发展过程中不断吸收人类文明，许多古老的文化和艺术通过佛教这个载体传承至今，佛教文化对促进中华文化繁荣发挥了积极的作用。

一、积极开展佛教文化活动

1992 年 10 月，遵义湘山寺编辑出版了《湘山寺书画选》，遵义籍历史学家陈福桐为该书写了序。

1995 年，贵州历史文献研究会和黔灵山弘福寺合作，成立了《黔灵丛书》编纂委员会，组织贵州文史界、佛教界著名学者专家，搜集整理贵州佛教典籍文献及高僧语录，并结集为丛书分批出版。《黔灵丛书》包括《黔灵山志》《锦江禅灯》（含《锦江禅灯》20 卷，另有目录 1 卷；《黔南会灯录》（8 卷）《黔僧语录》《续黔僧语录》《了尘和尚事迹》，整套丛书近 400 万字。这套丛书从搜访、辑录、点校、整理、编纂到出版，历时数年。丛书重新整理有裨益人们认识大乘佛教及禅学，进一步挖掘、整理和探讨、诠释现代性与传统文化的关系。2002 年 12 月，在贵州省第五次哲学社会科学优秀成果评奖中，《黔灵丛书》（三、四、五卷）获著作类三等奖。

1999 年 9 月，遵义湘山寺举办了迎澳门回归、庆祝新中国成立 50 周年遵义——厦门书画联展，出版书画集《遵厦秋韵》。

2000 年 9 月，贵阳弘福寺印制了《弘福寺》（画册）5000 本，内容包括弘福寺历史、文化、历代著名僧人、佛教活动、社会公益事业、对外交往等，分赠海内外友人。

2002 年省佛教协会和黔灵山弘福寺共同举办纪念赤松和尚开山建寺 330 周年暨五百罗汉开光法会，同时举行书画展、“赤松道场”揭碑、禅学研讨、参观考察等系列活动，全国各地的高僧大德、专家学者，以及省和贵阳市党政领导，中国佛教协会有关负责人 100 余人参加。

2007 年 7 月 8 日，经有关方面协调，由遵义市图书馆保存半个世纪的频伽精舍校刊《大藏经》移交湘山寺珍藏。频伽精舍校刊《大藏经》出版于1913年，全部40函，400多册，1000多卷，至移交时已有94年的历史。这部《大藏经》是清末湘山寺僧纲法云于1916年不辞辛劳从上海购得。1953年后一直由遵义市图书馆保存。

2010年1月29日–2月2日，由贵州省文物博物馆学会安顺联络处主办、安顺市佛教协会协办的“2010·迎新春·孙长喜老安顺风光画展”，在安顺城区圆通寺展出。此次画展共展出近80幅油画、水粉画作品，引领观众走进安顺历史、自然和文化。

此外佛教界还积极参与保护文物，发掘整理佛教文物古迹，出资对一些明、清寺院建筑进行了整修，发展文化及旅游事业。

二、促进佛教文化研究

（一）贵州省佛教界“纪念中华佛教两千年”座谈会

1998年11月2日，省佛教协会在贵阳弘福寺召开“纪念中华佛教两千年座谈会”，佛教界人士以及有关方面代表80余人出席会议，收到论文12篇。座谈会以佛教传入中国两千年为主题，对佛教历史、佛学思想、佛教文学艺术以及如何总结历史经验加强自身建设、为社会主义“两个文明”建设服务等问题进行了讨论。会后编印了论文集。

（二）“纪念赤松和尚创建黔灵山弘福寺330周年”学术研讨会

2002年8月25–27日，由贵阳弘福寺主办的“纪念赤松和尚创建黔灵山弘福寺330周年”学术研讨会在贵阳弘福寺举行。来自北京、上海、江苏、浙江、福建、广东、湖北、四川等地高等院校和研究机构的专家、学者和佛教界人士50余人出席了会议。会议收到论文30余篇。与会人士围绕贵州佛教和中国佛教的特点进行了讨论，一致肯定赤松对贵州佛教作出的卓越贡献。赤松作为贵阳弘福寺的第一代开山祖师，佛教临济宗的第33代传人，禅净双修，解行圆融，创办禅宗道场，饮誉省内外，是贵州佛教的一代宗师。与会者还对中国佛教心性论和禅宗的特点，以及佛教与社会主义社会相适应等问题做了深入的讨论，认为佛教只有适应中国社会，才能走出自己的新路。与全国的佛教界一样，贵州佛教界已经成功地做出了榜样，为发展贵州经济文化事业作出了贡献。此次活动得到了贵州省和贵阳市有关部门领导的关心和重视，并得到文化界、学术界、新闻界专家学者、社会贤达的积极响应和支持。全国 80 多位书画名家和摄影艺术家向弘福寺奉赠了 150 件墨宝和摄影作品。

（三）2004 年中国梵净山佛教文化研讨会

2004 年 9 月 23 日，由铜仁地区佛教协会主办，印江佛教协会承办的“2004 年中国梵净山佛教文化研讨会”在梵净山护国禅寺举行。时任国家宗教局副局长齐晓飞，省委统战部副部长龙德方、省民宗委副主任柏怀思、省政协文史委员会副主任邓健、铜仁行署专员谌贻琴、地区人大工委主任戴振华、地委宣传部部长田建高、地委统战部部长邓应明等领导出席会议。60 多位专家学者汇聚一堂，就梵净山佛教及贵州佛教、中国佛教等问题展开了热烈的研讨和交流。研讨会共收到学术论文 60 篇，其中有关梵净山佛教的论文 37 篇。与会者一致认为，应充分挖掘梵净山丰富的佛教文化内涵，将佛教文化研究与社会经济发展结合起来，进一步提高梵净山的影响力。

（四）2010 年中国梵净山佛教文化研讨会

2010 年 8 月 29 日，“2010 中国梵净山佛教文化研讨会”在贵州省铜仁梵净山龙泉寺隆重举行。会议由中国佛教协会指导，贵州省宗教学会、中国宗教杂志社、贵州省佛教协会主办。出席会议的有时任国家宗教事务局副局长蒋坚永，贵州省宗教事务局局长龙德方，中国人民大学佛教与宗教学理论研究所所长方立天教授，北京大学宗教研究所所长楼宇烈教授，中国社会科学院荣誉学部委员、世界宗教研究所杨曾文教授，中国社科院世界宗教研究所研究员黄夏年，贵州省宗教学会会长柏怀思等。蒋坚永在讲话中指出，此次研讨会深入研讨梵净山佛教文化资源的挖掘和保护、弥勒文化、为构建和谐社会做贡献等重大课题，既有理论阐扬，又有现实关切，是一次高层次的研讨会，不仅将有力地推动梵净山佛教文化资源的挖掘、整理、研究、保护和开发，而且对于推动佛教文化的深入研究也将起到积极的作用。

（五）生态文明·贵阳国际论坛2013年年会分论坛——中国梵净山生态文明与佛教文化论坛

7月20–22日在贵州铜仁举行。出席论坛的有外交部副部长翟隽、贵州省人大常委会副主任张群山、铜仁市市委书记刘奇凡、铜仁市市长夏庆丰等领导，老挝人民民主共和国驻华大使宋迪·本库，尼泊尔驻华大使马赫什·库马尔·马斯基，中国佛教协会副会长、湖南省佛教协会会长圣辉，中国佛教协会副会长、四川省佛教协会会长永寿；中国社科院世界宗教研究所研究员黄夏年，北京师范大学哲学与社会学院教授徐文明等专家学者等代表。

此后，省佛教协会还参与举办了2014年、2015年、2016年和2018年四次“中国梵净山佛教文化研讨会”。

（六）贵州省佛教协会“坚持我国宗教中国化方向”研讨会

2020年12月8日，贵州省佛教协会“佛教中国化研讨会”在贵阳市举行。共收到学术论文20篇。省民宗委宗教业务一处领导及来自省佛协会、省宗教学会、贵州大学、贵州财经大学、省委党校、省社会科学院的专家学者120余人出席会议。贵州大学哲学与社会发展学院教授、博士生导师、贵州省宗教学会会长张连顺作主旨发言。省佛协会长妙果，副会长通植、藏青，分别就佛教的历史传承，佛教文化与中国文化相融合，佛教高僧的佛教中国化的实践，坚持佛教中国化的重要意义，传承中国优秀传统文化推进佛教文化建设，佛教开展慈善公益事业、构建具有新时代中国特色的佛教思想体系等，进行了深入探讨。贵州大学历史与民族文化学院副教授张明、省社科院副研究员赵玉娇博士、贵州财经大学副教授冯相磊博士、铜仁市委统战部原副部长刘先和等专家学者分别就贵州佛教文化与多元文化融合发展，文化融合视域下佛教中国化的地方性实践，佛教中国化的路径等，进行全面阐述。省宗教学会常务副会长纳光舜对研讨会作总结发言。

三、开展佛教文化交流

1978年以来，贵州省佛教界文化交流活动逐步增加。

1993 年，日本群马大学教授石田肇访问弘福寺。他返回日本后，得知弘福寺在编《黔灵丛书》，设法到各大图书馆查找与贵州有关的佛教史料。费时 1 年，将查到 10 余种贵州佛教典籍，复印赠送给弘福寺。其中，《山晖语录》《云腹语录》《梅溪语录》《灵隐语录》《月幢语录》《善权语录》《燕居语录》，均为贵州未见流传的重要典籍。同年，台北华严学苑继梦募集 3 万美元、台湾高雄无极龙凤宫住持洪显宗募集 13 万元人民币，帮助弘福寺修建自来水上山工程。香港袁永安夫妇捐款 3 万元帮助弘福寺整修大门。

1997 年 2 月，省佛教协会会长慧海参加中国佛牙舍利赴缅甸供奉迎归团（4 人），前往缅甸迎归佛牙舍利。同年 7 月 25 日 –8 月 6 日，应新加坡佛教居士林邀请，省佛教协会会长慧海一行 3 人，访问了新加坡。10 月，又与月照、崇慈同赴日本参加中、日、韩三国佛教文化交流会。

1999 年 7 月 –2003 年 3 月，贵州僧人通睿被中国佛教协会派往驻尼泊尔中华寺研修，兼任中华寺当家和翻译。10 月 5–12 日，根据中韩日三国佛教友好交流委员会日本会议决议，经国家宗教事务局批准，贵州省佛教协会一位副秘书长随中国佛教协会代表团（一行 47 人）访问日本。代表团在日本期间，先后访问了神户、金泽、广岛、京都和奈良等四地，参加祈祷世界和平大法会、参拜唐招提寺和鉴真墓等活动。

2000 年 10 月 11–24 日，省佛协副秘书长随中国佛教代表团访问了法国、卢森堡、比利时、荷兰、德国、奥地利等 6 国。

2002 年 9 月 16–10 月 16 日，应美国北加州华侨相助会的邀请，贵州省佛协副会长藏青赴美国访问。在美期间先后参访了佛门寺、万佛圣城、西来寺、法印寺，参观了斯坦福大学、圣地克拉拉大学、美国加州州立大学。

2003 年 10 月 18 日，省佛教协会副会长魏觉民随中国佛教代表团赴日本京都，出席了中、韩、日佛教国际友好交流会日本大会。参访了日本各宗派主要寺院。

2004 年 9 月 18–25 日，省佛教协会一位副会长作为全国青联委员，随中国青年代表团赴俄罗斯参观访问，并与俄罗斯青年一起，受到中俄两国总理的亲切接见。代表团成员共 94 人，有共青团组织负责人、国家公务员、青年企业家、宗教界人士、文艺工作者、运动员和大学生。

2005年12月下旬，省佛教协会副会长藏青随中国佛教协会佛指舍利迎归团赴韩国迎回佛指舍利（在韩国供奉40天），并在西安法门寺参加了隆重的迎归安奉法会。

2006年4月13日–18日，由中华宗教文化交流协会与中国佛教协会联合主办的“首届世界佛教论坛”在杭州、舟山举行，贵州省佛教协副会长藏青（尼）、魏觉民及安顺东林寺住持通睿、清镇巢凤寺住持通植等出席会议，与37个国家和地区的1000名代表一起，以“和谐世界从心开始”为主题，共同探讨了在和谐世界建设中，佛教徒应有的团结、责任和使命。

2010年3月28日–4月1日，由中国佛教协会、台湾“国际佛光会”、香港佛教联合会和中华宗教文化交流协会共同主办的“第二届世界佛教论坛”在无锡、台北召开，这是首次以民间形式跨两岸共同举办的大型国际性宗教多边论坛，论坛以“和谐世界，众缘和合”为主题。贵州省佛教协会副会长崇慈、妙果、通睿、藏青，原副会长魏觉民等出席无锡会议。副会长崇慈参加台北会议。同年8月，应台湾“中华佛教青年会”邀请，贵州组成了由佛教、道教界人士参加的贵州省宗教学会赴台参访团，对台湾进行了为期10天的宗教文化交流活动，加强了黔台两地宗教界交往。

2016年9月4日，黔台佛教文化交流会在贵阳举行，两岸佛教界以“同根同源、同心同向、同愿同行”为主题，就佛教文化建设进行深入探讨。国家宗教事务局副局长蒋坚永，贵州省人民政府副省长陈鸣明出席交流会并讲话，省政协副主席班程农出席交流会，省民宗委主任吴军在欢迎午宴上致辞。省民宗委副主任吴建民，贵阳市领导帅文、杨赤忠、龙永平、夏钢等出席会议。此次交流会由中国佛教协会指导，贵州省佛教协会、贵阳市佛教协会主办，贵阳市大兴国寺承办。交流会前，贵阳市大兴国寺与台北市东和禅寺结为佛教文化友好兄弟寺院，双方将在僧俗教育、学术探讨、社会公益等领域展开合作。

第六节　融会传统文化，传承佛教文化

2015年6月，贵州省佛教协会在贵阳举办纪念中国人民抗日战争和世界反法西斯战争胜利70周年祈福法会。省佛教协会常务理事及部分场所负责人参加，省委统战部、省民宗委有关处室负责同志出席。祈福法会首先为在抗日战争及世界反法西斯战争中逝去的生命默哀祈福。省佛教协会会长、副会长等先后就“抗日战争及世界反法西斯战争”谈心得体会。他们从佛教教理教义的角度对中国人民抗日战争和世界反法西斯战争进行剖析，缅怀历史，铭记先烈。佛教是热爱和平的宗教，中华民族是热爱和平的民族，佛教及僧人要积极阐释教理教义中热爱和平、导人向善的理念，促进社会和谐发展。佛教界人士表示，举办此次祈福法会很有教育意义，让人深刻认识到和平世界、和谐社会来之不易。佛教界要加强自身建设，继续努力践行“人间佛教”思想，引导佛教弟子正信正行，传承发展佛教优秀传统文化，充分发挥宗教的积极作用。

2016年9月6日，大兴国寺祈福中华“盛世重兴、国运昌隆”庆典在贵阳举行。全国政协民族和宗教委员会副主任王正福，贵州省政协副主席班程农，老同志王思齐、龙超云、吴嘉甫、唐世礼等出席，贵阳市委副书记、市长刘文新与省民宗委副主任吴建民分别致辞，省委统战部副部长王茂爱，贵阳市人大常委会主任李忠、市政协主席王保建等出席。中国佛教协会副会长圣辉、珠康土登克珠、永寿、湛如、纯一、正慈、增勤、普法、胡雪峰、诏等傣、心澄和柬埔寨亲王布格里以及（中国）台湾、（中国）香港、加拿大、斯里兰卡、泰国、日本、美国、韩国佛教界人士出席庆典。中国佛教协会副秘书长宏度宣读中国佛教协会贺电，中国佛教协会副会长普法、加拿大佛教会会长达义分别代表国内和海外佛教界发言。大兴国寺，原名大庆寺，简称大兴寺，原址在贵阳市中华南路，是贵阳最早的佛教寺院。2010年，在省、市有关部门支持帮助下，大兴国寺在花溪区青岩古镇小西冲重建。根据总体规划，大兴国寺占地面积13.33万平方米，总建筑面积3.23万平方米。受省委常委、贵阳市委书记陈刚委托，刘文新代表贵阳市四大

班子向大兴国寺的重建落成和黔台佛教文化交流、祈福中华“盛世重兴、国运昌隆”系列活动表示祝贺，向各级领导和各有关单位、向佛教界海内外嘉宾及各界人士、广大信教群众表示感谢。受省民宗委主任吴军委托，吴建民代表省民宗委向大兴国寺开光庆典表示热烈祝贺，并向长期以来关心、支持和帮助贵州宗教工作的各位领导和社会各界表示衷心感谢。省直、贵阳市直有关部门、相关区负责人及国内外佛教界代表、信教群众以及各界民众参加庆典。

2016 年 9 月，省佛协副秘书长、六盘水市佛协会长、灵山寺住持祖定法师在六盘水市美术馆组织举办了“灵山佛缘”书画展活动。“灵山佛缘”书画展活动持续 10 天，共有 216 件展品展出。展出作品主要围绕佛教“慈”“悲”“喜”“舍”四无量心进行创作，主题鲜明。旨在通过书画艺术深入挖掘、弘扬佛教优秀传统文化，进一步发挥佛教助推社会进步的积极作用。

2016 年 12 月 2–4 日，贵州省 2016 年佛教讲经交流会在清镇市巢凤寺举行，本次讲经交流会由贵州省佛教协会、贵阳佛教协会主办，清镇东山巢凤寺承办。来自全省各市州及各寺院 9 位青年法师参加了讲经交流会。本次讲经交流会以“慈悲圆融宏博”为主题，依据《金刚般若波罗蜜经》《般若波罗蜜多心经》《佛说阿弥陀经》《六祖坛经》《佛说四十二章经》《佛说八大人觉经》《善生经》《地藏菩萨本愿经》等佛教经典，讲经法师从“如何安住身心”“如何依教修学”“如何利益众生”三个方面展开论述，呈现了九场殊胜法筵，每场讲经后，点评老师进行了精彩点评。本次讲经交流会是我省佛教界深入贯彻落实全国宗教工作会议和全省宗教工作会议精神的重要举措。开展全省佛教讲经交流活动，对进一步提高佛教教职人员讲经说法的水平和能力，积极培养佛教僧才具有重要意义。

2017 年 5 月 5 日，黔南州佛教讲经说法交流会在都匀市西山九龙寺举行，来自全州宗教活动场所的佛教教职人员、各县（市）委统战部、民宗局等有关负责人 70 余人参加。省民宗委、省佛教协会、州委统战部、州政协民宗委、州民宗委等有关领导出席活动并讲话。交流会主要围绕“正教风·树形象·促和谐”主题开展。会上，共 7 名州内佛教界法师结合个人诵读经典的感悟，梳理、挖掘符合社会和谐、时代进步和健康文明的思想精华，分别进行了精彩独特的阐释。省佛教协会对法师们的台上仪表、讲解内容、时代意义等进行了点评。讲经说法交流会，提高了黔南州佛教教职人员的素质修养和佛学水平，发扬了爱国爱教、团结进步、服务社会的优良传统，维护了佛教清净庄严的社会形象，促进了佛教健康发展、社会和谐稳定。

第五章　贵州佛教中国化未来发展

第一节　强化政治认同

佛教中国化，必须始终保持正确的政治方向，与党和政府同心同德、同向同行，增强政治认同，以国家和人民利益为重，热爱祖国，坚决接受中国共产党和人民政府的领导，积极贯彻党和政府大政方针，铸牢中华民族共同体意识，自觉维护祖国统一、民族团结和社会稳定，服从服务于国家最高利益和中华民族整体利益。始终坚持佛教中国化方向，带领广大信众为实现中华民族伟大复兴的中国梦而奋斗。

1. 认真学习贯彻习近平新时代中国特色社会主义思想。

坚持佛教中国化方向，政治上，要高举爱国爱教旗帜，以习近平新时代中国特色社会主义思想为指导，全面贯彻党的十九大精神，全面贯彻习近平总书记关于宗教工作的重要论述，全面贯彻党的宗教工作基本方针，全面贯彻党中央关于宗教工作的重大决策部署，确保推进佛教中国化工作始终沿着正确的政治方向前进。①

2. 加强党史、新中国史、改革开放史、社会主义发展史教育。

2021 年 12 月 4 日，习近平总书记在全国宗教工作会议上强调：要深入推进我国宗教中国化，引导和支持我国宗教以社会主义核心价值观为引领，增进宗教界人士和信教群众对伟大祖国、中华民族、中华文化、中国共产党、中国特色社会主义的认同。要在宗教界开展爱国主义、集体主义、社会主义教育，有针对性地加强党史、新中国史、改革开放史、社会主义发展史教育，引导宗教界人士和信教群众培育和践行社会主义核心价值观，

---

① 中国佛教协会：《坚持佛教中国化方向五年工作规划纲要》，《法音》，2019 年第 10 期。

弘扬中华文化。[1]

要通过党史、新中国史、改革开放史、社会主义发展史教育，不断增进对伟大祖国、中华民族、中华文化、中国共产党、中国特色社会主义的认同。中国佛教协会《规划纲要》要求，开展形式多样、内涵丰富的爱国主义教育实践活动，继承发扬中国佛教爱国进步的优良传统，梳理总结佛教爱国思想，深入学习中华民族的悠久历史、中华人民共和国的光辉历史、中国共产党的光荣历史、近代以来中国人民谋求民族解放的奋斗历史，深入学习中华优秀传统文化，深入了解我国国情特点，深入学习中国特色社会主义进入新时代这一我国发展新的历史方位科学论断的深刻内涵，引导三大语系佛教四众弟子树立正确的历史观、民族观、国家观、文化观，不断强化对伟大祖国的认同、对中华民族的认同、对中华文化的认同、对中国共产党的认同、对中国特色社会主义的认同，把佛教自身发展与国家的前途命运紧密结合在一起，不断提高爱国主义思想觉悟。通过国家重大历史事件、佛教界爱国历史名人纪念活动等，展示爱国主义深刻内涵，培养爱国情操，弘扬爱国精神。指导、支持地方佛教界建设好“宗教界爱国主义教育基地”，展示佛教参与革命、建设和改革事业的重要资料和文物，发挥好基地的教育功能。积极开展“四进”活动（国旗、宪法和法律法规、社会主义核心价值观、中华优秀传统文化进宗教活动场所），引导佛教团体、佛教院校、佛教活动场所规范升挂国旗，重大活动、重要会议奏唱国歌。[2]

2020 年 12 月 1 日，中央统战部副部长、国家宗教事务局局长王作安，在中国佛教协会第十次全国代表会议开幕式上的讲话，要求佛教界追求政治进步。要加强政治学习，提高政治站位，把佛教事业放到坚持和发展中国特色社会主义的历史进程中来谋划和思考，坚持佛教中国化方向，坚定不移地走与社会主义社会相适应道路。以庆祝中国共产党成立 100 周年为契机，开展爱党爱国爱社会主义的教育，增强拥护中国共产党领导的思想自觉和行动自觉，坚定团结在以习近平同志为核心的党中央周围，在任何

---

① 《坚持我国宗教中国化方向 积极引导宗教与社会主义社会相适应》，《人民日报》（01 版：要闻），2021 年 12 月 4 日。

② 中国佛教协会：《坚持佛教中国化方向五年工作规划纲要》，《法音》，2019 年第 10 期。

时候任何情况下都要和党中央保持高度一致。深刻认识中国共产党领导和中国特色社会主义制度的显著优势，弘扬伟大中国精神，把佛教自身发展与国家前途命运紧密结合在一起，进一步增强走中国特色社会主义道路的信心和决心。认真贯彻党中央、国务院印发的《新时代爱国主义教育实施纲要》，以“四进”寺院活动为载体，深入开展新时代爱国主义教育，加强党史、新中国史、改革开放史、社会主义发展史教育，把爱国主义精神贯穿佛教事业的方方面面，不断增进对伟大祖国、中华民族、中华文化、中国共产党、中国特色社会主义的认同。①

3. 加强社会主义核心价值观教育。

中国佛教协会《规划纲要》指出，坚持以社会主义核心价值观为引领。这是坚持佛教中国化方向在价值观方面的导向性要求。在坚持佛教中国化方向的进程中，佛教界应深入挖掘、阐释、弘扬教义教规中与社会主义核心价值观相符合的内容，引领广大信教群众自觉践行社会主义核心价值观。②

贵州佛教界一定要增强“四个意识”，坚定“四个自信”，做到“两个维护”，牢固树立中国特色社会主义共同理想，自觉践行社会主义核心价值观。要深入挖掘佛教教义教规中与社会主义核心价值观相契合的内容，以社会主义核心价值观为引领，对佛教教义教规作出现代诠释。引导广大信众爱国爱教、正信正行，积极投身中国特色社会主义伟大事业，为实现中华民族伟大复兴的中国梦不懈努力。

第二节　勇于自我求变

自觉传承发展具有中国特色的佛教文化，传承弘扬中华优秀传统文化，主动适应社会主义先进文化，创造具有新时代中国特色的佛教文化。在佛教思想、制度、文化、活动等方面体现中国风格，更加全面深入地融入中

① 王作安：《担当起推进佛教中国化的重大使命》，《中国宗教》，2020 年第 12 期。

② 同上。

华文化。[①] 要以社会主义核心价值观为引领阐释教义教规，梳理、调整和扬弃思想观念、教规制度、礼仪习俗中不适应时代发展进步要求的流弊积习，建设新时代人间佛教思想体系和佛教内部管理规范体系。为完善《宗教事务条例》配套制度建言献策，助力提高宗教工作法治化水平。自觉抵制商业化不良影响，协助党和政府从根本上治理佛教商业化问题。[②]

经典阐释中国化，是佛教思想与时俱进、创新发展的重要方面。要发扬并不断丰富“人间佛教”思想，深入挖掘弘扬佛教教义中有利于社会和谐、时代进步、健康文明的内容，做出新阐释。佛教倡导慈悲博爱，关怀众生；多行善事，广积功德；弘扬正气，抑制邪恶；断除苦恼，脱离痛苦。这些理念对于引导人们广扬博爱精神，实现和谐相处，有积极作用。佛教教义中包含了许多和谐思想，如四谛、十二因缘、八正道和慈悲观等。四谛，为佛教的基本教义，是对造成人生苦恼的原因及摆脱人生苦恼途径的总的说明。四谛包括苦、集、灭、道。苦谛是对社会人生和自然环境所作的价值判断，认为世俗世界的一切本性都是“苦”，归纳为八种：生苦、老苦、病苦、死苦、怨憎会苦、求不得苦、爱别离苦、五阴盛苦。集谛，是讲造成痛苦的原因，即贪爱、瞋恚、无明。佛经将这三者称为造成众生种种痛苦、导致不能摆脱生死轮回的根本原因，称之为“三毒”。因此，佛教劝信众通过修行断除贪、瞋、痴三毒。佛教认为人们的贪、瞋、痴“三毒”是造成人心灵不安宁和人际关系紧张的原因，去除“三毒”，真诚待人，慈悲为怀，使个人平和心态，灭少与他人的对立，进而灭少社会矛盾。灭谛，是说佛教修行的目的，就是断灭诸苦产生的原因。道谛，是讲灭除痛苦，进入涅槃境界的八种方法和途径，称为“八正道”，即正见、正思惟、正语、正业、正命、正精进、正念、正定。[③] 按此修行，即可弃恶从善，离迷达悟。佛教四谛分析了人产生痛苦的原因，去除痛苦的方法。从世俗社会的角度

---

① 中国佛教协会：《坚持佛教中国化方向五年工作规划纲要》，《法音》，2019 年第 10 期。

② 中国佛教协会：《推进新时代佛教中国化 助力开启全面建设社会主义现代化国家新征程》，《中国宗教》，2021 年第 1 期。

③ 正见，意为对教理正确的见解；正思惟指对教理的正确思维；正语意为言语不违背教理；正业指从事清净之身业；正命即符合教理的生活；正精进意为勤修正道；正念指明记教理；正定即修习禅定，专注一境。

讲，在一定程度上，可以此教育引导人们注意克制贪爱之心，节制各种非分的欲望，做到廉洁奉公，生活节俭，避免奢华浪费，为社会民众多作奉献。在顺境中要谦虚谨慎，不骄不躁，慈爱悲愍，克制贪欲；在逆境中不仇恨，不抱怨，不悲观失望，怨天尤人，宽容忍让，自强不息，奋发努力，等等。而佛教十二因缘，分析了人们贫富贵贱寿夭及社会不平等的根本原因，目的是要人们摆脱其束缚。排除其宗教的因素，仅从稳定社会的角度讲，主动地远离一些困扰人的身心的因素，有利于个人心情舒畅，体魄健康。社会群体是由个人组成。个人的素养越好，社会的群体素养也就越好。大慈大悲是佛教的传良传统。慈，即慈爱众生并给与快乐；悲，即同感其苦，怜悯众生，并拔除其苦。“于诸众生，视若自己。”①强调的是，不为自己求安乐，但愿众生得离苦。佛教以“慈悲为怀”，充满了人间的爱。这种爱是广泛的，爱及“芸芸众生”，包括所有的人，就连动物也要呵护。慈悲就是要利益众生，要平等地对待一切众生，给他们以安乐，为其解除苦难，乐善好施，克制贪欲、瞋恚、嫉妒、歧视等心理。把别人的苦当作自己的苦，把别人的乐当作自己的乐，自觉度脱众生，不计较个人名利、得失。这种品格正是和谐社会所必须的。大慈大悲的精神，可鼓励人们致力于利益人群，造福社会的事业。如赈灾、济贫、助残、助学等，努力促进社会安定和谐。和谐社会必需处理好人与人、人与自然、团体与团体间的关系。和谐的前提是肯定事物的差异性。佛教倡导众生平等，有助于实现求同存异，融洽人际关系。平等以待人，消除以自我为中心的思想，实现人与人之间关系的和谐，再扩展到社会各群体、阶层间。实现人与人之间和谐相处、平等对待、理解宽容、慈悲博爱。佛教的慈悲观主张彻底革除自私狭隘的自我中心主义，关注到对其它众生苦乐的影响。消除不同人群内心所坚固执着的各种成见、偏见，消除不和谐的错误的观念，以及对人和事物不正确的认识方法。在面对种种复杂的人际关系、社会关系矛盾时，以正确的方法排解自己及他人的烦恼、痛苦；包容与自己不同的观念、思维模式、行为方式、风俗习惯等；包容不同个体、群体之间存在差异，化解不和谐因素，互相尊重，和睦相处。从积极方面理解这些主张，对于

---

① 《佛说无量寿经》，《大正新修大藏经》第12卷。

个人的修养不无裨益。

佛教的五戒、四摄、六度、十善等，作为一种基本的修行道德规范，提倡扬善抑恶，扶危济困，维护公道，正直无私；反对自私自利，见利忘义，损人利己，损公肥私。这些思想主张有利于改善社会道德风尚，协调人际关系，增进家庭和睦，邻里团结；有利于引导人们摆正个人与集体、个人和国家的关系，反对自私自利、见利忘义、损人利己、损公肥私等极端利己主义；有利于加强个人的修养，不断改正自己的缺点和错误，引导人们做有益社会的人。譬如五戒，包括不杀生、不偷盗、不邪淫、不妄语（说谎和不实之词）、不饮酒，分别约束人的行为和语言，引导人弃恶从善，这与中国传统伦理规范具有同一性。佛教强调报“四重恩”，即酬报父母、众生、国主、三宝的恩德。“父母恩重……当供养父母，常当孝顺，不失时节。”其中报父母恩、众生恩、国主恩，都涉及社会。报父母恩，对促进家庭和睦有重要意义；报众生恩，则能增进人与人的平等相处，互相关爱；而报国主恩中的为国效力主张，包含有爱国的因素。而这些主张的理论根据，均源于佛教认为世间的一切无不产生自因与缘的结合，事物相互依存、互为因果。因此，相互间要感恩与报恩。

佛教的慈悲、廉洁、宽容、诚实等道德规范和积德行善，扶危济困、赈灾救难等行为，与社会主义荣辱观所提倡的服务人民，团结互助，诚实守信，遵纪守法等，有相契合之处。这些伦理规范，在今天，运用得当，对提高人们的道德修养，提升精神生活的层次，培养良好的社会风气，促进社会和谐发展，仍能发挥有益的作用。

2020 年 12 月 1 日，王作安在中国佛教协会第十次全国代表会议开幕式上的讲话要求佛教界：要激发推进佛教中国化的内生动力，真正发挥主体作用，对经典教义、思想观念、教规制度、文化艺术、礼仪习俗等进行系统梳理和深入分析，厘清哪些需要坚持和传承，哪些需要完善和发展，哪些需要调整和扬弃，列出重点清单，研究制定富有前瞻性、全局性、基础性、针对性的重大举措，系统谋划、统筹协调，精心组织实施。要以社会主义核心价值观为引领，以增进“五个认同”为目标，对教义教规作出通俗易懂、与时俱进的阐释，深入开展讲经交流活动，丰富和发展人间佛教思想，推动形成既传承优良传统、又体现时代精神的当代中国佛教思想文化。深入开展中华优秀传统文化学习教育体验活动，加大不可移动文物保护力度，做好非物质文化遗产的传承、保护和利用。要创新寺院管理，在继承优良传统基础上，引入现代管理理念和先进管理制度，真正实现民主管理、依法管理和社会管理的统一。①

第三节　加强自身建设

中国佛教协会第十次全国代表会议工作报告提出：坚持问题导向，持续端正教风，强化对全国佛教界贯彻执行本会新修订规章制度的指导、监督，研究制定教职人员行为守则，完善准入退出机制，提升寺院管理的法治化、民主化、规范化水平。认真贯彻《宗教团体管理办法》，以领导班子建设为引领，全面加强本会思想建设、组织建设、制度建设、作风建设、工作人员队伍建设，提升依法履行职能、发挥桥梁纽带作用的能力。继续举办全国佛教院校联席会，进行关于制定佛教院校管理规章制度的研究，指导佛教院校完善内部治理，加强自身建设。组织教职人员教育培训，发挥本会各交流基地的平台作用，拓宽人才培养渠道，增强人才培养综合能力。②这是贵州佛教今后一个时期加强自身建设应遵循的基本原则。

要按照中国佛教协会《规划纲要》要求，引领佛教四众弟子树立和坚持佛教的正信正见，增强辨别、防范和抵御各种邪教和迷信思想侵蚀的意识和能力，纠正信仰淡化的不良风气。引领佛教界坚持以戒为师、以法为依，持之以恒加强教风建设。贯彻落实中国佛教协会《关于加强佛教教风建设的倡议书》《关于规范升座、开光等佛事活动的通知》，积极探索新时代加强佛教教风建设的新方法、新途径，着力解决佛教教风建设中的突出问题，坚决纠正戒律松弛、放逸懈怠、追求奢华以及寺院纲纪废弛、民主管理和寺院制度落实不到位、内部不和合等侵蚀佛教肌体、损害佛教形象声誉的现象，自觉维护佛教及出家僧人清净庄严的形象。加强佛教活动场所管理。

---

①　王作安：《担当起推进佛教中国化的重大使命》，《中国宗教》，2020 年第 12 期。

②　中国佛教协会:《推进新时代佛教中国化 助力开启全面建设社会主义现代化国家新征程》,《中国宗教》，2021 年第 1 期。

依法依规科学有序管理寺院，落实民主管理原则，持续倡导“文明敬香，合理放生”，努力创建和谐寺院、文化寺院、生态寺院。加强佛教教职人员管理。做好佛教教职人员认定备案工作，加强佛教教职人员队伍建设。坚持佛教修行戒条与优良传统，保持佛教教职人员少欲知足、淡泊名利的衲子本色，展现僧团清净和合的精神面貌。继续深入开展讲经交流活动，鼓励佛教教职人员讲经说法，引导佛教教职人员把时间和精力主要放在持戒修行、闻思经典、弘法利生、服务社会上来，培育发扬学习经典、研究经典、宣讲经典的良好风气，将讲经说法与弘扬践行社会主义核心价值观相结合，引导广大信众爱国爱教、正信正行。坚决抵制佛教领域商业化问题的不良影响，及时反映佛教界的合理诉求和意见建议，配合党和政府做好佛教领域商业化问题治理工作，遏制乱建寺院和滥塑大型露天佛教造像，反对商业资本介入、操控寺院管理和以佛教活动谋取商业利益，切断借教敛财利益链，明确寺院作为宗教活动场所的属性和职能，维护寺院的清净庄严，更好地发挥寺院弘法利生的积极作用。正确区分商业化问题与佛教自养事业，引导佛教自养事业健康有序发展。

王作安在中国佛教协会第十次全国代表会议开幕式上的讲话中指出，教风关乎佛教的前途和命运，要秉持以戒为师，勇于自我净化，全面从严治教。严格遵守寺院共住规约等教规制度，建立健全监督机制和惩戒机制，增强教规制度的严肃性，做到违规必纠、破戒必惩，不能让教规制度成为形式。对传统教规进行系统梳理和研究，继承优良传统，改革陈旧内容，化繁就简，统一规范，形成适应时代进步要求的当代佛教内部管理规范体系，有利于佛教界一体遵循。完善寺院财务管理，实行财务公开，接受政府、社会和信教群众监督。要深刻汲取教训，规范教职人员行为，坚决纠正自我膨胀、自我炒作、沽名钓誉、追求享乐的不良现象，坚决防范搞个人崇拜和精神控制，维护佛教清净庄严、淡泊名利的良好形象。①

近些年来，贵州佛教界在培养人才、服务社会和弘扬佛教文化等方面取得了较大成绩。但是，在佛教发展中仍然存在着一些不容忽视的问题。因此，必须依照法规加强对佛教活动场所设立、变更、注销，登记或备案

---

① 王作安：《担当起推进佛教中国化的重大使命》，《中国宗教》，2020年第12期。

等项管理内容进行认真核查；依法维护佛教活动场所的合法权益；监督、指导佛教活动场所在法律、法规和国家政策允许的范围内开展活动；查处佛教活动场所和佛教教职人员的违法行为。建立完善各项管理制度，包括寺院管理、共住规约、人事管理、财务管理、安全保卫、消防安全、公德箱管理、突发事件处理等制度，落实管理职责；进一步做好对信教群众的宗教政策法规教育，制止私设、滥建佛教活动场所。近年来中国佛教协会制定了《全国汉传佛教寺院管理办法》《全国汉传佛教寺院共住规约通则》《全国汉传佛教寺院传授三坛大戒管理办法》《全国汉传佛教寺院住持任职退职的规定》《全国汉传佛教实行度牒僧籍制度的办法》等教制建设规章，要认真遵守《宗教事务条例》，加强佛教场所管理组织。要结合本地实际，认真落实各宗教全国性团体和地方团体的规章，搞好场所管理。加强自身建设，依照章程自主开展工作，充分发挥佛教团体在团结、教育佛教界人士和广大信教群众中的桥梁纽带作用。

第四节　扶危济困，适应社会

佛教之所以能够在中国扎根和发展，成为中国化的佛教，与佛教大力提倡和践行奉献思想分不开。而其成功之处，就在于积极吸收儒家思想，采取入世的态度，农禅并重，关注民生。佛教所提倡的六和敬（简称六和），即身和敬、口和敬、意和敬、戒和敬、见和敬、利和敬等，既是信众之间相处的原则，也可成为信众与其他民众相处的原则。佛教和合爱敬的伦理要求，与当今社会提倡的集体主义和爱心奉献精神、团结协作和恪守职责原则、谦虚谨慎和关爱他人的品格等有许多相似之处。这些原则和精神的发扬，有助于处理社会活动中的一些利益关系，利乐有情，服务民众，促进社会的有序、健康发展。

佛教存在于社会，必须顺应社会、服务社会、履行社会责任。中国佛教特别注重以出世的精神作入世的事业，造福社会，服务人民。向往并主张通过共同努力使国家不断走向繁荣昌盛、文明富强。佛教一向主张精勤，提倡“农禅并重”，“一日不作，一日不食。”①“不诵为言垢，不勤为家垢，不严为色垢。”②主张在经济活动中要诚实守信。还提倡学习技能，以便更好地创造财富，《善生经》就说：“先当学技艺，而后获财富。”《华严经》亦说：“为利益众生故，世间技艺，靡不谙习。”“所谓文字、算术、图书、印玺、地水火风，种种诸论，咸所通达；又善方药疗治诸病：癫狂、干消、鬼魅、蛊毒，悉能除断；文笔、赞咏、歌舞、伎乐、戏笑、谈说，悉善其事……日、月、星宿、鸟鸣、地震、夜梦吉凶、身相休咎，咸善观察，一无错谬……”③唐代高僧惠能认为“佛法在世间，不离世间觉，离世觅菩提，恰如求兔角”，强调了融入社会的思想。近代高僧太虚主张佛教要顺应时代变迁，提升国家认同、政治认同意识，“佛法之流行于世间，以众生世界为依止，故往往因时、因地、因人而不同。今中国之政教，既有时代之变迁，而佛教亦应随之而一变其往时之习惯，始能适应社会而生存发达。④

在新的历史时期，贵州佛教团体和寺院，要在认真总结经验的基础上，团结引领佛教界和信教群众深入学习贯彻党的方针政策。积极履行佛教界的社会责任，传承弘扬中华优秀传统文化，大力开展公益慈善活动，协助党和政府防范化解佛教领域风险挑战，坚决维护国家主权、安全和发展利益。

第五节　重视人才培养

王作安在中国佛教协会第十次全国代表会议开幕式上的讲话中指出，人才缺乏特别是高素质人才缺乏，已经成为影响我国佛教健康传承的制约因素。要把人才培养作为我国佛教的一项重大任务，按照“政治上靠得住、宗教上有造诣、品德上能服众、关键时起作用”的标准，研究制定人才培

---

① （南宋）普济著：《五灯会元（卷3）·百丈怀海禅师》。原文：《五灯会元》记载：“师作务执劳，必先与众。主者不忍，密收作具而请息之。师曰：吾无德，争合劳于人？即遍求作具不获，而亦忘餐。故有‘一日不作，一日不食’之语，流播寰宇矣。”

② 《法句经·尘垢品》。

③ 《华严经·十地品》。

④ （民国）太虚：《建设适应时代之中国佛教》，《太虚大师全集》（第十编）·学行·通论·建设适应时代之中国佛教。

养中长期规划，统筹中国佛教协会和地方佛教协会资源，加大教育培训经费投入，全面提高培养能力……关心优秀青年教职人员的成长，把教育培养、选拔使用、日常管理结合起来，注重在工作实践中锻炼、在大是大非考验中检验，帮助他们通过工作历练提高水平，帮助他们在宗教实践中注重修为操守，做爱国爱教、守法持戒、精进修学、服务社会的表率，培养出更多精通经典教义、精通中华优秀传统文化的高层次、高素质代表人士。①

贵州僧尼总体上素质不高。2003 年，有学者研究了贵阳弘福寺僧众出家原因：除为修学和体证佛法而入寺的以外，也有一些入寺者则是由于世俗的原因。第一种多见于男众年轻人，因生活受挫折，如升学问题（有因高考落榜而入寺的，也有初中未能毕业就入寺的）、恋爱问题、就业问题等而出家；第二种为家庭原因而入寺的。其中有家庭不和睦者、老人受子女虐待者、孤寡者乃至久病无人照料者入寺。还有的则为“家传世袭”（父母信佛影响子女），上辈信仰佛教，子女也皈依佛门；第三为突发事件所导致，如天灾人祸等造成衣食无着而入寺（此类较少）；第四种为因家境贫寒为求衣食而入寺者（这一类占了相当比例）；第五种多为老年男众因各种原因而导致心理创伤者，希望远离世俗纷争而出家者；第六种是由于对佛教六道轮回的终极考虑而出家的，这以年龄偏老而出家的人为多；第七种是对已有的生活不如意，谋求改变自己的生活方式、地位而出家的，此类以年青且有一定文化知识的出家者为多。贵阳弘福寺僧尼在文化方面，远高于其他寺院。但即便如此，用当今社会需求来衡量，文化水平仍普遍偏低。僧人中除 3 位法师读过佛学院（本科）外，一般僧众中只有极个别人念过佛学院（属中专水平），其余多初中或小学毕业。②这种情况，在其他寺院更为突出。近 10 多年来虽有改变，但并未彻底扭转（由于多种因素左右，也不可能彻底改变）。据近年的数据，贵州佛教教职人员 700 余人，其中大学文化 5%，读过佛学院的不到 10%。高中文化 10%，初中小学文

---

① 王作安：《担当起推进佛教中国化的重大使命》，《中国宗教》，2020 年第 12 期。

② 许桂灵、司徒尚纪：《暮鼓晨钟：佛教寺院文化人类学考察》，中国评论文化有限公司，2003，第 138–140 页。

化占85%。[①] 庙多僧少、教职人员素质有待提升，应该是比较突出的问题。目前，黔中、黔西地区庙多僧少的问题已经十分突出，佛教教职人员明显不足。一些场所的日常管理实际上由管理小组的居士负责，教职人员只是在举行法事活动时，才亲临挂名之寺院主持仪式。各寺院错峰错时举行宗教法事活动，日常寺院管理事务则全权由常住居士负责。同时，佛教教职人员文化素质参差不齐、年龄结构不均衡，存在教职人员素质不高，且青黄不接现象。[②]

因此，抓好佛教人才建设，仍是贵州佛教中国化的重要任务。

要把坚持佛教中国化方向作为培养佛教教职人员的重要导向，按照政治上靠得住、宗教上有造诣、品德上能服众、关键时起作用的标准，培养更多的高素质佛教人才，为坚持佛教中国化方向提供人才保障。要在送僧尼入佛教院校培养的同时，重视日常培养，通过举办各类学习培训班，加强对佛教四众弟子的世情国情、宗教政策法规、中华优秀传统文化等方面的教育。要将培养和使用相结合，发现、培养和使用中青年佛教界人士和信教群众中的优秀分子，选拔有能力有条件的到佛教团体和佛教活动场所任职历练。

第六节　加强佛教文化建设

一、学习中国优秀传统文化

文化，是人类在社会实践过程中所获得的物质、精神的生产能力和创造的物质、精神财富的总和。包括物质文化、制度文化和精神文化。涉及自然科学、技术科学、社会意识形态等领域。

中国文化内涵按层面分为：物质文化（表层）、制度文化（中层）、精神文化（深层）；按结构分为：政治学、经济学、哲学、社会学、伦理

① 贵州省佛教协会编：《贵州省佛教中国化研讨会论文集》，2020，第6页。

② 周永健：《贵州中西部地区佛教现状调查》，贵州省宗教学会：《“坚持我国宗教中国化方向”研讨会论文集》，2021，第17页。

学、史学、教育学、语言文字、文学艺术、建筑学、医学、军事学、天文学、地理学、数学等；按地域分为：齐鲁文化、荆楚文化、吴越文化、巴蜀文化、秦文化、三晋文化；按类别分为：政治文化、思想文化、伦理文化、文学、艺术、宗教文化、医药文化、军事文化、教育文化、体育文化、民族文化、民俗文化、民间文化等。

中国传统文化在汉代归类为九家，即儒家、道家、法家、墨家、纵横家、阴阳家、名家、杂家、农家①。西汉董仲舒提出“罢黜百家，独尊儒术”的建议，被汉武帝采纳，儒学逐渐成为封建社会的正统思想，使儒学在中国传统文化中居于统治地位。因此，儒家文化在中国传统文化中占有重要地位。

中国优秀传统文化，有的研究者将其分为有的分六项：即爱国、敬业、孝亲、惜缘、尊师、重友。②有的分十二项：天人之学、道法自然、居安思危、自强不息、诚实守信、厚德载物、以民为本、仁者爱人、尊师重道、和而不同、日新月异、天下大同。③有的分十三项：孝悌、诚信、慎独、知耻、博学、笃志、持敬、守静、正气、大勇、忠恕、仁义、礼乐。④也有分二十四项：立志、贵生、自强、节制、勇敢、谨慎；厚德、善恶、孝悌、诚信、敬畏、中庸；识仁、行义、达礼、恕人、俭约、躬行；为学、从师、交友、文学、艺术、勤勉。⑤

这些思想包括个人、家庭与社会、国家三个层面。本书从慎独、博学、笃志、正气、孝悌、持敬、诚信、中庸、俭约、爱国、大勇、忠恕、节操、仁义和礼乐十五个方面进行论述。

---

① 1. 儒家代表人物孔子、孟子、荀子，著作有《孔子》《孟子》《荀子》；2. 道家代表人物老子、庄子，著作《道德经》《庄子》；3. 墨家代表人物墨子。著作《墨子》；4. 法家代表人物韩非、李斯．著作《韩非子》；5. 名家代表人物邓析、惠施、公孙龙、慎到和桓团，著作《公孙龙子》；6. 阴阳家代表人物邹衍；7. 纵横家代表人物苏秦、张仪，主要言论载于《战国策》；8. 杂家代表人物吕不韦；9. 农家代表许行。

② 刘怀荣著：《中华优秀传统文化通俗读本》，山东人民出版社，2015，“目录”。

③ 张岂之：《中华优秀传统文化的核心理念》，江苏人民出版社，2016，“目录”。

④ 鲁学军编写：《中华优秀传统文化入门》，复旦大学出版社，2016，“目录”。

⑤ 周有波、陈京伟主编：《中华优秀传统文化》，山东人民出版社，2016，“目录”。

1. 个人层面

包括慎独、博学、笃志、正气四个方面。

慎独。《礼记》曰："道不可须臾离也，可离非道也。是故君子戒慎乎其所不睹，恐惧乎其所不闻。莫见乎隐，莫显乎缴，故君子慎其独也。"[①]"诚于中，形于外，故君子必慎其独也。"[②]"凡人之善恶，形于言，发于行，人始得而知之……君子所以慎独也。"[③]儒家认为，"道"无处不在，且不可以片刻离开。如果可以离开人伦日用，就不是"道"了。所以君子在别人看不到的地方，要戒惧谨慎；在别人听不到的地方，要有敬畏的存心。心中诚实，能从外表上表现出来，因此，君子要慎独。

博学。《中庸》曰："博学之，审问之，慎思之，明辨之，笃行之。"[④]《论语》言："君子博学于文，约之以礼。"[⑤]就是要广泛地涉猎各科知识，要详细地提问求教，严谨地思考，辨明是非，持之以恒付诸实践。《论语》："子曰：'知之者不如好之者，好之者不如乐之者。'"[⑥]孔子指出：懂得学问的人比不上爱好学问的人；爱好学问的人，又比不上既爱好学问且又以之为乐的人。

笃志。《论语》言："博学而笃志，切问而近思，仁在其中矣。"[⑦]君子要广泛地学习一切知识，并且用礼来约束自己；博览群书广泛学习，而且能坚定志向，恳切地发问，多考虑当前的事，仁德也就在其中了。《论语》又言："三军可夺帅也，匹夫不可夺志也。"军队的首领可以被替代，但是有志气的人的志向是不能被改变的。说明立志不变是何等重要。《荀子》"无冥冥之志，无昭昭之明"[⑧]。没有精诚专一的志向，就不会有明辨是非的智慧。

---

① （春秋战国）孔子及弟子作，（西汉）戴圣所编：《礼记·中庸》。

② （春秋战国）孔子及弟子作，（西汉）戴圣所编：《礼记·大学》。

③ 邵雍：《皇极经世书·世观物外篇衍义（卷8）》。

④ （春秋战国）孔子及弟子作，（西汉）戴圣所编：《礼记·中庸》。

⑤ 《论语·雍也》。

⑥ 《论语·雍也》。

⑦ 《论语·子张》。

⑧ （战国）荀况：《荀子·劝学》。

正气。《文子》:“老子曰:‘君子行正气,小人行邪气。’”[1]君子一举一动施行正气,小人动作起来则充满邪气。老子要求学生效法君子之行,杜绝小人行为。《孟子》曰“吾善养吾浩然之气”[2]。孟子在回答公孙丑时说,善于培养我心中的浩然之气。并解释说:浩然之气,极端浩大而有力量,用坦荡之胸怀去培养它而不加以伤害,就会充满天地之间。不过,这种气必须与仁义道德相配,否则就会缺乏力量。文天祥《正气歌》:“天地有正气,杂然赋流形。下则为河岳,上则为日星。于人曰浩然,沛乎塞苍冥。”[3]天地之间正气存,赋予万物各种形体。在地面就展现为山川河岳,在天上就展现为日月辰星。在人间被是为浩然之气,它充满了天地和寰宇。

2. 家庭和社会层面

包括孝悌、持敬、诚信、中庸、俭约五个方面。

孝悌。“子曰:夫孝,天之经也,地之义也,民之行也。”[4]《论语》云:“孝悌也者,其为仁之本与。”[5]认为“孝”是天经地义的事情,人人都不可缺。对父母孝顺,对兄弟友爱,这就是仁的根本。“子曰:‘弟子,人则孝,出则悌,谨而信,泛爱众,而亲仁。行有余力,则以学文。”[6]孔子教导学生说:你们在父母面前要孝顺父母,离开家便尊敬兄长。说话做事慎重可信。博爱大众,亲近有仁德的人。这样躬行实践之后,还有剩余的力量,就再去学习各种文化知识。孟子也说:“谨庠序之教,申之以孝悌之义。”[7]认认真真办好学校教育,让百姓明白孝悌之理。引导人们遵守“孝悌”之义。王阳明说:“见父自然知孝,见兄自然知悌,见孺子入井自然知恻隐。

---

① (春秋战国)文子:《文子·符言》。

② (战国)孟子:《孟子·公孙丑上》。

③ (南宋)文天祥:《正气歌》,载文天祥著《文天祥全集》,北京:中国书店出版社,1985,第375页。

④ 《孝经·三才章》。《孝经》中国古代儒家的伦理著作。儒家十三经之一。传说是孔子作,但南宋时已有人怀疑是出于后人附会。清代纪昀在《四库全书总目》中指出,该书是孔子“七十子之徒之遗言”。

⑤ 《论语·学而》。

⑥ 《论语·学而》。

⑦ (战国)孟子:《孟子·梁惠王上》。

此便是良知，不假外求。”①

持敬。《论语》曰：“修己以敬”②；“言忠信，行笃敬”③。要人们修养自己，保持严肃恭敬的态度；言语忠诚信实，行为忠诚厚道，严肃认真。《周易·系辞》“君子敬以直内，义以方外，敬义立而德不孤。”君子持守恭敬谨慎以矫正思想上的偏差，用道义的原则规范行为，遵行了恭敬、道义，品德就会提升。

诚信。至诚是儒家的最高思想境界。《中庸》曰：“唯天下至诚，为能经纶天下之大经，立天下之大本，知天地之化育。”“故至诚无息。不息则久，久则征。征则悠远。”又言：“诚者物之终始，不诚无物，是故君子诚之为贵。”“诚者，天之道也；诚之者，人之道也。”④《论语》言：“为人谋而不忠乎？与朋友交而不信乎？”⑤意思是只有在至诚的状态才能明白什么是天命，拥有立足于天下的本领。诚是万物的根本，没有诚也就没有万物。因此君子以诚为贵。诚就是天道，体现在人的品质上便是人道。为别人出主意能不忠心吗？与朋友打交道能不讲信用吗？

中庸。即中庸之道。儒家伦理思想。主张待人、处事不偏不倚，无过无不及。《论语》：“中庸之为德也，其至矣乎！”⑥中庸作为一种道德，是最高德行。《中庸》：“致中和，天地位焉，万物育焉。”⑦达到了中和，天地便各归其位，万物便生长发育了。《中庸》：“子曰：‘回之为人也：择乎中庸，得一善，则拳拳服膺，而弗失之矣。’”颜回是孔子最喜欢的学生。孔子赞扬颜回选择了中庸之道，认识到了它的实质，就牢牢记住，认真实践。可见“中庸”思想对于一个人的成长十分重要。

俭约。即俭省节约。为中国传统美德之一。《周易》言：“不节若，则嗟若，无咎。”⑧本该约束节制，却不能做到，事后只能哀嗟自己所致，

---

① （明）王阳明：《王文成公全书·传习录（上）》。

② 《论语·宪问》。

③ 《论语·卫灵公第十五》。

④ （春秋战国）孔子及弟子作，（西汉）戴圣所编：《礼记·中庸》。

⑤ 《论语·学而》。

⑥ 《论语·雍也》。

⑦ （战国）子思撰：《礼记·中庸》。

⑧ （西周）《周易·节卦》。

无所怨咎。《论语》言：“或曰：‘管仲俭乎？’曰：‘管氏有三归，官事不摄，焉得俭？’‘然则管仲知礼乎？’”[①]孔子认为管仲不俭朴，他家不仅有三个钱库，而且有不少佣人。可见“俭约”是孔子衡量人品的重要标准之一。据《论语》载，子贡称其师具有“温、良、恭、俭、让”（温和、善良、恭敬、俭朴、谦让）的品质。足见孔子是“俭约”倡导者，也是实践者。《礼记》：“国奢，则示之以俭；国俭，则示之以礼。”[②]人若奢侈成风，就应当向人们显示节俭；国人过于节俭，就应当向人们显示礼仪。

3. 国家层面

包括爱国、大勇、忠恕、节操、仁义和礼乐六个方面。

爱国。《论语》：“子曰：‘志士仁人，无求生以害仁，有杀身以成仁。’”[③]孔子认为志士仁人，不会为了求生损害仁，却能牺牲生命去成就仁。“为国尽忠，杀身成仁”成为后世爱国志士的誓言。《论语》“见利思义，见危授命，久要不忘平生之言，亦可以为成人矣。”[④]孔子认为，见到财利时能想到道义，遇到国家危难而愿付出生命，久处穷困也不忘平日的诺言，也就可以算是一个完人了。见利思义是中国传统伦理处理个人与国家关系的重要准则，是中华民族重要的传统美德。“义”，是指合乎正义理论、行动；“利”，指物质利益。见利思义，指见到利益，要以道义为准绳，决定取舍。《礼记》言：“物格而后知至，知至而后意诚，意诚而后心正，心正而后身修，身修而后家齐，家齐而后国治，国治而后天下平”。[⑤]穷究事理，才能获得知识；拥有知识，才能使意念真诚；有了真诚之意，心思才能端正；心思端正，方能修养品性；品性修养提升了，才能管理好自己的家庭；能管理好家庭，才能治理好国家；国家治理好了，天下才能太平。

大勇。《论语》：“知者不惑，仁者不忧，勇者不惧。”[⑥]孔子认为，智慧的人不疑惑，仁德的人不忧愁，勇敢的人不畏惧。《论语》曰：“仁

---

① 《论语·八佾篇》。

② （春秋战国）孔子及弟子作，（西汉）戴圣所编：《礼记·檀弓下》。

③ 《论语·卫灵公篇》。

④ 《论语·宪问篇》。

⑤ （春秋战国）孔子及弟子作，（西汉）戴圣所编：《礼记·大学》。

⑥ 《论语·子罕篇》。

者必有勇，勇者不必有仁。”[①]“见义不为，无勇也。”[②]孔子认为，有仁德的人必有勇敢，而勇敢的人不一定有仁德。见到应该挺身而出的事情，却袖手旁观，就是怯懦。《孟子》：“天下有道，以道殉身；天下无道，以身殉道。”[③]孟子指出，天下如果有道，就要用道义随身行事；天下如果无道，就要用生命捍卫道义。《礼记》：“知、仁、勇，三者天下之达德也。”[④]认为智慧、仁义、勇气为通行不变的道德。

忠恕。《论语》曰：“己欲立而立人，己欲达而达人。”[⑤]“己所不欲，勿施于人。”《礼记》：“忠恕违道不远，施诸己而不愿，亦勿施于人。”[⑥]孔子指出，一定是自己要先站稳，才能扶起摔倒的人，自己要先腾达，方能博施济众；自己不想要的，不要施加于别人。能做到忠恕，那就离道不远了。《论语》：“子曰：‘君子不重，则不威；学则不固。主忠信，无友不如己者。过则勿惮改。’”[⑦]孔子指出君子如果不庄重，那就没有威严；即使参加了学习，知识也不会巩固。还要以忠和信为主，交朋友不要选择比自己差的人。有了错误，就不要怕改正。《荀子》言：“忠者，惇慎此者也。”[⑧]有忠心的人，就是敦厚。

节操。指一个人在政治上、道德上的坚定性。《论语》云：“岁寒，然后知松柏之后凋也。”[⑨]到了寒冬腊月，才会知道松柏树是最后落叶的。寓意为：关键时刻，最能考验一个人的操守。《孟子》：“富贵不能淫，贫贱不能移，威武不能屈。此之谓大丈夫。”[⑩]富贵不能乱己心，贫贱不能改变节操，威武不能屈服气节。这样才叫做大丈夫。《荀子》言：“节者，

---

① 《论语・宪问》。

② 《论语・为政》。

③ （战国）孟子：《孟子・尽心章句上》。

④ （春秋战国）孔子及弟子作，（西汉）戴圣所编：《礼记・中庸》。

⑤ 《论语・雍也》。

⑥ （春秋战国）孔子及弟子作，（西汉）戴圣所编：《礼记・中庸》。

⑦ 《论语・学而》。

⑧ （战国）荀况著：《荀子・君子》。

⑨ 《论语・子罕》。

⑩ （战国）孟子：《孟子・滕文公下》。

死生此者也。”① 有节操的人，能为维护正义事业而献身。苏轼：“奋不顾身，临时守节。” ② 奋不顾身，在最关键的时刻仍坚守节操，毫不动摇。

仁义。《论语》言：“克己复礼为仁，一日克己复礼，天下归仁焉。”③ 孔子认为，约束自己，使每件事都归于“礼”，这就是“仁”。只要做到克己复礼，天下都归顺于礼制仁德。《孟子》曰：“仁，人之安宅也；义，人之正路也。” ④ “恻隐之心，仁之端也；羞恶之，义之端也；辞让之心，礼之端也；是非之心，智之端也。”⑤ 孟子强调仁爱之心，是人类安适的住宅；义就像是广阔平坦的大路；同情心就是施行仁的开始；羞耻心就是施行义的开始；辞让心就是施行礼的开始；是非心就是智的开始。韩愈《原道》：“博爱之谓仁，行而宜之之谓义，由是而之焉之谓道。”韩愈指出，博爱叫做“仁”，行为恰当中礼叫做义，沿着“仁义”之路前进便为“道”。

礼、乐。《论语》曰：“不学礼，无以立。”⑥ “兴于诗，立于礼，成于乐。”⑦《荀子》：“乐礼者，人道之极也。”《礼记》：“乐者，天地之和也；礼者，天地之序也。和，故百物皆化；序，故群物皆别。” ⑧ “礼”是指人类一切行为之规范。因此，孔子强调，学礼则品节详明，而德性坚定，故能立人；以诗歌来感发意志，促使个体向善求仁的自觉，以礼实现人的自立，音乐使人之所学得以完成。《左传》云：“礼，经国家，定社稷，序民人，利后嗣者也。” ⑨ 认为“礼”是治理国家，稳定社稷，维护社会秩序，利于子孙后代的法度。“乐”包括音乐和舞蹈，在古代“乐”是移风易俗、规范行为、倡导正性的重要方式。《礼记》：“乐也者，情之不可变者也；

---

① （战国）荀况著：《荀子·君子》。

② （北宋）苏轼：《乞擢用刘季孙状》，载（北宋）苏轼著，邓立勋编校：《苏东坡全集（下）》，黄山书社，1997，第 394 页。

③ （战国）孟子：《孟子·离娄上公孙丑章句》。

④ （战国）孟子：《孟子·离娄上》。

⑤ （战国）孟子：《孟子·离娄上公孙丑章句》。

⑥ 《论语·季氏篇第十六》。

⑦ 《论语·颜回》。

⑧ （春秋战国）孔子及弟子作，（西汉）戴圣所编：《礼记·乐记》。

⑨ （春秋）左丘明：《左传·隐公十一年》。

礼也者，理之不可易者也。乐统同，礼辨异。礼乐之说，管乎人情矣。”[①]《礼记》指出，乐所表现的是天地间的和谐；礼所表现的是天地间的秩序。因为和谐，万物能化育生长；因为秩序，万物能显现出差别。

这些理念有的高于佛教义理，有的存在于佛教义理之中，有的与佛教义理具有相通性。中华传统文化是植根于中国传统社会的自然、经济以及政治等多种环境基础上产生的，并且对于当下现实生活起到了借鉴作用。中华传统文化具有十分强大的生命力与凝聚力，千年来始终保持民族统一，根源就在于文化的统一与灿烂。[②]只有了解和认真学习中国优秀传统文化，才能在深层次上实现佛教文化与中国优秀传统文化融合，对佛教义理做出新阐释，传承发展具有中国特色的佛教文化，传承弘扬中华优秀传统文化，主动适应社会主义先进文化，创造具有新时代中国特色的佛教文化。

二、推进中国化的佛教文化建设

佛教在我国两千多年发展弘扬的历史长河中，一代代高僧大德秉持上求下化的宏愿，悲智双运、善巧方便地将佛教的三宝信仰、核心教义、理想追求、价值取向、精神境界融入中国社会、中华文化，融入中国人的心灵与生活，形成了农禅并重、重视学术研究、国际友好交流等优良传统，形成了中国化的佛教文化，成为中华优秀传统文化不可分割的重要组成部分。这些优良传统和中国化的佛教文化都是在佛教不断中国化的进程中形成的，也只有在坚持佛教中国化方向的大前提下才能得到真正地传承、发扬，得到创造性发展与创新性转化。要自觉传承发展中国化的佛教文化，传承弘扬中华优秀传统文化，主动适应社会主义先进文化，创造具有新时代中国特色的佛教文化。在佛教思想、制度、文化、活动等方面体现中国风格，更加全面深入地融入中华文化。[③]

中国化的佛教文化，包括慈悲济世的伦理观，圆融和谐的社会观，求智修善的人生观，众生平等的自然观。强调政治认同，国家认同；主张适

---

① （春秋战国）孔子及弟子作，（西汉）戴圣所编：《礼记·乐记》。

② 马文章著：《中华优秀传统文化：修身》，新华出版社，2017，第254页。

③ 中国佛教协会：《坚持佛教中国化方向五年工作规划纲要》，《法音》，2019年第10期。

应社会，融入社会；倡导文化融会，包容调和。这些思想有利于促进社会和谐，民族团结，社会进步。

推进中国特色的佛教文化建设，学习中国先进文化，传承弘扬中华优秀传统文化，不断创新佛教文化。佛教界要将文化建设放在重要位置，重视佛学研究和佛教文化事业，充分挖掘弘扬佛教文化中适应时代发展、促进社会进步的内容，为社会伦理道德建设作贡献，为培育践行社会主义核心价值观增添正能量。

推进中国特色的佛教文化建设，还要注重传承和发扬贵州特色佛教文化。贵州佛教特色文化除与中国佛教文化共同点外，还有四个突出之处：即山地特色、硐寺特色，民族特色和民间特色。

首先是山地特色。虽然中国东北、西北、华南、华东均多山。但贵州山地更富特色。中唐诗人孟郊《赠黔府王中丞楚》有这样的描述："旧说天下山，半在黔中青。又闻天下泉，半落黔中鸣。"贵州山地和丘陵面积占总面积的92.5%。山脉绵延纵横。东北有大娄山、武陵山，中部有苗岭，西北有乌蒙山，西南有老王山。贵州境内长度在10公里以上的河流有984条。河流纵横，山清水秀。贵州500余座寺院，绝大多数均位于大山之中。贵州历代僧人均注重环境保护——寺院周边，溪泉清澈，竹木掩映，绿荫蔽日，鸟语花香。自明代以来逐步形成了黔中黔灵山、东山、高峰山、天台山，黔东梵净山，黔北金鼎山、尧龙山，黔西南丹霞山等佛教名山。山依佛教而显，佛教由山而扬。贵州佛教要发扬珍山爱水的优良传统，发展贵州佛教的山地特色。

其次是硐寺特色。贵州州地处云贵高原东部，岩溶地貌分布范围广，约占全省国土总面积的61.9%，在崇山峻岭中有成千上万个溶洞，其中有不少为高大宽敞的旱峒，这类溶洞冬暖夏凉，早已为人们选作居住及仓储之用。自南宋起，随着佛教在贵州的普传，这些具有极高实用价值的场所，被选作建佛教寺院之用，佛教人士或依峒分殿塑像，或就洞建刹，开展佛教活动。天然溶洞经修饰点缀，形成了独具特色的天然峒寺，这种形式的寺院，虽不为贵州所独有，但却以贵州为最。贵州峒寺兴于宋代，最早的峒寺当推安顺清凉洞。之后，辟建的峒寺还有修文贾家洞（古佛洞寺）、镇宁双明洞、安顺华严洞、关岭妙明洞、贵定牟珠洞、石阡太虚洞、施秉华严洞、普安观音洞、湄潭观音洞等数十处。到了近现代，仍有选溶洞作寺院者，如修文四门洞、六枝西来寺等。贵州峒寺，历史久远，融自然和人文景观于一体，具有较高的观赏价值和研究价值，认真保护和利用这些峒寺，对发展旅游事业和开展文化考察活动，均具有重要意义。

第三是民族特色。佛教对贵州少数民族宗教习俗有一定影响。早在元代，印度僧人指空在黔西北传播佛教，已有苗蛮、瑶、僮、青红、花竹、打牙仡佬诸洞蛮，请受戒。① 说明佛教在少数民族地区已有明显影响。到了清代有了少数民族僧人。当今贵州少数民族中苗族、布依族、侗族、土家族、彝族、仡佬族、白族、满族、瑶族均有佛教信仰者。贵州佛教的民族特色，不仅表现在信众群体方面，在寺院创建、装饰、造像、礼仪方面也融入了少数民族文化元素。充分体现了佛教文化的包容性和适应性。

第四是民间特色。贵州佛教民间性突出，儒释道合一明显。历史上，释道儒造像同处一寺，释道儒殿堂同居一山，在不少地方都能见到。参加寺院活动的民众往往大大多于佛教皈依者。贵州佛教这种“民间化”特点，一方面使佛教更便于传播，更易于为民众接受。同时，儒释道交融，丰富了贵州地域文化和民族文化，扩充了贵州佛教文化内涵。贵州许多地方还流行具有浓郁地方性和民间性的“佛歌”（多在赶赴庙会的行程中唱），佛歌寓佛教义理、社会伦理于一体，民俗性、娱乐性强，具有一定的社会伦理价值。

贵州佛教在坚持中国化的实践中，应当保持和发扬山地特色、硐寺特色、民族特色和民间特色，去粗取精，去伪存真，发展贵州特色佛教文化。

三、融会传承中国传统思想文化

引导贵州佛教界融会传承中华优秀传统文化，编撰适宜于佛教界的读本是关键之一。中华传统文化博大精深，必须选好切入点，循序渐进，逐步深化。首先，既不能总停留在“文化融合”的口号宣传，必须有实质性的动作，也不可不加选择地将一大推中华传统文化典籍一股脑地向宗教界推出。因此，非常有必要选编适合于贵州佛教界的《中国传统思想文化读本》。

① 日本《大正新修大藏经》卷五十一《史传部》三“游方记抄”。

这种《读本》应充分考虑其文化元素的质与量，既容纳中国传统文化的精髓，反映中国传统文化特色，又通俗易懂，简便易学。尽量做到入目入心，沾濡浸润。当然，这一切的前提又是选好作者，选好题材，选定体例，精心编排。作者选择尤为重要，也尤为困难。因为懂得中华文化的专家、学者很多，熟知佛教的亦不少。但两方面都知晓的却比较少。要破除唯学历、唯职称、唯资历，不拘一格选人才。编好书，开好局，起好步。做好基础工作——编撰《读本》，普及工作——办培训班，提高工作——开设论坛。

编纂适合贵州佛教界阅读的《我国宗教坚持中国化方向——文化融合读本》，基本内容要包括《四书》（《大学》《中庸》《论语》《孟子》）选读、《五经》（《诗经》《尚书》《礼记》《周易》《春秋》）选读，作为学习优秀传统文化的入门读本，精选《四书》《五经》篇章，加以注释解析，并选配适当的图片（古代绘画、书法、出土文物照片等）。力求融思想性、可读性、趣味性于一体，既保持核心思想和文化风貌，又增添现实教育意义。借以帮助宗教界了解中国传统文化。在此基础上，逐步增大范围。充分品味传统文化的思想内涵、语言艺术和智慧哲理。在此基础上，可进一步编撰《中国历史故事选》《中国典故选》《成语故事选》，“唐诗”“宋词”“明清小说”选介，以及儒、墨、名、法、阴阳、农、杂、兵等各家学说介绍等。渐次深入，逐步深化对中华传统文化的理解。再次，作为更深层次的文化学习，可进一步讲习中国政治文化、思想文化、伦理文化、文学艺术、科技文化、军事文化、教育文化、体育文化、民族文化、民俗文化等。编撰适用于佛教界的《文化融合读本》，不要求大、求多、求全，要简洁实用。现在的著作动辄三五十万字，太大的书作为资料可以，作为普及读本就不适用。每本 10 万字左右最好，装帧符合佛教特点，开本以“口袋书”为宜。

贵州佛教界人士和信教群众分布面广，对佛教界人士可以通过开办培训班的形式，培养人才，提高他们对学习中华传统文化重要性的认识，扩展对中华文化的认知面，提升知识素养。再由他们在讲经讲道和其他宗教活动中，向信众作宣传讲解，使“宗教教义融会于中华文化”的工作落到实处。培训要针对佛教界的特点，采取开办讲座的方式（课堂式或利用互联网线上线下进行），落实“文化融合”工作。培训班要制定好计划，确定目标，选好题目，遴选师资，因地制宜，因教制宜。在少数民族信众聚居区还要“因族制宜”。培训班要突出针对性、实用性，密切结合各宗教实际，讲求效果。

在普及的基础上，开办各种形式的论坛。促进佛教界人士动脑思考，动手写作，动口阐释，由主持人点评，加深对传统文化的理解。促进宗佛教文化融会于中华传统文化的精华中，在思想上、文化上与中华传统文化相融合。中华传统文化博大精深，内涵极为丰富，比如：天人合一、道法自然的自然观，以民为本、仁者爱人的仁爱观，上善若水、厚德载物的伦理观，和而不同、多元融合的和谐观，自强不息、天下为公的价值观；等等，都有一整套缜密的理论和精辟的阐述。通过开设论坛，提升佛教更好地融合中华传统文化，自觉接受中华优秀传统文化浸润，阐释佛教文化中与中华传统文化相契合的内容，吸收中华传统文化中更丰富的成分，扩展和中华传统文化融合的层面。①

① 参见朱信丽、纳光舜：《浅析增进宗教界人士和信教群众“中华文化认同”的实践路径》，《中国宗教》，2022 年第 6 期，第 50–51 页。

参考文献

一、志书

[1]（东晋）常璩《华阳国志》
[2]（北齐）魏收《魏书》
[3]（南朝·宋）范晔《后汉书》
[4]（南朝·梁）萧子显《南齐书》
[5]（南朝·梁）沈约《宋书》
[6]（唐）魏征撰《隋书》
[7]（唐）令孤德棻《周书》
[8]（明）宋濂，王祎主编《元史》
[9]（明）弘治《贵州图经新志》
[10]（明）曹学佺《蜀中名胜记》
[11]（明）嘉靖《普安州志》
[12]（明）万历《铜仁府志》
[13]（明）郭子章《黔记》
[14]（清）康熙《思州府志》
[15]（清）乾隆《镇远府志》
[16]（清）乾隆《贵州通志》
[17]（清）乾隆《黔西州志》
[18]（清）乾隆《玉屏县志》
[19]（清）嘉庆《黄平州志》
[20]（清）道光《贵阳府志》
[21]（清）道光《遵义府志》

[22]（清）道光《大定府志》

[23]（清）道光《普安直隶厅志》

[24]（清）道光《安顺府志》

[25]（清）咸丰《兴义府志》

[26]（清）光绪《平越直隶州志》

[27]（清）光绪《古州厅志》

[28]（民国）《续遵义府志》

[29]（民国）《都匀县志稿》

[30]（民国）《修文县志访稿》

[31]（民国）《清镇县志稿》

[32]（民国）《剑河县志》

[33]（民国）《思南县志稿》

[34] 贵州省地方志编纂委员会编：《贵州省志·地理志》（上），贵阳：贵州人民出版社，1985。

[35] 贵州省地方志编纂委员会编：《贵州省志·名胜志》，贵阳：贵州人民出版社，1987。

[36] 贵州省赤水县志编纂委员会编：《赤水县志》，贵阳：贵州人民出版社，1990。

[37] 黔西县志编写委员会编：《黔西县志》，贵阳：贵州人民出版社，1990。

[38] 贵州省兴仁县编史修志委员会编：《兴仁县志》，贵阳：贵州人民出版社，1991。

[39] 贵阳市志编纂委员会编：《贵阳市志·民政志》，贵阳：贵州人民出版社，1991。

[40] 贵州省清镇县地方志编纂委员会编：《清镇县志》，贵阳：贵州人民出版社，1991。

[41] 中共贵州省铜仁地委办公室档案室、贵州省铜仁地区志党群编辑室整理：《铜仁府志》（据民国缩印本点校），贵阳：贵州民族出版社，1992。

[42] 思南县志编纂委员会编：《思南县志》，贵阳：贵州人民出版社，

1992。

[43] 贵州省麻江县志编纂委员会编：《麻江县志》，贵阳：贵州人民出版社，1992。

[44] 贵州省遵义县县志编纂委员会编：《遵义县志》，贵阳：贵州人民出版社，1992。

[45] 贵州省平塘县史志编纂委员会编：《平塘县志》，贵阳：贵州人民出版社，1992。

[46] 雷山县志编纂委员会编：《雷山县志》，贵阳：贵州人民出版社，1992。

[47] 贵州省晴隆县志编纂委员会编：《晴隆县志》，贵阳：贵州人民出版社，1993。

[48] 湄潭县志编纂委员会编：《湄潭县志》，贵阳：贵州人民出版社，1993。

[49] 岑巩县志编纂委员会编：《岑巩县志》，贵阳：贵州人民出版社，1993。

[50] 贵州省晴隆县志编纂委员会编：《晴隆县志》，贵阳：贵州人民出版社，1993。

[51] 贞丰县史志征集编纂委员会编：《贞丰县志》，贵阳：贵州人民出版社，1994。

[52] 贵州省江口县志编纂委员会编：《江口县志》，贵阳：贵州人民出版社，1994。

[53] 贵州省剑河县地方志编纂委员会编：《剑河县志》，贵阳：贵州人民出版社，1994。

[54] 三穗县编纂委员会编：《三穗县志》，北京：民族出版社，1994。

[55] 德江县地方志编纂委员会编:《德江县志》,贵阳: 贵州人民出版社，1994。

[56] 贵州省台江县志编纂委员会编：《台江县志》，贵阳：贵州人民出版社，1994。

[57] 贵州省瓮安县地方志编纂委员会编：《瓮安县志》，贵阳：贵州

人民出版社，1995。

[58] 贵州省大方县地方志编纂委员会编：《大方县志》，北京：方志出版社，1996。

[59] 贵州省龙里县地方志编纂委员会编：《龙里县志》，贵阳：贵州人民出版社，1995。

[60] 贵阳市志编纂委员会编：《贵阳市志·宗教志》，贵阳：贵州人民出版社，1996。

[61] 贵州省金沙县地方志编纂委员会编：《金沙县志》，北京：方志出版社，1997。

[62] 贵州省织金县志地方志编纂委员会编：《织金县志》，北京：方志出版社，1997。

[63] 威宁彝族回族苗族自治县民族事务委员会编：《威宁彝族回族苗族自治县民族志》，贵阳：贵州民族出版社，1997。

[64] 遵义市志编纂委员会编：《遵义市志》（下），北京：中华书局，1998。

[65] 修文县地方志编纂委员会编：《修文县志》，北京：方志出版社，1998。

[66] 贵州省盘县特区地方志编纂委员会编：《盘县特区志》，北京：方志出版社，1998。

[67] 贵州省普安县地方志编纂委员会编：《普安县志》，贵阳：贵州人民出版社，1999。

[68] 贵州省务川仡佬族苗族自治县志编纂委员会编：《务川仡佬族苗族自治县志》，贵阳：贵州人民出版社，2001。

[69] 贵州省赫章县地方志编纂委员会编：《赫章县志》，贵阳：贵州人民出版社，2001。

[70] 六枝特区地方志编纂委员会编：《六枝特区志》，贵阳：贵州人民出版社，2002。

[71] 关岭布依族苗族自治县地方志编纂委员会编：《关岭布依族苗族自治县志》，贵阳：贵州人民出版社，2002。

[72] 贵州省册亨县地方志编纂委员会编：《册亨县志》，贵阳：贵州

人民出版社，2002。

[73] 锦屏县偶里乡人民政府编：《锦屏县偶里乡志》，2002。

[74] 贵州省地方志编纂委员会编：《贵州省志·民族志》，贵阳：贵州民族出版社，2002。

[75] 贵州省地方志编纂委员会编：《贵州省志·文物志》，贵阳：贵州人民出版社，2003。

[76]《六盘水市志·民族志》编纂组织机构编：《六盘水市志·民族志》，贵阳：贵州人民出版社，2003。

[77] 贵州省安顺市西秀区蔡官镇志编纂委会编：《安顺市西秀区蔡官镇志》，贵阳：贵州人民出版社，2003。

[78]《平坝县志》编委会编：《平坝县志》，贵阳：贵州人民出版社，2004。

[79] 贵阳市白云区地方志编纂委员会编：《贵阳市白云区志》，贵阳：贵州人民出版社，2007。

[80]《宜春禅宗志》编纂委员会编：《宜春禅宗志》，北京：中国文史出版社，2007。

[81]《新蒲镇志》编纂委员会编：《新蒲镇志》，2009。

二、古代典籍

[1]（春秋）老子著《道德经》

[2]（春秋战国）孔丘及弟子《论语》

[3]（战国）庄周及弟子《庄子》

[4]（战国）鹖冠子《鹖冠子》

[5]（东汉）王充《论衡》

[6]（东汉）班固撰《白虎通义》

[7]（南朝·梁）沙门慧皎《高僧传》

[8]（南朝·梁）僧祐《出三藏记》

[9]（南朝·梁）僧祐《弘明集》

[10]（北齐）颜之推《颜氏家训》

[11]（隋）王通撰《文中子中说》

[12]（隋）费长房撰《历代三宝记》

[13]（唐）姚察、姚思廉撰《梁书》

[14]（唐）释道宣《续高僧传》《集古今佛道论衡》《广弘明集》《集古令佛道论衡》

[15]（唐）柳宗元著《柳宗元散文全集》

[16]（唐）惠能《六祖坛经》

[17]（唐）神清撰，（北宋）慧宝注《北山录》

[18]（唐）司马承祯《坐忘论》

[19]（唐）成玄英《道德经义疏》

[20]（五代至北宋初）李昉等编《太平广记》

[21]（五代宋初）延寿《万善同归集》

[22]（北宋）赞宁《宋高僧传》《大宋僧史略》

[23]（北宋）欧阳修、宋祁等撰《新唐书》

[24]（北宋）智圆《闲居编》

[25]（北宋）契嵩《镡津文集》

[26]（北宋）张商英述《护法论》

[27]（北宋）晁回《法藏碎金录》

[28]（北宋）苏轼《东坡后集》

[29]（北宋）张伯端《悟真篇》

[30]（南宋）志磐撰，释道法校注《佛祖统纪校注》

[31]（北宋末南宋初）大慧宗杲撰，道谦编《大慧普觉禅师宗门武库》

[32]（南宋）净善《禅林宝训》

[33]（南宋）释普济《五灯会元》

[34]（南宋）黎靖德编《朱子语类》

[35]（南宋）白玉蟾《谢张紫阳书》

[36]（南宋）江少虞撰《宋朝事实类苑》

[37]（金）王重阳著《王重阳集》

[38]（金）马钰著《马钰集》

[39]（金）丘处机《番溪集》

[40]（宋末元初）李道纯撰《清庵莹蟾子语录》

[41]（元）陈致虚《上阳子金丹大要》
[42]（元）释觉岸《释氏稽古略》
[43]（元）彭致中《鸣鹤余音》
[44]（元）德辉重编《敕修百丈清规》
[45]（元）天竺大圆觉教寺住持比丘自庆编述《增修教苑清规》
[46]（元）静斋学士刘谧撰《三教平心论》
[47]（明）朱元璋撰《明太祖集》
[48]（明）真可《紫柏尊者全集》
[49]（明）释袾宏撰《云栖法汇》
[50]（明）莲池大师《竹窗随笔》
[51]（明）朱时恩辑《居士分灯录》
[52]（明）王阳明《王阳明全集》
[53]（明）黄绾《明道编》
[54]（明）林兆恩撰《林子三教正宗统论》
[55]（明）焦竑撰《澹园集》
[56]（明）张宇初《正统道藏》
[57]（明末清初）黄宗羲《明儒学案》《宋元学案》
[58]（明末清初）元贤《寱言》
[59]（清）李西月重编《张三丰全集》
[60]（清）董诰等纂修《全唐文》
[61]（清）曹寅、彭定求等《全唐诗》
[62]（清）严可均《全宋文》
[63]（清）张廷玉等撰《明史》
[64]（清）王夫之著《船山全书》
[65]（清）彭绍升《一乘决疑论》
[66]（清末）梁启超《南海康先生传》《饮冰室合集》
[67]（清末）康有为《康有为全集》
[68]（清末）谭嗣同著《谭嗣同集》
[69]（清末民国初）敲蹻道人《元汇医镜》
[70]（清末民国初）章太炎《说新文化与旧文化》

[71]（民国）《太虚大师全集》

[72] 郑振铎：《中国文学史》第1册，北平朴社出版部，1932。

[73] 鸟居龙藏著，国立编译馆译：《苗族调查报告》，国立编译馆，民国二十五年（1936）。

[74] 安顺县政府教育科编：《安顺教育》，1942。

[75] 陈垣：《明季滇黔佛教考》，北京：中华书局，1962。

[76] 卿希泰著：《中国道教思想史纲·汉魏两晋南北朝时期》（第1卷），成都：四川人民出版社，1980。

[77] 田兵、李独清等编：《贵州名胜古迹》（第1辑），贵阳：贵州人民出版社，1980。

[78] 任继愈：《中国佛教史》（第1册），北京：中国社会科学出版社，1981。

[79] 方立天著：《魏晋南北朝佛教论丛》，北京：中华书局，1982。

[80] 贵州省安顺地区文化局编：《安顺文物》，1982。

[81] 贵州省民族研究所、毕节地区彝文翻译组：《西南彝志选》，贵阳：贵州人民出版社，1982。

[82] 政协绥阳县委员会文史资料研究委员会编：《绥阳县文史资料选辑》（第2辑），1982。

[83] 石峻等编：《中国佛教思想资料选编》第2卷第4册，北京：中华书局，1983。

[84] 丁福保编：《佛学大辞典》，北京：文物出版社，1984。

[85] 中共贵阳市委党史研究委员会、贵阳市政协文史资料研究委员会：《回顾贵阳解放》，1984。

[86] 政协贵州省安顺市委员会文史资料委员会编：《安顺文史资料选辑》（第2辑），1984

[87] 政协思南县委员会文史资料研究委员会编：《思南文史资料选辑》（第7辑），1984。

[88][日]久保田量远著，胡恩厚译：《中国儒道佛交涉史》，兰州：金城书屋，1986。

[89] 贵州省德江县民族事务委员会、贵州民族学院民族研究所编：《德

江县土家族文艺资料》，1986。

[90] 贵州省仁怀县政协文史资料征集委员会编:《仁怀县文史资料》(第4辑)，1987。

[91] 政协贵阳市南明区委员会文史办公室编:《南明文史资料选辑》(第5辑)，1987。

[92] 政协贵州省安顺市委员会文史资料委员会:《安顺文史资料选辑》(第8辑)，1987。

[93] 平塘县政协文史资料研究委员会编：《平塘文史资料选辑》(第3辑)，1988。

[94] 政协贵阳市云区委员会文史资料委员会编:《云岩文史资料选辑》(第6辑)，1988。

[95] 从江县三套集成编委会编：《中国民间故事集成·贵州省黔东南州从江县卷》，1988。

[96] 政协独山县委员会文史资料研究委员会:《独山文史资料选辑》(第7辑)，1988。

[97] 黔南布依族苗族自治州史志编纂委员会编：《黔南布依族苗族自治州志·文物名胜志》，贵阳：贵州民族出版社，1989。

[98] 山东省民族志宗教志编纂工作办公室编:《山东省宗教志资料选编》(第2辑)，1989。

[99] 政协贵州省金沙县委员会文史资料研究委员会:《金沙文史资料选》(第4辑)，1989。

[100] 政协贵州省贵阳市委员会文史资料研究委员会编：《贵阳文史资料选辑》(第二十七、二十八辑)，1989。

[101] 贵州省习水县政协文史研究委员会编:《习水县文史资料选辑》(第8辑)，1989。

[102] 政协盘县特区委员会文史资料研究委员会编：《盘县特区文史资料》(第11辑)，1989。

[103] 政协思南县委员会文史资料研究委员会:《思南文史资料选辑》(第14辑)，1990。

[104] 政协遵义县学习文史委员会：《遵义县文史资料》(第5辑)，

1990。

[105] 柏果成等著：《贵州瑶族》，贵阳：贵州民族出版社，1990。

[106] 任菊生编：《中国民间故事集成·贵州省黔南州·独山县卷》，1990。

[107] 中共贵阳市委统战部研究室编：《贵阳市统一战线二作大事记（1949.11–1956.12）》（修订稿），1990。

[108] 政协贵阳市云区委员会文史资料委员会编：《云岩文史资料选辑》（第 10 辑），1991。

[109] 王友三主编：《中国宗教史》（上），济南：齐鲁书社，1991。

[110] 中共黄平县委党史研究室编:《黄平解放四十周年(1949–1989)》，1991。

[111] 政协贵州省绥阳县委员会宣教文史委员会：《绥阳县文史资料选辑》（第 7 辑），1991。

[112] 赵书廉著：《中国人思想之源——儒释道思想的斗争与融合》，长春：吉林文史出版社，1992。

[113] 高振农著：《佛教文化与近代中国》，上海：上海社会科学院出版社，1992。

[114]《藏外道书》（第 10 册），成都：巴蜀书社，1992。

[115] 吴立民、徐荪铭著：《船山佛道思想研究》，长沙：湖南出版社，1992。

[116] 翁家烈：《仡佬族》，北京：民族出版社，1992。

[117] 丁伟志、王干梅：《百县市经济社会调查·遵义卷》，北京：中国大百科全书出版社，1993。

[118] 思南县民族事务委员会编，卢朝栋主编：《思南傩堂戏》，贵阳：贵州民族出版社，1993。

[119] 政协印江土家族苗族自治县文史资料委员会编：《印江文史资料》（第 5 辑），1993。

[120] 贵州省仁怀县政协仁怀县文史资料编辑部编：《仁怀县文史资料》（第 10 辑），1993。

[121] 政协贵阳市云岩区委员会学习文史资料委员会编：《云岩文史资

料选辑》（第 15 辑），1994。

[122] 政协印江土家族苗族自治县文史资料委员会、印江土家族苗族自治县民委合编：《印江文史资料·梵净山专辑》（第七辑），1995。

[123] 贵阳市政协文史资料委员会编：《贵阳文史资料选辑·贵阳市政协成立四十周年纪念专辑》，1995。

[124] 李朝龙、李廷兰编著：《贵州少数民族风情录》，贵阳：贵州教育出版社，1995。

[125] 贵州省赤水市政协文史委员会编：《赤水文史》（第 10 辑），1996。

[126] 贵州省档案馆编：《贵州社会组织概览（1911–1949）》，贵阳：贵州人民出版社，1996。

[127] 金沙县情调查组编，丁伟志主编：《百县市经济社会调查·金沙卷》，北京：中国大百科全书出版社，1996。

[128] 贵州省赤水市政协文史委员会编：《赤水文史》（第 12 辑），1997。

[129] 游建西：《近代贵州苗族社会的文化变迁（1895–1945）》，贵阳：贵州人民出版社，1997。

[130] 章海荣：《梵净山神——黔东北民间信仰与梵净山区生态》，贵阳：贵州人民出版社，1997。

[131] 政协贵州省委员会文史资料委员会《贵州旅游文史系列丛书》编委会编：《巍巍娄山》，贵阳：贵州人民出版社，1998。

[132] 政协贵定县委员会文史资料研究委员会编：《贵定文史资料选辑》（第 7 辑），1998。

[133] 政协遵义县宣教文卫委员会编：《遵义县文史资料》（第 9 辑），1998。

[134] 曹毅著：《土家族民间文学》，北京：中央民族大学出版社，1999。

[135] 黄义仁：《布依族史》，贵阳：贵州民族出版社，1999。

[136] 张新民等整理：《黔僧语录》，成都：巴蜀书社，2000。

[137] 张新民等整理：《续黔僧语录·山晖禅师语录》，成都：巴蜀书社，

2000。

[138] 张新民等整理：《贵阳高峰了尘和尚事迹》（卷 9），成都：巴蜀书社，2000。

[139] 王恒富、谢振东主编：《贵州戏曲大观·剧目卷》，北京：中国戏剧出版社，2000。

[140] 政协贵州省委员会文史资料委员会《贵州旅游文史系列丛书》编委会编：《锦江飞虹》（铜仁卷），贵阳：贵州人民出版社，2000。

[141] 贵州省档案馆编：《民国贵州省政府委员会会议辑要》（下），贵阳：贵州人民出版社，2000。

[142] 印顺：《妙云集·我之宗教观》，台北：正闻出版社，2000。

[143] 文志高：《梵天佛地》，贵阳：贵州人民出版社，2000。

[144] 方立天主编：《中国佛教简史》，北京：宗教文化出版社，2001。

[145] 翁乃群主编，彭雪芳等：《南昆八村——南昆铁路建设与沿线村落社会文化变迁（贵州卷）》，北京：民族出版社，2001。

[146] 施秉政协文史委员会编：《施秉旅游》，《施秉文史》（第九辑），2001。

[147] 李远杰著：《近现代以佛摄儒研究——王恩洋的以佛摄儒思想》，成都：巴蜀书社，2002。

[148]《赤水掌故》编辑委员会编，吕秋坪主编：《赤水文史（第 17 辑）·赤水掌故》，2002。

[149] 贵阳市志编纂委员会办公室编：《贵阳百年（1901–2000）》，贵阳：贵州人民出版社。

[150] 贵州省写作学会主编：《神奇习水》，汕头：汕头大学出版社，2003。

[151] 傅永寿：《南诏佛教的历史民族学研究》，昆明：云南民族出版社，2003。

[152] 许桂灵、司徒尚纪：《暮鼓晨钟——佛教寺院文化人类学考察》，北京：中国评论文化有限公司，2003。

[153] 政协贵州省委员会文史资料委员会《贵州旅游文史系列丛书》编

委会编：《神奇龙里》，贵阳：贵州人民出版社，2003。

[154] 萧登福著：《道家道教与中土佛教初期经义发展》，上海：上海古籍出版社，2003。

[155] 刘联群编著：《陈抟传奇·附〈陈抟辑要〉》，成都：四川人民出版社，2003。

[156] 黔南日报社、黔南州旅游局编：《绿色黔南·旅游篇》，贵阳：贵州人民出版社，2004。

[157] 刘仕文主编：《黔东民间故事选》，成都：成都时代出版社，2004。

[158] 蒋维乔著：《中国佛教史》，北京：团结出版社，2005。

[159] 何光沪主编：《宗教与当代中国社会》，北京：中国人民大学出版社，2006。

[160] 李黔滨、杨庭顺、唐文元：《贵州民族民俗概览》，贵阳：贵州人民出版社，2006。

[161] 周国茂：《一种特殊的文化典籍——布依族摩经研究》，贵阳：贵州人民出版社，2006。

[162] 务川仡佬族苗族自治县民族事务局编：《务川仡佬族》，贵阳：贵州民族出版社，2006。

[163] 政协贵州省委员会文史资料委员会《贵州旅游文史系列丛书》编委会编：《锦绣南明》，贵阳：贵州人民出版社，2006。

[164] 赫章县民族古籍办公室、赫章县珠市彝族乡政府、赫章县雉街彝族苗族乡政府编：《夜郎史籍译稿》，贵阳：贵州民族出版社，2007。

[165] 何志国：《汉魏摇钱树初步研究》，北京：科学出版社，2007。

[166] 李金顺：《贵州风景名胜故事》，贵阳：贵州人民出版社，2007。

[167] 汤用彤：《汉魏晋南北朝佛教史》，武汉：武汉大学出版社，2008。

[168] 熊十力著：《境由心生：熊十力精选集·易、道、佛》，西安：陕西师范大学出版社，2008。

[169] 张原：《在文明与乡野之间——贵州屯堡礼俗生活与历史感的人

类学考察》，北京：民族出版社，2008。

[170] 贵州省民研所编：《贵州“六山六水”民族调查资料选编》（仡佬族、屯堡人卷），贵阳：贵州民族出版社，2008。

[171] 遵义市红花岗区地方志办公室编：《遵义佛影——遵义金鼎山》，2008。

[172] 陈璧耀著：《国学概说》，上海：上海教育出版社，2008。

[173] 谢红生主编：《贵阳地名故事》，贵阳：贵州人民出版社，2009。

[174] 贵州省群众艺术馆等编：《贵州花灯选集》（下），贵阳：贵州民族出版社，2009。

[175] 杨万选、杨汉先、凌纯声等著：《贵州苗族考》，贵阳：贵州大学出版社，2009。

[176] 郑师渠主编：《中国文化通史·魏晋南北朝卷》，北京：北京师范大学出版社，2009。

[177] 杨军著：《宋元三教融合与道教发展研究》，成都：巴蜀书社，2009。

[178] 王洪军著：《中古时期儒释道整合研究》，天津：天津人民出版社，2009。

[179] 赖永海主编：《中国佛教通史》（第1卷），南京：江苏人民出版社，2010。

[180] 张荣明著：《信仰的考古——中国宗教思想史纲要》，天津：南开大学出版社，2010。

[181] 吴正荣著：《佛教文学概论》，昆明：云南大学出版社，2010。

[182] 政协铜仁地区工作委员会编著：《中国梵净山佛教文化文物研究》，贵阳：贵州人民出版社，2011。

[183] 刘锋、龙耀宏主编：《侗族：贵州黎平县九龙村调查》，昆明：云南大学出版社，2004。

[184] 严天华主编：《土家族文化大观》，贵阳：贵州民族出版社，2011。

[185] 罗禄君主编，罗万雄、赵力能副主编：《五岳之外黔灵山》，贵阳：

贵州大学出版社，2011。

[186] 辛旗著:《中国思想通史·魏晋南北朝隋唐卷》，武汉大学出版社，2011。

[187] 王雷泉编：《欧阳渐文选·孔佛概论之概论》，上海：上海远东出版社，2011。

[188] 胡中才著：《道安研究》，北京：宗教文化出版社，2011。

[189] 叶贵良著：《敦煌〈太玄真一本际经〉辑校》，成都：巴蜀书社，2011。

[190] 熊铁基、陈红星主编:《老子集成(第八卷)·太上道德宝章翼》，北京：宗教文化出版社，2011。

[191] 董沛文主编，周全彬、盛克琦校：《玄门宝典》，北京：华夏出版社，2011。

[192] 盛克琦编：《性命要旨——道教西派汪东亭内丹典籍》，北京：宗教文化出版社，2012。

[193] 谭仲池、朱汉民主编：《湖湘文化名著读本·佛教卷》，长沙：湖南大学出版社，2013。

[194] 梁漱溟著：《东方学术概观（增订本）》，北京世纪文景文化传播公司，2014。

[195] 刘梦溪著：《现代学人的信仰》，北京：商务印书馆，2015。

[196] 李敖主编：《谭嗣同全集》，天津：天津古籍出版社，2016。

[197] 鲁学军编写:《中华优秀传统文化入门》，上海:复旦大学出版社，2016。

[198] 尹协理、刘海兰著：《王通评传》，太原：北岳文艺出版社，2016。

[199] 赵建华、张瀚文、刘陶著：《近代儒佛思想研究·杨文会儒佛思想论》，成都：四川大学出版社，2017。

[200] 张志刚：《宗教中国化研究论集》，北京：宗教文化出版社，2018。

三、文章

[1]《贵州佛教徒之反日宣传》，《威音》（第 35 期 1931 年 11 月），“新闻”第 4 页。

[2] 罗二虎：《略论贵州清镇汉墓出土的早期佛像》，《四川文物》，2001（2）。

[3] 赵朴初：《中国佛教协会三十年——在中国佛教协会第四届理事会第二次会议上》，《法音》，1983（6）。

[4] 赵朴初：《团结起来，发扬佛教优良传统　为庄严国土利乐有情作贡献——在中国佛教协会第五届全国代表会议上的报告》,《法音》,1987(3)。

[5] 赵朴初：《中国佛教协会四十年——在中国佛教协会第六届全国代表会议上的报告》（1993 年 10 月 15 日），《法音》，1993（12）。

[6] 纳光舜：《话说佛塔》，《佛教文化》，1997（3）。

[7] 叶小文：《在中国佛教协会第七次代表会议上的讲话》，《法音》，2002（10）。

[8] 纳光舜：《佛教与中国古代诗歌》，《中国民族报》，2006-02-21。

[9] 陈晓毅：《从花溪档案馆所藏之民国档案看抗战时期青岩佛教的六个特点》，《贵州文史丛刊》，2006（1）。

[10] 黎惟东：《慧琳〈白黑论〉探究》，《宗教哲学》，2009（48）。

[11] 楼宇烈：《佛教中国化的启示》，《中国宗教》，2016（10）。

[12] 蔺熙民：《隋唐时期儒释道的冲突与融合》，陕西师范大学博士学位论文，2011。

[13] 黄夏年：《“中华佛教总会”研究》（下），《中国佛学》，2014（2）。

[14] 梁思成：《中国的佛教建筑》（上），《意林文汇》，2017（12）。

[15] 李小荣:《柳宗元〈江雪〉禅林传播接受谈片》,《湖南科技学院学报》,2014（1）。

[16] 雷传平、师衍辉：《〈颜氏家训〉——解读颜之推“儒释道”三教兼容思想》，《东岳论丛》，2015（11）。

[17] 韩凤鸣、申思：《一个禅者的儒学——元贤禅师“以禅证儒”的

学术旨趣》，《佛教文化研究》，2015（2）。

[18]《坚持佛教中国化方向五年工作规划纲要》，《法音》，2019（10）。

[19]《不断开创我国佛教中国化新境界》，《法音》，2019（8）。

[20] 释光泉：《杭州灵隐寺对于佛教中国化的实践》，《中国民族报》，2019-01-08。

[21] 祖定：《贵州佛教的特点对佛教中国化的启示》，《中国宗教》，2020（1）。

[22] 王作安：《担当起推进佛教中国化的重大使命》，《中国宗教》，2020（12）。

[23] 释演觉：《坚持佛教中国化方向，推动佛教事业健康发展，为实现中华民族伟大复兴的中国梦贡献力量——中国佛教协会第九届理事会工作报告》，《法音》，2020（12）。

[24] 中国佛教协会：《推进新时代佛教中国化 助力开启全面建设社会主义现代化国家新征程》，《中国宗教》，2021（1）。

[25] 释庆道：《略论佛教中国化的文化特征》，《法音》，2021（4）。